管理科学与工程学科
"十四五"发展战略与重点前沿领域研究报告

余玉刚　霍　红　李建平　李敏强　舒　嘉　等◎著
吴建军　吴　杰　吴　强　刘和福

科学出版社

北　京

内 容 简 介

作为中国管理科学与工程学科发展战略研究的成果，本报告本着定量研究与定性研究相结合、保持前瞻性而兼顾现实性的宗旨，力争为"十四五"期间中国管理科学与工程学科发展提供战略性指导。本书首先界定了管理科学与工程的学科内涵；然后基于文献研究、专家问卷调研、国家自然科学基金委员会多年资助项目数据分析等方法，系统地分析了国内管理科学与工程学科现状和发展态势，由此确定了"十四五"期间管理科学与工程学科发展的目标和顶层设计以及为实现管理科学与工程学科"十四五"发展战略目标所需要的学科布局优化和重点前沿领域；提出了实现管理科学与工程学科"十四五"发展战略的政策措施。

本报告适合从事管理科学与工程及相关学科的研究和教学人员、政府相关部门人员及企业管理人员阅读。

图书在版编目（CIP）数据

管理科学与工程学科"十四五"发展战略与重点前沿领域研究报告 / 余玉刚等著. —北京：科学出版社，2023.7

ISBN 978-7-03-073362-7

Ⅰ. ①管⋯　Ⅱ. ①余⋯　Ⅲ. ①管理工程学－发展战略－研究报告－中国－2021-2025　Ⅳ. ①C93-05

中国版本图书馆 CIP 数据核字（2022）第 186616 号

责任编辑：李　嘉 / 责任校对：贾娜娜
责任印制：霍　兵 / 封面设计：有道设计

科学出版社 出版
北京东黄城根北街 16 号
邮政编码：100717
http://www.sciencep.com

北京中科印刷有限公司 印刷
科学出版社发行　各地新华书店经销

*

2023 年 7 月第　一　版　开本：720 × 1000　1/16
2023 年 9 月第二次印刷　印张：29 1/2
字数：587 000

定价：128.00 元
（如有印装质量问题，我社负责调换）

作 者 名 单

余玉刚	中国科学技术大学管理学院	教授
霍　红	国家自然科学基金委员会管理科学部一处	研究员
李建平	中国科学院大学经济与管理学院	教授
李敏强	天津大学管理与经济学部	教授
舒　嘉	东南大学经济管理学院	教授
吴建军	北京交通大学轨道交通控制与安全国家重点实验室	教授
吴　杰	中国科学技术大学管理学院	教授
吴　强	中国科学技术大学管理学院	教授
刘和福	中国科学技术大学管理学院	教授
冯海洋	天津大学管理与经济学部	副教授
吴登生	中国科学院科技战略咨询研究院	副研究员
倪文君	东南大学经济管理学院	讲师
吕　莹	北京交通大学交通运输学院	教授
郑圣明	中国科学技术大学管理学院	博士后

咨询委员会专家

致谢专家

（按姓氏拼音排序）

毕功兵	卞亦文	蔡 莉	曹志刚	陈方若	陈欢欢
陈荣达	陈思华	陈勇强	程学旗	戴伟辉	党延忠
狄增如	丁 溢	丁荣贵	方东平	房 勇	冯天俊
高红伟	顾基发	郭仁拥	郭熙铜	何 桢	胡太忠
胡祥培	华中生	黄 超	黄 河	黄 涛	黄丽华
江志斌	姜 锐	蒋 炜	寇 纲	李 健	李 想
李大庆	李登峰	李三希	李永奎	李志纯	梁 樑
梁昌勇	刘德海	刘红岩	刘林冬	刘心报	刘业政
刘咏梅	刘玉坤	罗 俊	吕 欣	马超群	马费成
孟庆春	南国芳	倪文君	聂佳佳	牛保庄	荣 鹰
石 勇	石 芸	宋金波	宋培建	孙 浩	孙 宁
孙会君	孙晓蕾	唐铁桥	田国强	汪寿阳	王 垒
王 杉	王凯波	王刊良	王宗润	翁文国	吴冲锋
吴纯杰	吴俊杰	肖条军	谢 康	熊 熊	闫相斌
杨翠红	杨洪明	杨立兴	杨晓光	杨印生	叶 强
叶 鑫	叶堃晖	余乐安	袁竞峰	曾大军	张卫国
张永杰	赵曙明	赵文辉	赵晓波	镇 璐	郑 欢
钟波涛	钟远光	周炜星	周文慧	Chen Bintong	

Chen Xin　Hu Ming　Song Jingsheng　Song Miao
Tan Yong　Yang Hai　Zhang Geogre Zhe　Zhang Jiawei

总　序

　　学科发展战略是关于学科未来发展愿景与目标、顶层布局与规划、资源配置与优化的战略性、综合性指南，引领一段时期内学科发展方向。国家自然科学基金委员会（以下简称基金委）始终跟随国家战略与科技规划总体部署和阶段性规划，积极开展系统的学科发展战略研究，在此基础上形成并贯彻落实每个发展阶段中国家自然科学基金的规划任务。

　　"十四五"时期是我国开启全面建设社会主义现代化国家新征程、向第二个百年奋斗目标进军的第一个五年，也是我国迈向创新型国家前列、加快建设科技强国的第一个五年。这是以大数据与人工智能为代表的新一轮科技革命与产业变革的快速发展期，是推进中国式现代化、实现中华民族伟大复兴征途中的关键时间节点，也是世界百年未有之大变局的剧烈演变期。大数据与人工智能正在深刻改变人类生产、生活与社会治理方式，也在不断改变人类认识世界与改造世界的思维方式。在新的发展阶段，科学研究范式发生着深刻变革，管理科学逐渐从定性分析转变为以数据驱动为主要特征的定量研究，从借鉴国外先进研究经验转变为致力于构建中国自主的知识体系，从单纯追逐论文数量转变为提升研究创新性、原创性的高质量发展。在"十四五"时期，我们应该立足中国大地，以国际眼光看待中国与世界面临的一系列重大管理与经济问题，用科学方法研究人类经济社会发展与社会治理的一般规律与变化趋势。

　　作为中国管理科学研究最重要的资助渠道，基金委管理科学部在习近平新时代中国特色社会主义思想指导下，致力于做好学科发展顶层设计，引领学科做大做强做优，服务国家经济发展与现代化建设重大战略需求。2019年初，基金委管理科学部启动管理科学"十四五"发展战略及管理科学与工程学科、工商管理学科、经济科学学科和宏观管理与政策学科四个学科发展战略的研究，希望汇集全国管理科学领域专家学者的力量，通过深入系统的科学研究，为基金委管理科学部制定"十四五"和中长期发展规划提供决策支持。

　　在过去两年多的时间里，各课题组认真梳理总结2010～2019年特别是"十三五"期间基金委管理科学部各学科的总体发展态势，充分借鉴国外相关学科的发展经验与发展趋势,紧密结合当前中国经济社会发展与社会治理面临的重大战略需求,综合运用文献计量分析、问卷调查、专家访谈、学术研讨等多种方法与途径,系统研究"十四五"期间我国管理科学各学科发展的总体思路、发展目标、学科布局以及相应的政策保障措施等重要问题,确立各学科重点攻关任务、优先发展领域以及重大基础与前沿科学问题,提出基金委管理科学部重点资助方向建议,为"十四五"时期管理科学发展提供科学决策依据与前瞻性指导。

这项研究工作总体呈现以下四个鲜明特点。

第一,始终坚持正确的政治方向,牢固树立"四个自信",在思想上、政治上、行动上同以习近平同志为核心的党中央保持高度一致。各个课题组坚持以习近平新时代中国特色社会主义思想为指导,认真学习领会并贯彻落实党的十九大和十九届历次全会以及二十大精神,深刻把握新时代国家自然科学基金在国家创新体系中的战略定位与历史使命,以创建中国管理科学自主的知识体系为己任,在基金委管理科学部统一指导下开展各学科战略发展研究。

第二,坚持科学精神,尊重科学研究与学科发展的客观规律,突出科学问题属性,协调科学研究中自由探索与有组织科研之间的辩证关系。各课题组基于国家自然科学基金"鼓励探索、突出原创""聚焦前沿、独辟蹊径""需求牵引、突破瓶颈""共性导向、交叉融通"四大科学问题属性深入探讨,研究如何通过有组织科研形式,引导学者自由探索;研究如何从源头抓起,发现并精准提炼科学问题,全面提升科研选题质量;研究如何推动科学范式变革,积极借鉴自然科学以及交叉学科的理论方法研究现实管理与经济问题,以方法创新推动理论创新,全面提升研究质量。

第三,坚持与时俱进、守正创新,协调服务国家发展需求与学科发展目标之间的辩证关系。管理科学是一门为现实经济社会发展与社会治理服务的学科,本身具有很强的需求导向与实践特征,担负服务国家重大战略需求的历史使命。各个课题组充分认识到百年未有之大变局背景下国内外客观环境变化对科学基金规划工作的影响,在全面把握国家战略需求和政策导向的基础上,围绕服务国家重大需求和提升学科基础研究水平两大核心任务开展学科战略研究,坚持以国家重大管理与经济问题为导向,积极跟踪管理科学国际前沿发展,通过理论创新与方法创新,提出解决国家重大管理与经济问题的方法与途径,并在这个过程中构建中国管理科学自主的知识体系,为形成具有深厚国际影响力的中国管理科学学派奠定坚实的基础。

第四,坚持实事求是的原则,广泛凝聚共识,协调学科发展战略的指导性与战略落地的适应性之间的辩证关系。学科发展战略研究是管理科学学科专家学者集体智慧的结晶。在两年多的时间内，在基金委管理科学部统一指导下，各课题组组织了近百场专家座谈会，向上千位学者和企业家展开问卷调查工作，凝练学科优先发展方向与领域、重大基础与前沿问题等科学问题，推动学科研究范式创新的深入讨论。同时，根据现实需求变化和形势发展，适时提出修改建议，以最大努力提出完善国家自然科学基金资助体系的各种建议。

　　在充分研究的基础上，五个课题组出色完成各学科发展战略研究，形成"十四五"期间管理科学及学部各学科发展战略的顶层设计，明确各学科重点前沿领域、学科交叉方向，并在研究范式变革、学科理论体系构建、学术评价体制和机制改革、科学队伍建设和人才培养等方面提出具体建议和措施。这些工作为基金委管理科学部摸清家底、认清环境、找准定位、明确方向，充分发挥国家自然科学基金对学科发展的引领作用，奠定了坚实的基础；同时也为中国管理科学学科凝练共性问题，发掘一般规律，构建中国管理科学自主的知识体系提供科学参考。伟大的新时代必将产生伟大的新理论。我相信，中国管理科学在"十四五"期间必将跃上一个新的台阶！

丁烈云

前　　言

　　"十四五"时期是中国由全面建成小康社会向基本实现社会主义现代化迈进的关键时期。站在这一新的历史时期，尤其是在第四次工业革命和后疫情时代的大国博弈背景下，我国面临加快原始创新突破和关键核心技术攻关等多重任务。人工智能、大数据、物联网、区块链等科学技术变革将会改变甚至颠覆全球经济社会发展和国家竞争未来格局，能否占领前沿科技的制高点将决定我国的国际影响力和世界地位。为此，创新驱动发展战略得到了国家前所未有的重视，是《中华人民共和国国民经济和社会发展第十四个五年规划和 2035 年远景目标纲要》的重要组成部分。

　　基础研究作为科技创新的"总开关"和关键核心技术攻关的源头支撑，受到国家的高度重视。作为我国资助基础科学研究的重点单位，国家自然科学基金委员会在国家创新驱动发展战略总体部署下，基于"四个面向"，以构建理念先进、制度规范、公正高效的新时代科学基金治理体系为目标，全面深化科学基金改革，按照基础科学、技术科学、生命与医学、交叉融合四个板块构筑资助布局。

　　2019 年伊始，国家自然科学基金委员会管理科学与工程学科处着手准备管理科学与工程学科"十四五"发展规划的制订，联合来自中国科学技术大学、天津大学、东南大学、中国科学院科技战略咨询研究院、北京交通大学的学者成立了管理科学与工程学科"十四五"规划战略研究课题组。在管理科学与工程学科处和战略研究课题组的密切合作与共同努力下，形成了一套详细的、用于指导学科未来布局重要领域的学科规划。

　　从内容来看，本报告首先界定了管理科学与工程学科的内涵；然后分析了学科现状和发展态势，确定了学科发展目标，明确了学科顶层设计，以及为实现管理科学与工程学科"十四五"发展战略目标所需要的学科布局优化和重点前沿领域;最后提出了实现管理科学与工程学科"十四五"发展战略的政策措施。

从过程来看,整个规划研制历经两年半,得到了管理科学与工程学科领域国内外高水平专家的广泛参与。具体而言,管理科学与工程学科"十四五"规划战略研究课题组先后共邀请了 3000 余人次专家参与问卷调研,100 余位专家参与"十四五"发展战略报告写作,同时组织了 50 余次线上线下专家研讨会。陈晓红、唐立新、杨善林等院士和国家自然科学基金委员会咨询委员会专家多次全面参与评审、写作和讨论。此外,还有近百位国家杰出青年科学基金、优秀青年科学基金获得者,十几位在国际上具有较高影响力的学术期刊编委等多次参与了管理科学与工程学科"十四五"规划的研讨和咨询。

从结果来看,管理科学与工程学科"十四五"发展战略研究的内容对全国管理学界的项目申请产生了较大影响。多项研究成果已经被国家自然科学基金委员会管理科学部采纳。具体包括:关于学科布局优化方面,调整之后的 19 个申请代码已从 2021 年开始在国家自然科学基金委员会的基金申请系统中应用;新增的复杂系统管理、数据科学与管理、数字化平台管理理论、智慧管理与人工智能、新技术驱动的管理理论与方法 5 个申请代码的研究方向和关键词从 2021 年开始被用于国家自然科学基金委员会的基金申请系统;平台供应链管理理论与方法、机器行为与人机协同决策理论和方法研究、数字经济的博弈论基础、医联网与智慧医疗健康管理被列入国家自然科学基金委员会 2020 年、2021 年发布的重大项目申请指南中,并已完成立项工作。

当今世界正在经历百年未有之大变局,方法瓶颈、科技变革、全球治理、中国情景等成为影响管理科学与工程学科未来研究的重大变革要素。在当下这个重要的历史节点,我国管理科学与工程学科发展也将进入新的阶段,迫切需要更多关于管理科学与工程学科顶层设计的相关研究,期待有更多的研究成果为我国管理科学与工程学科在"十四五"期间的发展提供有价值的战略指导。

目　录

第1章 绪 论

1.1 管理科学与工程学科"十四五" 发展战略研究概述

"十四五"时期是我国全面建成小康社会、实现第一个百年奋斗目标之后,乘势而上开启全面建设社会主义现代化国家新征程、向第二个百年奋斗目标进军的第一个五年。站在这一新的历史时期,党中央高度重视编制和贯彻"五年规划"。2021年3月,《中华人民共和国国民经济和社会发展第十四个五年规划和2035年远景目标纲要》(以下简称国家"十四五"规划)正式发布。

国家自然科学基金委员会是我国资助基础科学研究的重要单位。在国家"十四五"规划的大背景下,国家自然科学基金委员会始终跟随国家战略和科技规划的总体部署,积极开展战略规划的研究工作。在国家"十四五"规划的指导下,国家自然科学基金委员会管理科学部提出了我国管理科学研究的"十四五"发展战略。管理科学与工程学科"十四五"规划战略研究课题组基于国家"十四五"规划与管理科学部的"十四五"发展战略,对我国管理科学与工程学科的"十四五"发展战略展开研究。

从新中国成立以来管理科学与工程学科的发展历程来看,管理科学与工程学科是在解决国家不同发展阶段的现实管理问题中不断发展的,我国管理科学与工程学科发展是国家全局性科学技术发展战略的组成部分(盛昭瀚等,2021)。在我国经济与科技的发展进程中,管理科学与工程学科发展跟随国家战略和科技规划的总体部署(黄海军等,2012;

黄海军等，2016），顺势顺时，快速跟进，保持与国家发展战略的高度一致性，并积极推动基础理论研究和创新研究发展，为国家战略需求服务。从学科自身发展来看，学科战略规划对重点前沿领域布局、引领学者思考、推动人才成长等方面有着重要的作用（陈思华等，2022）。

学科战略规划的制订是一项复杂的工作。首先，学科战略规划最终是以资助基金项目的形式而落实，因此规划内容的设置须遵照基金委的项目资助特点，以使学科规划具有可操作性并真正得以实施；其次，学科规划虽在国家自然科学基金委员会管理科学部战略规划的框架下，但还须对学科内涵与学科发展规律、国家发展需求及学者前瞻性观点等开展更有学科针对性的综合分析，并结合管理科学部战略规划结果，明确学科战略规划的具体内容。因此，管理科学与工程学科"十四五"发展战略研究主要围绕三大部分展开：学科特征、学科目标与学科规划。

图 1.1 为战略研究的技术路线和本报告的章节结构，其中，学科特征部分（第 1 章、第 2 章）聚焦学科内涵与学科发展规律，剖析管理科

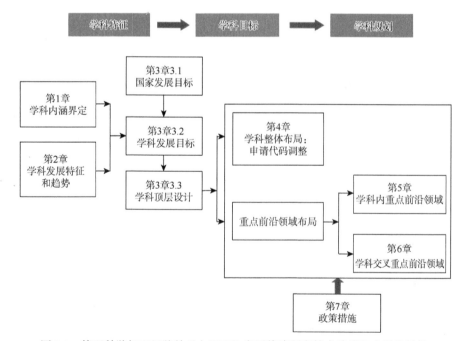

图 1.1　管理科学与工程学科"十四五"发展战略研究技术路线和本报告结构

学与工程的学科属性、历史使命及时代巨变下的发展特点；学科目标部分（第 3 章）从国家发展需求出发，基于学科属性与学科特征，汇聚本领域学者的专业知识凝练而成，并由此构建学科顶层设计；在学科顶层设计的框架下，学科规划部分（第 4 章、第 5 章、第 6 章）从学科整体布局和学科内重要领域布局两个维度进行论证，提出了学科申请代码的优化方案，以及 2021～2025 年乃至更长时间管理科学与工程学科需要重点发展的前沿领域。本报告最后一章（第 7 章）为学科规划能够切实落地给出了政策建议。

1.2　管理科学与工程学科界定及学科特征

1.2.1　管理科学与工程的内涵

管理科学与工程作为一门综合性交叉学科，其体系内容主要包含管理理论、管理技术和方法、管理的应用研究三大部分。这三大部分涵盖了多个学科的内容，并不能被目前的自然科学和社会科学体系中的任何一个或若干个学科的简单延扩或集成所妥善替代。管理科学与工程的研究范畴不仅包括自然科学和工程技术中的管理问题，还包括社会经济发展中的管理问题。管理科学与工程是一门横跨自然科学、工程科学和社会科学的新兴交叉学科。

作为管理科学的一个基础性分支，管理科学与工程是从系统论思想出发，基于优化、决策、统计、行为等多种理论，使用运筹与管理、管理系统工程、决策理论与方法、评价理论与方法、管理统计理论与方法、预测理论与方法、管理心理与行为、博弈理论与方法等，研究工业工程与质量管理、物流与供应链、服务科学与工程、信息系统与管理、风险管理、金融工程、工程管理、交通运输管理等多个应用领域的学科（吴杰等，2022）。图 1.2 描述了管理科学与工程学科的具体内涵。

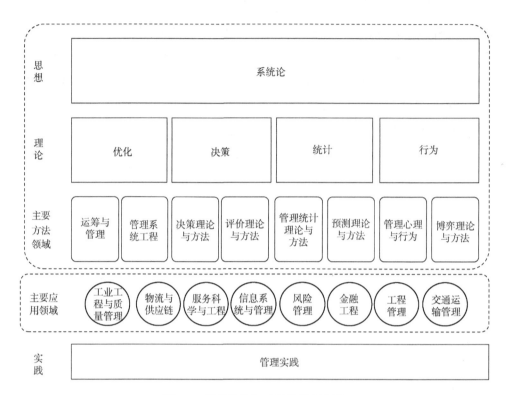

图 1.2　管理科学与工程的学科内涵

　　自从教育部 1998 年发布的《普通高等学校本科专业目录》将管理科学与工程设为一级学科以来,管理科学与工程专业在全国高等院校获得长足的发展。在教育部修订的《普通高等学校本科专业目录(2022 年版)》中,管理科学与工程类学科包括 11 个二级学科:管理科学、信息管理与信息系统、工程管理、房地产开发与管理、工程造价、保密管理、邮政管理、大数据管理与应用、工程审计、计算金融和应急管理。《学科分类与代码》(GB/T 13745—2009)依据学科的研究对象、学科的本质属性或特征、学科的研究方法、学科的派生来源、学科研究的目的与目标等五个方面对学科进行分类,共设 A 自然科学、B 农业科学、C 医药科学、D 工程与技术科学、E 人文与社会科学五个门类,下设一、二、三级学科。其中,管理科学与工程学科为 D 工程与技术科学类中编号为 630 的一级学科管理学下的子学科。

1.2.2 管理科学与工程的学科特征

管理科学与工程学科具有以下具体的特征。

1）学科交叉与知识融合

管理科学与工程学科自诞生以来，一直展现出学科交叉与知识融合的特征。具体来说，管理科学与工程理论、技术及方法的蓬勃发展和完善离不开工程与科技领域相关知识理论的发展。例如，在研究复杂性管理问题中，现代数学的相关知识理论为管理科学与工程学科研究提供了理论与方法基础；在解决管理问题技术方法层面，现代信息技术为其提供了相应的技术支持，也扩展了其研究领域；在探讨管理问题人为因素方面，现代心理学的理论与方法为其提供了多样的研究手段。管理科学与工程学科研究内容涉及管理学、计算机科学、数学、社会科学、信息科学等。

2）基础学科与领域的拓展性

不同于其他学科，作为管理科学的理论基础与管理学体系的基础学科，管理科学与工程学科拥有其自身特性。该学科的研究结合了定量与定性两种方法，以解决基础管理学问题为目标，为管理学其他领域提供理论支撑与方法指导。与此同时，由于外部环境与研究背景的不断迭代变化，管理科学与工程自身的研究理论及方法也会和其他领域相结合，以适应新的外部环境。因此，管理科学与工程学科具有拓展性的特征。总的来说，随着外部环境等因素的发展与变化，与时俱进、开拓创新成为管理科学与工程学科发展的必然要求。

3）研究的问题来源于实践

管理科学与工程学科所研究的问题多数源于实践，这些问题强调要用以定量分析为主的规范的科学方法进行研究，而对这些问题的研究结论给出的是洞察问题背后的客观规律，为管理实践者提供问题决策参考。比如，生产管理中的库存问题是一个来源于管理实践的重要问题，在管理科学与工程研究范畴内，对库存管理问题进行研究所洞察的客观规律具有广泛的普适性；研究战略资源储备优化决策实际上是研究库存优化决策问题；银行现金流的优化问题也是一个库存优化问题；民航客票定价问题实际上是客舱座位的库存优化问题等。

4）理论研究与应用的结合

管理科学与工程作为一门基础学科，产生了丰富的理论成果，为其他管理学问题的研究提供了坚实的理论支撑和方法支持，在推动管理学理论体系的建设上发挥着重要作用。但管理科学与工程最初诞生的目的就是解决现实的管理问题。例如，工业工程作为其重要应用领域，主要目的在于通过对各种生产要素进行全面的分析和合理的配置，促进系统协调有效运行，追求系统的整体优化，从而提高系统生产率，其研究成果可以直接指导企业最大限度地实现加快工程进度、降低工程造价、优化工程质量的目标。管理科学与工程学科是理论和实践的结合，是管理学体系的基础，其研究理论与方法有着很强的适用性。

1.3 管理科学与工程学科发展历程

20世纪初，工业开始进入"科学管理时代"，而管理科学与工程学科的发展，正是以现代工业化生产为背景，将工程与数学结合起来。早期的管理科学与工程以数学为主要工具，重点解决工程领域的一些重要生产问题，后因其在两次世界大战中的广泛应用而得到迅速发展，并逐渐成为一门独立的学科。现今最大的管理科学与工程国际学术组织运筹学与管理科学研究协会（Institute for Operations Research and the Management Sciences，INFORMS）的两大前身——美国运筹学会（Opreations Research Society of America，ORSA）和管理科学学会（The Institute of Management Sciences，TIMS）在 20 世纪 50 年代相继成立，进一步标志着管理科学与工程学科的正式形成。时至今日，由这两家学会于 1952 年和 1954 年所分别创立的 *Journal of the Operations Research*

Society of America（1955 年更名为 *Operations Research*）和 *Management Science* 仍是管理科学与工程学科的两大最具学术影响力的前沿期刊。随着第二次世界大战后全球经济的迅猛发展，以及大量经济学者的涌入，管理科学与工程学科的研究重心自 20 世纪 80 年代起，由工程领域逐步向商业领域转移。管理科学与工程学科形成了以数学、经济学、心理学等多学科交叉的理论和方法为研究工具，以商业管理研究为主，同时兼顾工程管理等多领域的新局面。进入 21 世纪以来，由于计算机技术及信息技术的飞速发展，管理科学与工程也容纳了计算机科学等学科的理论和方法。

　　管理科学与工程是我国管理学领域各个学科中发展最早、基础最雄厚的学科。新中国成立以来，以华罗庚教授为主要领导者推动的"双法"（统筹法与优选法）推广是中国历史上前所未有的管理科学化运动。随着 1978 年改革开放给我国经济社会与科技带来飞速发展，各行业在科学管理上出现了极大需求。在这种背景下，管理科学与工程学科依托自然科学和工程科学迎来了发展机遇期，在我国各行业的快速成长中发挥重要作用。在教育部 1998 年印发的《普通高等学校本科专业目录》中，管理科学与工程首次被确定为管理学科门类的一级学科，这一举措标志着我国管理科学与工程学科的正式建立。此后，我国的管理科学与工程学科的发展和其他发达国家有着类似的趋势，经历了由以工程管理研究为主到多领域管理研究并行，以及由依托数学到依托多学科交叉理论和方法的过程。

第 2 章　管理科学与工程学科发展特征及趋势

随着时代的飞速发展，新技术和新需求不断涌现，管理科学与工程学科的科学问题、研究边界乃至分析方法也在快速发生变化，深入理解我国管理科学与工程学科的发展特征及趋势，准确把握学术前沿及热点领域的演变规律，对明确管理科学与工程学科的未来发展目标和重点发展领域具有重要意义。

获取学科发展特征与趋势的分析视角和数据的方法有许多种，如学术文献、科研项目和一线学者等。其中，学术文献是科学研究产出的主要载体之一，它反映了一个学科实际的发展态势；国家自然科学基金委员会资助的基金项目是中国学者正在实施或已经完成的研究计划，可在一定程度上体现一个学科在中国的发展现状与趋势；科研一线的学者在长期的科研实践中对学科的发展形势也形成了具有较强专业性的学术判断。为此，本章从学术文献、资助项目、学者调研三个角度开展综合分析，力图全面理解管理科学与工程学科的发展特征及趋势。为使三者的分析结果具有可比性，本章采用统一的学科领域划分方法，即用国家自然科学基金委员会管理科学与工程学科的 19 个二级代码（2020 年版）来代表 19 个学科领域。

2.1　学术文献分析

在文献计量分析中，学术文献需要选自最具学科代表性的国际学术期刊。管理科学与工程学科"十四五"规划战略研究课题组按照如下程序确定管理科学与工程学科代表性学术期刊：①从 UTD24、FT50、

ABDC①的 A*级部分期刊中选出 61 种和管理科学与工程学科相关的期刊作为候选期刊；②向管理科学与工程学科的广大专家学者发送调查问卷（具体见附录 2），请学者从候选期刊列表中选择自己熟悉领域内最具代表性的学术期刊，同时每位学者也可以填写候选期刊列表之外的其他期刊，共收集有效问卷 831 份；③基于学者问卷调研数据，得到各领域的代表性学术期刊的排序；④邀请来自各领域的 31 位专家，对问卷调研得到的各学科领域代表性期刊排序结果进行研讨；⑤结合问卷调研结果及专家研讨意见，确定 46 种代表性学术期刊，如表 2.1 所示。

表 2.1　管理科学与工程学科 46 种代表性国际学术期刊

序号	期刊	序号	期刊
1	Management Science	18	Journal of Financial Economics
2	Operations Research	19	Administrative Science Quarterly
3	Production and Operations Management	20	Review of Financial Studies
4	Manufacturing & Service Operations Management	21	Harvard Business Review
5	Academy of Management Journal	22	Journal of Financial and Quantitative Analysis
6	INFORMS Journal on Computing	23	Research Policy
7	Transportation Science	24	American Economic Review
8	Journal of the American Statistical Association	25	Journal of Applied Psychology
9	Academy of Management Review	26	The Annals of Statistics
10	Transportation Research Part B：Methodological	27	Mathematics of Operations Research
11	Journal of the Royal Statistical Society：Series B（Statistical Methodology）	28	Biometrika
12	Econometrica	29	Journal of Environmental Economics and Management
13	MIS Quarterly	30	IISE Transactions
14	Journal of Operations Management	31	Journal of Political Economy
15	Information Systems Research	32	Journal of Marketing
16	Journal of Management	33	Reliability Engineering and System Safety
17	Journal of Finance	34	IEEE Transactions on Reliability

---

① UTD24 指的是美国得克萨斯大学达拉斯分校推出的涵盖管理科学、会计学、金融、市场营销、战略管理等的 24 种国际顶级期刊列表，FT50 是英国《金融时报》（Financial Times）经广泛咨询选出的 50 种商学学术期刊列表，ABDC 是澳洲商学院联盟（Australian Business Deans Council）制定的期刊列表。

续表

序号	期刊	序号	期刊
35	*International Journal of Forecasting*	41	*Strategic Management Journal*
36	*Journal of Quality Technology*	42	*Marketing Science*
37	*Risk Analysis*	43	*Journal of Marketing Research*
38	*Journal of Consumer Research*	44	*Journal of Management in Engineering*
39	*Journal of the Association for Information Systems*	45	*International Journal of Project Management*
40	*Journal of Management Information Systems*	46	*IEEE Transactions on Knowledge and Data Engineering*

从这 46 种期刊中选取文献时,将发文机构属性限制在管理学院、商学院和经济学院,以排除非管理学领域学者的论文。由此,得到 2010~2019 年刊载在这 46 种期刊上的 11 641 篇文章作为学术文献分析的基础数据。

选取学术文献后,将其按研究领域分组,方法如下:①确定 19 个领域的特征词。对 2010~2019 年基金委管理科学与工程学科 19 个二级代码下资助项目的关键词进行词频统计,词频(降序排列)前 10~12 位作为预选特征词,经过专家研讨和遴选,最终确定 19 个领域的特征词。②利用特征词将文献匹配到 19 个研究领域中。使用特征词对 11 641 篇学术文献逐一检索,如果一篇文章的标题、关键词或摘要中出现了某领域的任一特征词,即认为其属于该学科领域。此外,如果一篇文章的标题、关键词或摘要中同时出现了若干个领域的特征词,则该文章可以同时归入几个领域。

为进一步分析中国学术机构和学者的国际影响力与原创能力,通过专家评议,从 46 种期刊中选择 10 种高影响力期刊,如表 2.2 所示。这些期刊拥有较高的学术影响力,可以反映一个国家学术机构与学者的基础原创能力。

表 2.2　10 种管理科学与工程学科高影响力期刊

序号	期刊	序号	期刊
1	*Management Science*	3	*Production and Operations Management*
2	*Operations Research*	4	*Information Systems Research*

续表

序号	期刊	序号	期刊
5	*INFORMS Journal on Computing*	8	*MIS Quarterly*
6	*Journal of the American Statistical Association*	9	*Transportation Science*
7	*Manufacturing & Service Operations Management*	10	*Journal of Operations Management*

下面从论文发表数量、受资助情况及关键词三个方面对管理科学与工程学科发展特征及趋势进行分析。

1）论文发表数量分析

表 2.3 为 2010～2019 年中国、美国、加拿大、英国等代表性国家在 46 种代表性期刊 19 个领域的发文数量对比[①]，通过发文数量的国别对比，可以看出中国管理科学与工程学科的发展具有如下特点。

表 2.3　2010～2019 年各领域发文数量对比（单位：篇）

领域	中国	美国	加拿大	英国	德国	新加坡
信息系统与管理	493	2290	274	408	196	156
评价理论与方法	263	1333	167	279	112	83
管理系统工程	363	970	109	179	93	81
金融工程	188	1112	122	214	96	74
物流与供应链理论	301	1155	131	116	56	76
管理统计理论与方法	169	743	55	176	55	43
运筹与管理	175	591	78	77	40	65
博弈理论与方法	104	610	68	64	45	26
管理心理与行为	93	547	75	77	34	30
风险管理	129	362	45	108	33	28
工程管理	162	172	35	90	19	21
交通运输管理	115	235	53	39	21	32

---

① 值得注意的是，如果一篇论文中同时出现多个国家的作者，则该论文同时归入多个国家。同时，可能出现一篇论文同时属于多个领域的情况。

续表

领域	中国	美国	加拿大	英国	德国	新加坡
工业工程与管理	100	229	43	28	35	27
知识管理	49	175	26	67	26	11
预测理论与方法	29	113	10	49	16	7
决策理论与方法	40	149	12	23	10	7
系统可靠性与管理	78	46	14	19	0	10
管理理论与研究方法论	8	58	11	21	8	7
服务科学与工程	13	54	8	14	4	7
总数	1925	7802	945	1428	636	523

（1）中国管理科学与工程学科发文量全球排名第二，但与美国差距较大。我国学者2010～2019年在46种代表性期刊上发文总量为1925篇，远少于排名第一的美国（7802篇）。

（2）我国管理科学与工程学科在系统可靠性与管理、工程管理等领域具有一定优势。从各领域的发文数量对比来看，在系统可靠性与管理领域，中国学者发文量排名第一；在工程管理领域，中国学者发文量（162篇）与排名第一的美国（172篇）非常接近。值得注意的是，这两个领域都是工程应用领域，这与我国重大复杂工程项目体量大、数量多等背景情况息息相关，也说明了我国管理科学与工程学科发展和经济及社会发展的现实需求是相互促进与推动的。我国在工程项目等方面的大量现实需求使得工程应用领域迅速发展，逐渐成为我国管理科学与工程学科的优势领域。

表 2.4 列出了部分国家在 10 种高影响力期刊上的发文量。2010～2019 年中国学者在 10 种高影响力期刊上发文总量为 1146 篇，全球排名第 2 位，仅次于美国（6159 篇）。2015～2019 年我国学者共发文 733 篇，比 2010～2014 年增长了 77.5%。这些结果表明我国管理科学与工程学科基础原创能力有所提高，但与美国相比差距仍然很大，在这方面话语权和引领性远远不够。

表 2.4　2010～2019 年 10 种高影响力期刊论文发文量的国际对比

国家	2010～2014 年论文数/篇	2015～2019 年论文数/篇	增长率	论文总数/篇
美国	2816	3343	18.7%	6159
中国	413	733	77.5%	1146
加拿大	368	409	11.1%	777
英国	221	411	86.0%	632
德国	174	292	67.8%	466
新加坡	165	235	42.4%	400

　　表 2.5 列出了 2010～2019 年我国学者在 10 种高影响力期刊上发表的论文数。从表 2.5 可以看出，除了 *Journal of Operations Management* 以外，2015～2019 年我国学者在其他 9 种刊物中的发文数量较 2010～2014 年均有明显上升。

表 2.5　2010～2019 年我国学者在 10 种高影响力期刊上的论文发表情况（单位：篇）

期刊名称	2010～2014 年论文数	2015～2019 年论文数	论文总数
Production and Operations Management	70	162	232
Management Science	67	144	211
Journal of the American Statistical Association	67	90	157
Operations Research	73	80	153
Information Systems Research	38	58	96
MIS Quarterly	24	50	74
Manufacturing & Service Operations Management	26	43	69
Transportation Science	9	55	64
INFORMS Journal on Computing	20	35	55
Journal of Operations Management	19	16	35

　　表 2.6 展示了 2010～2019 年在 10 种高影响力期刊上的论文发表数量排名前十位的中国内地机构。中国内地和中国香港在 10 种高影响力期刊上发文量最多的三个机构分别是香港城市大学（176 篇）、香港科技大学

（175 篇）和香港中文大学（119 篇）。中国内地发文量排名前三位的机构分别为清华大学（90 篇）、复旦大学（77 篇）和上海交通大学（73 篇）。从高影响力期刊发文量来看，我国内地高校和香港地区高校仍有很大差距，加强与香港地区高校的学术交流和合作对带动我国内地高校的管理科学与工程学科高水平研究的发展有较大帮助。

表 2.6　中国内地机构 2010～2019 年在 10 种高影响力期刊上的论文发表数量（前十位）

中国内地排名	中国内地和中国香港总体排名	机构名称	2010～2014年论文数/篇	2015～2019年论文数/篇	论文总数/篇
1	6	清华大学	23	67	90
2	7	复旦大学	25	52	77
3	8	上海交通大学	34	39	73
4	9	上海财经大学	18	39	57
5	11	北京大学	22	28	50
6	13	中国科学技术大学	3	32	35
7	16	南京大学	9	20	29
8	17	浙江大学	6	23	29
9	19	华中科技大学	7	21	28
10	21	中山大学	10	16	26

2）受资助情况分析

图 2.1 分析了 2010～2019 年 46 种代表性期刊发表论文的受资助情况，主要对比了 5 个国家的代表性基金资助机构的论文资助情况，包括中国的国家自然科学基金委员会（National Natural Science Foundation of China，NSFC）、美国的国家自然科学基金会（National Science Foundation，NSF）、加拿大自然科学与工程研究理事会（Natural Sciences and Engineering Research Council of Canada，NSERC）、英国的经济与社会研究理事会（Economic and Social Research Council，ESRC）和德国科学基金会（Deutsche Forschungsgemeinschaft，DFG）。

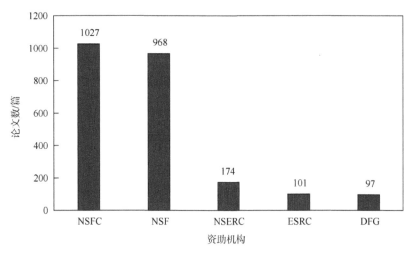

图 2.1　2010～2019 年 46 种代表性期刊发表论文的受资助情况

2010～2019 年国家自然科学基金资助的论文篇数为 1027 篇，超过中国学者总发文量（1925 篇）的一半，高于 NSF 资助的论文数量（968 篇），排名第一位，这说明国家自然科学基金是管理科学与工程学科最重要、最有效的资助来源。

值得注意的是，NSERC 和 ESRC 资助的论文篇数分别是 174 篇和 101 篇，而受 DFG 资助的论文篇数仅为 97 篇，这与加拿大、英国及德国科学基金的体量比较小有很大关系。据相关数据，NSERC 每年的基金资助体量约为 1.5 亿美元，ESRC 每年的基金资助体量约为 2 亿英镑，DFG 每年的基金资助体量约为 13 亿欧元，这与我国国家自然科学基金每年的基金资助体量约 300 亿元人民币、美国 NSF 每年的基金资助体量约 85 亿美元有很大差距。

图 2.2 展示了 2010～2014 年和 2015～2019 年管理科学与工程学科主要国家代表性基金论文资助情况对比。相比于 2010～2014 年资助学术论文 222 篇，国家自然科学基金委员会在 2015～2019 年资助的学术论文数量达到 805 篇。在这 5 个国家代表性资助基金中，国家自然科学基金委员会的增速（262.61%）和增长数量（583 篇）最高。从被资助论文数量变化趋势来看，国家自然科学基金委员会资助的学术成果增长数量和增长速度远超主要发达国家，资助绩效显著提升。

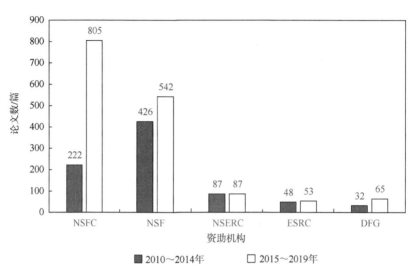

图 2.2 2010～2014 年和 2015～2019 年主要国家代表性基金论文资助情况对比

　　表2.7给出了2010～2019年国家自然科学基金委员会资助论文数量对比情况。从各领域被资助论文数量来看,我国信息系统与管理、管理系统工程、物流与供应链理论这三个领域被资助的论文数量最多,均超过180篇。这和这三个领域被资助的基金项目数量比较多有很大关系。根据相关数据,2010～2019年,信息系统与管理领域受资助的基金项目共有510个,在19个领域中排名第二;管理系统工程领域受资助的项目总数有331个,排名第五;物流与供应链理论领域受资助的项目总数有376个,排名第四。

表 2.7　2010～2019 年各学科领域中国家自然科学基金资助论文数量对比

领域	国家自然科学基金委员会资助论文数/篇
信息系统与管理	265
管理系统工程	222
物流与供应链理论	182
评价理论与方法	133
运筹与管理	113
管理统计理论与方法	105

续表

领域	国家自然科学基金委员会资助论文数/篇
工程管理	93
交通运输管理	81
风险管理	69
工业工程与管理	62
博弈理论与方法	58
系统可靠性与管理	58
金融工程	52
管理心理与行为	35
决策理论与方法	23
知识管理	21
预测理论与方法	9
服务科学与工程	6
管理理论与研究方法论	5

3）关键词分析

2010～2019 年管理科学与工程学科 19 个领域在 46 种代表性期刊上发表的 11 641 篇论文共有 24 983 个关键词，总频次为 49 164。表 2.8 呈现了频次排序前 30 位的关键词，其中，"game theory"（博弈论）、"project management"（项目管理）、"innovation"（创新）、"pricing"（定价）和"dynamic programming"（动态规划）是频次排名前 5 位的学术关键词。这表明博弈论、项目管理、创新、定价和动态规划等已经成为管理科学与工程学科文献重点关注的学术方向。

表 2.8　2010～2019 年管理科学与工程学科论文关键词分布与变化趋势

关键词	2010～2014 年频次	2015～2019 年频次	总频次	变化率
game theory	95	133	228	40%
project management	86	84	170	−2%
innovation	72	94	166	31%

续表

关键词	2010~2014年频次	2015~2019年频次	总频次	变化率
pricing	70	94	164	34%
dynamic programming	44	88	132	100%
supply chain management	66	57	123	−14%
social media	38	84	122	121%
competition	53	52	105	−2%
risk management	50	49	99	−2%
simulation	47	52	99	11%
revenue management	38	60	98	58%
uncertainty	39	55	94	41%
performance	42	43	85	2%
robust optimization	23	54	77	135%
electronic commerce	39	35	74	−10%
forecasting	25	48	73	92%
dynamic pricing	26	44	70	69%
social networks	34	35	69	3%
creativity	29	39	68	34%
inventory management	30	37	67	23%
information asymmetry	27	40	67	48%
advertising	38	28	66	−26%
supply chain	25	40	65	60%
big data	6	59	65	883%
mechanism design	26	38	64	46%
asset pricing	27	36	63	33%
learning	28	33	61	18%
optimization	22	39	61	77%
China	27	31	58	15%
healthcare	18	39	57	117%

根据表 2.8 可以发现,"big data"(大数据)、"robust optimization"(鲁棒优化)、"social media"(社交媒体)、"healthcare"(医疗)、"dynamic programming"(动态规划)增长迅猛,这五个关键词 2015~2019 年相对于 2010~2014 年的变化率都达到或超过了 100%。尤其是

"big data"（大数据），由 6 个增加到 59 个，这表明与大数据有关的研究方向正在迅猛发展，逐渐成为管理科学与工程学科新的研究领域。表 2.9 从 46 种代表性期刊文献关键词的角度给出了各领域的研究热点。

表 2.9 基于 2010～2019 年 46 种代表性期刊发表论文关键词的领域研究热点

领域	研究热点
信息系统与管理	social media（社交媒体）；electronic commerce（电子商务）；user-generated content（用户生产内容）；data mining（数据挖掘）；business intelligence（商务智能）；online reviews（网络评论）；social networks（社交网络）
管理系统工程	simulation（仿真）；statistical process control（统计过程控制）；system dynamics（系统动力学）；Wiener process（维纳过程）；estimating equations（估计方程）；Lasso（套索算法）；Monte Carlo simulation（蒙特卡罗仿真）；dimension reduction（降维）；EM algorithm（最大期望算法）；nonparametric regression（非参数回归）；variable selection（变量选择）
物流与供应链理论	supply chain（供应链）；dynamic pricing（动态定价）；information asymmetry（信息不对称）；pricing（定价）；competition（竞争）；dynamic programming（动态规划）；inventory management（库存管理）
评价理论与方法	big data（大数据）；performance（绩效）；construction project（建设项目）；social media（社交媒体）；game theory（博弈论）；risk management（风险管理）
金融工程	performance（绩效）；cross-section（横截面）；investment（投资）；liquidity（流动性）；option pricing（期权定价）；asset pricing（资产定价）；innovation（创新）；stock returns（股票收益）
运筹与管理	dynamic programming（动态规划）；supply chain management（供应链管理）；robust optimization（鲁棒优化）；revenue management（收益管理）；dynamic pricing（动态定价）；inventory（库存）；pricing（定价）；facility location（设施选址）；game theory（博弈论）；information sharing（信息共享）；queueing theory（排队论）
管理统计理论与方法	dimension reduction（降维）；Wiener process（维纳过程）；nonparametric regression（非参数回归）；variable selection（变量选择）；Bayesian inference（贝叶斯推理）；value-at-risk（风险价值）；Bayesian analysis（贝叶斯分析）；Bayesian reliability（贝叶斯可靠性）；EM algorithm（最大期望算法）；estimating equations（估计方程）；Lasso（套索算法）；SURE independence screening（SURE 独立筛选）
工程管理	project management（项目管理）；construction project（建设项目）；building information modeling（建筑信息模型）；megaprojects（大型项目研究）；construction management（施工管理）；public private partnership（公共私营合作制）；risk management（风险管理）；social network analysis（社交网络分析）
风险管理	risk assessment（风险评估）；risk analysis（风险分析）；optimization（优化）；project performance（项目绩效）；systemic risk（系统性风险）；value-at-risk（风险价值）；expected shortfall（期望损失）；financial network（金融网络）；hedging（对冲）；Monte Carlo（蒙特卡罗）；project risk management（项目风险管理）；risk aversion（风险厌恶）；simulation（仿真）；supply chain management（供应链管理）
交通运输管理	user equilibrium（用户均衡）；bottleneck model（瓶颈模型）；service network design（服务网络设计）；column generation（列生成）；congestion pricing（峰时定价）；dynamic programming（动态规划）；dynamical system（动态系统）；facility location（设施选址）；green transportation（绿色交通）；manpower planning（人力规划）；morning commute（早上通勤）；road pricing（道路收费制度）；robust optimization（鲁棒优化）；stochastic programming（随机规划）

续表

领域	研究热点
博弈理论与方法	game theory（博弈论）；Nash equilibrium（纳什均衡）；pricing（定价）；mechanism design（机制设计）；competition（竞争）；auction（拍卖）；cooperative game theory（合作博弈论）；cost allocation（费用分摊）；information sharing（信息共享）；price discrimination（价格歧视）
工业工程与管理	scheduling（排班）；statistical process control（统计过程控制）；contingency table（列联表）；optimization（优化）；appointment scheduling（预约日程安排）；project management（项目管理）；average run length（平均链长）；column generation（列生成）；dynamic programming（动态规划）；EWMA（指数加权移动平均）；service operation（服务运作）；stochastic programming（随机规划）
管理心理与行为	creativity（创造力）；behavior（行为）；emotional exhaustion（情绪衰竭）；organizational citizenship behavior（组织公民行为）；regulatory focus（调节定向）；emotion regulation（情绪调节）；emotional intelligence（情绪智力）；personality（个性）；self-efficacy（自我效能）；self-regulation（自我调节）；team performance（团队绩效）
系统可靠性与管理	preventive maintenance（预防性维护）；Wiener process（维纳过程）；condition-based maintenance（视情维修）；data fusion（数据融合）；degradation modeling（退化建模）；prognostics（预测学）；reliability（可靠性）；condition monitoring（状态检测）；degradation model（退化模型）；inspection（检查）；maintenance（维护）；remaining useful life（剩余使用寿命）；replacement（替换）
知识管理	knowledge sharing（知识共享）；knowledge management（知识管理）；job performance（工作绩效）；business process outsourcing（业务流程外包）；innovation performance（创新绩效）；KMS implementation（知识管理系统实施）；knowledge breadth（知识广度）；knowledge depth（知识深度）；knowledge spillover（知识溢出）；knowledge transfer（知识转移）；social capital（社会资本）；social media（社交媒体）；tacit knowledge（隐性知识）
决策理论与方法	prospect theory（前景理论）；loss aversion（损失厌恶）；Bayesian reliability（贝叶斯可靠性）；dynamic programming（动态规划）；failure mode and effect analysis（失效模式与影响分析）；lotteries（抽奖）；reference point（参考点）；risk assessment（风险评估）
预测理论与方法	machine learning（机器学习）；principal component analysis（主成分分析）；social media（社交媒体）；support vector machine（支持向量机）；enterprise microblogging（企业微博）；accelerated life testing（加速寿命试验）；accelerated trend-renewal process（加速趋势更新过程）；active learning（主动学习）；AIC（赤池信息准则）；ARIMA（差分自回归移动平均）；arrival process（到达过程）；artificial intelligence（人工智能）；auto-correlated observation（自相关观测）；automatic forecasting（自动预测）；big data（大数据）
服务科学与工程	mobile data services（移动数据服务）；queueing（排队）；service innovation（服务创新）；anecdotal reasoning（坊间推理）；brand equity（品牌资产）；business environment（商务环境）；business model innovation（商业模式创新）；business performance（商业绩效）；capacity management（产能管理）；cloud computing（云计算）
管理理论与研究方法论	assemble-to-order system（按订单组装系统）；bibliometric analysis（文献计量分析）；boundary management（边界管理）；canonical action research（规范行动研究）；classic text（经典文本）；complexity（复杂性）；digital platform（数字化平台）；focal theory（焦点理论）；instrumental theory（工具理论）

通过对 2010～2019 年 46 种代表性期刊上发表论文的关键词进行聚

类，从中可以看出管理科学与工程学科文献中的一部分重点研究方向，如大数据、动态规划、优化、风险管理、项目管理、供应链和博弈论等。

通过对 2010 年、2015 年、2019 年学术文献关键词聚类的结果进行分析，可以看出，2010～2019 年学术文献研究热点的演化趋势具有以下特征（丁秀莲等，2022）。

（1）十年间研究热点发生了较大变化，但是博弈论、优化、供应链、风险管理等传统领域依然是研究热点。

（2）近年来，人工智能、物联网、大数据、区块链等新兴技术的发展对管理科学与工程领域的理论及实践产生了颠覆性影响。新的研究领域不断涌现，如大数据、机器学习、技术创新等。

图 2.3 展示了受到国家自然科学基金委员会资助的论文中频次排序前 30 的关键词和 2015～2019 年相对于 2010～2014 年的词频变化率。

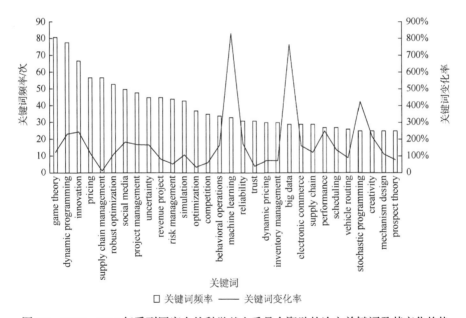

图 2.3　2010～2019 年受到国家自然科学基金委员会资助的论文关键词及其变化趋势

从受到国家自然科学基金委员会资助的论文关键词词频来看，出现频率最高的五个关键词分别为"game theory"（博弈论）、"dynamic programming"（动态规划）、"innovation"（创新）、"pricing"（定价）

和"supply chain management"（供应链管理），这和 46 种代表性期刊上所有已发表论文中出现频率最高的关键词高度一致。这表明，受国家自然科学基金委员会资助的论文代表性较强，基本覆盖了管理科学与工程学科的重点研究方向。

从受到国家自然科学基金委员会资助的论文关键词词频变化趋势来看，"machine learning"（机器学习）、"big data"（大数据）和"stochastic programming"（随机规划）这三个关键词增长速度非常快（增长率都超过 400%），远超其他关键词。这表明，在受国家自然科学基金委员会资助的论文中，机器学习、大数据、随机规划等研究方向发展迅速。

2.2　资助项目分析

为了从已资助项目的角度分析管理科学与工程学科的发展趋势，管理科学与工程学科"十四五"规划战略研究课题组对 2010～2019 年管理科学与工程学科已资助项目的关键词进行聚类分析。2010～2019 年，管理科学与工程学科共资助了 4218 个项目，这些项目一共包含11 027 个关键词，总频次为 19 568。根据聚类结果可以发现，2010～2019 年，数据驱动、供应链、风险管理、交通管理等是管理科学与工程学科资助项目的核心领域。

表 2.10 从已资助项目关键词的角度给出了各领域的研究热点。

表 2.10　2010～2019 年管理科学与工程学科已资助项目关键词的研究热点

领域	研究热点
运筹与管理	鲁棒优化、启发式算法、供应链管理、优化算法、多目标优化、算法设计、动态规划、随机库存模型、组合优化、收益管理、排队论
信息系统与管理	数据挖掘、电子商务、管理信息系统、用户行为、社会化媒体、文本挖掘、个性化推荐、决策支持系统、商务智能、在线评论、推荐系统、移动商务

续表

领域	研究热点
金融工程	资产定价、计算实验金融、期权定价、市场微观结构、投资组合、行为金融、金融市场、金融风险管理、期权定价模型、股票市场、金融大数据、投资者行为、信用风险
物流与供应链理论	供应链、协调机制、库存管理、信息不对称、再制造、随机需求、资金约束、电子商务物流、动态定价、协调优化、运营管理
管理系统工程	复杂网络、计算实验、系统动力学、超网络、复杂系统、仿真、演化、抗毁性
决策理论与方法	群决策、多属性决策、决策模型、多准则决策、决策分析、信息集结、前景理论、信息融合、共识过程
工业工程与管理	调度、统计过程控制、质量工程、大规模定制、人机界面设计与可用性、制造系统、产品服务系统、服务过程建模、人因工程、生产管理、云制造
交通运输管理	出行行为、交通安全、交通流建模与仿真、交通运输、用户均衡、城市交通网络、驾驶行为、交通控制、交通规划、列车运行调整、驾驶模拟器、交通排放
风险管理	风险度量、系统性风险、相依风险、风险控制、风险评估、破产概率、风险分析、相依结构、操作风险、风险识别、风险预警
评价理论与方法	数据包络分析、效率评价、绩效评价、大数据、综合评价、环境效率、决策单元、效率分析、资源配置
管理心理与行为	安全绩效、情绪、认知机制、行为决策、心理机制、创造力、团队有效性、脑生理机制、眼动追踪
工程管理	重大工程、PPP 项目、建筑信息模型、工程项目管理、建设项目、可持续建设、大型工程、工程决策、地铁工程
系统可靠性与管理	可靠性管理、可修系统、维修决策优化、预防性维修、聚合随机过程、性能退化模型、维修策略、安全性、多部件系统、故障诊断、视情维修
知识管理	知识共享、知识网络、知识转移、可拓学、创新绩效、知识服务、知识集成、知识整合、合作创新、人际知识网络
预测理论与方法	灰色预测模型、灰色系统理论、智能预测法、集成预测法、定量预测法、多尺度分析、经济预测、组合预测
博弈理论与方法	机制设计、合作博弈、合作对策、纳什均衡、联盟结构、分配方案、拍卖、演化博弈
服务科学与工程	服务参与者、服务行为、服务工程、服务质量管理、服务模式、服务创新、服务资源配置优化、服务运作管理、医疗服务
管理理论与研究方法论	制度设计、管理理论、管理研究方法、中国式管理、中国流派、中国传统文化、社会管理、儒家思想、管理思想、管理模式、管理机制
管理统计理论与方法	变量选择、波动率、高频数据、自适应、VaR、贝叶斯、多维时间序列模型、多因素模型、非参数

注：PPP 表示 public-private partnership（政府和社会资本合作），VaR 表示 value at risk（风险价值）

2.3　学者调研分析

为了获取科研一线学者对中国管理科学与工程学科发展形势的学术判断,管理科学与工程学科"十四五"规划战略研究课题组向学者发送调查问卷,请学者给出中国分别与美国、加拿大、英国、德国、新加坡这5个国家在19个研究领域研究水平的对比分值,分值最高为5分,表示中国在该领域的研究水平处于领先位置;分值最低为1分,表示中国在该领域的研究水平处于落后位置。调查问卷具体内容见附录3。

共回收399份有效问卷,被调查者包括管理科学与工程学科的国内外专家,其中国外专家问卷18份,国内专家问卷381份。填写问卷的国内外专家中青年学者居多,45岁以下学者占比72.4%,并且81.2%的专家有副高级及以上职称。表2.11呈现了专家对各学科领域的科研竞争力评分。

表 2.11　2010~2019 年中国管理科学与工程学科各领域竞争力专家调研情况

领域	与美国相比	与加拿大相比	与英国相比	与德国相比	与新加坡相比	平均分
管理系统工程	3.2	3.5	3.6	3.4	3.4	3.4
交通运输管理	3.3	3.7	3.4	3.2	3.4	3.4
决策理论与方法	3.2	3.4	3.2	3.6	3.6	3.4
系统可靠性与管理	2.8	3.4	3.3	3.1	3.6	3.2
风险管理	2.8	3.2	3.0	3.0	3.4	3.1
服务科学与工程	2.6	3.2	3.2	3.4	2.4	3.0
评价理论与方法	2.9	3.0	3.1	2.9	2.9	3.0
物流与供应链理论	2.8	3.0	3.2	2.8	2.8	2.9
运筹与管理	2.7	2.9	3.1	2.8	3.0	2.9
预测理论与方法	2.4	3.0	2.6	3.4	2.8	2.8

续表

领域	与美国相比	与加拿大相比	与英国相比	与德国相比	与新加坡相比	平均分
信息系统与管理	2.5	3.0	3.2	2.6	2.8	2.8
博弈理论与方法	2.3	3.0	3.3	3.0	2.3	2.8
工程管理	2.8	2.6	3.0	2.6	3.0	2.8
知识管理	2.8	3.0	2.5	2.0	3.2	2.7
金融工程	2.4	2.7	2.6	2.6	2.7	2.6
管理理论与方法	2.2	2.4	2.4	2.4	3.0	2.5
管理统计理论与方法	2.0	2.3	2.4	2.7	2.7	2.3
工业工程与管理	2.1	2.4	2.4	2.2	2.4	2.3
管理心理与行为	2.3	2.2	2.2	2.0	2.3	2.2

　　根据表 2.11 可以发现，我国管理科学与工程学科在管理系统工程、交通运输管理、决策理论与方法、系统可靠性与管理、风险管理这五个领域的平均得分处于 3.1～3.4 分，具备一定的国际领先优势；服务科学与工程、评价理论与方法、物流与供应链理论、运筹与管理这四个领域的平均得分处于 2.9～3.0 分，与国际平均水平接近；管理统计理论与方法、工业工程与管理、管理心理与行为这三个领域的平均得分低于2.4 分，与国际平均水平差距较大。

　　值得注意的是，在工业工程与管理领域，文献计量分析与专家调研的结果差异较大。从文献计量分析的结果来看，在工业工程与管理领域中，中国学者发文数量为 100 篇，发文数量占该领域总发文数量的23.6%[①]，仅次于该领域发文量排名第一的美国（229 篇），这说明该领域研究水平接近于国际平均水平，而专家调研的结果显示工业工程与管理是弱势领域。出现偏差的原因可能是工业工程与管理领域相对比较宽泛，专家对工业工程与管理领域的界定和文献计量分析中基于关键词的领域界定可能有较大差异。

---

　　① 值得注意的是，如果一篇论文中同时出现多个国家的作者，则该论文同时归入多个国家。同时，可能出现一篇论文同时属于多个领域的情况。

2.4　本章小结

经过上面的分析，关于管理科学与工程学科发展特征和趋势可以得到以下结论。

（1）我国在管理科学与工程学科方面的整体研究水平稳步提升，学科科研竞争力增强，高水平研究成果不断涌现，但是和美国相比还有很大差距。

（2）从 46 种代表性期刊论文发表数量来看，我国管理科学与工程学科在系统可靠性与管理、工程管理等工程应用领域具有较大优势。

（3）从专家调研来看，我国管理科学与工程学科在管理系统工程、交通运输管理、决策理论与方法、系统可靠性与管理、风险管理这五个领域有一定优势，但是在管理统计理论与方法、管理心理与行为等基础研究领域以及工业工程与管理领域仍相对薄弱。

（4）在高水平成果产出方面，我国内地高校和香港地区高校仍有很大差距，内地高校与香港地区高校之间的学术交流合作需要进一步加强。

（5）国家自然科学基金委员会是管理科学与工程学科最重要、最有效的资助来源，受国家自然科学基金委员会资助的学术成果增长相对速度和绝对速度都远超主要发达国家。

（6）与大数据、机器学习和人工智能等有关的研究方向正在迅猛发展，已经逐渐成为管理科学与工程学科新的研究领域。

第 3 章 管理科学与工程学科发展目标与顶层设计

管理科学与工程是一门为现实发展服务的学科，本身具有很强的实践性和需求导向性，这些属性也赋予了这门学科服务国家重大需求的历史责任和使命。纵观历史，中国管理科学与工程学科的历次跨越式发展都与时代变革密切相关。新技术和新发展情境推动着管理科学与工程学科的发展，另外，时代变革下国家的发展目标和需求对管理科学与工程学科不断提出新的要求，对其产生了巨大的引领作用。抽象而言，管理科学与工程学科的发展目标就是提高核心领域的研究水平，提升学科的国际竞争力，为我国实现国家层面的发展目标提供科学支撑，而找准其中的着力点、构建具体可实施的顶层布局是学科发展目标得以实现的关键，也是本章的主要研究内容。

本章对国家发展目标进行梳理和分析，结合前两章学科属性与发展特征的研究结论，通过多轮专家调研与论证，得到具体的、可实施的学科发展目标，建立由重大驱动要素和战略研究方向构成的顶层布局构架。

3.1 国家发展目标

本节对国家"十四五"规划进行了系统的梳理，将其中和管理科学与工程学科有关的国家发展目标进行了总结，具体内容如下。

1）提升产业链供应链现代化水平

分行业做好供应链战略设计，形成具有更强创新力、更高附加值、更安全可靠的产业链供应链。推动产业链供应链多元化。巩固提升高铁、电力装备、新能源、船舶等领域全产业链竞争力，从符合未来产业变革方向的整机产品入手打造战略性全局性产业链。

2）加强原创性引领性科技攻关

在事关国家安全和发展全局的基础核心领域，制订实施战略性科学计划和科学工程。针对新一代人工智能、量子信息、集成电路、脑科学与类脑研究、基因与生物技术、临床医学与健康、深空深地深海和极地探测等科技前沿领域进行攻关。

3）加快建设交通强国

建设现代化综合交通运输体系，推进各种运输方式一体化融合发展。推进战略骨干通道、高速铁路、普速铁路、城市群和都市圈轨道交通、高速公路、港航设施、现代化机场、综合交通和物流枢纽等交通强国工程建设。

4）积极应对气候变化

落实 2030 年应对气候变化国家自主贡献目标，制订 2030 年前碳排放达峰行动方案，锚定努力争取 2060 年前实现碳中和。

5）打造数字经济新优势

充分发挥海量数据和丰富应用场景优势，促进数字技术与实体经济深度融合，赋能传统产业转型升级，催生新产业新业态新模式，壮大经济发展新引擎。促进共享经济、平台经济健康发展。

6）发展壮大战略性新兴产业

聚焦新一代信息技术、生物技术、新能源、新材料、高端装备、新能源汽车、绿色环保以及航空航天、海洋装备等战略性新兴产业，构筑产业体系新支柱。在类脑智能、量子信息、基因技术、未来网络、深海空天开发、氢能与储能等前沿科技和产业变革领域，谋划布局一批未来产业。

7）推进一系列重大工程、重大项目建设

推进既促消费惠民生又调结构增后劲的新型基础设施、新型城镇化、交通水利等重大工程建设，实施川藏铁路、西部陆海新通道、国家水网、雅鲁藏布江下游水电开发、星际探测、北斗产业化等重大工程，推进重大科研设施、重大生态系统保护修复、公共卫生应急保障、重大引调水、防洪减灾、送电输气、沿边沿江沿海交通等一批强基础、增功能、利长远的重大项目建设。

8）推动制造业优化升级

深入实施智能制造和绿色制造工程，发展服务型制造新模式，推动制造业高端化智能化绿色化。培育先进制造业集群，推动集成电路、航空航天、船舶与海洋工程装备、机器人、先进轨道交通装备、先进电力装备、工程机械、高端数控机床、医药及医疗设备等产业创新发展。建设智能制造示范工厂，完善智能制造标准体系。

3.2 学科发展目标

在管理科学与工程学科"十四五"发展目标的论证中，管理科学与工程学科"十四五"规划战略研究课题组不仅注重与国家"十四五"规划和发展目标的精准对接，还密切响应国家对科技领域提出的加强基础科学研究、提高原始创新能力的要求。同时，管理科学与工程学科"十四五"规划战略研究课题组紧密结合国家自然科学基金委员会管理科学部的"十四五"发展目标——形成若干基于中国实践的原创的管理科学理论、探索管理科学的新范式与新方法、提升服务国家战略需求的能力和水平、资助一批创新性的高端人才和团队、推动中国管理科学的学科发展，来开展研究工作。在学术文献分析、资助项目分析及学者调研分析（第 2 章）三方面论证的基础上，管理科学与工程学科"十四五"规划战略研究课题组开展了包括线上线下研讨会议、问卷调研（问卷具体内容见附录 7）、一对一电话访问等多种形式的、广泛的专家调研，确定了学科发展目标。

管理科学与工程学科"十四五"总体发展目标是面向全球变革中的国家需求，构建新时代管理科学与工程理论及方法，支撑国家需求和学科发展，提高管理科学与工程学科竞争力及高水平研究成果产出。

具体来说，发展目标包括以下几个方面：①在学科领域发展方面，继续扩大系统可靠性与管理、工程管理等工程应用领域的优势；发展弱势领域，包括管理统计理论与方法、管理心理与行为等基础研究领域；提前布局前沿领域，包括大数据、人工智能等领域。②在理论创新方面，聚焦于形成若干原创性和交叉性的管理科学与工程理论，服务于管理科学的工商管理、经济管理与公共管理学科。③在服务国家需求方面，着眼于开展富有中国特色的管理科学与工程研究，提升服务国家重大需求的能力。④在基础保障方面，立足于建设一批具有国际影响力的管理基础设施，形成涵盖基地、数据、平台、方法、智库、期刊的知识产出体系。⑤在人才培养方面，定位于培养一批服务国家战略需求的具有学术影响力的领军人才和科学家群体。

3.3　学科顶层设计

在进行管理科学与工程学科"十四五"顶层设计时，管理科学与工程学科"十四五"规划战略研究课题组紧密结合国家"十四五"规划发展目标，并且注重与国家自然科学基金委员会管理科学部"十四五"规划顶层设计的协调统一，使得管理科学与工程学科顶层设计成为国家自然科学基金委员会管理科学部"十四五"规划顶层设计的重要组成部分。

管理科学与工程学科"十四五"规划战略研究课题组将管理科学与工程学科顶层设计分为重大驱动要素和战略研究方向两部分，通过问卷调研和专家研讨相结合的方式对学科顶层设计进行论证。具体来说，管理科学与工程学科"十四五"规划战略研究课题组开展了战略定位和专家咨询两个阶段的工作。

在第一阶段战略定位的工作中，管理科学与工程学科"十四五"规划战略研究课题组邀请了 20 多位专家进行了两轮的座谈研讨。通过分组讨论，专家对管理科学与工程学科"十四五"期间的重大变革因素和挑战、重大学术创新、国家机遇、学科交叉机遇、学术话语权及话语权目标进行了深入探讨,基本明确了引发管理科学与工程学科未来研究重大变革的主要因素。专家研讨指出,"十四五"期间管理科学与工程学科发展的四大驱动要素包括方法瓶颈、科技变革、全球治理和中国情景。

(1)解决方法瓶颈需要经典方法的突破和商务数据方法的变革(舒嘉等,2022)。统计学习与人工智能的结合将突破经典方法的局限。例如,新技术的发展使得决策的颗粒度微观化,从而突破传统决策方法和工具的局限;机器学习、深度学习、自然语言处理等新方法的出现,能加深对系统化、大规模、快速反应的管理科学与工程问题的认识深度和广度等。同时,海量商务数据(即商务大数据)在经济、社会发展中的重要作用已逐步为各国政府和管理学界所重视。重视商务数据方法的研究和应用已成为学科未来发展的现实选择。

(2)科技变革导致管理对象、产业形态发生颠覆性改变(李建平等,2022)。人工智能、区块链、云计算、物联网、大数据等技术的发展,导致产业变革,引起了人的社会分工的变化,催生了新的人和管理对象(如智能工厂)关系(如人的行为、管理模式)的管理问题。同时,科技变革产生了不同的产业形态,引起了技术链、产业链和价值链的重大变革。例如,空间技术、太空开发、深海开发等新领域快速发展,带来了新的管理问题。

(3)全球治理包括大国竞合及应对人类发展的挑战(吴建军和吕莹,2022)。世界经济、科技格局的变化,以及我国在国际关系中的地位调整,都对理解新形势下的全球治理提出了新的要求。全球治理包括世界主要大国在经济、技术发展等方面的竞争和合作机制的分析与探究。例如,中美体系之间的对抗、国际贸易的摩擦,以及国际合作内容和形式的变化等。同时,气候变化、重大传染性疾病等人类发展面临的挑战也将给管理科学与工程学科的发展带来新的机遇。

(4)中国情景包括对我国领跑工程的经验总结和"卡脖子"技术的创新管理(李敏强和冯海洋,2022)。研究中国情景的管理问题将是提出中国原创的管理理论和方法的重要路径,有助于总结中国在重大工程等方面的成功经验,并能指导关系国计民生领域关键技术的发展和突破。"十四五"期间，针对高速铁路等具有中国特色的领跑工程，研究其背后的管理规律和理论。同时，对核心算法、大型软件、发动机等"卡脖子"技术的攻关和突破也将是管理科学与工程学科领域的重要研究对象。

第一阶段的战略定位工作确定了管理科学与工程学科"十四五"发展的重大驱动要素。为了确定学科"十四五"发展的战略研究方向，管理科学与工程学科"十四五"规划战略研究课题组在战略定位阶段研讨结果的指导下，进行了第二阶段的专家咨询工作。为了凝聚管理科学与工程学科广大专家学者的集体智慧，课题组进行了大范围的问卷调研，邀请了学科国内外知名专家，包括资深学者、优秀青年专家、海外知名专家等。问卷通过开放式设计（具体内容见附录 4），让国内外专家提出 3～5 项其认为的"十四五"期间最能满足国家重大战略需求和最具国际前沿性的研究方向。通过问卷星在线问卷调研平台，共回收有效问卷 384 份，其中国外专家问卷 30 份，国内专家问卷 354 份。

基于 384 份专家建议的战略研究方向的问卷调研结果，管理科学与工程学科"十四五"规划战略研究课题组筛选相关主题，邀请领域知名专家征集意见并进行多轮专家研讨，最终确定了"十四五"期间管理科学与工程学科发展的八大战略研究方向，具体包括以下几方面：①经典管理科学理论与方法突破——新技术、新现象带来的，对现有的管理科学研究方法进行变革和拓展的研究。②商务数据的理论与方法——基于商务大数据并且具有数据驱动的新研究范式的管理科学研究。③新技术驱动的管理科学共性理论与方法——以大数据、人工智能、物联网等为代表的新技术所产生的新现象、新对象和新问题的管理科学研究。④面向新产业的管理科学理论及应用——技术革新对医疗、交通、制造、能源等产业带来的变革和挑战，以及形成的新产业的管理科学问题研究。⑤大国竞合博弈与风险应对——基于国际格局的变革及大国关系的变化，衍生出的新国际环境中的管理科学问题研究。⑥基于人类发展面临挑战的管理科学研究——为应对人类发展所面临的气候变化、传染病等挑战而产生的新管理科学问题的研究。⑦基于我国领跑工程的管理科学理论与方法——针对我国在国际上具有领先水平的技术、项目和产业等的管理科学问题的研究。⑧面向关键核心技术突破的管理理论与应用——针对在国家经济发展中具有重要战略意义但其发展受限于国外的技术等的管理科学问题的研究。

通过问卷调研和多轮专家研讨确定下来的四大驱动要素和八大战略研究方向构成了管理科学与工程"十四五"发展战略的学科顶层设计（余玉刚等，2022）的具体内容，如图 3.1 所示。

```
┌─────────────────────────────────────────┐
│ 方法瓶颈                                  │
│  • 经典管理科学理论与方法突破              │
│  • 商务数据的理论与方法                    │
├─────────────────────────────────────────┤
│ 科技变革                                  │
│  • 新技术驱动的管理科学共性理论与方法       │
│  • 面向新产业的管理科学理论及应用           │
├─────────────────────────────────────────┤
│ 全球治理                                  │
│  • 大国竞合博弈与风险应对                  │
│  • 基于人类发展面临挑战的管理科学研究       │
├─────────────────────────────────────────┤
│ 中国情景                                  │
│  • 基于我国领跑工程的管理科学理论与方法     │
│  • 面向关键核心技术突破的管理理论与应用     │
└─────────────────────────────────────────┘
```

图 3.1　管理科学与工程"十四五"发展战略的学科顶层设计

国家自然科学基金委员会管理科学部"十四五"规划战略研究明确了未来 5～10 年管理学科知识发展的四大类重要影响因素，包括：①颠覆性技术的重要影响；②中国情景和实践产生的战略需求；③全球治理格局的剧变引发的变化；④人类发展面临的共同挑战带来的问题。并从这四大影响因素出发形成了 18 个优先发展领域，这四大类影响因素与 18 个优先发展领域构成了国家自然科学基金委员会管理科学部"十四五"发展战略研究的核心。图 3.1 中学科发展四大驱动要素中的科技变革、中国情景与全球治理，分别对应上述①、②和③，第四个学科发展驱动要素为方法瓶颈，强调方法学上的突破与贡献是管理科学与工程学科的基础属性，更是区别于国家自然科学基金委员会管理科学部其他学科的独特属性。因此，学科规划在顶层设计上既与学部的整体布局有较高的一致性，又充分显示了学科的自身特点。

　　管理科学与工程"十四五"学科顶层设计和国家"十四五"规划有着紧密联系。图 3.2 给出了管理科学与工程"十四五"学科顶层设计中战略研究方向与国家"十四五"规划发展目标的对应关系。

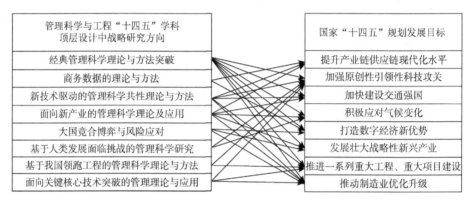

图 3.2　管理科学与工程"十四五"学科顶层设计中战略研究方向与国家"十四五"规划发展目标的对应关系

　　管理科学与工程学科发展目标和学科顶层设计是制订学科发展规划的指引和依据，学科发展规划是实现学科发展目标、落实学科顶层设计的具体实施方案，必须具有很强的可操作性。第 4 章、第 5 章和第 6 章将分别从学科整体布局、学科内重点前沿领域布局、学科交叉重点前沿领域布局三个维度阐述学科发展规划制订的方法探索、论证过程与结论。

第4章　管理科学与工程学科整体布局：
申请代码调整

学科规划的实施最终将以资助项目的形式来实现,因此学科规划的制订须与基金资助模式和特点紧密结合。在国家自然科学基金委员会资助体系中，面上及青年、地区科学基金（以下简称"面青地"）等自由探索类项目和重点、重大、重大研究计划、专项等顶层布局类项目构成了支撑性主体。为契合国家自然科学基金委员会的资助体系,管理科学与工程学科"十四五"规划战略研究课题组确定了"学科整体布局"+"重点前沿领域布局"的学科规划组成结构。其中，学科整体布局通过设置合理的国家自然科学基金项目申请代码来实现对关键领域的引导,它主要影响"面青地"等自由探索类项目的领域布局。管理科学与工程学科原版申请代码在"十三五"时期对学科发展曾发挥了巨大的指引作用，但目前需要依据学科发展新目标与顶层设计对其进行调整和更新,以加强战略领域和新兴领域的布局。不仅如此,申请代码调整工作可以进一步厘清学科内各领域的知识体系与逻辑结构,促进其全面发展,并推动学科知识之间的交叉融通。

4.1　申请代码逻辑体系

首先分析原有申请代码的逻辑体系。原有申请代码体系围绕优化、决策、统计、行为等四大管理科学核心理论，设置了从 G0101 至 G0109 等 9 个面向主要理论与方法的申请代码，涵盖了运筹与管理、决策、博弈、预测、统计等领域，又设置了 G0110 至 G0119 等 10 个面向关键支撑技术与主要应用领域的申请代码,涵盖工业工程、物流与供应链、交通运输管理等领域。原申请代码体系由核心理论、主要理论与方法、关键支撑技术与主要应用领域三个层级构成,符合"始于理论,具象于方法和技术,实现于应用"这一基本科学认知规律和发展规律。由此可见,原有申请代码具有层次清晰且知识完整的逻辑体系,因此新的申请代码将沿用此逻辑体系,在原有代码结构上根据前期数据分析和专家调研的结果进行增加、合并及删除。

根据第 2 章的数据分析及第 3 章的顶层设计结果,在申请代码中纳入数据科学、人工智能等发展迅猛的新技术领域,以及数字平台、复杂系统等面向国家重大战略需求的新兴研究领域,以激发这些领域的成长与壮大,促进青年人才成长。同时,在对项目数据的分析中发现了一些领域重复度较高的申请代码,对其进行合并,对申请量和资助量较低且逐年下降的申请代码进行删除,以使申请代码的逻辑体系更加清晰。

对新的申请代码逻辑体系与初步调整结果进行问卷调查(问卷具体内容见附录 5),选取 31 位深入参与原版申请代码建设工作且长期活跃于科研一线的资深专家作为调查对象,依靠资深专家的前瞻性专业视角来判断该代码调整结果是否体现了科技高速发展下学科内知识体系的逻辑关系演变,以及学科未来潜在的重要前沿领域和发展趋势。

4.2　申请代码调整方案

通过前述工作,形成新申请代码调整方案(霍红等,2021),如表 4.1 所示。

表 4.1　管理科学与工程学科申请代码调整的具体内容

新二级代码和名称	原二级(含三级)代码和名称	与原代码关系
G0101 复杂系统管理	新增代码	新增代码
G0102 运筹与管理	G0102 运筹与管理	保留原代码 G0102

续表

新二级代码和名称	原二级（含三级）代码和名称	与原代码关系
G0103 决策与博弈	G0103 决策理论与方法、G0104 博弈理论与方法	合并原代码 G0103 和 G0104 内容
G0104 预测与评价	G0105 评价理论与方法、G0106 预测理论与方法	合并原代码 G0105 和 G0106 内容
G0105 管理统计理论与方法	G0107 管理统计理论与方法	保留原代码 G0107 内容
G0106 管理心理与行为	G0108 管理心理与行为	保留原代码 G0108 内容
G0107 管理系统工程	G0109 管理系统工程、G010901 管理系统分析、G010902 管理系统计算与仿真、G010903 管理系统复杂性	保留原代码 G0109 内容，合并原代码 G0109 下的 3 个三级代码内容
G0108 工业工程与质量管理	G0110 工业工程与管理、G0113 系统可靠性与管理、G0208 生产与质量管理、G020801 生产管理、G020802 质量管理	合并原代码 G0110、G0113、G0208 及 G0208 下的 2 个三级代码内容
G0109 物流与供应链管理	G0111 物流与供应链理论	保留原代码 G0111 内容，调整代码名称
G0110 服务科学与工程	G0112 服务科学与工程、G021102 服务管理	合并原代码 G0112 和 G021102 内容
G0111 数据科学与管理	新增代码	新增代码
G0112 信息系统与管理	G0114 信息系统与管理、G011401 信息系统及其管理、G011402 决策支持系统、G011403 数据挖掘与商务分析、G0115 知识管理	保留原代码 G0114 内容，合并原代码 G0114 下的 3 个三级代码及 G0115 内容
G0113 风险管理	G0116 风险管理	保留原代码 G0116 内容
G0114 金融工程	G0117 金融工程	保留原代码 G0117 内容
G0115 工程管理和项目管理	G0118 工程管理、G0212 项目管理	合并原代码 G0118 和 G0212 内容
G0116 交通运输管理	G0119 交通运输管理	保留原代码 G0119 内容
G0117 数字化平台管理理论	新增代码	新增代码
G0118 智慧管理与人工智能	新增代码	新增代码
G0119 新技术驱动的管理理论与方法	新增代码	新增代码

原申请代码中有19个二级代码,新申请代码中也有19个二级代码,主要的变化包括删除、合并和新增三类,具体内容如下。

（1）删除原G0101（管理理论与研究方法）代码和原G0101下的所有三级代码。

（2）合并了6组代码:合并原G0103（决策理论与方法）和原G0104（博弈理论与方法）为新的G0103（决策与博弈）；合并原G0105（评价理论与方法）和原G0106（预测理论与方法）为新的G0104（预测与评价）；合并原G0110（工业工程与管理）、原G0113（系统可靠性与管理）、原G0208（生产与质量管理）为新的G0108（工业工程与质量管理）；合并原G0112（服务科学与工程）和原G021102（服务管理）为新G0110（服务科学与工程）；合并原G0114（信息系统与管理）和原G0115（知识管理）为新的G0112（信息系统与管理）；合并原G0118（工程管理）和原G0212（项目管理）为新的G0115（工程管理和项目管理）。

（3）新增了5个代码：G0101（复杂系统管理）、G0111（数据科学与管理）、G0117（数字化平台管理理论）、G0118（智慧管理与人工智能）、G0119（新技术驱动的管理理论与方法）。

4.3　五个新增申请代码分析

新申请代码中新增的5个二级代码均为应对新技术和新需求而设置，特别是最后一个二级代码G0119更为开放，其他二级代码覆盖不到的领域和方向均可投向G0119。为了更准确地确定新增代码的研究方向和关键词，管理科学与工程学科"十四五"规划战略研究课题组组织了5组专家研讨会，共约50个相关领域专家参会。专家研讨确定的新增学科申请代码的研究方向和关键词具体见附录6。

新申请代码于2021年正式使用。2021年,管理科学与工程学科"面青地"项目申请量为3111项，比2020年增长379项，增幅为13.9%,

其中 5 个新二级代码的申请量为 381 项，占总申请量的 12.2%。由此可见，新二级代码吸引了许多学者申报项目。然而，5 个新二级代码下的申请书质量参差不齐，其整体资助率偏低，原因可能是对新兴领域科学问题的提炼程度不如成熟领域，同时新兴领域的同行评议专家队伍尚在建设和磨合中，对新领域的新问题尚未达成共识。

另外，管理科学与工程学科 2021 年发布了 11 个重点项目指南题目，其中有两个面向新增代码，分别为新 G0101（复杂系统管理）和新 G0117（数字化平台管理理论）。这两个领域均得到本领域学者高度的申报热情，最终每个领域各有 1 项成功立项。相比"面青地"项目，新增二级代码的重点项目申请质量明显更高，其原因可能是具备超前学术思想、可准确洞察新兴领域科学问题的学者虽然数量不多，但他们通常拥有较好的研究基础，重点项目指南的发布激励了这些优势科研力量的整合和聚集，共同攻克前沿领域的科学难题。

4.4　本章小结

新申请代码沿用原有代码逻辑体系，基于对学科发展特征与趋势的深入分析（第 2 章），在学科发展目标和学科顶层设计（第 3 章）的理论框架下形成。

学科申请代码的意义是促进学科全面发展，且引领和推动前沿领域，这决定了申请代码必须具备全局性与前瞻性，可以覆盖到重要的基础理论领域、应用领域，以及新兴领域。一套符合科学发展规律及学科特征的申请代码可以保障学科各领域的自由竞争和相对平衡的发展，特别是代码布局将直接影响"面青地"等自由探索类项目研究领域的分布，由此决定了国内基础研究力量的领域布局。

此外，从 2021 年管理科学与工程学科"面青地"项目申请及资助的情况可以看出，新增的前沿领域代码吸引了大量学者申报项目，为这些领域积累研究基础和科研力量提供了空间及机会，但其科研团队和评审专家队伍的建设与完善是一个相对长期的过程。作为学科重要领域布局的重点、重大项目，可快速遴选出前沿领域内具有潜质的学者，促进优势科研力量的整合，加快团队建设和成果产出过程，从而实现超前部署，这就是重点前沿领域布局的意义所在，本书将在随后第 5 章和第 6 章中对重点前沿领域布局进行论述。

第5章 管理科学与工程学科内重点前沿领域布局

重点前沿领域布局是学科规划的另一重要部分，它主要影响重点、重大、重大研究计划、专项等顶层布局类项目的领域布局。相比申请代码布局，它给出了更明确的方向性指引，因此对这些领域的推动作用更有力、更快速。重点前沿领域的选择是否合理，直接决定了学科的发展目标能否实现。本报告中，重点前沿领域是在学科顶层设计的框架下，凝聚广大专家学者的学术智慧而形成。

根据科学问题的属性和边界，管理科学与工程学科"十四五"规划战略研究课题组将重点前沿领域分为学科内重点前沿领域与学科交叉重点前沿领域，本章主要探讨前者。

5.1 学科内重点前沿领域确定的过程

在学科内重点前沿领域的形成过程中，管理科学与工程学科"十四五"规划战略研究课题组紧密围绕学科发展目标和学科顶层设计，通过学科顶层设计中的战略研究方向对学科重点前沿领域的具体选题进行收敛，同时邀请参与"十四五"规划战略研究工作的专家参与评审工作。管理科学与工程学科"十四五"规划战略研究课题组通过问卷调研和多轮专家评审的方式展开工作。学科内重点前沿领域确定过程包括以下五个阶段（图5.1）：①问卷征集与课题组初筛。通过问卷星发放在线问卷（问卷具体内容见附录7），邀请专家提议学科内重点前沿领域，管理科学与工程学科"十四五"规划战略研究课题组基于学科顶层设计，对专家提议的部分领域进行淘汰、汇总、修改，汇总了 82 个重点前沿领域。②第一轮专家评审。邀请同行评审专家进行创新性、科学性和整体性评审，同行评审专家给出推荐评价和修改建议。评审专家组由 33 位专家组成，包括参与国家自然科学基金委员会管理科学部"十四五"发展战略研究的相关专家等。③遴选产生初步推荐领域。管理科学与工程学科"十四五"规划战略研究课题组基于同行评审的结果，遴选出 67 个初步推荐的重点前沿领域。④邀请专家撰写重点前沿领域的建议书。建议书总字数控制在 3000～5000 字，强调基础理论研究和学术逻辑体系。⑤第二轮专家评审。再次开展同行评审，在撰稿人反复修改，管理科学与工程学科"十四五"规划战略研究课题组整合、拔高和淘汰的基础上，最终产生 59 个学科内重点前沿领域建议书（具体见附录 1）。

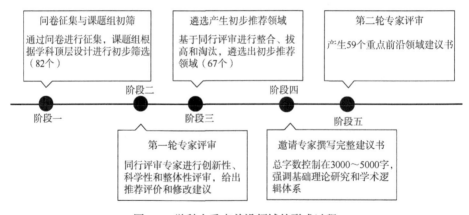

图 5.1　学科内重点前沿领域的形成过程

5.2　学科内重点前沿领域的具体内容

通过学科发展目标和学科顶层设计对自由征集的领域进行收敛，以及邀请参与国家"十四五"规划的专家来参与评审，最终形成的 59 个学科内重点前沿领域与学科顶层设计是高度契合的。管理科学与工程学科"十四五"规划战略研究课题组根据学科顶层设计中的重大驱动要素将 59 个具体领域分为 4 个研究集群，具体划分如表 5.1～表 5.4 所示。

表 5.1　方法瓶颈驱动要素下的重点前沿领域集群

领域名称	领域名称
重要战略物资未来需求与价格预测研究	"互联网+"环境下的评价理论、方法与应用研究
复杂经济时间序列预测的基础理论与建模	数据与知识融合驱动的突发事件智慧化防控研究
多风险交互作用下的风险度量理论与方法研究	投资者心理和行为规律量化研究
在线环境下决策问题的研究	大数据背景下不完全数据的统计理论与方法
非常规突发事件情境下应急管理多主体博弈与合作激励机制分析	面向数据安全与隐私保护的统计理论和方法
非营利性运营管理决策研究	复杂数据过程的在线监控和诊断方法
决策者行为偏好下供应链博弈行为、可持续发展及政策研究	智能决策与数据分析理论和方法研究
复杂金融系统计算实验金融建模与分析	数据驱动的平台运营与治理
大数据环境下质量与可靠性技术研究	实体经济数字化管理理论与方法研究
复杂环境下的大规模随机系统建模、仿真与优化管理	复杂经济系统的计算建模研究

表 5.2　科技变革驱动要素下的重点前沿领域集群

领域名称	领域名称
基于智能服务机器人的新型智慧商业模式	区块链驱动的互联综合能源系统交易决策研究
新零售环境下的运营管理与模式创新	区块链技术驱动下供应链金融理论与方法
大数据环境下企业信息管理和分享机制研究	共享预约出行的行为决策与经济效用分析
在线交易平台中的行为及机器学习算法	面向智能时代的电商物流优化研究
新兴信息技术影响下的管理决策与优化方法	数字货币与数字货币衍生品风险管理
基于数字孪生的智能制造企业产品全生命周期管理	面向智能制造的定制化生产与质量决策研究
新一代信息技术环境下的知识管理理论与方法	健康平台服务运作管理
区块链背景下的供应链管理与运营管理	"互联网+"工程建造平台模式与服务管理
互联网商务平台信息内容治理策略研究	智能互联时代的网络文化产业行为分析与商业模式创新
大数据环境下智慧休闲服务系统设计优化理论与方法	大数据环境下行为资产定价与动态投资组合选择研究

表 5.3　全球治理驱动要素下的重点前沿领域集群

领域名称	领域名称
全球供应链风险应对与结构重整	重大突发传染性疾病下城市群应急管理
海外重大工程建设的投融资机制、组织模式、合约治理与风险防范	重大突发公共卫生事件下的医疗资源应急管理
重大突发事件中的应急物资保障优化	突发公共卫生事件环境下的物流与供应链管理
数据驱动的人类合作与竞争行为研究	大数据驱动的社会公共安全事件演化规律、治理机制和治理策略

表 5.4　中国情景驱动要素下的重点前沿领域集群

领域名称	领域名称
大型交通基础设施建设项目环境扰动治理研究	我国关键产业供应链安全研究
城市轨道交通网络智慧运营与管控	系统性金融风险防控与金融危机管理研究
乡村振兴下城乡交通运输体系一体化研究	面向中国老龄化社会的电子健康管理研究
需求响应式多模式公交运营优化与管理	数字经济时代下中国情景管理理论与方法
城市交通网络的健康诊断与管理	人口老龄化背景下的养老服务创新与智慧管理
新运行环境下的城市交通流分析与运行管控	

　　管理科学与工程学科"十四五"规划战略研究课题组最终征集的学科内重点前沿领域和申请代码调整中的新增代码也是高度相关的，59 个领域和新增代码 G0101（复杂系统管理）、G0111（数据科学与管理）、G0117（数字化平台管理理论）、G0118（智慧管理与人工智能）、G0119（新技术驱动的管理理论与方法）有着紧密联系。

　　管理科学与工程学科每年资助约 11 个重点项目，截止到 2022 年 10 月，表 5.1～表 5.4 中 59 个学科内重点前沿领域中有 1/5 已发布重点项目指南，或衍生出重大项目指南。

第6章 管理科学与工程学科交叉重点前沿领域布局

学科交叉层面重点前沿领域是重点前沿领域布局的重要组成部分。管理科学与工程学科具有广泛交叉性的特征，不仅与管理科学部工商管理、经济管理及公共管理学科密切相关，而且与基金委其他科学部的相关学科有着紧密联系。本章将介绍管理科学与工程"十四五"学科交叉重点前沿领域确定的过程及具体内容。

6.1 学科交叉重点前沿领域确定的过程

学科交叉重点前沿领域的确定过程与学科内重点前沿领域比较类似，都是通过问卷调研和多轮专家评审的方式进行的，具体产生过程如下（图 6.1）：①采用问卷星在线问卷的形式进行专家调研，问卷具体内容见附录7，邀请专家填写重点前沿领域的标题和4~6个主要研究方向。基于问卷星调研的结果，并且结合学科顶层设计进行初步筛选和调整，得到 18 个学科交叉重点前沿领域的初步选题和主要研究方向。②汇总18 个学科交叉重点前沿领域的选题及主要研究方向，提交给由 41 位专家组成的专家评审组评审，评审专家包括参与过管理科学部和管理科学与工程学科"十四五"发展战略研究的专家、国家自然科学基金委员会管理科学部专家咨询委员会专家、海外知名高校专家等。③基于同行评审结果，遴选出第一轮推荐的 6 个领域。④邀请专家撰写初步推荐领域的完整建议书，总字数控制在 3000~5000 字，强调基础理论研究和学术逻辑体系。⑤通过专家研讨、评审、建议书修改等环节，遴选出第二轮推荐的 2 个领域。

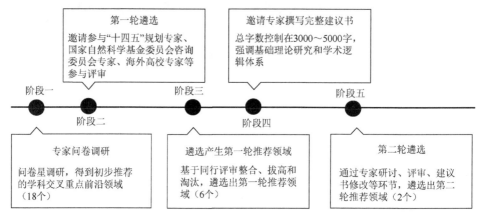

图 6.1　学科交叉重点前沿领域的形成过程

6.2　学科交叉重点前沿领域的具体内容

我们最终得到八个学科交叉重点前沿领域（余玉刚等，2021；曾大军等，2021；陈晓红等，2022；吴建军和高自友，2021；杨晓光等，2022；王红卫等，2022；杨善林等，2021；余乐安，2022），具体如下。

1）平台供应链管理理论与方法

科技革命和产业变革带来的转型升级促使产业链重构成为新一轮全球经济结构与发展的核心命脉。作为产业链的微观状态，供应链已成为国家产业升级与经济发展的重要战略手段。美国于 2017 年公布《国家安全战略》重点提及供应链，2020 年提出"未来制造"战略项目。英国于 2019 年发布《制造业和全球供应链发展趋势及其对英国货运的影响回顾》[①]，为制造业构建全球供应链提供指导。面对全球供应链的重

---

① 报告英文名称为 "Review of trends in manufacturing and global supply chains, and their impact on UK freight", https://assets.publishing.service.gov.uk/government/uploads/system/uploads/attachment_data/file/777687/fom_trends_manufacturing_global_supply_chains.pdf[2019-02-03].

构与全球经济竞争的白热化，我国正在加速布局现代供应链，全面提升供应链的竞争优势。

新一代信息技术的广泛应用推动"平台化"成为现代供应链的典型形态，平台供应链指明了中国企业未来发展方向，并对产业全球化产生重大影响。平台产生的运营数据为供应链的智能决策、快速响应、资源整合、风险管控等提供了新的机会。同时，第五代移动通信技术（the 5th generation mobile communication technology，5G）、大数据、物联网、区块链、人工智能等技术的深入发展将推动平台供应链的生态化演变，既为我国现代供应链的构建提供了强有力的支持，又是我国面向世界科技前沿的契机。鉴于世界各国都在积极部署产业链，现代供应链，尤其是平台供应链的建设与创新将成为我国在国际上争取话语权的重要突破口。

平台供应链以客户为中心、以平台为载体，上下游企业的生产、物流、销售等系统与数据可以实现集中式保密存储和个性化分布式共享，充分发挥大数据及人工智能的技术优势，通过供应链上下游之间跨组织的战略、流程、信息的协同与共享，实现平台供应链的智慧化决策、聚集性资源整合、智能化风险预测及控制。此外，通过平台可以实现供应链内部资源与外部组织之间的动态交换及演化。因此，平台供应链具有以下有别于传统供应链的显著特征：①端到端。供应链企业与客户直连直通，且以客户为中心实现跨层级互联互通；供应链信息端到端共享，全链企业协同运作，消费数据可以直接服务于生产。②复杂性。相对于传统串联供应链，平台供应链全网络跨层级互联互通构成指数级复杂网络，全链数据多主体集成，互联互通关系庞杂。③数智化。大数据、物联网、人工智能等智能技术为平台供应链智慧化决策提供支持，多主体之间的协同沟通实现了智能顾客对企业（consumer-to-business，C2B）电子商务，如产品反向定制、物流智能仓配、精准营销等。平台供应链不同于传统供应链的特征对现代供应链的管理理论提出了重大挑战。实践表明，供应链企业与客户跨层级互联互通的端到端特征导致供应链扁平化且从传统正三角的组织架构向倒三角模式转变；指数级供应链网络的复杂性特征使得太字节（terabyte，TB）级海量高维数据的信息提取与实时响应成为平台供应链智能化运作的主要瓶颈;基于大数据、人工智能的平台多主体协同的数智化特征带来平台供应链风险防控等亟待解决的问题。这些新特征及衍生的新问题形成了平台供应链在理论、方法和实践中的诸多瓶颈。

2)机器行为与人机协同决策理论和方法研究

随着大数据和机器智能的普及,人工智能技术正被越来越多地应用到管理和决策领域。人工智能在搜索、计算、优化、形式化推理、对抗博弈等领域优势明显,但在高级认知功能方面性能十分低下。在经验和知识积累的基础上,人类能够灵巧地实现无监督学习、小样本甚至无样本学习,进行无中生有的创造。人和机器协同工作,从而构成混合智能系统,已成为包括管理科学在内的多个学术领域共同关注的热点。

在此背景下,机器行为学作为一门研究人工智能如何与人类共存、交互和协同的新兴学科开始快速发展,其核心内容包括机器个体复杂行为、机器集群交互与行为涌现和人机融合群组协调管理等。人机协同决策过程是人类、数据和算法相互融合、相互作用和相互影响的过程。这种交互过程贯穿于算法模型的建立、人机交互分析和结果综合等各个阶段,需要结合决策组织的文化、具体决策情景和任务特征对机器行为进行综合研究,并整合多学科的知识和见解。机器行为与人机协同决策研究的核心目标是融合机器个体、机器集群智能与人类专家智慧,设计二者协同决策的有效机制,其面临的主要挑战包括机器智能在学习和推理方面的可解释性弱、人机融合群体的行为复杂、人与机器表达及解决问题的机理差异大。

作为新一轮科技革命和产业变革的重要驱动力,人工智能已上升为国家战略,而基于机器行为与人机协同决策理论和方法则是其基础内容之一。2017年7月国务院印发《新一代人工智能发展规划》,其中明确指出"大数据驱动知识学习、跨媒体协同处理、人机协同增强智能、群体集成智能、自主智能系统成为人工智能的发展重点",混合增强智能理论须"重点突破人机协同共融的情境理解与决策学习、直觉推理与因果模型、记忆与知识演化等理论,实现学习与思考接近或超过人类智能水平的混合增强智能"。

3）突发公共卫生事件下应急运作管理理论方法

突发公共卫生事件是指突然发生，造成或者可能造成社会公众健康严重损害的重大传染病疫情、群体性不明原因疾病、重大食物和职业中毒及其他严重影响公众健康的事件。突发公共卫生事件的应急管理是一项复杂的系统工程，包括风险识别、监测预警、预测控制、协同联动及社会参与、集成和统筹各类资源等多个环节，涉及该领域诸多理论和方法。要做到科学防范和应对，不仅要求专业处置能力，而且更需要系统的应急管理理论方法做保障。而应急运作管理是应急管理的重要组成部分，构建突发公共卫生事件下的科学、系统、规范的应急运作管理理论、方法和工具，对健全我国现代化应急管理体系具有重要科学意义。

应急管理与治理能力建设是一项全员参与的重大系统工程，与人民群众利益密切相关，是国家治理体系与治理能力现代化的重要组成部分。2019 年 11 月，习近平在主持中共中央政治局第十九次集体学习时强调，要"积极推进我国应急管理体系和能力现代化"[①]。在 2020 年 2 月 14 日召开的中央全面深化改革委员会第十二次会议上，习近平进一步指出，要"从体制机制上创新和完善重大疫情防控举措，健全国家公共卫生应急管理体系，提高应对突发重大公共卫生事件的能力水平"[②]。2020 年 3 月 1 日，《求是》杂志发表了习近平的重要文章《全面提高依法防控依法治理能力，健全国家公共卫生应急管理体系》[③]。以应急管理体系和能力建设驱动国家治理体系与治理能力现代化，从根本上离不开聚焦企业或组织微观层面的应急运作管理科学理论和具体方法的构建。在重大突发公共卫生事件复杂性高和预测难度大的背景下，应急运作管理需要结合现实经验、综合多学科力量发展系统理论和方法，使得应对突发公共卫生事件时，关键医疗物资在采购、生产、运输、使用、

---

① 【央视快评】积极推进应急管理体系和能力现代化. http://news.cnr.cn/native/gd/20191130/t20191130_524879262.shtml[2019-11-30].

② 习近平主持召开中央全面深化改革委员会第十二次会议强调：完善重大疫情防控体制机制　健全国家公共卫生应急管理体系. http://www.gov.cn/xinwen/2020-02/14/content_5478896.htm[2020-02-14].

③ 《求是》杂志发表习近平总书记重要文章 全面提高依法防控依法治理能力 健全国家公共卫生应急管理体系. http://politics.people.com.cn/n1/2020/0302/c1001-31611549.html[2020-03-20].

处理和销毁等整条供应链上能做到全链路通畅与有序运行。

为实现该目标，突发公共卫生事件下的应急运作管理需要继续开展深入研究。需要重点识别突发公共卫生事件的关键风险与演化规律，确定突发公共卫生事件下应急管理效能提升的关键影响因素，探索突发公共卫生事件应急物资生产管理与调度，构建突发公共卫生事件应急物资储备管理方法与策略，制定突发公共卫生事件应急物资物流配送体系，建立突发公共卫生事件下的应急物资供需匹配及供应链理论，并最终形成维系国家经济社会安全、融入全球治理的突发公共卫生事件应急运作管理理论。

4）重大突发事件下区域综合交通系统应急保障与管理

自然灾害、恐怖袭击、公共卫生、公共安全等重大突发事件一直困扰着人类社会，极大干扰了人们的正常生产及生活秩序。历次事件的经验教训表明，高效的交通系统是有效应对重大突发事件、开展应急救援、恢复社会秩序的重要保障。重大突发事件具有随机性强、破坏性大等特点，一旦发生会导致区域性综合交通网络的损毁，进而给综合交通系统的运行效率带来极大影响。此外，重大突发事件发生后，往往伴随着短时暴增的受灾人员疏散需求及救援物资的运输需求。在此情形下，重大突发事件下的区域综合交通系统将成为稀缺性资源，需要应急指挥部门进行统一的资源配置和调度指挥。而对于公共卫生类重大突发事件，综合交通系统还是疫情传播的重要载体，为了快速应对疫情，区域性的交通管制是切断传播的有效途径，这在此次新冠疫情中得到了充分验证。因此，应对频发的重大突发事件，亟须针对区域综合交通系统应急保障与管理中的相关科学问题进行深入研究，以减少重大突发事件对社会经济的影响，尽快恢复正常社会秩序。

交通系统的应急保障与管理是交通强国战略的重要组成部分。2019年9月19日，中共中央、国务院印发《交通强国建设纲要》，指出建设交通强国是"全面建成社会主义现代化强国的重要支撑"。2019年11月29日，习近平在主持以应急管理体系和能力建设为主题的集体学习中强调，"应急管理是国家治理体系和治理能力的重要组成部分，承担防范化解重大安全风险、及时应对处置各类灾害事故的重要职责，担负保护人民群众生命财产安全和维护社会稳定的重要使命"[①]。中共中央政治局常务委员会 2020 年 2 月 3 日召开会议强调，要针对这次疫情应对中暴露出来的短板和不足，健全国家应急管理体系，提高处理急难险重任务能力[②]。面对重大突发事件，局部区域的应急处理、单点防控只能扬汤止沸，而以整个区域为研究范围，以系统观点为指导进行联防、联控，才能起到釜底抽薪的作用。区域综合交通系统正是统筹、沟通各区域，保障区域内的交通系统运行效率达到最优的重要环节。因此，建设重大突发事件下区域综合交通系统应急保障与管理体系具有重要的战略意义。

5）数字经济的博弈论基础

党的十八大以来，国家高度重视发展数字经济，发展数字经济逐渐上升为国家战略。2020 年 4 月，中共中央、国务院明确把数据纳入生产要素，提出要"加快培育数据要素市场"[③]。国家还出台若干法律和文件对数字经济进行规范，2021 年发布了《国务院反垄断委员会关于平台经济领域的反垄断指南》及《中华人民共和国个人信息保护法》。2021 年发布的国家"十四五"规划中，数字经济单独成篇，文件指出要"加快数字化发展 建设数字中国"[④]。

尽管我国数字经济实践走在世界前列，但在数字经济基础原理方面贡献相对较小。我国不仅在互联网技术、通信技术方面的原创性技术比较少，而且在数字经济的基础性市场规则、基础性算法及基础性商业模式方面的原创性研究也比较少。我国数字经济发展的优势主要在引进和借鉴的基础上，发挥市场规模庞大的力量。但是，随着中国数字经济发

---

① 习近平在中央政治局第十九次集体学习时强调 充分发挥我国应急管理体系特色和优势 积极推进我国应急管理体系和能力现代化. http://cpc.people.com.cn/n1/2019/1130/c64094-31483202.html[2019-11-30].

② 人民日报新知新觉：健全国家应急管理体系. http://opinion.people.com.cn/n1/ 2020/0226/c1003-31604368.html[2020-02-26].

③ 中共中央 国务院关于构建更加完善的要素市场化配置体制机制的意见. http://www.xinhuanet.com/politics/zywj/2020-04/09/c_1125834458.htm[2020-04-09].

④ 中华人民共和国国民经济和社会发展第十四个五年规划和 2035 年远景目标纲要. http://www.gov.cn/xinwen/2021-03/13/content_5592681.htm[2021-03-13].

展到世界先进行列，并且当下存在着中美技术脱钩的威胁，中国数字经济的进一步发展需要加强国内的基础性理论研究。

数字经济的"经济基础"是信息技术，其"上层建筑"则是博弈论，博弈论是数字经济中居于核心地位的基础性理论。数字经济与以往传统经济的最大不同在于大量的人为设计而不是自然演化。而这里的人为设计与计划经济有很大的区别，是需要考虑市场参与者的自发行为，设计各种机制提高市场效率和社会效益，同时保障所有市场参与者的基本权益，因此需要时时考虑所有利益关联者的行为和策略，博弈处处体现在"设计"之中。相对于传统经济，数字经济最大的新规律就是基于博弈的各种机制设计：大量的技术开发、市场运行机制、市场监管机制、数据的收集、处理与使用等，均建立在博弈基础上。数字经济连接力强、穿透力大、交易速度快，这完全不同于传统经济中交易活动的慢决策，其中博弈问题更具挑战性。深入理解数字经济的客观规律，必须充分结合数字经济技术特征及经济主体的行为动机，探究数字经济的竞合逻辑。

加强数字经济博弈论基础研究有重要的学术价值和现实意义。随着数字经济的高速发展，大量难以解决的重大现实问题已经产生，不能再靠学习借鉴海外经验解决，而必须依赖于原创性理论。比如，数据要素市场发展很不完善，个人信息保护、数据孤岛、数据安全等问题亟须顶层设计；依赖于大数据和智能算法的市场匹配机制在给消费带来便利的同时，也带来大数据杀熟及劳动者被困在算法里等严重问题；数字经济带来数字化社交乃至数字化生活，极大地改变了我们的社交网络结构及沟通和信息获取渠道，也带来信息茧房和观点极化等隔离和撕裂；平台企业在充分利用其网络外部性造福社会的同时，垄断和滥用其市场支配地位等问题也日益凸显；区块链技术和数字货币正在蓬勃兴起，将可能从底层对数字经济产生革命性的影响。要从理论上深入理解乃至解决上述问题，博弈论是一个很好的突破口。

6）基于人工智能的大型复杂工程系统研究

大型复杂工程的复杂性挑战已经成为全球性难题，是引发决策乐观偏好陷阱和普遍性超投资绩效悖论等关键问题的风险根源，而不断增强的工程技术和工程管理复杂性又进一步加剧了这一挑战。以人工智能为代表的新兴技术则为复杂性应对提供了新机遇，正如美国项目管理学会前主席贝格雷先生接受《福布斯》采访时所说，人工智能可以弥补重大工程管理的认识鸿沟并有助于寻找全新解决方案。然而，人工智能、大数据、物联网等新兴技术的飞速发展给大型复杂工程建造与运维管理带来了新的挑战。

　　一方面，工程实体及其建造与运维过程都将出现数字技术的深度融合潜入，从而引发管理对象与工程情境的重大内涵和特征变迁，使重大工程成为工程战略与数字战略高度融合的重要场景和平台。另一方面，智能建造与建筑工业化的协同发展将引起决策方式、组织模式和管理流程变革，甚至产业生态系统的重塑。因此，这种全局性或根本性的变革不仅会触及大型复杂工程的技术层面，还会深刻影响管理活动形态和人们的理论思维，从而驱动管理理论与方法的变革及创新。可见，大型复杂工程智能建造与运维已经成为工程领域的重要趋势，在建造与运维智能化的同时，如何实现管理智能化的同步耦合，开拓新的理论与方法，正涌现为一个新的重要研究领域。

　　智能建造与运维已经成为工程行业转型升级的核心。2020 年 12 月举行的中央经济工作会议明确指出，"要大力发展数字经济，加大新型基础设施投资力度"①。2020 年 4 月，国家发展和改革委员会明确指出，新型基础设施包括信息基础设施、融合基础设施和创新基础设施②。在此背景下，利用建筑工业化、数字化和智能化进行升级成为工程行业转型的重大战略。2020 年 7 月，住房和城乡建设部等 13 部门联合印发了《住房和城乡建设部等部门关于推动智能建造与建筑工业化协同发展的指导意见》，以推动建筑业高质量发展，打造"中国建造"升级版。

　　工程建造与运维管理重点关注建造和运维活动所涉及的人、机、料、法、环五要素，通过对五要素的监测、分析与控制，实现高效、安全的

①　中央经济工作会议在北京举行 习近平李克强作重要讲话 栗战书汪洋王沪宁赵乐际韩正出席会议. http://www.xinhuanet.com/politics/leaders/2020-12/18/c_1126879325.htm[2020-12-18].

②　国家发改委首次明确"新基建"范围. http://www.mofcom.gov.cn/article/i/jyjl/e/202004/20200402957398.shtml[2020-04-21].

建造过程，交付高质量的工程产品，提供及时、全面的运维服务。传统模式下，工程建造以手工加机械施工为主，工程运维属于事后被动应对，管理决策所依赖的信息需要手动获取且处于孤岛状态。与传统模式不同的是，在智能化模式下，物联网、云计算、人工智能等技术赋予人员、设备、工程产品一定的自主性，使得主动获取信息与共享成为可能，也因而改变了要素的交互方式及工程参与者的协作方式。一方面，基于数字孪生的虚实映射、基于物联网与人工智能的人机共融等新交互场景不断出现；另一方面，基于服务主导的服务化、基于互联网的平台模式潜入工程建造领域，带来资源按需分配、价值共创等新交互方式。

7）医联网与智能医疗健康管理

十九大报告指出："实施健康中国战略""要完善国民健康政策，为人民群众提供全方位全周期健康服务"①。改革开放以来，我国的医疗卫生事业发展成效显著，国民健康水平持续提高。然而，我国医疗卫生资源分配不均、区域协同救治体系薄弱等问题尚未得到根本解决，传统封闭孤立的医院诊疗模式已经难以应对人口迅速老龄化、大量慢病管理和重大传染性疾病防控带来的巨大挑战，更无法满足人民对美好生活的向往。当前，互联网、云计算、大数据、人工智能和 5G 等新一代信息技术，正在全球范围内引发医疗与健康科技创新体系的深刻变革，并催生了以医联网为纽带，以智慧医疗健康管理为特征的新一轮重大技术创新和管理创新。加快推进医联网等国家公共卫生新型基础设施建设，加强部署基于医联网的智慧医疗健康管理前瞻性基础研究，不仅关乎 14 亿人民福祉，更关乎国家全局、社会稳定和民族未来，具有重大战略意义。

医联网是指分布在各类医疗健康机构、社区或家庭等空间的、与医疗健康相关的人和物及其信息资源所构成的互联网络。它建立在互联网基础之上，在高速通信网络和互联医疗设施的支持下，通过医疗健康大数据和人工智能等技术的综合运用，能够实现远程会诊、远程医疗、远

---

① 习近平：决胜全面建成小康社会 夺取新时代中国特色社会主义伟大胜利——在中国共产党第十九次全国代表大会上的报告. http://www.gov.cn/zhuanti/2017-10/27/content_5234876.htm[2017-10-27].

程指导等各类远程医疗健康服务和智慧管理。面对我国医疗健康事业发展的新机遇和新一轮科技革命与产业变革向纵深推进的新要求，系统深入研究医联网与智慧医疗健康管理理论及方法，探索医学工程、管理科学与信息技术的交叉融合创新，不仅能够揭示医联网环境下就医全流程、健康管理和重大传染病防控的资源要素、协同机理及其演化规律，还能够创新发展分散自治的医疗卫生装备、医疗信息系统、医疗健康服务的跨区域跨组织融合与协调联动服务模式，突破医联网医院与医联体数据、业务、管理边界壁垒，为广大人民群众提供公平可及、系统连续、安全可控、成本合理的智慧医疗健康管理服务。

8）基于人工智能的预测与优化理论方法研究

决策是在特定场景下分析、比较若干可行方案并选定最优方案的过程，而预测本质是通过对预测对象历史记录、内在机理及演进模式的分析、辨识和刻画，实现更大概率地描述预测对象在未来时间窗口的状态、特征及发展趋势的过程，它是判断决策优化场景出现的前提条件，其目标是为科学决策提供依据，进而提高决策的效益与效率。数据—预测—决策是当前管理科学领域进行科学决策的主要模式，而人工智能的出现使得数据处理效率更加完善，决策场景预测更加精准，决策结果优化更加智能，其核心优势在于实现了数据—预测—决策的高效转化。人类社会迈入大数据时代，为科学预测和优化决策提供了更多种类、更多来源、更多维度、更多体量、更多尺度和更多时效的数据。大数据背景下的人工智能虽然没有改变预测与决策的逻辑本质，但是从处理海量数据、捕捉低价值密度数据中的有效信息、处理更多类型数据、实时动态处理在线信息、拟合非线性数据等角度，弥补了传统预测范式的不足，优化了预测与决策场景的速度和精度，最终提升了决策效率和效果。基于人工智能的预测与优化理论方法研究，正是以大数据时代背景下的预测支撑决策活动的本质规律，作为研究对象的管理科学新领域，是人工智能所引发科学突破的链式反应在预测、决策、优化三个管理科学与应用数学基础研究领域的重要学科前沿命题，是催生一批预测科学和决策科学颠覆性理论与方法的理论基石。

人工智能如今已经成为国家战略，而人工智能的预测与优化理论方法研究是顺应国家战略需求，是人工智能发展的重要内容与关键应用。为抢抓人工智能发展的重大战略机遇，构筑我国人工智能发展的先发优势，加快建设创新型国家和世界科技强国，2017 年 7 月，国务院印发了《新一代人工智能发展规划》，对我国人工智能发展做出总体部署。随后，2018 年政府工作报告明确提出"加强新一代人工智能研发应用"①。2018 年 5 月 28 日，习近平在"两院"院士大会上强调，"以信息化、智能化为杠杆培育新动能""推进互联网、大数据、人工智能同实体经济深度融合"②。基于人工智能的预测与优化理论方法研究聚焦管理科学基础研究和共性关键技术，其核心是将人工智能作为预测与优化的重要基础，以此来实现更加科学的预测与决策，相关研究成果将推动人工智能与我国政府治理能力建设、企事业经营管理能力建设的深度融合，为科学管理赋能，开拓管理科技创新的新局面。基于人工智能的预测与优化理论方法研究着力于将人工智能的应用目标更加明确化，推动人工智能与预测科学、决策科学、优化科学等相关学科的交叉融合，同时为人工智能持续发展与深度应用提供强大的科学储备，这无疑对构筑人工智能发展新时代的国家战略具有重要意义。

以上 8 个学科交叉重点前沿领域涵盖于管理科学部 18 个优先发展领域中的复杂系统管理理论（如第三个、第四个和第六个等）、混合智能管理系统理论与方法（如第二个等）、决策智能理论与方法（如第八个等）、企业的数字化转型与管理（如第一个等）、数字经济新规律（如第五个等）、智慧健康医疗管理（如第七个等）之中，这体现了学科规划对学部优先发展领域的一致性与更深层次的落实意义。

管理科学与工程学科"十四五"规划战略研究课题组最终征集的学科交叉重点前沿领域与学科顶层设计是高度相关的。图 6.2 给出了学科交叉重点前沿领域与学科顶层设计中的战略研究方向的对应关系。

同时，学科交叉重点前沿领域和学科代码调整中新增代码也是密切相关的。其中，机器行为与人机协同决策理论和方法研究、基于人

---

① 李克强. 政府工作报告. http://www.gov.cn/zhuanti/2018lh/2018zfgzbg/zfgzbg.htm[2018-03-05].
② 习近平：在中国科学院第十九次院士大会、中国工程院第十四次院士大会上的讲话. https://www.ccps.gov.cn/xxsxk/zyls/201812/t20181216_125694.shtml[2021-05-20].

工智能的大型复杂工程系统研究、基于人工智能的预测与优化理论方法研究都是新增代码 G0118（智慧管理与人工智能）的研究领域；平台供应链管理理论与方法和新增代码 G0117（数字化平台管理理论）的研究领域高度相关。

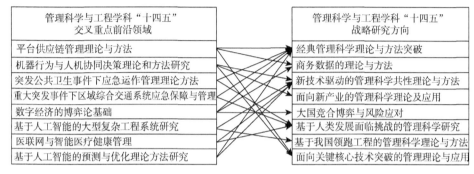

图 6.2　学科交叉重点前沿领域与战略研究方向的对应关系

　　管理科学与工程学科每年资助 1～2 项重大项目，截止到 2022 年10 月，八个学科交叉重点前沿领域中已有四个发布了重大项目指南，其中三个领域得以立项。

第7章 实现管理科学与工程学科"十四五"发展战略的政策措施

为了实现管理科学与工程学科"十四五"发展战略,本章梳理了管理科学与工程学科在"十四五"期间发展中可能碰到的问题,同时基于专家调研意见为实现"十四五"发展战略提出相应的政策措施。

7.1 "十四五"期间学科发展中可能出现的问题

(1)学科规划具有一定的局限性。管理科学与工程学科"十四五"规划是阶段性地对学科"十四五"发展做的整体战略规划,五年是一个很长的时间段,而学科发展是迅速且具有一定不确定性的。虽然当前进行的学科战略规划研究具有一定前瞻性,但是学科战略规划可能会滞后于学科发展的速度。尤其是在科技发展日新月异的时代背景下,管理科学与工程学科发展中可能会遇到前所未有的新需求与新挑战,这些可能都是目前学科"十四五"发展战略研究中没有考虑到的。

(2)基础研究领域发展相对缓慢。管理科学与工程学科在管理统计理论与方法、管理心理与行为等基础研究领域比较薄弱。而基础研究领域的发展往往需要长时间沉淀,在"十四五"期间,管理科学与工程学科很有可能要继续面临基础研究领域发展相对缓慢的问题。

(3)理论与实践结合不紧密。在"十四五"期间,管理科学与工程学科还可能会继续面临理论与实践结合不紧密的问题,具体体现在以下几个方面:对现实问题的提炼不够,不少理论研究问题都是从文献到文献，缺少对于中国管理实践问题的挖掘和提炼；学术界和业界关注的问题差距较大，企业实践案例偏少；不少学者对于社会实践和企业管理实践认识不足，很多理论研究倾向于数学模型，理论结果到实践转化能力比较弱等。

（4）国际化合作与交流不充分。受到中美冲突、新冠疫情等因素的影响，管理科学与工程学科在"十四五"期间很有可能要面临国际化合作与交流不充分的问题。

7.2　实现学科"十四五"发展战略的具体政策措施

为了得出实现管理科学与工程学科"十四五"发展战略的政策措施，管理科学与工程学科"十四五"规划战略研究课题组给国内管理科学与工程学科的知名专家学者发放了问卷星问卷，具体问卷内容见附录8。通过问卷发放，课题组收集了 51 位专家学者有关实现管理科学与工程学科"十四五"发展战略的政策措施建议，如表 7.1 所示。受访专家学者的建议主要可以总结为鼓励结合实践面向需求、鼓励学科融合、创新完善评价机制、扶持青年学者、加强国际合作、鼓励原创和学术创新、加强资金支持、引导学术研究、灵活调整项目资助、鼓励聚焦前沿问题、加强学科建设定位、注重基础研究、创造良好环境这 13 个方面。

表 7.1　专家学者关于实现管理科学与工程学科"十四五"发展战略政策措施的建议

主题	具体建议
鼓励结合实践面向需求	注重研究成果同国家重大战略需求结合；鼓励行业领军企业提需求，产学研联合攻关
鼓励学科融合	设立交叉课题专项，加强对学科交叉领域研究的资助力度和多领域专家的参与度；创新评审机制，打破学部壁垒，鼓励跨学科合作
创新完善评价机制	建设科学的、多维度的评价体系，强调相关评价指标权重的合理性和引导性；评审专家队伍的专业性；推行代表作评价制度，降低学术论文等评价指标的权重

主题	具体建议
扶持青年学者	适度增加青年基金的资助比例,鼓励青年学者大胆探索,重视培养青年学者的成果落地及转化能力
加强国际合作	为学者搭建国际交流合作平台,追踪国际前沿问题,提高学科研究的国际化水平;鼓励国内外学者联合申请项目,并对国际合作项目给予一定的资金支持,增大国际交流项目的支持力度和覆盖面
鼓励原创和学术创新	增加"鼓励探索、突出原创"类项目的经费支持力度和支持周期;鼓励问题创新、应用创新、方法创新、理论创新
加强资金支持	在扩大自主比例和支持力度的同时,可以设置专项基金,分类评审,对不同领域进行对口支持,进一步拓展科学基金投入渠道;对于校企联合项目,多学科联合项目,国际交流项目,可以设立专项基金进行鼓励
引导学术研究	对若干研究方向进行专家论证并提供指南性建议,引导学者关注某些战略重点问题,进行追踪;应该鼓励对某一领域的持续深入研究
灵活调整项目资助	分类分预算指标、分类评审;在政策允许的条件下,适度放松资助经费开支的灵活性;考虑将基金后评估结果与未来基金申请资助结合起来,并对有高质量成果的结题项目设置后期资助
鼓励聚焦前沿问题	鼓励相关的课题申请和持续性资助;鼓励聚焦前沿,支持探索,允许失败
加强学科建设定位	弄清新时代管理科学与工程的学科边界,立足自身学科,鼓励学科间交流和融合
注重基础研究	鼓励选择基础性问题的项目申请,在资助政策上,应加大对基础性研究的资助
创造良好环境	延长评价周期,给学者更多的探索时间,容忍合理失败,加强过程管理;鼓励数据开放共享,提高可复制和可评价性;积极疏导学术瓶颈,鼓励研究方法创新

基于上述调研结果,管理科学与工程学科"十四五"规划战略研究课题组确定了实现"十四五"期间管理科学与工程学科发展战略的保障措施。

1)创新评价机制,构建全视角全流程评判体系

评价机制与体系对于学科发展具有引导作用。通过引入科学性强的多维度评价标准,考虑评价体系中量化指标与非量化指标的平衡性,提升关键指标和权重的合理性与引导性。加强评审专家队伍培养与建设,推行代表作制度,增加应用型和实践型成果评判权重。在评价体系中,要强调实质贡献而不是论文作者署名顺序。避免评价体系频繁、剧烈地发生变化,使学者能够制定长期发展目标。减少评价体系中需要学者自

证的材料,发展可靠的第三方指标进行评价。另外,要提升项目资助的灵活性,将基金后评估结果与未来基金申请资助相结合,对部分优秀项目适当滚动资助,同时对于部分成长周期较长的基础性研究要适度后延评估时间。

2)加强学术引导,鼓励结合实践面向国家重大发展需求

在新形势下,创新要紧密结合我国社会经济发展,将管理科学与工程学科的研究与国民经济和社会发展紧密结合起来,以解决重大现实问题为目标,尤其要关注国家重大需求中的基础性问题,探索如何达到发展的需要,指导甚至超前指导管理的实践,防止管理研究与实践脱节。只有这样,才能创造出满足国家发展需要,同时又具有中国特色的管理科学与工程研究成果。只有将管理科学与工程理论及方法研究、管理知识教育、管理人才培养和管理实践进行有机结合,管理科学与工程学科才能取得长久的发展。建议国家自然科学基金委员会管理科学部可以尝试通过与企业设立联合基金这种在其他科学部比较常见的资助方式,引导学者关注企业实践中亟须解决的管理问题。

3)建设学科战略规划成果信息平台,扩大学科战略规划的影响力

学科战略规划对于学科发展非常重要,重点与重大项目布局可以推动学科新兴领域快速发展,同时学科规划可以引领广大学者,尤其是青年学者的个体思考,进而影响未来人才的领域布局(陈思华等,2022)。要建立管理科学与工程学科"十四五"规划成果信息平台,将学科规划的相关内容公布到信息平台上,扩大学科战略规划的影响力,让更多的青年学者了解到学科战略规划的具体内容及学科发展的重点前沿领域。

4)重视基础领域研究,提高原始创新能力

管理科学与工程学科是管理科学的基础学科,为工商管理、经济管理与公共管理学科提供研究方法论及工具。当前,我国管理科学与工程学科在部分工程应用领域有一定优势,但是在基础研究领域仍比较薄弱。基础研究领域是学科发展的根本,也是学科的核心竞争力和原始创新能力的体现。在"十四五"期间,要重视学科基础领域的发展。要加大对于基础研究领域的投入(汪寿阳等,2021),对于基础研究领域的支持要保持稳定性,在某些具体研究方向上持续地支持。同时,营造鼓

励探索、宽容失败的良好创新环境，建立追求卓越科学的制度和文化。

5）扶持青年学者，重视战略科学家的使用与培养

国家自然科学基金是管理科学与工程学科中最重要、最高效的资助来源。对于青年学者来说，青年项目对其学术成长至关重要。要继续加强对青年项目的支持，适度增加青年基金的资助比例，鼓励青年学者大胆探索，重视培养青年学者的成果落地及转化能力，培养后备力量，同时严格把控青年项目的审批、检查、评估等方面，提高青年人才的学术水平。同时，也要重视战略科学家的使用与培养。战略科学家是长期深耕于某一科学领域、具有跨学科理解能力和组织能力、具有很强前瞻性判断力的高层次复合型人才。管理科学与工程是具有广泛交叉性的学科，学科发展更需要一批战略科学家的引领。在战略科学家的培养方面，要将培养重心放在青年科技人才上，支持和引导更多青年科技人才参与到科技战略决策中来。

6）加强学科建设，创新研究生培养机制

近年来，我国管理科学与工程学科建设和研究生培养进入了一个新的发展阶段，学科建设和研究生培养规模有了较大程度的提高。因此，在"十四五"期间，管理科学与工程学科需要注重高质量内涵式发展，提升学科发展水平，在满足行业需求的基础上控制研究生招生规模，提高研究生培养质量，建立更加有效、科学的考核机制，加强师资队伍建设，建立长效可持续的发展机制。

附录1 学科内重点前沿领域建议书

领域1 重要战略物资未来需求与价格预测研究

第一部分 选题背景与意义

中国日益走近世界舞台中央，面临的外部环境愈发复杂，随之而来的风险和挑战也更加突出。中美贸易战仍然在激烈进行中，2020年世界范围内又暴发了传染性极强的新冠疫情；南海问题、台湾问题等仍然需要系统的解决方案。正如习近平在博鳌亚洲论坛2018年年会开幕式上的讲话中所指出的，"中国始终是世界和平的建设者、全球发展的贡献者、国际秩序的维护者"①。面对纷繁复杂的外部环境，中国需要增强战略定力，坚持自己的发展道路，继续推动自身持续平稳健康发展，积极维护世界和平与发展，推进全球治理体系变革。然而，中国在发展过程中，如何应对各种势力的封锁，冲破发展的瓶颈，都将面临着部分重要战略物资需求无法满足的窘境。因此，对重要战略物资需求与价格进行科学预测预警，并进行充分储备，是亟须解决的重要课题。

要解决以上问题，需要从重要战略物资的内涵与科学界定入手，在全面分析现阶段我国所面临的国内外复杂态势的基础上，厘清能源、矿产、农产品等重要战略物资的各方面需求，以及价格变动发展趋势与历史演化规律，深入挖掘重要战略物资需求与价格影响的内在机制，科学构建重要战略物资未来需求与价格预测预警模型，合理搭建预警

---

① 习近平主席在博鳌亚洲论坛2018年年会开幕式上发表重要主旨演讲. [2018-04-10]. http://www. mofcom.gov.cn/article/zt_topic19/zywj/201804/20180402730791.shtml.

平台，实现重要战略物资的预测预警，从而保证国民经济发展和国防建设安全。

当前中美贸易摩擦持续进行，新冠疫情还没有得到完全控制，南海问题、台湾问题还没有得到彻底解决，国际形势错综复杂，实体企业经营相对困难，对重要战略物资需求与价格预测的研究，属于典型的"需求牵引、突破瓶颈"科学问题导向。重要战略物资未来需求与价格预测研究既可以为我国经济发展和国防建设所需的重要战略物资储备进行科学规划，又可以增强我国经济社会发展各项事业的调控能力，有效规避国内经济遭受国际市场价格剧烈波动的不利影响，还可以为我国经济社会发展和国防建设提供安全保障，其选题具有十分重要的理论价值与实际意义。

第二部分　国内外研究现状与发展态势

近年来，对重要战略物资需求与价格预测一直是国内外学者关注的重要课题，Maddox（1972）在 20 世纪 70 年代于 *Nature* 期刊发表文章"Raw materials and the price mechanism"，指出重要战略物资在环境风险治理、人口增长、食品生产、土地利用等过程中发挥重要机制；Murphy 等（1988）在 *Operations Research* 发表论文"Modeling and forecasting energy markets with the intermediate future forecasting system"，研究了用于美国能源市场预测的中短期预测系统，并讨论了大型预测模型的相关特性；Blumenstock 等（2015）应用大数据方法，采集手机数据预测发展中国家贫困和财富地理分布态势；王思强（2010）提出加强中国能源预测预警体系建设的思路。

对重要战略物资需求与价格预测研究，可以有效揭示能源（石油、煤炭、天然气等）、矿产品（铁、铝、钛、稀土等）、农产品（稻谷、小麦、大豆等）等未来需求与价格发展趋势，为我国经济社会与国防事业发展提供保障。而且，系列预测预警模型的构建，可以科学系统地分析影响重要战略物资需求与价格变动的因素，完善预测预警模型理论与方法体系，进一步提升我国对于事关国计民生重大需求的重要战略物资的预判能力。目前，国内外对重要战略物资需求与价格预测预警的研究仍处于起步阶段，Gabriel 等（2001）在 *Operations Research* 发表文章"The national energy modeling system：a large-scale energy-economic equilibrium model"，构建了国家能源建模系统并将其用于计算美国能源部门平衡燃料的价格和数量，通过非线性高斯-赛德尔法，估算市场均衡燃料的价格和数量，凸显了重要战略物资需求与价格预测的重要性。

　　近年来，对于重要战略物资需求与价格预测的研究工作越来越得到世界各国专家学者的重视，对某种特定重要战略物资重要性及特征分析、需求估计等的文章相继出现在 *Nature*、*Science*、*Management Science*、*Operations Research* 等各类世界著名期刊上，在 Science Direct 数据库以"energy forecasting"为关键词，可以搜索到 138 725 条记录。

第三部分　中国发展基础与优势

　　近年来，重要战略物资储备备受国家关注，新一轮国务院机构改革通过构建统一的国家物资储备体系，强化中央储备监督，从而提升应对突发事件的能力。2019 年全国两会上，政协委员建议"进一步完善国家物资储备管理体制机制，充分发挥国家储备物资的战略功能、战备功能、应急功能，节约成本、减少浪费、提升保障能力、提高保供效率"①。在和平时代，重要战略物资储备不再满足战时急需，而是为了预防重大战略资源风险、提升战略资源领域控制力、缓解战略物资供求与价格的剧烈波动。国家对重要战略物资的重大需求，为我国学者在重要战略物资需求与价格预测预警领域展开深入研究提供了重要场景和实践目标。目前，我国在战略资源开发、能源预测预警与应急处置机制、战略性矿产监测预警机制、农产品价格预测及监测预警体系构建等重要战略物资预测预警领域取得阶段性进展，具备一定的工作基础。

　　从学术科研角度来看，重要战略物资需求与价格预测预警也得到了中国学者的高度重视。在中国知网数据库中以"能源需求预测"为主题词，从 2015～2019 年的检索结果来看，有 221 条检索结果；在科学网（Web of Science，WoS）数据库以"energy forecasting"为主题词，从

----

① 做好战略物资"保管员". http://theory.people.com.cn/n1/2019/0329/c40531-31001894.html [2019-03-29].

2015～2019年的检索结果来看，有8746条检索结果，关注度较高。

第四部分 主要研究方向

1）研究方向一：重要战略物资需求与价格的历史演化规律研究

随着科学技术的发展和世界经济形势深刻复杂变化，经济发展不平衡问题、环境恶化问题、能源短缺问题、粮食危机问题等叠加出现，重要战略物资对各国经济社会发展和国防建设等显得尤为重要，加强对重要战略物资需求与价格历史演化规律的研究，更是保障我国社会经济快速发展和国防安全实力不断增强的重要措施，尤其是近期出现的中美贸易战、新冠疫情的暴发，进一步使得重要战略物资需求与价格研究势在必行。世界形势的复杂变化及各类突发事件的频繁发生，都亟须对重要战略物资需求与价格的预测预警进行深入研究。

本方向研究的典型科学问题有以下几项：重要战略物资概念确定，重要战略物资分类，重要战略物资需求与价格的交互影响机制研究，能源、矿产品和农产品等典型重要战略物资需求与价格变化规律挖掘研究，典型重要战略物资需求与价格的传导机制研究，重要战略物资需求与价格预测预警体系的体制机制研究等。

2）研究方向二：重要战略物资需求与价格的影响机理研究

我国重要战略物资的供需矛盾日益突出，已成为制约我国经济社会发展和国防建设的重要因素。深入分析重要战略物资供需的内部结构、价格制定的制约因素，是预测重要战略物资需求与价格的重要依据，尤其是在重大事件发生的特殊阶段，重要战略物资需求与价格的影响因素复杂多变，在诸多影响因素叠加的过程中，深入探讨重要战略物资需求与价格的影响机制，必然成为对重要战略物资预测预警的重要基础。

本方向研究的典型科学问题有以下几项：重要战略物资需求结构分析、重要战略物资需求结构优化、重要战略物资需求弹性测度、重要战略物资需求影响的主要因素分析、重要战略物资价格确定的主要影响因素分析、重要战略物资价格敏感性分析、重要战略物资需求与价格互动传导机制研究等。

3）研究方向三：重要战略物资需求与价格的预测预警研究

伴随着国内外经济发展形势依然严峻的复杂环境，经济运行面临不确定性加大，重要战略物资需求与价格的预测预警面临更多的困难和挑战。同时，中国未来的市场规模巨大，基础设施发展完善，社会创造创新活力不断迸发，产业持续升级的大趋势没有发生变化，为重要战略物资需求预判与价格预测提供了重要依据。在此背景下，系统科学地对重要战略物资需求与价格进行预测，对阻碍社会经济稳定发展的重要战略物资短缺及时做出预警，对重要战略物资进行科学调剂与优化配置，这些措施都有利于促进经济社会的平稳发展和国防安全建设的顺利进行。

本方向研究的典型科学问题有以下几项：重要战略物资数据采集方法研究、重要战略物资数据预处理方法研究、基于数据驱动的重要战略物资需求预测模型构建研究、基于结构数据的重要战略物资需求预测模型构建研究、基于小样本数据的重要战略物资预测模型构建研究等；基于数据驱动的重要战略物资价格预测模型构建研究、基于结构数据的重要战略物资价格预测模型构建研究、基于小样本数据的重要战略物资价格预测模型构建研究等；重要战略物资需求预警模型构建研究、重要战略物资价格预警模型构建研究等。

4）研究方向四：重要战略物资需求与价格预测支持系统开发和示范

重要战略物资需求与价格的预测预警，对社会经济发展具有重要的价值。然而，只有好的思路及模型构建，远远不能满足中长期经济社会发展的决策需求。目前，战略物资预测预警平台建设缺乏，典型重要战略物资需求及价格预测预警缺乏示范与情景推演，尤其是突发事件发生时的决策需求更加急迫，因此，重要战略物资需求及价格预测预警平台构建及推演系统开发尤为重要。

本方向研究的典型科学问题有以下几项：重要战略物资需求预测预警支持系统平台开发、重要战略物资需求预测预警推演系统开发、重要战略物资价格预测预警支持系统平台开发、重要战略物资价格预测预警推演系统开发、典型重要战略物资需求预测预警支持系统示范、典型重要战略物资价格预测预警支持系统示范等。

领域 2 "互联网+"环境下的评价理论、方法与应用研究

第一部分 选题背景与意义

科学有序地推进"互联网+",能够为中国经济社会发展构筑新优势和新动能。中国工程院院士邬贺铨指出,"中国提出'互联网+',是要在西方模式外找到更适合国情的跨越发展机会"[①]。然而"互联网+"绝不能也不应该是互联网和各传统行业的简单相加,它需要充分发挥互联网在社会资源配置中的优化和集成作用,将互联网的创新成果深度融合于经济社会各领域之中,提升全社会的创新力和生产力,形成更广泛的以互联网为基础设施和实现工具的经济发展新形态。因此,发展"互联网+"需要有科学的管理决策和量化建议作为指导。由于管理最重要职能之一的评价能够直接为管理决策提供量化支撑与建议,因此,在"互联网+"环境下开展评价研究显得极为必要。

"互联网+"独特的背景特征,对开展"互联网+"环境下的评价研究提出了新的要求。首先,"互联网+"具有高度的全生态性,不同系统、不同行业之间的关联程度被大幅提高。传统评价理论能否有效应对因"互联网+"全生态性而导致的系统性变化,需要展开专门的科学检验与探索研究。其次,"互联网+"会催生新的评价模式。在开展"互联网+"环境下的评价研究之前,需要充分理解"互联网+"环境下所独有的评价模式与传统评价模式之间的区别和联系。再次,"互联网+"背景下的大数据具有一定程度的特异性。传统的评价方法无法有效地结合具有这些特异性的大数据进行管理评价。最后,依据 2015 年 7 月由国务院所发布的《国务院关于积极推进"互联网+"行动的指导意见》,我国推进"互联网+"工作有其侧重的领域。面向"互联网+"的评价研究,需要

---

① 一"网"情深:中国开启"互联网+"时代大门. http://www.gov.cn/zhengce/2015-07/05/content_2890455.htm?from=groupmessage&isappinstalled=0[2015-07-05].

充分考虑这些领域在"互联网+"环境下所产生的新特征和新需求。因此，"互联网+"环境下的评价研究应当同时涵盖理论、方法及应用这三个方面。

研究"互联网+"环境下的评价理论、方法与应用，同时兼有现实意义和学术价值。首先，研究"互联网+"环境下的评价理论、方法与应用，依托于评价结果，为发展"互联网+"过程中的关键问题"+什么"和"如何+"提供量化支持与政策建议，有助于深入推进"互联网+"发展，具有极强的现实意义。其次，由于国内外相关领域研究尚处于起步阶段，考虑到我国"互联网+"发展的全球优势地位，开展"互联网+"环境下的评价理论、方法与应用研究，具有在管理评价领域取得重大突破的潜力，能够进一步强化我国在"互联网+"领域的优势地位，提升我国在管理评价领域的美誉度和话语权。综上所述，"互联网+"环境下的评价理论、方法与应用既是原创研究，也是前沿研究，更是能够满足我国"互联网+"发展客观需求、实现各领域交叉共融的现实研究。

第二部分　国内外研究现状与发展态势

2015 年 3 月，李克强在政府工作报告中提出"互联网+"行动计划[①]，旨在推动移动互联网、云计算、大数据、物联网等与现代制造业结合，促进电子商务、工业互联网和互联网金融健康发展，引导互联网企业拓展国际市场。"互联网+"的核心理念是在我国数字经济的不断深入发展过程中逐渐形成的，包括阿里巴巴、腾讯等在内的多家著名互联网企业都积极地参与到"互联网+"的建设过程中。而受惠于"互联网+"建设，如拼多多、字节跳动等新兴互联网企业相继出现，并取得令人瞩目的成绩。我国的"互联网+"发展受到国际社会的广泛关注与高度评价，而"互联网+"相关领域的研究也因此引起学术界的广泛研究兴趣。

作为管理的最重要职能之一，评价是利用一定数据和方法，基于一定目标和标准对事物的属性进行测量并给出可靠结论的过程，能够直接为管理决策提供量化支撑与建议。因此，面向"互联网+"环境的评价

---

① 李克强. 政府工作报告(全文). http://www.gov.cn/guowuyuan/2015-03/16/content_2835101. htm[2015-03-16].

研究，能够有效地助力传统行业解决发展"互联网+"过程中"+什么"和"怎样+"这两项关键问题。目前，互联网环境下的评价研究在国内外均处于起步阶段，国内外相关研究发文数量均较少。其中，国际论文发表以会议论文为主，国内外均无顶级期刊发文记录，该领域研究在总体上呈现出孤立不成体系且缺乏代表性著作的态势，与业界"互联网+"如火如荼的发展态势呈现出明显的不匹配现象。因此，亟须加强这一领域的理论研究，以便为进一步推进"互联网+"建设提供有效的管理支持。

因尚处于起步阶段，国内外面向"互联网+"环境的评价研究的论文总量并不多，但近年来总体上呈现上升趋势，这表明这一领域的研究正逐渐受到国内外学者的关注。以 WoS 数据库为例，以 Internet plus 和 evaluation 为关键词，共计搜索到学术论文 446 篇。其中，2014～2019 年每年的发文量分别为 23 篇、29 篇、31 篇、52 篇、54 篇和 38 篇。而以中国知网数据库为例，以"互联网+"和"评价"为关键词，共计搜索到学术论文 3315 篇。其中，2014～2019 年每年的发文量分别为 30 篇、109 篇、380 篇、549 篇、693 篇和 779 篇。

第三部分　中国发展基础与优势

"互联网+"即将互联网与各个传统行业深入融合，以更好地发挥互联网的优势，促进各个传统行业的转型升级。自 2012 年其被提出以来，"互联网+"一直受到各方的支持与关注。2015 年，国务院发布了《国务院关于积极推进"互联网+"行动的指导意见》，针对"互联网+"与其他行业跨界融合过程中出现的问题提出指导建议。2016 年 5 月，教育部、国家语言文字工作委员会在北京发布的《中国语言生活状况报告（2016）》指出，"互联网+"入选十大新词语和十大流行语。另外，我国庞大的网民规模也为"互联网+"的发展提供了坚实基础。截至 2019 年 6 月，中国网民规模达 8.54 亿，普及率达 61.2%，超过了全球平均水平（53.6%），也超过了亚太地区平均水平（48.4%）12.8 个百分点。

世界经济论坛创始人兼执行主席施瓦布曾在采访中提到："中国的'互联网+'战略取得了很大成就，在许多方面已经领先全球。"实际上，全球前十大互联网公司中中美两国共占 9 家，表明全球互联网版图呈现 G2 格局。截至 2019 年 8 月，在全球前 50 家互联网上市企业中，中国和美国企业数量最多，共计 43 家（美国 33 家，中国 10 家）。从企业最新财年运营来看，中美两国包揽营收前十企业的前 8 名（我国的京东、阿里巴巴和腾讯分别为第 4 名、第 5 名和第 7 名）。从互联网应用领域来看，主要分为电子商务、社交、娱乐媒体、金融等，中国则在电子商务领域多年保持全球第一。

从学术研究的角度来看，基于"互联网+"背景下的评价研究也受到中国学者的广泛关注。从中国知网上的主题词包含"互联网+"和"评价"的搜索策略来看，2016～2020 年，仅被中国科学引文数据库（Chinese Science Citation Database，CSCD）和中国社会科学引文索引（Chinese Social Sciences Citation Index，CSSCI）数据库收录的公开发表的中文学术论文就有约 124 篇；在 WoS 数据库以"Internet plus"为主题查询的检索策略发现，2016～2020 年，中国学术机构发表的"Internet plus"国际学术论文共有 177 篇（未包含港澳台地区数据），排在同期全球各个国家和地区同类论文数量的第 2 位（美国以 194 篇名列第一）。以"Internet plus"和"evaluation"为主题词检索，中国学术机构在 2016～2020 年发表了 9 篇国际学术论文（未包含港澳台地区数据），美国发表了 20 篇。

第四部分　主要研究方向

1）研究方向一："互联网+"环境下的评价理论研究

"互联网+"具有高度的全生态性，不同系统之间的关联程度将大幅提高，"互联网+"环境下的管理决策将同时在系统内外产生无法忽略的影响。因此，在"互联网+"环境下开展评价工作，首先，需要能够科学而有效地衡量来自系统外部各类直接或间接因素对系统内部的决策影响，即量化地刻画不同系统之间的相互作用关系。其次，"互联网+"正深刻地改变着各行各业的生态与形态，而作为管理最重要职能之一的评价，若不能够充分理解、把握和满足这些因"互联网+"影响而产生的行业生态或形态变革在管理评价层面的要求，则势必无法为"互联网+"环境下的管理决策提供有效的支撑与建议。因此,在"互联网+"环境下开展管理评价时,还需要深入探索那些由"互联网+"而导致的新的管理评价模式,比较分析"互联网+"环境下新评价模式与传统评价模式的异同。

本方向研究的典型科学问题有以下几项:"互联网+"评价理论公理化体系构建(包含生产可能集、投影理论等)、"互联网+"评价指标体系构建(包含指标选择理论、"互联网+"非期望产出指标处理方法等)、"互联网+"新评价模式(基于"互联网+"的在线评价模式、基于"互联网+"的人机结合评价模式、"互联网+"背景下多源集成评价模式等)的公理化及新旧评价模式的差异化分析等。

2)研究方向二:"互联网+"环境下的评价方法研究

"互联网+"的典型特征也对用于开展具体评价工作的评价方法提出了新的要求。首先,"互联网+"带来了一系列前所未有的评价模式,对传统评价方法在"互联网+"评价新模式下的有效性需要给出专门检验。其次,"互联网+"的全生态性会导致数据集体量的膨胀。换言之,若在"互联网+"环境下进行评价工作,需要妥善处理"互联网+"大数据。具体地,"互联网+"大数据的典型特征,要求其评价方法应区别于传统的评价方法,如"互联网+"大数据的高度社交性与易变性,则要求评价方法能够在多维度捕捉不同群体的社交偏好,并做出动态即时响应。最后,"互联网+"的全生态性也要求面向"互联网+"环境的评价方法应能够充分适用于各类由互联网相互联结而形成的"新"复杂超级系统。因此,需要结合"互联网+"的典型特征,探索新的评价方法。

本方向研究的典型科学问题有以下几项:"互联网+"评价数据预处理方法、"互联网+"复杂网络系统评价方法、"互联网+"即时动态评价方法、"互联网+"交叉互评方法、"互联网+"博弈评价理论、"互联网+"全排序评价方法、"互联网+"异质性评价方法、"互联网+"全生态评价方法等。

3)研究方向三:"互联网+"环境下的评价应用研究

依据 2015 年 7 月国务院所发布的《国务院关于积极推进"互联

网+"行动的指导意见》，我国推进"互联网+"的总体思路是顺应世界"互联网+"发展趋势，充分发挥我国互联网的规模优势和应用优势，推动互联网由消费领域向生产领域拓展，加速提升产业发展水平，增强各行业创新能力，构筑经济社会发展新优势和新动能。坚持改革创新和市场需求导向，突出企业的主体作用，大力拓展互联网与经济社会各领域融合的广度和深度。着力深化体制机制改革，释放发展潜力和活力；着力做优存量，推动经济提质增效和转型升级；着力做大增量，培育新兴业态，打造新的增长点；着力创新政府服务模式，夯实网络发展基础，营造安全网络环境，提升公共服务水平。因此，为了能够为我国"互联网+"建设贡献更为直接的量化建议与决策支撑，还需要针对"互联网+"环境下若干重点领域开展评价应用研究。

典型科学问题有以下几项："互联网+"创业创新评价应用研究、"互联网+"协同制造评价应用研究、"互联网+"现代农业评价应用研究、"互联网+"智慧能源评价应用研究、"互联网+"普惠金融评价应用研究、"互联网+"高效物流评价应用研究、"互联网+"电子商务评价应用研究、"互联网+"便捷交通评价应用研究、"互联网+"绿色生态评价应用研究等。

领域 3   复杂经济时间序列预测的基础理论与建模

第一部分   选题背景与意义

时间序列（简称时序）数据是一种重要的高维数据类型，它是由客观对象的某个物理量在不同时间点的采样值按照时间先后顺序排列而组成的序列。例如，证券市场中股票的交易价格与交易量、外汇市场上的汇率、大宗商品期货的交易价格及各种类型的指数等。鉴于时序数据的独特性，其在经济、管理及工程领域具有广泛的应用。然而，经济全球化与网络经济发展及其相互作用带来的经济系统复杂性，使得经济数据的时序建模变得十分困难。对复杂经济时序数据产生机理与模式的认识不清,导致预测效果往往不尽如人意。而且,复杂时序分析与预测被认为是数据挖掘研究领域中最具有挑战性的十大研究方向之一。因此,有必要对复杂经济时序数据产生的机理与模式进行深入研究,并在此基础上提出新的预测基础理论与可计算建模方法。

要解决以上问题,需要围绕复杂经济时序预测基础理论与可计算建模这一主线,首先要对复杂经济时序数据产生机理特征进行分析,找出隐藏在复杂经济时序数据中的平稳性与非平稳性、线性与非线性、复杂性(混沌性、分形性、记忆性)特征;其次要对复杂经济时序数据呈现出来的模式特征进行分析,发现复杂经济时序数据中的周期性、季节性、突变性、交互性、稀疏性和噪声性特征。基于这些机理特征和模式特征,开展复杂时序数据建模的基础算法、基于机理与模式的可计算建模和数据特征驱动的预测理论与方法研究。该方向将从"鼓励探索、突出原创"的角度开展复杂经济时序的原创理论探索,从而推动我国预测科学领域的发展,为解决国家重大战略需求预测中的瓶颈问题提供关键的预测技术和方法支撑。

该选题将在复杂经济时序数据预测建模基础理论与方法研究中取得原创性和系统性的成果,特别是在复杂时序数据分解算法、分量数据预测方法及预测集成理论与算法等基础理论方面取得突破。同时,在复杂经济时序预测问题的可计算建模和高效计算方面,重点突破涉及数据特征驱动及模型和数据互补的建模难点,提出实用的可计算模型。在学科建设与人才培养方面,聚集和造就一批站在国际前沿、具有创新能力的预测科学复合型人才,形成高水平的学科交叉研究团队,实现我国预测科学领域的跨越式发展。

第二部分　国内外研究现状与发展态势

目前,时序分析和预测已经成为全球最具挑战性的研究课题和数据挖掘领域中的热点,而复杂经济时序预测已引起学术界广泛的研究兴趣。从20世纪50年代开始,*Nature* 与 *Science* 杂志就开始刊发与时序相关的研究论文,以"time series forecasting"为主题进行检索,截止到2020年,*Nature* 与 *Science* 分别发表96篇和266篇相关论文,涉及经济、农业、生物、人口、气象、环境、生态等诸多领域。聚焦到复杂经济时序预测问题，截止到 2020 年，*Nature* 与 *Science* 杂志共有 100 篇左右相关的论文，主要从混沌时序预测、非线性时序预测、非平稳性时序预测等角度开展原创性和应用性研究。

当前，国际上利用时序的机理特征与模式特征开展原创性的复杂经济时序预测理论与方法的研究才刚刚起步，目前国际运筹管理著名学术期刊 *Management Science*、*Operations Research*、*INFORMS Journal on Computing* 及预测领域的著名学术期刊 *International Journal of Forecasting* 已经发表了一些关于复杂时序预测的论文，凸显了复杂时序分析与预测研究的重要性。但从数据特征角度出发来开发原创性的复杂经济时序预测基础理论与建模方法的研究目前仅在 *Applied Energy* 有 1 篇论文。因此，非常有必要开展"数据特征驱动的复杂经济时序预测基础理论与可建模方法"原创性探索研究。

2011～2020 年，开展复杂经济时序预测的相关研究逐渐被国内外学者所重视。据不完全统计，2011～2020 年相关学者在国际运筹管理著名期刊 *Management Science* 发表 6 篇论文，在预测领域著名期刊 *International Journal of Forecasting* 发表 6 篇论文。在 Google Scholar 和著名的社会科学工作论文网站社会科学研究网（Social Science Research Network，SSRN）以"complex economic time series forecasting"为关键词，搜索到的 2011～2020 年学术论文分别就有 34 400 篇和 12 篇。

第三部分　中国发展基础与优势

近年来，预测科学在中国发展十分迅速，特别是 2006 年中国科学院预测科学研究中心成立以后，在面向国际学术前沿和国家战略需求方面做了大量的工作，相关预测研究成果得到了国家层面的高度关注，为此中国科学院预测科学研究中心已经成为国家重要的思想库。同时，在预测科学理论方法与应用方面的学术研究成果也在飞速增长，中国发表的与预测相关的论文得到全球高度关注。如今，在灰色预测方法、经济金融预测、能源预测、农业预测等理论方法与应用研究上，中国在国际上都遥遥领先，相关预测论文发表发展位居国际前列。根据 WoS 数据库的统计，中国在预测理论方法与应用方面的研究论文在 2020 年已经超越美国，跃居世界第一。

从学术论文的角度看，预测理论方法与应用相关研究也得到中国学者的高度重视。在预测理论与方法方面，中国学者在定性与定量相结合的预测方法论、TEI@I 预测方法论、分解集成预测方法论与灰色预测方法等方面做出了一批原创性的研究成果，为世界预测科学发展做出突出贡献。在预测应用方面，中国学者在经济金融预测、能源预测及农业预测等方面做了大量的应用研究，取得了大量的研究成果。从百度学术上简单地以"复杂经济时序预测"为主题检索发现，2011～2020 年，仅被CSCD 和 CSSCI 数据库收录的、公开发表的中文学术论文就有约 270 篇；在 WoS 数据库简单地以 "time series forecasting" 为主题检索发现，2015～2019 年，中国学术机构发表的 "time series forecasting" 国际学术论文共有 166 篇（未包含港澳台地区数据），排在同期全球各个国家和地区同类论文数量的第一位。

第四部分　主要研究方向

1）研究方向一：复杂经济时序数据特征表示理论与方法

随着经济社会活动的复杂化程度越来越高，不同的频域、尺度、时域使得经济领域的时序也越来越复杂。通常，时序特征表示是将原时序转换为另一论域中的数据并且起到数据降维的作用，同时使得在低维空间下的数据能尽可能地反映原时序信息。也就是说，时序特征表示是为了减少时序维度高、结构复杂、噪声大等特点对时序数据挖掘算法的准确性和可靠性的影响而提出的，在新的论域上对时序进行重新表示。如何研究高维线性问题的低维非线性逼近模式，将高维线性问题转化为低维非线性问题，亟须发展高维数据降维的新理论与新方法。同样，为了更好地进行复杂经济时序的建模，亟须发展相应的时序特征表示理论与方法。

本方向研究的典型科学问题有以下几项：数据聚合近似表示方法、基于域变表示方法、时域频域转换方法、分段线性表示方法、符号化表示方法、奇异值分解表示方法、多项式回归分析表示方法、特征映射方法、低维非线性逼近方法、高维数据降维方法等。

2）研究方向二：复杂经济时序数据特征处理的建模方法

复杂经济时序数据的回归预测问题，与一般的监督学习的回归模型的区别在于其数据本身是基于时序的。常用的基于统计与计量时序预测模型，如差分自回归移动平均模型等，添加其他特征时又不方便，不得不求助于经典的监督学习预测模型来进行特征处理。在数据挖掘与机器学习领域中，输入变量就成为特征。因此，主要任务是从复杂时序数据中，构造出新的输入特征。

本方向研究的典型科学问题有以下几项：基于日期时间和 Lag 的特征处理方法、基于滑动窗口汇总统计和扩展窗口汇总统计的特征处理方法、基于小样本数据的高维系统重构理论与算法、单谱分析和奇异值分解理论与算法、压缩传感的数学理论和快速算法、独立成分分析理论与算法、构建多层次多尺度数据处理的理论与算法等。

3）研究方向三：机理特征驱动的复杂经济时序数据预测理论与方法

复杂经济时序数据通常具有非平稳、非线性、复杂性、混沌性、分形性、记忆性等诸多数据生成机理特征，如何考虑这些机理特征并对复杂经济时序预测进行建模，是本方向重点要考虑的课题。

本方向研究的典型科学问题有以下几项：复杂时序数据机理特征检验方法，非线性复杂时序数据的小波分解算法，非平稳复杂时序数据的傅里叶分解算法，非平稳非线性复杂时序数据的实证模式分解算法，非平稳复杂时序数据的计量经济模型与统计建模方法，非线性复杂时序数据的随机模型与人工智能预测算法，线性、非线性加权、可乘、模块化集成理论与方法，等等。

4）研究方向四：模式特征驱动的复杂经济时序数据预测理论与方法

复杂经济时序数据除了生成数据过程产生的机理特征外，还有许多周期性、季节性、突变性、稀疏性、高维性和噪声性等许多模式特征，如何在复杂经济时序预测建模过程中考虑这些模式特征，是本方向重点要考虑的课题。

本方向研究的典型科学问题有以下几项：复杂时序数据模式特征检验方法，季节分解算法，样本熵算法，变分模态分解算法，噪声分离算法，适合模式特征时序数据的计量经济模型、统计建模方法、人工智能预测算法，加权、可乘、模块化集成理论与方法等。

5）研究方向五：复杂经济时序数据预测支持系统开发与示范

基于机理特征驱动和模式特征驱动的复杂经济时序数据预测理论与方法，需要结合实际领域来进行测试及应用，同时开发预测支持系统并进行典型示范，才能发挥预测理论与方法的效果，真正为复杂经济决策起到科学支撑的作用。当前，针对复杂经济时序数据的预测支持系统比较缺乏，亟须开发面向国家战略需求的预测与决策支持系统。

本方向研究的典型科学问题有以下几项：复杂经济时序数据库、模型库、知识库、专家库开发，复杂经济时序预测和决策支持系统平台开发与示范，重要经济变量预测支持系统平台开发与示范，重要战略物资需求和价格预测支持系统开发与示范等。

领域 4　数据与知识融合驱动的突发事件智慧化防控研究

第一部分　选题背景与意义

近几十年来由于全球自然生态、经济和社会环境的快速变化，突发事件及其应急管理呈现出多学科性、多领域性等特点，复杂性加剧，潜在风险增多，"黑天鹅""灰犀牛"等类型的突发事件不断发生。应急管理部指出，2019 年各种自然灾害造成 1.3 亿人次受灾，909 人死亡失踪，直接经济损失 3270.9 亿元[①]。又如 2020 年新冠疫情，是新中国成立以来传播速度最快、感染范围最广、防控难度最大的一次重大突发公共卫生事件。如何加强突发事件的防控能力，是保障人民群众生命财产安

---

① 应急管理部公布 2019 年全国十大自然灾害. https://www.mem.gov.cn/xw/bndt/202001/t20200112_343410.shtml[2022-01-12].

全、维护国家和社会稳定、促进经济社会良性可持续发展而亟待解决的重要问题。

要解决以上问题，需要从突发事件的产生与演化机理及其关联影响因素等综合角度出发，提升其防控的智慧化程度。2017年7月国务院印发《新一代人工智能发展规划》，科学技术部及国家自然科学基金委员会等也将其作为重点支持领域，使得大数据与人工智能的基础理论和关键技术不断突破，为突发事件智慧化防控提供了新的技术支撑。然而，如何充分利用大数据与知识，有效融合新兴信息技术与管理方法，进行数据、知识、模型、算子等有机协同的整体性分析、研判与决策，实现突发事件的智慧化防控，已成为一项重要挑战，即如何针对复杂事件系统从多源、多模态的大数据中获取有价值的模式和知识，进行数据知识化，并将其与现有的多学科、多领域知识融合，进而提供智慧化服务？如何有机融合数据驱动与知识驱动这两类人工智能进路，取长补短，进行突发事件全生命周期的系统性风险识别与评估，智慧化的演化趋势研判、预警及应对，以提升应急管理各环节水平？该方向将创新性地拓展数据与知识融合驱动方法的应用领域，为应急管理研究提供一种新的途径。

2017年1月国务院办公厅印发的《国家突发事件应急体系建设"十三五"规划》指出，到2020年，建成与有效应对公共安全风险挑战相匹配、与全面建成小康社会要求相适应、覆盖应急管理全过程、全社会共同参与的突发事件应急体系，应急管理基础能力持续提升。2019年11月，习近平进一步强调，"要发挥我国应急管理体系的特色和优势，借鉴国外应急管理有益做法，积极推进我国应急管理体系和能力现代化"①。可见，应急管理是我国的重大需求，且迫切需要科技创新以提升应急管理的智慧化。因此，将数据驱动与知识驱动这两类人工智能进路进行融合创新，不仅可以为突发事件的智慧化防控提供一种新的解决途径及相应的理论与方法支持，引领、拓展科学前沿，也具有重要的实际应用价值。

---

① 习近平：充分发挥我国应急管理体系特色和优势 积极推进我国应急管理体系和能力现代化. https://baijiahao.baidu.com/s?id=1651677683975616911&wfr=spider&for=pc[2019-12-01].

第二部分　国内外研究现状与发展态势

目前，突发事件防控已引起学术界的广泛关注。管理科学领域的一些主流期刊已出版应急管理领域的专辑，如 2011 年 *OR Spectrum* 出版了"Special issue on optimization in disaster relief"（Doerner et al.，2011）；2015 年 *Production and Operations Management* 专门成立了灾害管理专栏，其 2016 年刊载的论文"Disaster management from a POM perspective：mapping a new domain"指出灾害管理是一个重要的新研究领域（Gupta et al.，2016）；2017 年 *Annals of Operations Research* 出版了"Application of OR in disaster relief operations"专辑（Dubey et al.，2019）。2017 年发表在 *Science* 的"Science of preparedness"强调须从突发事件的多个方面进行准备科学的研究（Berg，2017）。2019 年发表在 *Nature* 的"A new twenty-first century science for effective epidemic response"指出 21 世纪需要有效应对疫情的新科学（Bedford et al.，2019）。同时，一些学者也在尝试探索突发事件的机理（陈安和周丹，2019；李明和曹海军，2020）。此外，各国政府和组织也高度重视应急管理领域的研究探索。例如，美国投入大量资金用于恐怖袭击、灾害等突发事件的预防、缓解、响应、恢复等方面的研究；欧盟"地平线 2020"计划的"社会安全——保护欧洲及其公民的自由与安全"专项开展了对突发事件的理解、发现、预防、阻止和应对等研究。

数据与知识融合驱动的方法能够最大化利用突发事件的历史和实时监测数据及相关领域的知识，提升突发事件防控的智慧化水平与效果。目前，国际上该领域的研究刚刚起步，如 2017 年发表在 *ACM Transactions on Information Systems* 的论文"DeepMob：learning deep knowledge of human emergency behavior and mobility from big and heterogeneous data"强调了大数据技术在有效规划人道主义救济、灾难管理和长期社会重建等方面具有至关重要的作用（Song et al.，2017）；2019 年发表在 *Safety Science* 的论文"Dynamic simulation of knowledge based reasoning of nuclear power plant operator in accident conditions：modeling and simulation foundations"（Li and Mosleh，2019）强调了知识在突发事件防控中的重要作用。

在 Google Scholar 中以"data-driven emergency management"为关键词进行搜索，截止到 2020 年，共有论文 51 200 篇，以"knowledge-driven emergency management"为关键词搜索到 5170 篇。2018 年，*Information Sciences* 推出了 Special issue on hybrid data and knowledge driven decision making under uncertainty 专辑，突出了数据与知识融合驱动方法在信息不确定、不完全的社会-经济-政治系统相关决策问题方面的重要应用价值。虽然在突发事件的应急管理方面已有大量研究成果，但如何基于各类数据与知识的融合驱动，以提升防控的智慧化程度，系尚待深入研究和亟待解决的问题。

第三部分　中国发展基础与优势

我国高度重视应急管理工作。尤其是 2003 年严重急性呼吸综合征（severe acute respiratory syndrome，SARS）疫情及 2008 年汶川特大地震发生后，我国建成了"一案三制"应急管理体系，并不断完善相关法规、制度、政策。2017 年出台了《国家突发事件应急体系建设"十三五"规划》等一系列相关政策文件。2018 年，应急管理部的正式成立，也彰显了我国对构建应急管理体系的重视。经过持续建设，我国应急管理体系具有鲜明的特色与优势。特别是 2020 年新冠疫情防控工作成效显著，表明我国的应急管理水平已迈上新台阶，为本领域研究提供了领先世界的机会。

从学术研究的角度看，国家自然科学基金委员会于 2009 年启动了"非常规突发事件应急管理研究"重大研究计划，在该计划的资助下，截至 2017 年底，研究人员发表论文 2952 篇，出版学术专著 127 部，获得国家科技进步一等奖 1 项、二等奖 4 项，授权发明专利 72 项，获得软件著作权 127 项[①]。在百度学术上分别采用论文标题中包含"数据驱动、应急管理"和"知识驱动、应急管理"的搜索策略，2003 年以来，CSCD 和 CSSCI 数据库收录的学术论文分别有 470 篇和 713 篇。基于 WoS 数据库，以"data-driven emergency management"为主题进行检索，

----

① 霍红，杨列勋. "非常规突发事件应急管理研究"重大研究计划取得系列成果. http://www.nsfc.gov.cn/publish/portal0/tab440/info72681.htm[2018-01-19].

2003 年以来，中国学术机构发表的论文共有 39 篇（未包含港澳台地区数据），仅次于美国位列第二（美国为 83 篇）。此外，数据与知识融合驱动方法已在移动用户支付（杨晓雅，2019）、智能情报分析（邱韵霏和李春旺，2020）等领域得到了初步探索，为其在突发事件智慧化防控中的应用提供了重要借鉴。

综上，该领域具有良好的政策、实践与研究基础，不仅有助于解决我国重大需求，也有助于形成科学研究方面的突破竞争力。

第四部分　主要研究方向

1）研究方向一：数据与知识融合驱动的智慧化应急管理决策及服务的基础理论与方法

现有的应急管理知识涉及多学科、多领域，且分散于相关预案、手册、书籍中，缺乏有效的组织、管理与融合。同时，多源、多模态的历史案例和数据中也蕴含着大量的规律与知识有待挖掘利用。但现有的以深度学习为代表的机器学习方法所构建的黑箱模型存在可解释性差等问题，而以知识图谱为标志的知识工程虽然推动了机器的理解和解释能力，但还存在过程性知识与不确定性知识等表达的局限，并难以融合数学模型等进行复杂的推理和计算。上述问题的突破，都亟须数据与知识融合驱动的智慧化应急管理决策及服务的基础理论与方法。

本方向研究的典型科学问题有以下几项：新时代人类面临的突发事件及特征分析，数据和知识的广义综合描述模式与计算模式，应急知识系统的组织模式与方法，多源、多模态应急大数据知识化规范表征方法，基于应急知识系统融合大数据驱动的应急知识发现，复杂知识系统的知识融合理论与方法，数据与知识融合驱动的智慧化应急决策服务方法等。

2）研究方向二：数据与知识融合驱动的突发事件风险识别和评估

由于自然生态、技术和社会环境等剧烈变化，基于大数定律的事件统计的有效性降低，基于概率论的非常规突发事件的风险评估方法受到很大挑战。与此同时，数据科学、知识工程、人工智能等的不断进步又赋予人们更强的认知、预测和控制环境的能力。如何运用数据与知识融合驱动方法，面向典型突发事件，提升其风险识别与评估的系统性及准确性，亟须相应的理论和方法。

本方向研究的典型科学问题有以下几项：数据与知识融合驱动的突发事件风险感知和识别方法、数据与知识融合驱动的突发事件风险评估基础理论、数据与知识融合驱动的定量和定性相结合的多尺度多层次综合的突发事件风险评估方法、数据与知识融合驱动的事件链风险评估方法、考虑事件与区域耦合效应的系统性风险评估方法等。

3）研究方向三：数据与知识融合驱动的突发事件演化趋势研判和预警

突发事件及其衍生、次生事件等具有较强的动态演化复杂性和不确定性，需要动态识别并利用事件系统的时空表象数据与相关知识以揭示其机理。大数据环境提供的多源、多模态的监测数据，含社会化监测数据等，也须进行系统性的融合，以构建时空全景式的突发事件情景。如何有效融合数据驱动与知识驱动这两种人工智能进路，实现智慧化的精准趋势研判与预警，也亟须相应的理论和方法。

本方向研究的典型科学问题有以下几项：数据与知识融合驱动的突发事件监测、研判与预警体系，基于知识的多源、多模态监测数据的多层表征空间的学习与融合方法，基于知识导引与数据关联的智能动态监测方法，数据与知识融合驱动的突发事件复杂系统演化建模，数据与知识融合驱动的可解释的突发事件演化趋势预测方法，数据与知识融合驱动的人机协同的快速研判和预警方法，等等。

4）研究方向四：数据与知识融合驱动的突发事件智慧化应对

大数据与人工智能技术的发展正在变革突发事件的应对体系、预防与缓解、应对流程生成、应急资源调度与配置、应急决策等诸多方面。然而，现今的研究多基于数据或知识的单一驱动视角展开，且缺乏多学科知识融合、数据融合和理念融合的整体性思维与分析。因此，如何基于数据与知识融合驱动，通过多知识域、多信息、多模型混合仿真计算与分析，推动突发事件应急管理向智慧化模式迈进，亟须相应的理论与方法。

本方向研究的典型科学问题有以下几项：数据与知识融合驱动的突发事件应对组织管理体系构建、数据与知识融合驱动的突发事件预防和缓解方法、数据与知识融合驱动的应对流程智慧化生成方法、数据与知识融合驱动的应急资源智慧化统一协同调度和配置方法、考虑决策者心理行为与公众参与的应急决策理论和方法等。

领域 5　多风险交互作用下的风险度量理论与方法研究

第一部分　选题背景与意义

随着经济社会环境的不确定性和复杂性日益提升,各类风险之间呈现出连锁联动、传染蔓延、累积叠加等多种交互作用,已成为普遍存在的结构性现象。风险之间存在的交互作用,给风险度量的准确性及风险防控措施的精准性带来了极大的挑战。例如,2008年美国次贷危机过后,美联储高级监察团调查发现,危机中受影响较小的金融机构在其风险管理中都考虑了风险的交互作用;反之,没有考虑风险交互作用的金融机构都受到了严重影响。认为风险之间不存在交互作用的传统假设,无法满足现代风险管理的实践需要。因此,在对典型领域风险交互作用差异性研究的基础上,极其有必要开展对风险交互的基本特征、作用机理等共性问题研究,指导风险度量模型的优化,以更好地指导风险管理实践。

风险管理实践中存在的风险交互作用使得风险之间相互转化、相互影响,导致风险显现出放大或者缩小的趋势,严重影响着风险度量结果的准确性。考虑多风险交互作用下的风险度量是指在充分考虑风险之间交互作用的基础上对风险进行合理度量的过程。但是在风险管理的研究和实践中,风险类型众多、特征迥异,风险间的交互形式多样,交互作用机理不够清晰,再加上风险交互数据难以获取等原因,使得风险交互作用的刻画变得十分困难。

首先,不同领域的风险特征不尽相同,加大了刻画和度量风险交互作用的难度。例如,在银行风险领域,各类风险交互作用存在着时变性、非线性、尾部相关性等特征，尤其是尾部相关性使得风险交互测度模型很难客观真实地反映实际情况；在项目风险领域，风险交互作用则表现为风险在不同开发阶段的累积和迁移。其次，不同领域的风险交互特征差异，使得其度量方法也不尽相同。例如，银行业多是利用风险值方法来度量风险，而项目管理领域通常是基于对风险发生概率和损失的专家判断，利用风险矩阵或多属性决策模型等来度量风险。总体而言，现有研究多关注某单一领域，缺乏对风险交互的特征分类、作用机理及建模规则等共性问题的深入研究，这使得不同领域风险交互研究成果很难相互借鉴。因此，加快对风险交互作用的共性机理与差异化特征的系统性研究，实现多风险集成度量，有助于加快我国建立健全风险研判机制、决策风险评估机制，形成植根于中国实践的风险管理新方向。

当前，我国各方面风险不断积累甚至集中显露，这给多风险交互作用下的风险度量理论与方法研究提供了丰富的现实场景和应用领域。从国内外研究来看，以风险交互为核心理念的风险管理新方向尚处在起步阶段，国内学者在各自领域已经取得了较好的研究基础。加快多风险交互作用下的风险度量理论与方法研究，有助于更快形成植根于中国实践的风险管理新方向。尤其是在以 5G 为标志的互联网快速发展的时代中，这些交互作用发生了明显的改变，交互作用变化的速度也发生了天翻地覆的变化，对风险度量的理论及方法有较大的冲击。聚焦风险交互作用，形成的基础理论与系列模型方法，有助于我国加快完善风险防控机制，提高防控能力，为着力防范化解重大风险提供扎实的理论基础与方法支撑。

第二部分　国内外研究现状与发展态势

风险管理是一个典型应用导向的交叉前沿，研究成果广泛分布在企业运营、行业监管与政府治理等各个领域，涉及多个学科交叉融合。近年来，风险管理研究发展迅速，在 WoS 数据库检索标题中含有 "risk" 的论文，截止到 2020 年共有 98.40 万篇，2019 年单年发表论文 7.60 万篇，其中，12 个子学科发文数量超过 1 万篇。现有风险管理研究成果多数是分散在具体的应用领域，对风险管理共性问题和基础理论的研究相对有限。聚焦风险管理的 15 种重要期刊，2019 年发文总数只有 2500 篇，占所有风险管理相关论文的 3.29%。

近年来，作为一个研究前沿，风险交互作用开始兴起，特别是在企业风险管理、金融风险管理、项目管理等领域。在金融领域，多风险交互作用下的风险度量已经成为全球银行业关注的焦点。2010 年，巴塞尔银行监管委员会颁布的新巴塞尔协议中，在进行银行风险度量时充分考虑了风险交互作用，截至 2020 年全球已经有数十个国家采用了新巴塞尔协议的风险度量方法。在项目管理领域，国内外学者将多风险交互作用引入到项目风险评估（Li et al.，2019a）、项目风险应对策略选择（张尧等，2020）等环节，为确保项目顺利实施提供了重要的决策支撑。在方法论层面，风险管理顶级期刊 *Risk Analysis* 在 2007 年刊发了哥伦比亚大学商学院杰弗里·希尔（Geoffrey Heal）教授和宾夕法尼亚大学沃顿商学院霍华德·昆路德（Howard Kunreuther）教授的名为 "Modeling interdependent risks" 的论文。诺贝尔经济学奖得主罗伯特·恩格尔（Robert Engle）于 2009 年提出了预见相关性（anticipating correlations）风险管理新范式，着重分析了金融资产收益相关性。这些重要成果在开创前沿领域方面起到了重要作用，但是由于风险交互机理不清，数据缺乏及成果的多学科分散等原因，该领域并没有得到很好的发展。在 WoS 数据库以 "risk interaction" "risk dependence" "risk correlation" "risk integration" "risk aggregation" 为主题检索发现，涉及风险交互作用的论文只有 750 篇，2019 年则发表了 77 篇。

综合来看，近年来，风险管理得到快速发展，重要理论研究成果和管理实践经验不断涌现，但还是呈现出学科分布广泛、缺乏基础理论研究等特征。其中，风险交互作用研究已经初步成为风险管理研究中快速发展的领域前沿，部分重量级成果引领了学科发展方向。从论文发表数量来看，风险交互作用方面研究处于学术前沿，但是需要在作用机理、模型方法和行业应用方面进行突破。

第三部分　中国发展基础与优势

风险防范和化解的前提是对风险进行准确有效的度量，因此多风险交互作用下的风险度量理论与方法研究得到了中国学者的充分重视。总体来看，我国在这方面的研究距离国际领先水平尚有一定差距。基于领域科学家的调研结果，我国风险管理整体研究成果还只是接近于发达国家平均水平。基于 15 种风险管理领域重要期刊的论文数据进行分析，结果显示我国学者 2015～2019 年的发文数量占世界发文总数还不到 20%。但是在风险交互作用方面，我国学者已经积累了较好的研究优势。在 WoS 数据库以"risk interaction""risk dependence""risk correlation""risk integration""risk aggregation"为检索主题发现，中国学术机构发表的关于风险交互作用和集成度量的论文数量已经在全球各国及地区同类论文中处于领先位置（未包含港澳台地区数据）。

　　面对"危"和"机"同生并存的重要战略机遇，更需要高水平的风险管理研究成果，助力加快实现习近平强调的"要完善风险防控机制，建立健全风险研判机制、决策风险评估机制、风险防控协同机制、风险防控责任机制"[①]目标。化危为机、转危为安，为我国更好地参与全球经济治理体系变革，变压力为加快推动经济高质量发展的动力提供高质量的智力支撑。

第四部分　主要研究方向

　　1）研究方向一：多风险交互作用机理分析与识别方法

　　重大风险事件的发生，通常是在多类风险相互交织、叠加共振作用下爆发扩散。例如，日本 3·11 地震直接导致当地燃气泄漏、火灾频现、通信中断，后续又引发了巨大海啸和福岛核泄漏，多风险交互作用加剧了各行业的风险连锁反应，亚洲股市当日全面下跌、全球保险业巨额赔付、全球制造业供应链压力倍增。多风险交互作用的存在会扩大风险影响范围，加重直接损失，衍生次生风险。现有风险交互作用机理不清和识别方法欠缺，严重制约了该方法研究的深入，亟须对风险交互内在机理进行深度剖析，并聚焦识别方法以便揭示规律，提高风险防范的针对性和有效性。

---

　　① 习近平在省部级主要领导干部坚持底线思维着力防范化解重大风险专题研讨班开班式上发表重要讲话. http://www.gov.cn/xinwen/2019-01/21/content_5359898.htm[2022-05-07].

本方向研究的典型科学问题有以下几项：多风险交互致因追溯、多风险交互内生机理、多风险交互的传导载体与路径、多风险交互动态性与随机性的特征量化、多风险交互类型划分与量化标度、多风险交互的影响效应测度、多风险交互网络与全景式识别方法。

2）研究方向二：考虑决策者偏好的交互风险感知方法

风险感知是指个体根据自身知识和经验，对风险的特征与演化做出的主观判断。受限于知识水平、工作背景、生活环境等多方面差异，不同个体风险感知会存在偏差，风险交互作用的存在、决策者的个人偏好更是加剧了风险感知的难度，直接影响风险感知结果，进而影响到风险测度结果的精确性及风险防控策略的有效性。基于不同决策主体的偏好构建合适的交互风险感知方法，是研究风险交互作用的核心问题之一。

本方向研究的典型科学问题有以下几项：影响风险感知的特征要素识别、风险交互作用下的决策者偏好刻画方法、风险交互作用下风险感知测度方法。

3）研究方向三：多风险交互集成度量理论和方法

在风险管理实践当中，决策者常常需要从宏观角度把握包含众多风险类型的总体风险值，从而利用系统的思维和方法来管理与控制风险。风险集成度量是在充分考虑风险之间交互作用的基础上，将不同来源的多类风险进行整合以得到总风险的过程。风险种类繁多、风险之间交互作用机理复杂、风险损失分布的差异性大、数据可得性差、时间展望期和置信水平的不同以及对集成方法的研究尚不充分等原因，使得整体风险的集成度量在实际应用中很难实现，亟待深入研究。

本方向研究的典型科学问题有以下几项：风险交互作用的机理和特征分析，风险交互作用的刻画和建模，风险交互下的分散效应和复合效应，风险集成度量的原理、准则与方法。

4）研究方向四：领域风险交互作用下的风险测度与集成

风险交互作用的存在虽有共性规律，但更多地具有领域特征，不同领域风险交互作用存在极大差异性。例如，在金融风险领域，风险交互作用主要体现在不同类型风险之间的耦合；在公共安全领域，风险交互作用主要体现在不同风险主体之间的传染、累积。不同领域中的风险交互作用的差异性,给风险交互作用的风险测度和集成问题带来了新的挑战,所以有必要选取 2~3 个典型领域,开展多风险交互下的风险度量与集成研究,总结领域风险交互作用特征,并提炼共性规律。

本方向研究的典型科学问题有以下几项:典型领域中风险交互作用的内在机理与差异化特征、典型领域中风险交互作用下的风险集成度量模型、典型领域的风险防控协同机制。

领域 6　投资者心理和行为规律量化研究

第一部分　选题背景与意义

随着信息与网络技术的飞速发展,大数据时代已经到来。然而,相关的科学探索往往集中在如何发展新技术、开发新工具以适应各种复杂数据的处理需求,却很少有人关注作为行动主体和决策主体的个人是否准备好应对这场全新挑战。我们每一个行为个体,一方面,作为数据源每天产生大量的行为数据,是大数据的分析对象;另一方面,作为数据接收者的我们每天要面对并处理来自方方面面的海量信息,同时是大数据工具的使用者和服务对象。在这场互动之中,行动个体的心理模式和行为规律势必会影响数据的生成及相应工具的使用效率。在瞬息万变的金融市场,投资者与数据之间的互动是最受关注的,也是应用成果最为丰硕的。比如,2019 年发表在顶级金融期刊 *Journal of Financial Economics* 上面的文章 Crowdsourced employer reviews and stock returns 创新性地使用了企业员工评价数据构建指标指导投资实践。这是基于员工评价行为产生的数据构建指标,并成功应用于投资管理实践的最新案例。因此,研究金融科技化进程中投资者的心理和行为规律如何互动、演化是具有时代意义和能满足投资实践需求的。

在金融领域,对投资者心理和行为的研究隶属于行为金融的研究范畴。行为金融视角下的金融市场呈现多维度的复杂性。除了外部数据环境的复杂性,还有投资者本身心理和行为模式的复杂性,以及投资者行为与交易环境互动的复杂性。而且,这两部分的复杂性是相互影响、相互联动的。投资者的复杂行为会生成复杂数据;外部复杂环境(海量信息、交易技术、交易规则等变化)又会反过来影响投资者的行为。针对投资者心理和行为本身的复杂性,以及投资者行为与环境互动的复杂性,我们需要开发相应的理论和方法,以更好适应金融市场多维度、多层次的复杂性。以网络交易为例,与传统的交易环境相比,网上(移动端)交易环境具有两个鲜明的特点:海量的信息资源和不受时空约束的交易自主性。无疑,这些改变意味着投资者在网上交易环境中享受到更多的便利,以及更多的投资机会。然而,便利并不一定导致盈利(Barber and Odean,2002)。

金融科技化给投资者带来了前所未有的便利,同时也带来了前所未有的挑战。弄清楚投资者的心理和行为规律在大数据的时代背景下如何互动、演化,将有助于我们更深刻地理解金融科技化带来的变化的意义,更为清晰地对现行相关市场行为进行分析和评价。与此同时,这些知识也将有助于投资者更好地制定投资策略,为券商、经纪人及有关金融服务商提供更好的金融服务,还可以帮助监管机构制定切实可行的政策方针,最终服务于国家的金融安全发展战略。

第二部分　国内外研究现状与发展态势

大数据时代"互联网+"的迅猛发展,一方面催生了新型数据的产生,另一方面也推动了经济金融学研究范式的转变。美国金融学会主席大卫·赫舒拉发(David Hirshleifer)教授在 2020 年美国金融学年会上的主席发言中明确指出:"A missing chapter in our understanding of finance consists of the social processes that shape economic thinking and behavior。"[①]这一发言标志着经济金融的研究风向逐步转向研究投资者社会互动和社会传播属性对经济与金融活动的影响。

---

① Transcript of the AFA 2020 Presidential Address with Presentation Slides: Social Transmission Bias in Economics and Finance. https://papers.ssrn.com/sol3/papers.cfm?abstract_id=3513201[2020-01-04].

在经济金融领域，已有大量关于投资者复杂心理和行为模式的相关研究。前景理论（Kahneman and Tversky，1979）、羊群效应（Dasgupta et al.，2011）、同伴效应（Heimer，2016）、过度自信（Scheinkman and Xiong，2003）、模糊性厌恶（Easley and O'Hara，2010）、投资者注意力与情绪（Baker and Wurgler，2007；Sicherman et al.，2016）、金融泡沫与投资者行为（Gong et al.，2017）等已有研究为我们揭开了投资行为背后的一部分机理，但是仍有更多的投资行为背后的心理和行为规律等待研究人员去探索。

近年来，随着使用常规数据（量价、财务等）进行的交易变得越来越拥挤，投资者所获得的超额收益越来越被稀释，基于投资者行为的另类复杂数据逐渐走进了业界和学界的视线。例如，2017 年发表的"The 'sixty' factor——a social media factor derived directly from tweet sentiments"，这篇文章使用社交媒体数据构建投资者的情绪指标，在著名的 Fama-French 五因子模型基础上加入了第六个情绪因子。另外，面对当前的海量信息，如何有效合理分配有限的注意力？*Management Science* 在 2020 年发表的"Dynamic attention behavior under return predictability"（Andrei and Hasle，2020）和 *American Economic Review* 在 2019 年发表的"Optimal dynamic allocation of attention"（Che and Mierendorff，2019），是目前在顶级经济管理期刊上看到的最早讨论投资者应如何最优化分配稀缺注意力及其对投资行为影响的学术论文。

对投资者个体而言，以互联网为基础的社交媒体数据的产生对研究个人行为以及社交群体对个人行为的影响提供了重要的数据基础。如何在大数据环境下有效利用这种社会网络和空间相关的信息是当前行为金融学的重要发展方向之一。2016～2020 年，投资者行为和心理的相关研究逐渐被国际学者所重视，在 Google Scholar 和 SSRN 以"investor behavior"为关键词，搜索到的学术论文在 2016～2020 年分别有 59 300 篇和 1549 篇。

第三部分　中国发展基础与优势

我国的金融科技产业坐拥全球最大市场，在一些快速增长的业务领域，如第三方支付、网络贷款、数字保险、数字货币、移动端理财等，中国的业务规模在国际上已经遥遥领先。因此，可以预见，我国在数字资源的总量、广度和深度等方面都将居于世界领先水平，从而为我们的学术研究提供最为重要的数据基础。

李若筠等（2020）《中国管理科学学科发展态势计量分析》的最新分析表明，近年来中国管理科学研究总体呈现出快速发展的态势。中国学者在国际重要期刊上发表的论文数量增长迅速，2009～2018年，中国学者的发文总量居世界第三，2018年单年发文量居世界第二（仅次于美国）。然而，该研究还发现中国管理科学研究存在顶级期刊论文数量不多的问题。中国学者在顶级期刊上发表的论文只占6%，尤其是 *Review of Financial Studies*、*Strategic Management Journal* 和 *The Accounting Review* 三个期刊占比最少。基于此现状，依托中国的庞大市场和海量数据累积优势，以量化研究为手段，聚焦中国投资者心理和行为的复杂变化规律，可以为补平中国管理科学研究在经济金融领域的发展短板提供一条新的发展思路。

具体来看，近年来，投资者心理和行为的相关研究得到中国学者的高度重视，越来越多中国学者的研究成果登上了国际期刊。从百度学术上简单地用论文标题中包含"投资者行为"的搜索策略来看，2016～2020年，被 CSCD 和 CSSCI 数据库收录的公开发表中文论文就有约700篇；在 WoS 数据库简单地以"investor behavior"为主题的检索策略发现，2016～2020年，中国学术机构发表的"investor behavior"国际学术论文共有 745 篇（未包含港澳台地区数据），排在同期全球各个国家和地区同类论文数量的第一位（美国以 666 篇名列第二）。这表明，中国学者在投资者心理和行为的相关研究已经积累了很好的研究基础，处于蓄势待发的新起点。

第四部分　主要研究方向

1）研究方向一：前景理论下投资者动态行为规律研究

投资者会根据所获得的知识、所经历的遭遇调整其预期和偏好，从而改变投资行为。偏好改变的重要体现是参考点的动态调整。根据

Kahneman 和 Tversky（1979）的前景理论，基于某一参考点，人们通常表现出损失厌恶，并且风险偏好在收益域和损失域截然相反。这些不对称性使参考点对行为决策产生重要的影响。以往研究多将参考点设为定值，但一些投资经验与投资行为的研究提示我们，参考点很可能处于动态调整中。在金融科技化进程中，投资者不断增大的信息量使得这一动态调整更为明显。因此，需要对不确定环境下投资者参考点的动态调整规律进行系统性的科学研究。同时，前景理论中概率扭曲的时变特征在不确定环境下对投资行为和资产定价的影响也值得研究。

本方向研究的典型科学问题有以下几项：参考点动态更新与处置效应、学习效应与投资者参考点更新、投资者风险测量与风险提示、社会网络环境下的新投资者与市场泡沫、不确定环境下的概率扭曲的时变特征及其定价影响、金融信息系统机制设计、金融产品与服务个性化定制等。

2）研究方向二：投资者有限注意力与海量信息互动规律研究

有限注意力指由于人脑对信息的分析处理能力是有限的，在任何给定的时刻，我们并不能处理所有的信息，而是选择性地去应对最显著、最重要的信息。近年来，由于新技术的出现，我们获得的信息量巨大。而有限的信息处理能力使我们只能利用其中的小部分。随着海量数据在各行业、各领域的不断激增，关于有限注意力的讨论已逐渐渗透到宏观经济、金融、劳动经济，公共管理、社会学和政治学等领域，成为发展非常活跃、应用日益普及的交叉研究热点。

本方向研究的典型科学问题有以下几项：投资者注意力的有效度量指标构建、金融市场中投资者注意力的时变规律研究、投资者的有限注意力分配与投资组合优化、投资者有限注意力与资产定价研究、多信息源下的投资者最优注意力分配管理、投资者有限注意力与代表性偏差、投资者有限注意力与行业因子轮动等。

3）研究方向三：高阶历史信息下的投资者间接互惠行为规律研究

合作对金融市场的有效性至关重要。一个完整高效的信用系统是提高合作水平的制度基础。在实际应用中，我们也看到了个人和企业征信的各种例子。传统信用系统多基于一阶信息（即信用分所有者的行为），而与高阶信息（即其以往金融活动中对方的行为）无关。这为二阶社会困境的滋生提供了温床。理论上，高阶信息的提供和基于高阶信息的间接互惠可以解决这一问题。然而，这方面的理论、实证研究及实践非常不足。

本方向研究的典型科学问题有以下几项：金融市场中的信用系统设计，金融市场中的高阶信息与逆向选择，如何避免银行呆账坏账、创业人失败甚至卷款后换壳再次骗取投资，金融市场中基于高阶历史信息的道德标准与演化路径，高阶历史信息在金融市场中的提供方式与时机等。

4）研究方向四：社会网络环境下的中国投资者行为规律研究

大数据时代既催生了新的网络型数据，也使得投资者之间的关联前所未有的紧密。新型社交媒体数据的产生，为研究个体行为及社交群体对个体行为的影响提供了重要的数据基础。随着资本市场日趋全球化，金融市场投资者的个体差异，尤其是来自文化、社会心理等方面的差异更加凸显。因此，一些重要的个体差异特征应当被纳入投资者行为的模拟和预测模型中，提升对真实投资行为的预测效能。此外，在社会网络环境下，投资者固有的认知偏差（知识幻觉、过度自信）是得以改善还是反向加强？投资者的实际决策能力是加强还是减弱？这些都是值得探寻的问题。

本方向研究的典型科学问题有以下几项：投资者社会网络的形成建模、社交群体参与度与投资者交易行为、基于社交媒体数据的投资者情绪指标构建、文化差异与投资者行为模式、社会网络与机构投资者行为及其绩效表现、自我加强型社会传播偏差与投资者交易行为、社会网络环境下的投资组合优化、社会传播偏差与投资者彩票型股票偏好等。

领域 7　在线环境下决策问题的研究

第一部分　选题背景与意义

随着商业的快速发展和大数据时代的来临，众多企业建立起完善的信息系统，能在即时收集各项线上信息的同时，也积累海量的线下数据。但这些数据目前主要被用于预测，距离实现其所有价值的目标还相距甚远。而达成此目标的重要环节是如何通过数据来帮助企业做更好的决策。尤其是对于在线环境而言，丰富且动态的数据为提升实时决策提供了可能性，进而创造更大的收益。但与此同时，在线环境的实时决策对数据处理能力和算法性能也提出了极高的要求。在此基础上，利用线下数据改善线上决策是进一步提升运营效率的有效途径。因此，如何充分发挥数据的价值，实现从预测到决策的飞跃是企业最关心的问题之一。

要解决以上问题，需要从估计和优化融合的角度出发，进行在线环境下的整体决策。该过程通常涉及两部分：第一部分是预测，即利用数据来预测个体和市场的行为，如顾客点击率、需求价格关系等；第二部分是决策，即如何根据输入做出决策以达到企业目标，如根据需求分布来确定订货量、根据需求价格曲线来定价等。二者紧密相连而又侧重不同。为追求估计的准确性，目前业界和学界通常采用机器学习等方法进行预测。但该类方法往往被认为是一种黑箱，即输入和输出之间的关系难以显式表达，因此解释性较差，同时用户也经常质疑其所做出的决策。因此，提高机器学习模型的透明性，建立用户与机器学习模型之间的信任是非常必要的。为了追求更好的解释性和优化模型的求解能力，具有较好表达形式的估计模型会更多被采用。但是无论哪种方法，都存在着模型误设等因素导致最终决策出现偏差的情况。

本研究领域属于"聚焦前沿、独辟蹊径"的范畴。随着互联网、人工智能等新技术的突破式发展，企业运营决策正经历着巨大变革。数据驱动的在线环境下的决策问题是目前运营管理领域的前沿研究话题，虽然学界对如何有效进行线上决策开展了多维度的研究，但是学者普遍关注如何分别提升预测和决策的有效性，而对两者融合的研究较少。本研究领域旨在利用改进设计实时算法与结合线下数据的方式，运用运筹优化、机器学习及计量经济学等方法和技术，建立一套在线环境下的整体决策方案，帮助企业构建有效的实时决策体系，提升企业核心竞争力。

第二部分　国内外研究现状与发展态势

当前,大数据驱动下的运营决策研究和应用已经引起学术界广泛的研究兴趣,在线决策的研究成果已经在医疗服务、零售业、制造业等领域得到广泛的应用,产生了巨大的社会价值(Caro et al., 2020; Bernstein et al., 2019; Liu et al., 2020b)。斯坦福大学叶荫宇教授在 2014 年发表在 *Operations Research* 中的文章指出,在线优化在计算机科学、运筹学和管理科学领域引起越来越广泛的关注; *Management Science* 主编大卫·辛奇-利维(David Simchi-Levi)教授在发表的"OM Forum—OM Research: from problem-driven to data-driven research"文章中指出,基于数据驱动的研究在商业分析中发挥着重要作用。数据分析支持下的在线决策能够发掘客户价值、提供定制服务、优化有限资源的配置,进而提升企业的竞争力。目前,国内外对该领域的研究已经非常重视。首先,该领域研究在方法论方面已有丰富的成果。例如,Bertsimas 和 Kallus (2020)提出采用直接从数据到决策的方法,来提升预测准确性或者决策的有效性; Cohen 等(2018b)提出运用数据来构建不确定集的鲁棒优化方法; Zhang 等(2020)通过损失函数值来衡量所提算法的优劣性。其次,该领域研究在实际应用方面也很多,包括产品定价(Ettl et al., 2020)、库存(Ban and Rudin, 2019; Huh et al., 2011)、产品选择(Golrezaei et al., 2014)等。更重要的是, *Management Science* 和 *Production and Operations Management* 两大管理学国际顶级期刊分别在 2018 年推出了 Special Issue on Data-Driven Prescriptive Analytics 专刊和 Special Issue on Perspectives on Big Data 专刊。

近年来,数据驱动下的运营管理研究逐渐被国际学者所重视。据不完全统计,2017~2019 年在 *Management Science*、*Operations Research*、*Manufacturing & Service Operations Management*、*Marketing Science*、*Production and Operations Management* 这五种管理类国际顶级期刊上提及"data-driven analysis"的已发表论文有 913 篇。在 Google Scholar、INFORMS 及 SSRN 上,以"data-driven analysis"为关键词,搜索到 2020 年以前学术论文分别有 1 780 000 篇、8213 篇和 1673 篇;以"online algorithm"为关键词,搜索到 2020 年以前的学术论文分别有 4 450 000 篇、5218 篇和 246 篇;以"real time algorithm"为关键词,搜索到 2020 年以前的学术论文分别有 4 160 000 篇、5768 篇和 345 篇;以"online decision making"为关键词,搜索到 2020 年以前的论文分别有 2 890 000 篇、5650 篇和 558 篇。

第三部分　中国发展基础与优势

算法的研究与开发在中国具有一定的基础和优势。陈国青等(2018)指出我国政府对大数据高度重视并有一系列前瞻性洞见和部署。首先,中国拥有丰富的数据资源。我国国土广袤,人口众多,经济规模巨大,活跃度高,信息化发展水平日益提高,将会成为产生和积累数据量最多的国家之一。据国际数据公司测算,预计到 2025 年,我国产生的数据总量将达 48.6 ZB,占全球总量的 27.8%。其次,中国具备一定的技术和产业基础。经过多年努力,我国已成为信息产业大国和互联网强国。2015 年 2 月 28 日,由工业和信息化部(以下简称工信部)发布的《2014 年电子信息产业统计公报》指出,2014 年,我国电子信息产业销售收入总规模达到 14 万亿元,同比增长超过 13%;软件和信息技术服务业实现软件业务收入 3.7 万亿元,同比增长 20.2%。众所周知,线上线下渠道的结合在我国愈发流行,如盒马鲜生、京东到家等,这使得线下线上数据融合成为可能。此外,过去的几年里,国内的一些大学相继设立了与大数据建设有关的研究机构和学科专业(复旦大学大数据学院、中国科学技术大学大数据学院),旨在利用计算机科学、数学、统计学、运筹学共同开展大数据的教学和研究,并将研究成果进行产业转化,这也表明优化与估计的联合决策基础在我国已经形成。综上,这些特点为我国融合估计与决策的算法研究和应用奠定了基础、建立了优势。

在学术研究方面,在百度学术上搜索"在线决策算法",结果显示,2015~2019 年,仅被 CSCD 数据库和 CSSCI 数据库收录的公开发表的论文就有 900 多篇。在 WoS 数据库查询与"online algorithm"和"data-driven analysis"主题有关的论文,结果显示,2015~2019 年,中国机构累计发表的文献数量分别达到了 1 万多篇和 2000 多篇（未包含港澳台地区数据），分别位居全球发表数量的第一和第二。

第四部分　主要研究方向

本领域研究主要结合不同数据来源，并融合运筹学、计量经济学、机器学习等不同方法，进行在线环境下的实时决策问题研究。首先，针对现实中数据大多非独立的情况，将运筹学与计量学结合，来解决决策时的内生性问题；其次，为了减少估计和决策两步走所产生的偏差，将运筹学与机器学习结合，以实现估计和决策一步走，提高决策的准确性；最后，结合不同的数据来源，进行实时决策算法研究。具体如下。

1）研究方向一：融合运筹学和计量经济方法解决实时决策中的内生性问题的研究

随着人们深度拥抱信息时代，数据不仅在数量上得到爆炸性增长，在维度上也有很大的扩展。丰富的数据维度可以成为决策者提升决策的有效方式。但是，目前大部分在线实时算法在决策时仍旧需要依赖于大量的假设，如假设历史数据是独立的或产品间是独立的。如何将运筹学和计量经济方法进行融合来解决实时决策中的内生性问题是一个重要课题。

本方向研究的典型科学问题有以下几项：如何在算法中解决历史数据不独立的问题；如何利用多维度数据刻画产品间的关系；在线推荐时，如何设计考虑产品间替代关系的实时推荐算法；在考虑产品间相互关系时，如何设计合适的算法实时调整价格。

2）研究方向二：融合运筹学和机器学习提升实时决策有效性的研究

数字技术的创新和商业活动的快速发展对提升实时决策的有效性提出了新的要求。面对大量积累和实时更新的数据，业界大多采用计算机领域的机器学习算法，但其黑盒特点使得使用者无法对其内在原理做出准确解释。而在目前的运筹学研究中，大多数的数据驱动研究通常采用两步法（先估计，再决策），即先运用机器学习或其他方法利用数据进行估计，之后基于估计结果完成系统的优化决策。由于运筹学和机器学习在提升实时决策的问题上各有千秋，如何把两者进行有效融合并使其发挥各自的优势成为亟待解决的问题。

本方向研究的典型科学问题有以下几项：在实时库存订货问题中，如何修改算法使得其在结果精确度和算法复杂度之间取得平衡；在动态定价的时候，如何把估计和决策融合在一起；如何结合鲁棒优化来提高决策的稳定性以降低决策风险。

3）研究方向三：结合线下数据的实时决策算法研究

线下数据的获取具有一定的延时性。以生鲜企业盒马鲜生为例，顾客在门店选购商品并将商品放进购物篮里，此时货架上的商品数量发生变化，但是，在顾客完成结账前，线上所看到的商品库存状态仍是商品被放进购物篮之前的库存数量。此外，线下的数据也具有一定的不完备性。例如，零售门店中的库存数量不准确等。线下数据的延时性及不完备性使得在进行在线决策时，无法全方位获知系统的精确状态。

本方向研究的典型科学问题有以下几项：针对线下数据的延时性，为在线决策提供实时的算法；针对线下数据不完备性，为在线决策提供实时算法；在线下数据有延时或者不完备情况下，如何结合鲁棒优化的思想来提升实时决策算法的稳定性。

领域 8　大数据背景下不完全数据的统计理论与方法

第一部分　选题背景与意义

随着计算机存储、计算机与网络技术的不断发展和广泛应用，我国已经步入了大数据时代。大数据已经成为国家和企业的重要战略资源，正在成为提升政府治理能力的新途径和经济社会发展的新驱动力。基于大数据前沿技术构建经济管理和企业运营数据分析平台日益受到人们的重视，在具体的数据分析工作中也起到了日益重要的作用。大数据背景下数据结构复杂多样规模急剧增长。虽然大数据能够捕捉许多个体在不同场景下的行为痕迹，但是由于各种复杂的现实原因如采集不当、信息孤岛和数据壁垒等，观测到的大数据不完整或者存在偏差。尽管大数据技术发展迅速，对社会、经济和人们的生活产生了巨大影响，也冲击和正在重塑数据分析的理论及范式，但这些发展侧重于处理完全观测的大数据，我国对不完全大数据分析的理论和技术等问题的研究尚未获得足够的重视。

这类问题具有两个重要特点：一是数据结构复杂且不完整，二是数据规模庞大。要解决这类问题，需要针对各类具体结构的数据，根据具体研究背景（计量经济学或突发性传染病危机管理等），对造成数据不完整的机制进行恰当的统计建模；需要根据具体问题构建合理的统计方法，并完善相应统计理论；需要为不完全大数据背景下统计模型的快速稳定的求解办法和并行计算建立高效的计算技术。然而由于数据背景和结构常常较为复杂，如何对不完全大数据的不完整性进行识别和正确建模，以及如何为特定的不完全大数据建立完善的统计理论和高效的计算技术等，都是非常重要同时又非常具有挑战性的科学问题。充分开发和利用各类不完全大数据，充分挖掘其潜在价值，对于提高国家经济管理水平，提高企业运营管理效率，促进我国国民经济和社会持续发展非常重要。然而，不完整性和选择性偏差广泛存在于大数据中，忽略这种缺陷而直接利用传统大数据技术进行分析，将得出有误导甚至错误的结论和决策，从而导致严重后果。针对各类不完整大数据，开发能够有效利用不完整数据资源的统计理论和大数据计算技术，不仅是大数据研究由完全数据到不完全数据的重要拓展，为解决当前经济管理中迫切需要解决的重要问题开辟重要途径，也对保持我国经济可持续发展及社会和谐稳定具有重要的实际应用价值。

第二部分 国内外研究现状与发展态势

大数据研究已经引起国内外政府、产业界和学术界的广泛关注。政府方面，2015年国务院印发《促进大数据发展行动纲要》，并将大数据上升为国家战略；2016年美国发布《联邦大数据研究与开发战略计划》，推动其大数据战略向更广范围、更深层次发展。产业方面，国家工业信息安全发展研究中心发布的《2019 中国大数据产业发展报告》显示，2019 年我国大数据产业规模超过 8000 亿元，研发投入超过 550 亿元。学术方面，国内外高校陆续设立大数据或数据科学方向的各类学位、研究机构和学术组织，各类与大数据研究相关的科研和学术活动日益活跃。

大数据分析技术能够充分挖掘和利用潜在规律，优化资源配置，可以有效提高经济和管理决策的质量，进而促进经济和社会快速发展。当前大数据研究集中在完整大数据，对不完整大数据的研究则非常有限，而且不成系统。例如，2018 年国际信息科学会议 IEEE 5th International Congress on Information Science and Technology 上发表了一篇名为 A study of handling missing data methods for big data 的文章（Ezzine and Benhlima，2018），研究了缺失大数据；2018 年西班牙的劳拉·布拉吉（Laura Borrajo）和里卡多·曹（Ricardo Cao）两位教授发表了题为 Nonparametric mean estimation for big-but-biased data 的文章则属于偏差大数据研究（Borrajo and Cao，2018）。

近年来，大数据分析成为统计学、计算机科学、计量经济学、管理学等众多领域的热门研究方向。2016～2020 年，在 The Annals of Statistics、Journal of the American Statistical Association、Biometrika、Journal of the Royal Statistical Society：Series B（Statistical Metlodology）等统计学顶级期刊发表大数据相关的文章近 30 篇，其中包括基于最优抽样技术的文献和分布式计算相关的文献。包括缺失数据和偏差数据在内的不完全数据一直是统计学研究的热点，Google Scholar 上以"missing data"为关键词搜索到 2020 年以前的文献有 4 660 000 篇。

第三部分　中国发展基础与优势

我国学者在不完全数据分析领域具有良好的研究基础和独特优势。大数据已成为我国国家战略的一部分，我国政府高度重视大数据发展。党的十八大以来，在网络强国战略思想的指导下，中央审时度势，精心谋划，进行了一系列超前布局，大数据产业取得突破性发展。2015 年我国提出国家大数据战略，2016 年《大数据产业发展规划（2016—

2020 年)》印发。

作为人口大国和制造大国,我国数据产生能力巨大,大数据资源极为丰富。随着数字中国建设的推进,各行业的数据资源采集、应用能力不断提升,将会导致更快更多的数据积累。预计到 2025 年,我国产生的数据总量将达 48.6 ZB,占全球总量的 27.8%,届时我国将成为名列前茅的数据资源大国和全球数据中心。我国学者数理基础扎实,工作态度务实,国内外学者之间学术交流日益密切。近年来,在国家对科技事业尤其是对基础学科的扶持下,很多高等院校成立了大数据相关的研究机构,各类与大数据研究相关的科研和学术活动日益活跃。越来越多的校企联合项目和平台的建立也为大数据方法论的应用提供了有力支持。

第四部分　主要研究方向

1)研究方向一:大数据背景下不完全数据的分类、识别和检验方法

大数据的一个重要特点是结构复杂、种类繁多,如结构化数据、半结构化数据和非结构化数据。根据字段类型,数据可被分为文本类、数值类、时间类等。数据分类在收集、处理和应用数据过程中非常重要。缺失数据是最常见的不完全数据,其大致分为两类:随机缺失数据和非随机缺失数据。对于随机缺失数据,人们已开发了许多成熟的分析方法,如逆概率加权、缺失插补、增广逆概率加权等;非随机缺失数据由于缺失概率直接受到缺失数据影响,因此其有效分析非常具有挑战性,迄今尚未获得完善解决。大数据背景下的不完全数据的处理更加困难,因此需要根据具体的科学问题发展出一套科学的处理方案。

本方向研究的典型科学问题有以下几项:不完全大数据的分类问题、缺失大数据的缺失类型识别问题、大数据背景下数据缺失机制的检验理论、非随机缺失数据下可识别性问题、大数据中不完全数据的处理方法、大数据中不完全数据的插补方法、非随机缺失大数据背景下高维数据的变量选择问题、非随机缺失大数据背景下超高维数据的特征筛选问题等。

2)研究方向二:不完全数据的半参数统计建模与推断

大数据背景下数据采集阶段所隐藏的各种偏差导致不完全数据非

常普遍，忽略了不完全数据对总体的较差代表性可能使分析结果存在较大风险。研究方向一涉及不完全数据的分类和识别，常见的不完全数据包含缺失数据、偏差数据等。随机缺失数据已获得深入研究，不过非随机缺失数据的研究更具挑战性，因而相对较少。相比缺失数据，大数据下的选择偏差（长度偏差、幸存者偏差、发表偏差等）数据更容易被人忽视。此外，近因偏差也普遍存在于大数据中，全世界 90% 以上的数据都是最近几年生成的，从而造成近期数据的数量远远超过远期历史数据。具有各种偏差的数据，甚至大数据，事实上仅是研究对象的局部，而且是不能较好代表总体的局部，这是与通常的简单随机样本的显著差异。忽略选择偏差而直接应用经典的数据分析方法，会得到有误导甚至错误的分析结果。

本方向研究的典型科学问题有以下几项：不完全大数据的半参数填充方法和理论、响应变量或协变量缺失时非随机缺失数据的半参数估计和有效性理论、非随机缺失数据下基于工具变量或影子变量的半参数有效性理论、不可忽略缺失数据下半参数双重稳健性或多重稳健性估计理论、不可忽略缺失大数据下基于 Heckman 选择模型的半参数统计推断、大数据背景下长度偏差数据的半参数统计理论、大数据背景下左截断右删失数据的半参数估计等。

3）研究方向三：大数据背景下不完全数据的分布式计算

大数据常常规模巨大，尽管计算机硬件在突飞猛进，然而计算能力依旧是大数据分析的瓶颈。所有计算密集型统计方法都要求极大的计算成本，这给大数据包括不完全数据的分析带来了极大挑战。例如，在分析计算蛋白质的内部结构和相关药物的 Folding@home 项目中，由于蛋白质结构复杂，规模庞大，需要惊人的计算量，单台计算机计算无法胜任。这给现有的计算机硬件和算法提出了极大的挑战，亟须高效的算法解决大数据的计算问题。分布式计算协调多台分布在不同地域的计算机并行计算，是处理大数据的最有前景的方向之一。对于储存在不同平台或不同计算机的大量不完全数据，即大数据背景下的不完全数据，分布式计算仍是重要的分析模式。

本方向研究的典型科学问题有以下几项：大数据下分布式计算的最

优分块理论,大数据下分布式算法的高效通信和协调理论,分布式计算模式下大数据分析的最优整合理论,半参数模型下的分布式计算问题,完整大数据下分布式计算的最优分块理论,不完整大数据下分布式算法的高效通信和协调理论,分布式计算模式下大规模不完整数据的最优整合理论,大规模不完整数据下分布式参数估计的相合性、渐近正态性及效率分析,具有高通信效率的分布式算法和理论,等等。

4)研究方向四:大数据背景下最优有偏抽样理论与方法

硬件计算能力和资源的相对稀缺性是大数据分析的瓶颈。除了分布式计算模式以外,子抽样技术是克服这一瓶颈的另一类有效办法。子抽样技术能够显著减小要分析的数据规模,极大地节省计算负荷,从而使得人们在子样本上方便地直接应用经典的统计分析技术进行各种探索。最简单的抽样方法是简单随机抽样或均匀抽样。鉴于大数据特别是不完全大数据通常存在严重异质性或具有特异数据结构时,均匀抽样是非常低效的,有偏抽样更具优势。为此,最优有偏抽样技术日益受到学界和业界关注。然而,当前最优有偏抽样理论在完全大数据下仍然非常不完善,在不完全大数据方面更存在诸多亟待克服的挑战。

本方向研究的典型科学问题有以下几项:大数据背景下不光滑参数统计模型的最优有偏抽样理论、不完全大数据背景下参数统计模型的最优有偏抽样理论、不完全大数据背景下半参数统计模型的最优有偏抽样理论、大数据背景下稳健有效的最优有偏抽样理论、不完全大数据背景下稳健的最优有偏抽样理论、两步最优有偏抽样理论下样本量的最优分配理论等。

领域9 非常规突发事件情境下应急管理多主体博弈与合作激励机制分析

第一部分 选题背景与意义

近年来,全球范围内 SARS 疫情、埃博拉疫情、"阿拉伯之春"运动、恐怖主义等各类重大公共卫生事件和社会安全事件频频发生。尤其是 2020 年初全球暴发的新冠疫情（Gates，2020）暴露出博弈理论和应急管理研究与实践应用仍然存在着诸多深层次问题。一般来说，常规的局部灾害应急管理依靠系统冗余设计或属地管理即可有效应对，非常规情境下应急管理针对极端条件下重大突发事件，需要各层级政府部门、社会力量和受灾群众（甚至人为灾害攻击者）等多利益主体最优决策、协调参与、信息共享，甚至国际社会合作加以应对（Altay and Green，2006）。非常规突发情境下达成合作面临困境的原因，除了缺少信息沟通难以形成信任外，还有个体理性与集体理性偏离。除了多主体自发演化和受控演化的学习调整外，政府还需要从激励机制角度推进防灾减灾救灾的顶层设计。

不同于基于汶川地震自然灾害背景的 2009 年国家自然科学基金委员会"非常规突发事件应急管理研究"重大研究计划，本领域重点选题针对重大公共卫生事件和社会安全事件（对外恐怖主义，对内群体性事件）。从博弈论的视角出发，科学地阐明非常规情境下博弈的管理特征（是什么）、互动演化规律（为什么）和合作应对机制（怎么办），这是新冠肺炎疫情等非常规突发事件对博弈论的前沿理论和应用研究提出的重要命题之一。具体来说，非常规突发事件情境下应急管理的多主体博弈和合作激励分析包括以下四个方面的内容。

（1）界定非常规突发事件情境下博弈分析的管理特征，包括核心内涵（非常规情境+合作应对）和提炼出的科学问题（非常规边界特征的均衡分析+为了实现合作的博弈与激励）。

（2）基于重复博弈和演化博弈下多主体合作行为与合作模式的演化规律。

（3）基于激励理论和合作博弈下多元合作模式的资源配置与激励机制。

（4）复杂信息的传播途径、影响机制和管控对策。

世界各国面临着防范重大传染病、打击恐怖主义、化解群体性事件等非常规突发事件的迫切管理需求。尤其是 2020 年全球暴发的新冠疫情，以其极端特殊的管理情境，迅速演变成全球大流行的灾难，迫切需要国际社会合作加以应对。从社会经济发展重大战略需求上看，受严峻的国际疫情和中美竞争态势影响，我国发展的外部环境可能发生重大变化和面临难以预知的风险。非常规突发事件的复杂管理情境构成了极端的约束条件，不仅为多主体博弈和激励机制等博弈前沿理论提供了难得的理论创新契机，而且有助于科学防控和协同应对疫情等重大突发事件，为提升社会治理能力提供决策支撑。

第二部分 国内外研究现状与发展态势

伴随着全球化浪潮暴发了包括 SARS 疫情、埃博拉疫情、恐怖主义、新冠疫情等一系列全球危机，国际上应急管理研究迎来了高潮。自从20 世纪 50 年代纳什、夏普利、赫维茨等分别建立非合作博弈、合作博弈（Shapley and Shubik，1954）、机制设计（Hurwicz，1973）等博弈分支理论以来，博弈分析方法从重大突发事件背后隐藏的人们心理行为和社会经济根源角度，广泛用于剖析非常规情境应急管理的基本特征、演化规律和防控对策。近年来，国际一些主流管理科学期刊分别出版了灾害管理专辑，包括 *Production and Operations Management*、*IISE Transactions*、*Computers & Operations Research*、*International Journal of Production Economics*、*OR Spectrum* 等，尤其是 *Production and Operations Management* 期刊 2015 年开设了 Disaster Management（灾害管理）新栏目。大量文献结合重大灾害的非常规管理情境，运用非合作博弈的重复学习机制和演化博弈的群体模仿机制（Liu et al.，2015）、委托代理理论和信号理论的激励机制设计（Bakshi and Gans，2010）、合作博弈的资源配置与成本分摊（Ergun et al.，2014）等博弈基础理论前沿方法，研究人道主义物流、非政府组织（non-government organization，NGO）捐赠等市场和社会组织主导下应急管理问题。值得注意的是，从突发事件应急管理问题角度，国际期刊关注人道物流、NGO 捐赠等热点问题与我国政府主导救灾体制存在着本质上的不同；从博弈方法角度，随着互联网的兴起，开放式大规模网络上算法博弈、网络博弈、网络拍卖等新兴博弈论分支有可能与非常规突发事件情境相互融合，但是这些分支本质上驱动理论发展的管理背景是基于互联网环境，并非突发情境。

　　博弈视角下非常规情境应急管理的核心科学问题，主要包括准确界定非常规的管理特征、合作的自发和受控演化规律、合作激励的机制设计、复杂信息的传播机制和管控对策。2005 年 *Science* 列出了人类 125 个未解决的重要科学问题，其中第 16 个问题正是"人类合作机制和合作行为的演化"（Pennisi，2005）。大量研究表明，非常规极端情境下人类更倾向于合作行为。从博弈基础理论角度分析，达成救灾合作基本包含两个途径：一是重复博弈和演化博弈的学习及自发演化；二是机制设计和合作博弈的激励及成本收益分摊。沿着上述两条路径，各种博弈模型广泛用于分析互动演化（李勇建和王治莹，2014）、资源分配和合作机制（Ergun et al.，2014）、决策协调和激励设计（Liu et al.，2020a）、信息传播（刘德海等，2012）等各种非常规情境下灾害救援问题。但是，对于"自上而下"与"自下而上"两种应急管理模式的决策协调机制和适用范围，灾害情境下多主体合作行为的适应性学习和自发演化规律，政府与社会力量之间多元合作救灾模式下的资源配置和成本分摊，复杂灾害信息的传播机制和管控对策等应急管理需求，现有博弈文献尚未给出系统化的理论证明。

　　尽管非常规突发事件情境应急管理极大地拓展了博弈分析的管理背景，但是国际上该领域的博弈分析刚刚起步。一方面，相关博弈基础理论研究在应急管理中运用比较零散，尚未形成有影响的博弈研究应用体系；另一方面，现有文献主要集中在人道主义物流、供应链中断、市场采购、NGO 捐赠等西方国家市场或社会主导救援问题，难以对当前非常规情境和我国政府主导下应急管理实践需求做出有力的回应。

第三部分　中国发展基础与优势

　　进入 21 世纪以来，国内博弈论学者与国际同行开展密切的学术交流，在博弈论一些重要前沿分支领域，如模糊博弈（Li，2012）、演化博弈（Liu et al.，2015）、机制设计理论（Bu et al.，2012）、合作博弈（Sun and Driessen，2006），以及互联网环境下网络博弈（Gao et al.，2010）、算法博弈等，涌现出具有国际竞争力的研究团队（中国科学技术协会，2014）。2004 年国际动态博弈学会中国分会成立，2005 年中国运筹学会对策论专业委员会成立。同时，博弈分析被广泛应用在应急管理、社会安全、交通、能源、供应链等各个领域，分别形成独具特色的研究团队。当前，国内博弈论学者与国际同行面临着相同的起跑线，无论是博弈基础理论的前沿研究，还是应急管理的应用分析，均孕育着重大创新的历史机遇。

2008 年汶川地震后，2009 年国家自然科学基金委员会"非常规突发事件应急管理研究"重大研究计划项目实施，针对以自然灾害为主的应急管理取得了一系列突破性成果。例如，在灾害应对方式上提出情景构建理论与方法，在灾害应急模式上提出应急准备理论与方法，在灾害管理机制上运用物联网、大数据和云计算等技术实现了数据驱动的系统治理，推进了中国非常规突发事件应急管理领域的跨越式发展（霍红和杨列勋，2018）。2017 年《中共中央　国务院关于推进防灾减灾救灾体制机制改革的意见》发布，进一步提出当前防灾减灾救灾体制机制有待完善、灾害信息共享和防灾减灾救灾资源统筹不足、社会力量和市场机制作用尚未得到充分发挥等关键问题。2020 年初全球暴发了新冠疫情，中国政府主导的应急管理体制取得的成功实践和面临的非常规情境重大挑战，为我国学者在非常规情境下的博弈理论创新提供了丰富的管理背景和迫切的实践需求。

第四部分　主要研究方向

1）研究方向一：集中式合作的协调决策与分布式合作的激励机制比较研究

比较世界各国应急管理体系，基本包括如下两种：一种是以中国为代表的大多数亚洲国家实施"自上而下"的集中式应急管理模式，在强有力的中央政府指挥下，防控工作面临的主要问题是如何协调不同部门的决策；另一种是以美国为代表的大多数欧美国家实施"自下而上"的分布式应急管理模式，面临的主要问题是如何激励不同利益主体参与救援。两种合作模式在不同的非常规灾害情境下均存在着各自的优缺点。

本方向研究的典型科学问题有以下几项：基于公共卫生事件和社

会安全事件，提炼非常规情境的管理特征（事态不确定性、信息匮乏、决策时间紧迫、极端心理压力、目标利益冲突、结构复杂性、衍生和关联性等）；基于博弈理论刻画"自上而下"和"自下而上"两种应急管理模式的基本特征与决策机制，论证各自优缺点和适用范围；运用传统博弈、微分博弈等论证集中式和分布式决策下各参与方的均衡行为与救援效果等；分布式决策下多主体达成合作需要满足的激励条件；为达成最优救援模式（一般为集中式决策）需要提供的额外激励或补偿。

2）研究方向二：多主体利益冲突与合作行为演化的重复博弈和演化博弈建模

无论是基于传统文明现代化转型困境的恐怖主义威胁，还是各类新发传染病，政府、社会公众和国际社会需要加强情报沟通，根据恐怖分子改变袭击方式和病毒变异最新特征，及时调整和完善应对方案。该策略的演化问题包含了两个层面：第一，从个体角度，如何充分吸取个体的过去经验教训，从历史中进行策略的学习；第二，从群体角度，如何借鉴人类文明一切先进成果，从开放中进行策略的模仿。而且，不同于完全自发的内生市场演化进程，各类突发事件应急处置均处在各国政府的受控演化过程。尤其是 2020 年新冠疫情暴发后，《柳叶刀》《新英格兰医学杂志》等期刊发表了大量预测疫情走向的流行病学论文。但是，经典的传染病 SIR 模型[①]难以揭示我国采取封城、小区封闭管理、居家隔离等超高力度防控措施的作用机理，后者是中国新冠疫情防控关键的成功经验。

本方向研究的典型科学问题有以下几项：政府权衡短期任期（选举）与长期利益的危机应对策略声誉效应的重复博弈建模，基于大数据驱动的疫情传播社会网络结构和演化分析，考虑政府采取治疗方案、排查隔离、接种疫苗等防控情境下的疫情受控演化博弈模型和趋势预测分析，权衡重大疫情初期阶段谨慎性和及时调整防控策略的灵活性，国内国外

---

① 在 SIR 模型中，全体人口被划分成三类人群：尚未被传染的易感人群（susceptible），已经被感染并具有传播力的患者群体（infective）和从感染中恢复并且取得免疫的康复人群（recovered）。

防控、线上线下管理、网络舆情与疫情、防疫隔离与复工生产、国际情报合作等多系统之间的协同演化建模等。

3）研究方向三：多元合作模式资源配置与成本分摊的合作博弈和激励设计

由于简单依靠系统冗余设计和属地管理无法有效应对具有非常规情境特征的重大公共卫生突发事件和社会公共安全事件（恐怖主义、群体性事件），需要政府、社会力量、受灾群众和国际社会等多主体合作应对。一方面，企业或国际社会等多主体可以根据某种分配原则，自发达成资源配置和成本分摊的合作方案；另一方面，一旦达不成自发合作，针对付出合作成本的主体，政府需要出台财税、金融、土地等激励或补偿机制。尤其是在 2020 年新冠疫情防控中，一方面，在移动互联网环境下，社会力量发挥了关键性的自发协调和救援保障作用；另一方面，政府卫健系统作为疫情处置的核心部门，从疫情研判、应急人员动员分配、应急物资接收调配、公众信息公开、媒体采访等方面，在与其他部门协同合作过程中暴露出一系列问题。另外，在疫情演变为全球大流行病背景下，需要国际社会合作加以应对（Bedford et al., 2019）。

本方向研究的典型科学问题有以下几项：提炼平战结合、企业采购和政府储备相结合、线下应急管理和线上线下融合管理、政府主导和社会协同、国际社会合作防控等多元合作模式的博弈建模；基于合作博弈的多元合作模式激励机制（即资源配置和成本分摊），论证不同合作模式下适宜的（沙普利值、核仁、稳定解、强纳什均衡、联盟核和议价集等）均衡解；基于机制设计理论论证企业等社会力量参与救援的激励措施（政府补贴、税收优惠、金融支持）等。

4）研究方向四：复杂信息传播途径、影响机制和管控对策的博弈建模与仿真

信息及其产生的激励问题是博弈论最为重要和热点的研究领域之一，也是突发事件应急管理的核心问题之一。重大突发事件中政府信息披露问题的复杂性，体现在初期信息的准确性和及时性、提前预防和过度反应、国家安全与个人隐私等诸多张力的权衡取舍。

本方向研究的典型科学问题有以下几项：运用博弈理论分析涉疫个

人隐私保护和公众健康权、知情权的平衡点，事态初期权衡信息发布的及时性和准确性矛盾，公开预警和内部预警等不同信息预警模式的博弈建模，公开预警"狼来了"声誉效应的重复博弈建模，预警发布信息的时机和内容对合作行为的影响，不同合作模式下上下级政府部门之间信息传递的效率，自媒体时代下重大灾害事件舆情演化规律，信息传播途径和管控对策的多主体建模与仿真研究，等等。

领域 10　面向数据安全与隐私保护的统计理论和方法

第一部分　选题背景与意义

在信息化发展的新阶段，大数据已经成为国家基础性战略资源，是与物质资产和人力资本同样重要的基础生产要素。随着大数据应用的蓬勃发展，数据集中的规模扩大，越来越多的数据共享开放、交叉使用。数据在带来了巨大价值的同时，也带来了数据管理方面的重重挑战（Fan et al., 2014）。数据安全与隐私保护作为互联网治理体系的重要组成部分，已成为制约大数据应用发展的主要瓶颈之一。如何应对数据安全与隐私保护日渐成为国家、社会、企业和学术界的重要议题，也是我国实施国家大数据战略加快建设数字中国的重中之重。截至 2022 年 6 月，我国网民规模为 10.51 亿，互联网普及率达 74.4%，在数据安全风险日益凸显的当下，保障数据安全及个人信息隐私的现状不容乐观，值得高度重视。

面对数据开放与安全的二元挑战，如何在大数据开发应用的过程中保护数据安全和用户隐私需要在数据生命周期的各个环节建立系统管理框架，包括数据产生和获取、存储、使用、共享、归档、销毁等。而要建立有效的系统管理框架，需要多个学科的交叉协调和整体优化，包括计算机学、密码学、统计学和管理学等。其中，核心科学问题是如何平衡数据安全与数据创新，即如何在确保数据安全与隐私保护的前提下，尽可能快速、高效、准确地获取数据价值，并有效利用以提高国家、社会和企业的管理与运营。统计学在加强数据安全和促进数据创新中起着重要作用，该方向的理论与方法研究将进一步拓展大数据的应用前景，同时也为数据安全与隐私保护的研究提供新的前沿思路，并为数据创新、增强数据生命周期提供可行空间。

提高数据安全和加大隐私保护，对维护广大人民群众利益、社会稳定、国家安全，促进国民经济社会持续发展，加强国际数字治理话语权都有着非常重要的影响。特别地，我国国家大数据战略中明确提出要切实保障国家数据安全。从 2016 年的《中华人民共和国网络安全法》到2017 年的《中华人民共和国个人信息保护法（草案）》，再到 2019 年的《数据安全管理办法（征求意见稿）》和 2021 年正式出台的《中华人民共和国个人信息保护法》，我国有关数据安全与隐私保护的相关法律正在逐步健全。目前我国网络数据安全和个人隐私数据泄露案件频发，形势非常严峻，国家互联网应急中心发布的《2020 年中国互联网网络安全报告》显示，2020 年个人信息遭盗取和非法售卖等重要数据安全事件累计 3000 余起。在建立规范严苛的数据安全标准和数据安全法规的同时，也需要开展前沿统计理论与方法研究，在基础理论、核心算法、关键技术和实际应用方面构建完整框架，用以解决数据安全与隐私保护的核心问题。开展本领域相关研究，对于我国经济可持续发展、社会和谐稳定，具有重要的实际应用价值。

第二部分　国内外研究现状与发展态势

目前，世界各国政府高度重视数据安全与隐私保护，纷纷出台制定了相关的法律法规和战略政策。例如，我国的《中华人民共和国网络安全法》、欧盟的《通用数据保护条例》(General Data Protection Regulation, GDPR)、美国的《加利福尼亚州消费者隐私法》(California Consumer Privacy Act，CCPA)。这些法规保护的个人数据范畴十分广泛，且具有严格的约束和规范。同时，国内外多个标准化组织都认识到大数据的安全问题，并积极开展大数据安全的相关标准研究制定工作。例如，我国的全国信息技术标准化技术委员会（委员会编号为TC28)、国际标准化组织/国际电工委员会下的 ISO/IEC JTC1 WG9（大数据工作组）和 ISO/IEC JTC1 SC27（信息安全分技术委员会）、国际电信联盟电信标准化部门（Telecommunication Standardization Sector of the International Telecommunications Union，ITU-T）、美国的国家标准与技术研究院（National Institute of Standards and Technology，NIST）等。

围绕大数据全生命周期，利用前沿的统计理论与方法推动大数据安全和数据开发应用深度融合，将有效促进数字产业健康发展，进而提升大数据技术研究与应用的国际竞争力。目前，国际上该领域的研究处于起步加速阶段。前沿统计理论与方法研究的核心直指数据开放与安全的二元性，即在确保数据安全与隐私保护的前提下，如何平衡数据创新应用的准确性、有效性和时效性。

面向数据安全与隐私保护的研究已逐渐被国际学者重视。仅 2019 年以来，在 Google Scholar 网站上以"data security and privacy"为关键词，搜索到的学术论文就有 37 500 多篇，横跨多个交叉学科。同时，针对数据安全与隐私保护的实际应用也在政府和诸多企业俨然兴起。例如，苹果公司利用局部差分隐私（differential privacy）来了解用户的行为，而无需跟踪特定用户的使用模式。无独有偶，2020 年《麻省理工科技评论》将差分隐私纳入全球十大突破性技术榜单。差分隐私也将有望在美国人口普查中得到迄今为止规模最大的应用，确保人口普查数据无法被用以"定位"到任何个人。

第三部分　中国发展基础与优势

近年来，特别是在"十三五"期间，我国在顶层设计上高度重视数据安全与隐私保护，国家大数据战略中明确强调要保障国家数据安全。同时，数据安全与隐私保护的相关产业也在飞速成长，并得到全球高度关注。如今，我国网络购物、移动支付、共享经济等数字经济新业态、新模式蓬勃发展，且走在了世界前列。《中国互联网发展报告 2021》指出，2020 年中国数字经济规模达到 39.2 万亿元，占国内生产总值（gross domestic product，GDP）比重达 38.6% 成为经济高质量发展的重要支撑。此外，我国是人口大国和制造大国，数据产生能力巨大，大数据资源极为丰富。随着数字中国建设的推进，各行业的数据资源采集、应用能力不断提升，将会导致更多更快的数据积累。据国际数据公司测算，预计到 2025 年，我国产生的数据总量将达 48.6 ZB，占全球总量的 27.8%。

我国大数据产业高度发展的态势也将为我国学者在数据安全与隐私保护的研究和应用方面提供领先世界的机会。

从学术研究的角度看，数据安全与隐私保护也得到了我国学者的高度重视。从百度学术上简单地用论文标题中包含"数据安全"或"隐私保护"的搜索策略来看，2015～2019 年，仅被 CSCD 和 CSSCI 数据库收录的公开发表中文学术论文就有约 1250 篇。从实际应用的角度来看，特别是在提升国家治理现代化水平、促进保障和改善民生方面，大数据技术应用场景也将不断丰富，进而完善数据安全与隐私保护的应用平台建设，促进产学研深度融合，形成数据驱动型创新体系和发展模式。

第四部分　主要研究方向

1）研究方向一：面向数据安全与隐私转化的度量方法

近几年，面向数据安全与隐私保护的统计研究主要集中在如何通过数据干扰和查询限制等方法，如统计披露限制、差分隐私和数据清洁等，在不针对个体信息的条件下得到统计数据的普遍规律。其中，差分隐私试图通过注入采样以外的其他噪声来最大限度地降低隐私对个人数据集的影响（Dwork，2008）。差分隐私是一个蓬勃发展的研究领域，在政府和商业中也有重要用途。例如，苹果公司利用局部差分隐私来了解其用户的行为，而无需跟踪特定用户的使用模式。数据清洁是指试图对数据进行匿名处理的一整套方法。这些新的技术方法和实际应用，都亟须更深入的统计理论和方法。

本方向研究的典型科学问题有以下几项：隐私转化的度量方法与有效性、面向数据挖掘和学习的数据匿名统计技术与理论、隐私保护数据的统计推断、常用统计算法的差分隐私实现及有效性、差分隐私下机器学习的统计理论与算法、差分隐私下分布式统计推断理论与方法等。

2）研究方向二：面向数据安全的分布式统计推断理论

大数据具有量大、多元、异构、动态等特点，实现大数据的价值在于数据分析，而实现数据分析的关键是算法及其理论。基于数据安全与隐私保护的考虑，其存储通常是分布式的，往往不同单位和个人拥有各自的数据，因而大数据计算的基础算法也必须是分布式的（Wasserman and Zhou，2010）。近年来，统计学科已经发展出一整套统计工具包来解决未知参数 d 远远大于观测值 n 的高维问题。然而，大数据集的特征往往是 n 和 d 都很大，给存储和计算的苛刻要求带来了令人望而生畏的实际挑战，需要创新的分布式统计推断理论和有效算法。

本方向研究的典型科学问题有以下几项：基于数据安全的通信有效的分布式算法设计、高维数据的分布式统计推断方法、分布式统计推断的优化方法与实现、机器学习的分布式统计理论与算法、匿名数据的分布式统计推断理论与方法等。

3）研究方向三：匿名数据的统计建模与推断

如何保护数据安全和个人隐私一直是学术界和业界的研究重点，从隐私保护角度来看，可以采取密码学手段或是匿名化手段。现有统计技术通常通过注入其他噪声或是通过删除变换等方法构造接近实际数据的匿名数据。那么显然的问题就是匿名数据是否保留了足够的信息用于社会科学研究（张啸剑和孟小峰，2014；Ji et al.，2014），如何平衡并确保匿名数据创新应用的准确性、有效性和时效性，这需要相应完善的创新统计模型和统计推断理论与方法。

本方向研究的典型科学问题有以下几项：匿名数据统计建模的理论与方法、高维复杂匿名数据的统计建模与推断、不同水平匿名数据的统计建模与推断、差分隐私数据的统计建模与推断、非结构化匿名数据建模理论与方法等。

4）研究方向四：匿名数据模型在管理决策中的应用

在新兴信息技术的快速发展和传统产业数字化转型的大背景下，相关机构预测 2025 年我国数据总量将达 48.6ZB，对数据的窃取和攻击会是未来安全攻击的常态。面对数据安全与开放二元挑战，不仅需要建立规范严苛的数据安全标准和数据安全法规，同时也需要创新的匿名数据模型，在保障数据安全和个人隐私的前提下，有效地获取数据中有价值的特征、模式和知识，进而将其充分运用到管理决策中。这一过程必须通过经验和理论研究来实现。

本方向研究的典型科学问题有以下几项：匿名数据下的管理决策机理及效应、匿名数据模型的共享机制、匿名数据模型在复杂社交网络中的应用、匿名数据模型在实时商业推荐系统中的应用、匿名普查数据的统计分析与应用等。

领域 11　非营利性运营管理决策研究

第一部分　选题背景与意义

联合国在 2000 年提出八项千年发展目标，旨在改善环境、提高健康和缓解贫困等。这些重要的发展目标很难通过营利性行为和市场机制达到，主要依托于非营利组织的贡献。可见非营利组织是社会经济发展的重要组成部分。随着中国社会经济的迅速发展，越来越多的非营利组织不断涌现。据不完全统计，截至 2018 年，我国在民政部门注册的非营利组织约 45 万个，还有至少 300 万个未登记的社会组织。相比于营利性组织，非营利组织的运营目标、利益相关群体和财务模型更为复杂，且很难评估其所提供商品或服务的质量，往往出现许多运营管理问题，如新冠疫情中武汉红十字会物资匹配发放效率低下等问题①。这些问题很难用以营利为目标的企业运营管理方法解决。如何解决这些管理不善、运作模式不成熟和可持续性差等问题，亟须对非营利性运营管理决策进行深入探讨。

要解决以上问题，需要从目标、利益相关者和行为等角度出发探索非营利性运营的管理理论。首先，非营利组织运营目标比较多元化，对其资源的分配未必是以效率最大或者利润最高为目的，而往往以受众最多、项目可持续等为目的。因此，需要设计针对非营利组织（医疗保健、人道主义救济等）的多元化目标的资源配置方法，改善其物

---

① 特别报道| "失踪" 的口罩和红十字会 "黑洞". https://www.yicai.com/news/100485738. html[2020-02-02].

资匹配和发放效率。非营利性运营的利益相关者群体较为复杂，而非营利组织的筹集捐助功能严重依赖其声誉。因此非营利组织的运营需要凸显兼具公平和效率的目标，提高资源利用率，增加公众信任度。非营利组织往往在不发达地区展开工作，因此很难获得完备的信息，如何基于不完备的信息设计分配规则也是提高非营利组织运营效率的重要方面。

优化非营利性运营管理决策，对充实与提高社会公共服务的内容和水平、促进社会公平与效率和实现社会利益（职业、行业）的协调及优化均非常重要。2017 年国务院政府工作报告提出"改革完善社会组织管理制度，依法推进公益和慈善事业健康发展，促进专业社会工作、志愿服务发展"①的重要目标。如果不能改善非营利组织的运营管理机制，一方面，运营效率低下会影响其社会功能的有效和充分发挥；另一方面，会导致其社会公信度降低，难以实现筹资，影响项目可持续性。现在这方面研究虽然存在不足，但在简单高效的算法设计、兼具公平和效率的管理模型、基于不完备的信息设计分配规则等方面的相关研究仍然有很多。本重点前沿领域建议书希望"聚焦前沿，独辟蹊径"，用数据驱动、运筹优化、机器学习等方法和技术，弥补现有非营利性运营管理决策研究的不足，在非营利性运营管理领域积累原创性成果。

第二部分　国内外研究现状与发展态势

自 2010 年以来,关于非营利组织的研究逐渐成为研究热点。*Nature* 和 *Science* 在 2010～2020 年出版的关于"非营利"的学术论文有近 170 篇,涉及生物医药、通信、环境等领域。1965～2020 年, 共有 539 篇与"非营利"相关的学术论文发表在管理科学与工程领域主要的国际协会 INFORMS 下的高水平国际期刊上,而其中的 399 篇发表于 2010～2020 年。此外, 随着非营利组织的重要性在公共事件的应对中得到越来越多的体现, 各国政府与国际组织也高度重视非营利领域的研究。

---

① 2017 年政府工作报告（全文）. http://www.china.com.cn/lianghui/news/2018-02/27/content_50462620.shtml[2018-02-27].

2015 年底，联合国社会发展研究所发布了 2016～2020 年的研究战略计划书 *Research for Social Change: Transformations to Equity and Sustainability*，重点关注公平和可持续发展方面的研究，并将继续充分发挥社会研究院在联合国系统内的优势，将世界各国的学术界、决策方、行动方、倡议方等多方人员联合起来，确保思想、知识能够在变革进程中充分发挥作用。

非营利组织在运营中经常面临有限资源分配问题，资源分配方法是否合理、资源分配结果是否公平高效，这些表现是非营利组织运营水平的直接体现，决定了其可持续发展的能力。要解决这些问题，需要对资源分配的策略和方法进行研究，并对公平、效率等目标提出合理的量化标准。此外，还需结合非营利组织的实际工作环境特点进行研究，如在经济落后地区和社会动荡地区，由于基础设施的欠缺，信息成为决策中的关键障碍，如何最大限度地利用不完备的信息帮助非营利机构做出高效决策值得研究关注。目前，在这些问题上的研究正处于发展阶段。斯坦福大学的李效良（Hau L. Lee）教授于 2014 年在 *Production and Operations Management* 上发表的论文以医疗交付服务为背景，探讨同时考虑公平和效率的最优资源分配策略。2017 年，国际管理著名期刊 *Production and Operations Management* 出版了名为 *Not-for-Profit Operation Management* 的特刊。2019 年，加利福尼亚州大学伯克利分校的申作军教授在运营管理旗舰期刊 *Manufacturing & Service Operations Management* 上发表了一篇综述性文章，从运营管理角度指出目前非营利性运营的研究方向和价值。

关于非营利性运营的研究开始较早，但自 2010 年以来才显现出较为强劲的发展势头，且呈现逐年上升的趋势。在 INFORMS 下的高水平国际期刊中，以"non-profit operations"为关键词，搜索到 1971～2020 年共有 344 篇文章，其中 240 篇文章发表于 2010 年以后。据不完全统计，2010～2020 年，在 *Nature* 和 *Science* 两家期刊上共有 11 篇非营利性运营相关论文发表；在 Google Scholar 上以"non-profit operations"为关键词，搜索到 46 800 篇文献；在 SSRN 上以相同关键词搜索到 79 篇文献。2020 年 2 月发布的 INFORMS 2020 年度会议公共部门运筹学领域的征文启事中，就有 3 个分会议的话题与非营利性运营相关。可以预见到，未来一段时间，关于非营利性运营的研究会越来越丰富。

第三部分　中国发展基础与优势

近年来，非营利机构的发展在我国国家层面上得到高度关注和支持，尤其在医疗、扶贫等民生领域，是国家战略的重要组成部分。2013 年，《国务院关于促进健康服务业发展的若干意见》中提到"形成以非营利性医疗机构为主体、营利性医疗机构为补充"①的多元办医格局。2016 年，民政部对"关于为精准扶贫 倡导全民公益的提案"的答复中指出②，政府将以贯彻落实《中华人民共和国慈善法》为契机，为非营利组织提供法律、政策上的支持，鼓励非营利组织积极参与扶贫开发。中国非营利组织在 40 多年改革开放中经历了复苏发展期、曲折发展期、稳定发展期和十八大以来的增速发展期四个阶段之后，已逐渐发展壮大，越来越多地参与全球治理的人道主义援助事务，制订与发展中国家民间组织的人员交流与项目合作计划，参与中资海外企业的国际发展援助事务。例如，近年来，中国非营利组织对缅甸地震及埃博拉病毒疫情的救助等都在国际上取得了良好的成效。

从学术研究的角度看，非营利性运营管理决策相关研究也得到中国学者的高度重视。从百度学术上简单地用论文标题中包含"非营利性运营管理决策"的搜索结果来看，2015～2019 年，仅被 CSCD 和 CSSCI 数据库收录的公开发表中文学术论文就有 4079 篇；在 WoS 数据库简单地以"nonprofit operations"为主题检索发现，2015～2019 年，中国学术机构发表的"nonprofit operations"国际学术论文共有 34 篇（未包含港澳台地区数据），排在同期全球各个国家和地区同类论文数量的第二位（美国以 121 篇名列第一）。

---

① 国务院关于促进健康服务业发展的若干意见. http://www.gov.cn/zhengce/content/2013-10/18/content_6067.htm[2013-10-18].

② 民政部关于"关于为精准扶贫 倡导全民公益的提案"答复的函（摘要）. http://www.mca.gov.cn/article/gk/jytabljggk/zxwyta/201610/20161015002035.shtml[2016-08-16].

第四部分　主要研究方向

1）研究方向一：非营利组织的资源配置方法研究

非营利组织的运营目标比较多元化，如最大化程度提供服务或产品、增加社会效益、受众最多、项目可持续等。缺乏单一绩效衡量标准给非营利组织的运营带来了巨大的挑战。另外，每个特定应用领域的非营利组织都具有独特的功能，这些功能决定了特定的绩效指标类型。例如，人道主义救援行动的响应时间或医疗保健行动的质量调整生命年。更重要的是，由于非营利组织往往缺乏人手和有效信息管理系统，需要设计简便易行同时保障绩效目标的资源配置方法。近年来，随着大数据技术的发展，如何结合数据或者实时数据设计简单有效的离线或者在线算法，也将成为该领域的研究热点。

本方向研究的典型科学问题有以下几项：利用线下数据设计在线资源配置算法；在突发卫生事件中，如何快速匹配调度医疗物资和人力资源以最大化增加社会效益；有限医疗资源情况下如何基于优先级设计合适的病人入院决策算法；等等。

2）研究方向二：兼具公平和效率的运营管理研究

近年来，随着社会大众对公益事业的关注不断增加，国内一些非营利组织在突发公共事件中屡被曝出运营能力不足的情况。社会舆论尤其对非营利活动的公平性和效率表达不满，迫切要求非营利组织对运营中存在的问题进行反思和改善。然而，对于公平和效率的量化标准在不同的应用背景下有着不同的要求，目前学术界还没有获得一致认同的标准。而在公共事务和非营利性运营中，公平和效率往往是互相冲突的制衡指标，如何在两者之间权衡是非营利性运营面临的关键问题。

本方向研究的典型科学问题有以下几项：公平和效率的衡量指标的制定；考虑公平性和效率的物资分配策略研究；考虑公平性和效率的路径规划问题：在按顺序发放物资时，如何平衡运输路线的效率和每个节点供给率；考虑公平性和效率的公共设施选址问题，如在贫困地区设置的医疗点选址问题，需要在覆盖更多人群的同时，减少人群到达医疗点便利程度的差异等。

3）研究方向三：信息不完备情况下的非营利决策问题研究

非营利组织往往在经济落后地区开展活动，基础设施的不完善造成信息收集和传递困难；或者在应对突发事件的临时活动中，缺乏收集完备信息的条件和时间；或者由于自身资金限制，没有能力配备信息系统等，因此无法及时获得有效准确的信息。随着大数据技术的发展，如何结合机器学习和优化理论的工具，做出有效的决策，值得深入研究。另外，在非营利组织项目中，由于受益人获得的分配不与市场和经济行为挂钩，受益人有更大的动机谎报，造成信息的扭曲和资源的错配。在这种情况下，如何利用信息设计一套分配机制，达到最大化程度提供服务或产品、增加社会效益等目标，亟须相应的理论和方法研究。

本方向研究的典型科学问题有以下几项：利用有限信息构建需求和效用预测模型；结合机器学习和优化理论，设计数据驱动的决策模型；考虑社会效用最大化的信息设计和机制设计等。

领域 12　复杂数据过程的在线监控和诊断方法

第一部分　选题背景与意义

随着人工智能、互联网等前沿领域的飞速发展，人类社会已经进入智能化时代。与此同时，在区块链、云计算等新兴科技的支持下，自动化传感器技术和大规模数据存储技术得以飞速发展，数据的容量和复杂度正以前所未有的速度猛烈增长，形式多样的复杂数据过程不断涌现，围绕复杂数据过程的质量控制和质量管理工作至关重要，对我国尖端科学技术的发展、国家安全的保障、经济社会的正常运转等方面具有重大战略意义。我国现代复杂数据过程尚未得到充分有效的分析和监控，在当前严峻的国际形势下，需要给予充分重视。统计过程控制（statistical process control）是应用管理、统计等方法对过程的稳定性进行在线监控和诊断的质量管理技术，如今在工业制造、公共卫生、社交网络等领域发挥着重要作用。然而,现实环境中产生的复杂数据过程对传统统计过程控制方法的有效性和灵活性提出了极大挑战,传统统计过程控制方法大多基于简单数据过程,如高斯过程、多维数据等,已难以适应复杂数据过程的监控需求。面对高度复杂的数据过程时,传统控制图的误报率会明显提高,失控灵敏度降低。如何完善现代管理统计方法,深入分析和挖掘复杂数据过程,提出科学、高效的在线监控和异常诊断技术至关重要。

近年来,高效的质量控制和质量管理技术在我国整体的发展战略中占据着越发重要的地位。2015年5月,国务院正式印发《中国制造2025》,部署全面推进实施制造强国战略。2017年10月,党的十九大报告首次提出质量强国战略,提出"坚持质量第一""推动经济发展质量变革、效率变革、动力变革"。2020年2月,上海市发布《关于进一步加快智慧城市建设的若干意见》,强调了"顺应新一轮信息技术和科技革命发展浪潮,聚焦智慧政府、智慧社会、数字经济等"。在这样的时代背景下,我国复杂数据过程的监控重要性愈发凸显。例如,中芯国际、华虹半导体等大型半导体芯片制造公司的质量管理效果,将直接影响众多国产手机的产品稳定性,进一步影响我国占领相关领域国际地位的战略布局。2020年初新冠疫情的暴发不光对我国医疗卫生体系提出了重大挑战,对我国经济社会的稳定造成了很大冲击,这也启发我们思考如何对新发重大传染病开展及时有效的监控和预警。综上所述,如何有效利用大数据资源与管理统计技术,开展复杂数据过程在线监控和诊断的理论研究与科学创新,是系统化我国复杂数据过程监控研究体系的重要路径,是提升各行业质量控制和管理水平、落实质量强国的重要抓手。开展本领域相关研究,对维护我国国家安全,推动经济转型和数字化建设,保持可持续发展及社会和谐稳定,具有重要的实际应用价值。

第二部分　国内外研究现状与发展态势

复杂数据过程的在线监控和诊断是全球质量领域的研究重点与热点,近年来受到学术界和业界的广泛关注。Google Scholar 上"complex data monitoring"和"complex data diagnosis"相关文献量分别达到4 180 000 篇和 4 590 000 篇;质量管理领域顶级期刊 *Journal of Quality*

Technology、工业统计顶级期刊 *Technometrics* 分别于 2018 年和 2016 年出版专刊"Statistical Process Control for Big Data Streams"和"Special Issue on Big Data",从尖端制造业、3D 打印技术、图像识别、地质研究等多方面研讨复杂数据过程的在线监控和诊断问题。近年来,世界强国纷纷加紧复杂数据过程质量管理领域的探索和研究,2012 年美国启动大数据研究和发展计划,致力于从大型复杂数据中提取信息,服务能源、医疗卫生、金融等行业的高科技企业;2013 年日本政府发布《创建最尖端 IT 国家宣言》,全面提出 2013~2020 年发展开放公共数据和大数据为核心的国家战略。在我国,党中央、国务院高度重视大数据发展,把它列为国家战略,大数据发展在顶层设计、产业集聚、技术创新、行业应用等方面取得了显著成效。

复杂数据过程的在线监控和诊断致力于对现代复杂过程的异常和失控开展即时预警,有助于降低异常损失和生产成本,有助于优化资源配置、提升供应链的竞争力。国际上该领域的研究刚刚起步,质量领域顶级期刊 *Journal of Quality Technology* 于 2020 年征集专刊 Artificial Intelligence and Statistics for Quality Technology,从人工智能等多个方面讨论复杂数据过程的在线监控和诊断问题。此外,研究工作者项目组成员在工业统计顶级期刊 *Technometrics* 上合作发表了名为"A diagnostic procedure for high-dimensional data streams via missed discovery rate control"的论文(Li et al., 2020),开辟了高维数据流异常诊断的研究新思路。

21 世纪以来,以现代分析技术为背景的复杂数据过程的在线监控和诊断的相关研究逐渐被国际学者所重视,大量高质量的研究成果不断涌现。据不完全统计,近年来,在 *Operations Research*、*European Journal of Operational Research*、*Annals of Operations Research*、*Naval Research Logistics*、*Journal of the American Statistical Association*、*Technometrics*、*Journal of Quality Technology*、*IISE Transactions*、《管理世界》《经济研究》《中国科学》等国内外管理、统计、质量领域一流期刊上,关于复杂数据过程的在线监控和诊断的论文已经近 50 篇(MacEachern et al., 2007;Zou and Qiu, 2009;宫晓琳等, 2014;Kim, 2016;Zhou et al., 2017;

Shu and Fan，2018；Wang and Li，2018；费兆奇和刘康，2019；Xiang et al.，2019；Qiu et al.，2020）。

第三部分 中国发展基础与优势

近年来，特别是在"十三五"期间，质量管理不仅上升到了国家战略层面，还在互联网、半导体研发等尖端科技行业占据越发重要的地位。如今，在第三方支付、短视频、智能手机、芯片等业务规模上，中国在国际上已位居前列，华为、大疆、阿里巴巴、字节跳动、中芯国际等一大批高科技企业逐步走向前台，与欧美等发达国家平分秋色。高速发展的中国高科技企业也产出了体量大、复杂性高的各类数据过程，为复杂数据过程的在线监控和诊断的科研人员提供了世界领先的研究平台及机会。

从学术研究的角度看，复杂数据过程的在线监控和诊断的相关研究也得到了中国学者的高度重视与深入研究。近年来，包括但不限于南开大学、华东师范大学和上海财经大学等多个一流学术团队高度关注与重视复杂数据过程的在线监控和诊断，持续提出具有高度创新性和实用性的理论方法及应用指南（Zou et al.，2015；吴纯杰等，2017；Xiang et al.，2017，2019；Yu et al.，2019；Li et al.，2020）。从百度学术上简单地用论文标题中包含"复杂数据"的搜索策略来看，2018～2019 年，国内公开发表的中文学术论文接近 200 篇，而 2018 年之前仅为个位数，这也论证了本领域主题的前沿性。

第四部分 主要研究方向

1）研究方向一：受污染数据的在线监控和异常诊断方法

近年来，政府和企业采集、存储及处理数据的能力大幅提升，复杂数据数量庞大、数据质量参差不齐，对数据价值的挖掘构成巨大挑战。数据在采集过程中受设备误差、人为主观因素等影响，往往会伴随一定程度的污染，难以真实反映信息全貌，甚至造成误导。对于污染数据不恰当的处理，如简单删除，易遗漏有用信息，影响决策，甚至给企业和行业造成无法弥补的损失。为适应大数据时代的发展要求，迫切需要开展受污染数据过程的在线监控和异常诊断方法研究。

本方向研究的典型科学问题有以下几项：受污染数据过程分布已知时的一元在线监控问题、受污染数据过程分布未知时的一元在线监控问题、受污染数据过程分布已知时的多元在线监控问题、受污染数据过程分布未知时的多元在线监控问题等。

2）研究方向二：超高维数据的在线监控和异常诊断方法

现代科学技术在发展中产生了大量数据，体量庞大，维数很高，目前超高维数据普遍存在于工业生产、气象预测、地质监控、高频交易等高端复杂领域中，对传统质量管理方法造成较大挑战。对超高维复杂数据的在线监控和异常诊断至关重要，离不开国家对相关基础研究的支持，围绕超高维数据开展科学的数据分析方法建设，发展以统计过程控制、管理优化等手段为基础的超高维数据在线监控和异常诊断理论，为自动化生产过程监控、生物影像自动识别等领域研究提供应用指导。

本方向研究的典型科学问题有以下几项：超高维数据中稀疏均值漂移的在线监控问题、超高维数据中协方差漂移的在线监控问题、超高维数据中均值漂移的异常诊断问题、超高维数据中协方差漂移的异常诊断问题等。

3）研究方向三：资源受限模式下分散式数据流的在线监控方法

在工业智能生产领域中，受在线数据交流、存储空间、计算速度等资源限制，非中心化越来越常见。非中心化，是在一个传感器网络中，原始数据可由一组分散部署的远程传感器采集，最终在整合中心完成决策。该网络的关键特征是在局部传感器上获取观测的成本低，而由于能源和带宽的限制，传感器与整合中心之间的交流成本高昂。因而，局部传感器需要向整合中心发送量化后的整合信息而非原始数据。在非中心化的在线监控中，迫切需要开展资源受限模式下分散式数据流的在线监控问题的基础理论与应用研究，有效提高工业智能生产的效率与质量。

本方向研究的典型科学问题有以下几项：局部数据流分布未知时在线监控统计量的构造问题、局部数据流存在时间相关结构时在线监控统计量的构造问题、局部数据流受到污染时在线监控统计量的构造问题、资源受限模式下数据流的调动部署机制问题、全局监控统计量的构造问题等。

4）研究方向四：医疗健康系统的动态监控系统和故障排除方法

随着我国医疗卫生体系的不断发展健全，民众保健意识越来越强，疾病的早期检测和预防成为重要社会性议题。传统的检测预防方法是个人定期体检，将各项医学指标和医学临界值进行比对，进而预警疾病；其限制是仅关注当前时刻数据、未充分利用历史数据中的有效信息。对于特定的医学指标，个体的受控分布受众多复杂因素影响且具有动态性，忽视动态特征容易忽视异常纵向特征，严重影响疾病的早期检测和预防。而基于大数据的新发重大传染病监测和预警及应对也是当前重要的研究命题。开展医疗健康复杂动态系统的在线监控和故障排除的创新理论与方法研究势在必行，对国民健康体系的建立有重要战略意义。

本方向研究的典型科学问题有以下几项：非等距观测下观测之间存在相关性时的个人健康动态监控和故障排除问题、高维医学指标观测的动态监控和故障排除问题、风险调整下的高维医学指标观测的动态监控和故障排除问题、高维协变量下的动态监控和故障排除问题、动态监控的新型评价指标体系构建问题、重大传染病系统性动态监控问题等。

领域 13　决策者行为偏好下供应链博弈行为、可持续发展及政策研究

第一部分　选题背景与意义

供应链上下游企业之间是合作伙伴关系，同层企业间存在竞争，其行为相互影响。此外，供应链与供应链的竞争变得更加普遍。不管是哪种情况，企业间都存在博弈关系，需要对它们的行为进行博弈分析。博弈论是经济学和管理学的重要分析工具之一，尤其在供应链管理中普遍使用。成员企业目标不同，导致供应链效率下降，合作是提高各自利益

的有效途径，而契约设计可以促进合作。随着社会经济的高速发展，资源约束和环境问题随之显现。早在 1995 年，中共十四届五中全会明确提出可持续发展是国家的基本战略，要求政府、企业和消费者在经济活动中将对社会和环境的影响考虑到其决策之中，推动经济、社会和环境的可持续发展。传统博弈论假设决策者是完全理性的，而现实中决策者的行为是有限理性的，其认知也是有限的，甚至存在偏见（Schweitzer and Cachon，2000）；并且决策者在做决策时经常嵌入心理行为偏好，尤其是消费者的行为是非常复杂的（李纾，2016）。传统决策文献忽略了行为因素，然而，不同消费者、企业对环境绩效（环境成本）的偏好是不同的，这将影响他们的决策。在决策者表现出一定行为偏好的情境下，尤其是在可持续发展背景下，供应链成员企业如何进行有效决策、如何进行渠道管理以及政府如何制定相关政策（激励或惩罚机制）成为亟须解决的问题。

要解决这些问题，需要发展传统理论。行为偏好分析是解决这些问题的基础，尤其是对环境责任、社会责任的偏好。通过管理心理实验、实地实验和大数据分析揭示决策者的行为规律，进一步分析行为特征对供应链竞争与合作的博弈关系、可持续发展的影响规律，以及对政府相关政策（如碳税、补贴）的作用规律。当决策者行为（尤其是消费者行为）变得非常复杂时，需要将博弈论与计算实验的思想结合起来，从不同的侧面研究供应链管理的前沿问题。例如，关税、技术管制等政策及诸如疫情等突发事件对跨国型供应链运营的影响规律；环境突变的情境下，国内企业的应对机制，以及政府的关税政策调整机制。

2017 年 10 月 13 日，《国务院办公厅关于积极推进供应链创新与应用的指导意见》出台，积极倡导绿色供应链，强调建立覆盖设计、生产、流通、消费、回收等各环节的绿色产业体系，促进可持续发展。"一带一路"倡议的成功实施也依赖于跨国型供应链的发展。因此，该研究具有重要的实践意义。从决策者行为偏好的角度研究供应链中博弈行为及相关政策建议，对促进行为决策与供应链管理、可持续发展的交叉融合，发展行为供应链管理，具有重要的理论价值。

第二部分　国内外研究现状与发展态势

行为决策理论及其应用已经成为经济学、管理学的热点领域。管理科学领域的顶级期刊 *Manufacturing & Service Operations Management* 于 2008 年出版了 Behavioral Operations 专刊，*Management Science* 于 2012 年出版了 Behavioral Economics and Finance 专刊，而 *Operations Research* 于 2020 年出版了 Behavioral Queueing Science 专刊。该理论研究主要分为行为实验（心理实验、现场实验、计算实验）分析和模型分析，目前主要集中在行为心理实验分析，其次是决策者行为建模分析（肖条军，2019）。近年来，可持续发展也是热点话题，如 *Production and Operations Management* 于 2019 年出版了 Innovations and Sustainability 专刊，集中在环境可持续发展领域。可持续供应链管理主要集中在闭环供应链管理和绿色供应链管理方面，与行为决策的交叉研究较少。自从 1994 年诺贝尔经济学奖授予三位从事博弈论研究的经济学家后，博弈论已经成为经济管理问题的重要分析工具之一。最近，管理科学家已开始关注行为供应链的机制设计及政府的激励与惩罚机制设计。

借鉴行为经济学或行为心理学的思想，行为运作管理研究决策者的行为规律及行为特征对决策的影响，主要围绕报童模型展开；行为供应链管理关注决策者行为因素对供应链运作的影响，从决策者行为偏好角度研究供应链管理。尤其是在可持续发展的背景下，供应链中不管是合作伙伴还是竞争对手，不同决策者对社会、环境责任的偏好是不同的，充分考虑这些行为因素的不同，可以更好地进行决策，提高供应链的可持续发展力和竞争力。国际上在该领域的研究也才起步不久，*Manufacturing & Service Operations Management* 于 2017 年发起了 Responsible Operations and Supply Chain Management 专刊。最近，Atasu 等（2020）和 Donohue 等（2020）分别回顾了可持续运作管理和行为运作管理的文献，基于上述的文献回顾，我们发现可持续运作与行为运作的交叉研究较少。

总之，可持续供应链管理主要从经济利益的角度进行研究，很少涉及行为偏好，而最终决策很大程度上依赖于所有决策者的行为偏好，因此，近年来逐渐往行为运作与可持续供应链管理交叉融合的方向发展，如社会责任供应链管理、政府的可持续发展政策。此外，传统的供应链管理也正在与行为决策融合，发展行为供应链管理理论。由于决策者行为（尤其是消费者行为）的复杂性和有限理性，传统的博弈或数理模型已经很难满足需求，越来越多的学者开始引入计算实验的方法来研究复杂行为情境下的供应链管理问题。

第三部分　中国发展基础与优势

自 2009 年以来，清华大学牵头每年在全国各大学举办一次行为运筹学与行为运营管理国际研讨会。近几年，每年参会规模都在 400 人以上，并于 2015 年 12 月成立了中国运筹学会行为运筹与管理分会，推动了我国运作管理领域的发展。我国在行为运作管理（尤其是行为供应链管理）领域的研究与欧美处于同一起跑线上，水平相当，并且从事相关领域研究的学者更多。中国是制造大国和消费大国，已有相当多的文献对消费者行为进行了研究，在供应链采购、设计与生产、机制设计、渠道结构选择、策略选择、逆向供应链等博弈分析方面做了大量的研究。此外，计算实验理论与应用方面，尤其是供应链管理中的计算实验分析，处于国际前沿。可持续发展早已是中国的基本战略，尤其是强调发展绿色供应链、闭环供应链，以提高供应链的可持续性，国内在这方面已经有较多的研究。此外，也有一些文献分析了供应链的社会福利、政府补贴、碳税政策对企业决策的影响及政策制定。总体上，中国在供应链博弈分析及机制设计、可持续发展理论（包括社会责任）（肖条军，2019）、行为运作管理（Chen et al.，2012）和计算实验方法（盛昭瀚和张维，2011）方面都有较强的理论功底，有进行这些领域交叉研究的优势。

从学术角度看，在 WoS 数据库以 "behavioral operations" 为主题检索发现，截至 2014 年底，学者共发表学术论文 2707 篇，其中中国学者156 篇，占比 5.76%；2015~2019 年，学者共发表学术论文 1762 篇，而中国学者发表论文 263 篇，占比 14.93%。这一数据显示，中国学者在这一领域的发展呈上升的趋势。从百度学术上用精确检索词包含"行为"和"供应链"的检索结果看，2015～2019 年，中国科技核心期刊收录论文 894 篇，CSSCI 收录论文 446 篇。

第四部分　主要研究方向

1）研究方向一：可持续发展情境下供应链运营博弈行为及政策分析

可持续发展是国家的基本战略，绿色供应链、闭环供应链是重要的可持续发展策略，可以有效改善环境绩效。随着可持续发展意识的增强，决策者表现出可持续发展责任，这不仅表现在环境责任上，也表现在社会责任（人文与社会维度的责任）上，如社会福利责任。行为因素的考虑改变了供应链运营决策，进一步影响可持续发展政策的效果及相关政策的制定。近年来，在供应链管理领域，已有一些供应链博弈行为分析和可持续发展的交叉研究，但仍然有许多前沿问题亟须解决。

本方向研究的典型科学问题有以下几项：绿色供应链运营行为分析，绿色供应链渠道管理行为分析，行为视角下新鲜农产品供应链管理，环境责任情境下双渠道管理、全渠道管理、多渠道管理，逆向物流结构、闭环供应链管理，社会责任与供应链渠道管理，碳税政策与行为供应链管理，回收政策与再制造行为分析等。

2）研究方向二：考虑决策者行为偏好的供应链博弈行为分析与契约设计

传统的供应链博弈模型假设参与人是完全理性的，最大化其预期利润或效用，没有很好地考虑决策者的行为偏好，从而决策偏离实际最优。究其原因，决策者的心理、行为偏好的异质性在决策中起到重要作用。尽管决策者的行为是异质的，但是，心理行为实验、实验经济学发现人的行为具有一定的规律，这种行为规律影响决策者的决策（Cui and Zhang，2018）。将消费者、企业的行为因素嵌入博弈模型中，可以更加有效地进行供应链管理（Jiang and Liu，2019）。在这种背景下，如何通过契约设计，促进供应链合作也是亟须解决的问题。

本方向研究的典型科学问题有以下几项：决策者博弈行为实验、乐观与供应链进入阻止策略、过分自信与供应链渠道管理、决策者行为与供应链协调管理、消费者退货行为与供应链契约设计、消费者渠道选择行为与双渠道结构策略、全渠道管理、消费者行为诱导的供应链契约设计、消费者策略性行为与供应链动态定价、人类道德行为与供应链合作等。

3）研究方向三：环境突变情境下中外跨国型供应链博弈行为及关税政策分析

在"一带一路"倡议的推动下，国际贸易变得更加频繁，跨国型供应链茁壮成长。在发展的同时，也遇到了一些新的问题，如中美贸易战、新冠疫情给发展环境带来了突变。环境突变会对企业的运作产生很大的影响（Yu and Qi，2004）。在突变情境下，所有参与方管理者的行为偏好也将影响供应链的运作。在这一背景下，如何分析、制定关税政策是一个亟须解决的问题。

本方向研究的典型科学问题有以下几项：文化差异与供应链突变管理、环境突变与备份供应商选择行为分析、关税政策与供应链转移策略、贸易战与多跨国型供应链管理、技术管制与供应链转移、消费者需求差异与供应链突变应对策略、风险态度与供应链突变应对策略等。

4）研究方向四：可持续发展和复杂决策者行为情境下供应链管理及其计算实验

面对复杂的供应链系统环境（尤其是面对复杂的消费者行为），传统的数理模型可能失效，有必要进行深入研究复杂环境下决策者行为特征的作用规律。计算实验是研究复杂决策者行为情境下供应链管理问题的有力工具，从微观、中观和宏观三个层次上对决策者行为偏好等进行建模与分析，尤其是可为宏观调控提供有效的决策支持，如可持续发展政策、产业政策、关税政策等。

嵌入博弈思想，利用计算实验方法可以研究下面的典型科学问题：多时期绿色供应链管理及碳税政策行为分析、复杂消费者行为下多渠道合作与竞争机理、复杂消费者行为下闭环供应链管理方法、消费者策略性行为与供应链多产品动态定价、消费者需求差异下多产品跨国供应链竞争与关税政策等。

领域 14   智能决策与数据分析理论和方法研究

第一部分   选题背景与意义

"互联网+"的概念是在原有互联网发展的基础上，通过不断的科学实践发展而来的，它作为当前社会先进生产力的代表，不仅带动了社会经济形态的改变，也进一步带动了社会经济水平的发展，为社会各个行业领域的进一步完善、发展提供了网络力量支撑。作为"互联网+"的新生产因素，大数据可以大幅度提升数据的加工和处理能力。2015 年，随着国务院《促进大数据发展行动纲要》的下发，大数据正式上升为我国的国家战略，在推动经济转型和提升政府治理能力方面发挥其驱动作用。一方面，爆发式增长的数据为政府和商业的决策提供了丰富的信息资源；另一方面，传统的数据处理方法在海量数据面前，对识别数据真伪、数据的冗余删除和遗漏补缺、数据的清洗和处理等问题已无能为力。同时，随着大数据时代的到来，运算能力及机器学习算法得到提高，驱动着人工智能飞速发展。传统运作领域的决策研究主要基于微观经济学、博弈论、优化和随机理论进行建模分析，并得到最优解或满意解。随着可得数据的增长，目前的决策研究领域已有所改进，基于大数据的智能决策已逐渐突显出优势。

在"互联网+"的环境下，政府和商业实体已可以通过完善的信息技术体系从不同维度，以不同方式有效获得各个领域的大量数据，为其决策提供信息支持。但海量数据的处理和清洗，最终形成有效可用的信息，仍是学界和业界的一大挑战。人工智能带来了对技术的颠覆式变革与发展，其本质是基于数据的算法，大数据、机器学习、深度学习和神经网络等新型技术在社会各方面的应用构成了智能时代独特的表征。如何通过数据分析，从海量的数据中识别出未被扭曲的数据，从缺失或冗余的数据中得到完整有效的信息，通过新的解决思路和框架结构形成智能决策体系，以及控制和管理决策过程中的潜在风险，是当前"互联网+"背景下决策领域和数据分析的新方向。这一方向不仅为数据分析提供了新的应用领域,也为决策科学提供了新的研究方法。

在"互联网+"的环境下,决策者所面临信息的体量、速度和形式已经与传统的数据完全不同,而我国正处于转变发展方式、优化经济结构、转换增长动力的关键时期,这对决策者的信息接收速度、信息识别能力和信息吸收利用提出了新的挑战。基于经济理论构建模型,并依靠历史数据进行验证的传统决策模式已逐渐不能适应新的形势,而自适应、实时性的智能决策系统则具有相当的竞争力。随着大数据的积聚、理论算法的革新、计算能力的提升,人工智能在很多学科领域得到了广泛应用,并取得了丰硕成果。日渐成熟的人工智能技术在为人类社会展现出美好愿景的同时,也正渗透至各行各业中带动行业与产业的升级,智能高效地满足人们的各种需求。开展本领域的研究,对增强国家的创新能力、改善商业决策水平、维持各行业可持续发展具有实际应用价值。

第二部分　国内外研究现状与发展态势

智能决策和数据分析的研究与应用在运作管理领域已逐渐成为新的研究热点。自 2013 年以来,INFORMS 旗下的 *Marketing Science*、*Information Systems Research* 和 *Interfaces* 分别对大数据进行专题征稿,从营销、统计、计算科技、运筹、数据分析和数据科学等多个角度讨论大数据的研究与应用。同时,大数据也成为民众的关注热点。2014 年8 月中旬,在谷歌上搜索"大数据"、"分析"和"数据科学"三个词组,结果分别为 8.22 亿条、1.54 亿条和 4.61 亿条。各国政府对大数据、人工智能等智能决策系统相关领域也纷纷出台了许多支持政策。我国政府分别在 2015 年与 2017 年推出促进大数据发展和新一代人工智能的发展规划的通知,而美国则在 2012 年 3 月发布《大数据研究与发展计划》,率先将大数据上升为国家战略。

智能决策和数据分析能够实时、动态地识别当前"互联网+"背景下各行各业的结构化和非结构化数据特征,发现社会经济动态发展趋势,提升个性化管理能力和柔性化管理能力,提高社会的管理绩效和资源配置水平。目前,数据分析的研究有所进展,而智能决策则刚刚起步。Liu 等(2018)在 2018 年利用大数据研究了银行透支费用问题,相关成果发表在国际著名期刊 *Marketing Science* 上;同年,Wu 等(2020b)研究了企业的数据分析能力对其创新的影响,成果见于管理学顶级期刊 *Management Science*。智能决策的相关研究目前多局限于计算机理论领域,在运作管理领域的理论和应用研究尚为数不多。

目前数据分析的相关理论和应用已经逐步在经济管理领域取得了一定成果,大数据已被学界和业界应用于商业银行、医院、交通、营销等多个领域。而相比于数据分析,智能决策领域的成果相对较少。在 WoS 数据库以"data analysis"为关键字进行搜索,相关文献数量逐年增长,由 2015 年的 303 838 篇上升至 2019 年的 374 403 篇;有关"intelligent decision"的文献数量,由 2015 年的 2024 篇上升至 2019 年的 3308 篇。在 Google Scholar 上分别以"data analysis"和"intelligent decision"为关键词,搜索到 2015 年以来的学术论文分别有 6 620 000 篇和 482 000 篇。但学术界尚未有从系统性角度提出经济管理智能决策的理论框架,而对运营管理领域中产生的动态、实时的海量数据处理和应用的高水平科研成果也不多见。

第三部分　中国发展基础与优势

中国互联网络信息中心 2019 年发布的第 44 次《中国互联网络发展状况统计报告》显示,截至 2019 年 6 月,我国 IPv6 地址数量已跃居全球第一位,活跃用户达 1.3 亿;我国手机网民规模 8.47 亿,手机上网比例达 99.1%;网络购物用户规模 6.39 亿,占网民整体的 74.8%。数量庞大的网民既是网络服务的消费者,也是网络数据的生产者。我国完善的基础建设能够便捷地从交通、物流、医疗、教育等众多公共领域获得大数据;国际领先的电商能够从整体供应链的货、款、贷、送、用等多个维度获得数据,并能够实现对客户的产品偏好、消费水平、性格等进行分类管理,进而将这些规律用于预测和优化,实现服务的差异化创新。同时,新零售、新金融等业务为消费、投资等提供了全新的模式和场景。中国"互联网+"的业态环境,不仅为我国学者在智能决策和数据分析领域提供了丰富的科研素材及场景，也为科研工作者提供了绝佳的研究机会。

数据分析相关研究也得到中国学者的高度重视。从中国知网上简单地用标题中包含"大数据"的搜索策略来看，2018～2020 年，已发表论文分别有 18 232 篇、19 006 篇和 1367 篇。在 WoS 数据库简单地以"big data or intelligent decision"为主题检索发现，中国学术机构发表的英文研究论文，2015～2020 年共有 7182 篇（未包含港澳台地区数据），而同时期美国学者发表的文章数量有 6627 篇。在百度学术上分别以"智能决策"和"数据分析"进行搜索，2015～2020 年，仅被 CSCD 和 CSSCI 数据库收录的公开发表中文学术论文就有 2868 篇和约 1.7 万篇；在 WoS 数据库以"intelligent decision"为关键字进行搜索，2015～2020 年，中国学术机构发表国际学术论文共计 4174 篇（未包含港澳台地区数据）位列第一（第二名美国为 1571 篇）；以"data analysis"为关键字搜索，2015～2020 年，中国学术机构发表国际学术论文共计 480 129 篇（未包含港澳台地区数据）位列第一名（第二名美国为 385 821 篇）。

第四部分　主要研究方向

1）研究方向一："互联网+"环境下数据扭曲纠正

在"互联网+"的环境下，社会经济的生产和消费均处于丰富的场景之下，各类数据的采集中出现数据扭曲的情况不可避免。数据采集者基于利益角度考虑，有选择地选取样本，导致统计样本的偏差；数据被采集者基于个人隐私保护角度，有选择规避某些数据维度，造成统计数据失真。竞争性的组织关系中，企业通过平台采集数据的真实性也往往会受到竞争对手的质疑和攻击。作为一种传统的营销手段，某一产品的销售量和好评度也都可能受到数据后台管理系统的操控。此类采集的扭曲数据，并不能为科学决策提供支持，反而有可能导致决策偏离实际，甚至造成重大损失。为此，如何对扭曲的数据进行纠正，构建纠偏理论体系和方法，都是亟须解决的问题。

本方向研究的典型科学问题有以下几项：数据扭曲的场景与动机研究、数据扭曲影响研究、数据采集中的区块链应用、数据采集透明化流程机制设计、数据扭曲的识别方法、数据扭曲纠正算法、数据扭曲的纠正机制、竞争性对数据扭曲纠偏的影响、大数据获取、大数据预处理技术等。

2）研究方向二："互联网+"环境下数据补缺及冗余剔除

在"互联网+"的环境下，除了数据扭曲问题，由于数据采集技术多样，数据形式多样，数据的时效性较高，社会经济中生产和消费的数据会产生冗余或缺失。冗余的数据量导致额外的社会成本，而缺失的数据则容易造成决策偏差。如何有效识别出数据的冗余和缺失，如何对数据缺失进行修复和对数据冗余进行有效剔除，并在此基础上形成有效的信息资源，也是重要的研究问题。

本方向研究的典型科学问题有以下几项：冗余数据的资源优化配置问题、缺失数据的激励机制、冗余数据识别机制研究、缺失数据识别机制研究、冗余数据的剔除算法、缺失数据的修复算法、数据清洗算法准则研究、批量数据处理、流式处理技术、数据噪声检测、数据噪声消除、数据缺失值处理、数据噪声过滤、相似重复对象检测、异常数据处理、数据量质融合管理等。

3）研究方向三：智能决策算法

当前物联网技术、5G、云计算、移动互联技术等高新科技不仅产生大数据，而且也为智能决策提供了有力的支撑。在产业服务化、制造流程优化、个性定制高效化的背景下，互联网与人工智能尚未形成深度融合，物联网、云计算等方向尚缺少系统性的体系架构、功能体系、核心技术和实施路径的深入研究，相关的系统算法成为亟待突破的问题。人工智能作为运用计算机实现对人的智能模拟、延展以获取最佳结果的技术理论，极具研究价值；由于其极为出众的技术数据整合能力、处理能力及系统协调能力，人们尝试由其替代人类做出决策并完成各种工作任务。

本方向研究的典型科学问题有以下几项：强化学习、元学习、决策树、随机森林、向量空间模型、深度学习（神经网络）、遗传算法、蚁群算法、专家控制系统、迁移学习、互联网与人工智能的融合算法研究、人机互动模式及算法研究、基于信息融合的智能决策、基于关联分析的智能决策等。

4）研究方向四：智能决策风险控制

电子网络的普及和数字化平台与技术的支持，产生新兴的商业业态和社交体系，这些新的场景突破了沟通协调限制和语言障碍。人工智能可以覆盖到企业经营和金融服务等各环节，提高生产服务效率，做到事前、事中、事后三重风险防范。然而，人工智能技术尚未完全成熟，其本身固有的缺陷，加上网络故障、基础设施、系统方案等风险，会造成严重后果。当人工智能程序发生错误时，基于人工智能所做的数据分析就很有可能出现错误；若过度拟合，则无法从大量相关数据中剔除非相关部分；对不确定性和未知性事件的信息缺漏，也可能导致分析错误。用户生成内容的爆发式增长，在促进知识和信息获取的同时，也可能会产生一定的风险。比如，基于数据采集手段的多样性和隐蔽性，个人隐私安全的保护越来越受到人们的重视；智能决策往往依据机器学习或深度学习算法来支撑，缺乏灵活性，在决策环境突变的情况下，往往容易产生较大损失。而人工智能算法难以确保技术中立性，对网络数据和智能决策系统的滥用，也容易形成道德争论。

本方向研究的典型科学问题有以下几项：数据获取风险、信息泄露风险、人员舞弊风险、人工智能算法的训练数据污染、人工智能算法泛化、算法模型机密性、人工智能决策黑盒、人工智能安全等级和风险预估机制、人工智能风险防控领域前瞻性研究、人工智能接入网络的安全、人工智能的安全风险、算法歧视、智能决策过度优化防范机制、网络欺诈管理系统、个人隐私保护机制、智能决策系统安全设计机制研究等。

领域 15　复杂金融系统计算实验金融建模与分析

第一部分　选题背景与意义

金融系统是由大量具有适应性且相互交互的个体组成，且系统结构具有内生演化性的复杂系统。日趋复杂的金融系统也造成了许多如巨额非法集资这样严重的风险问题，这些错综复杂的金融风险很容易向全国蔓延并造成系统性金融风险，从而威胁国家金融系统的安全。面对这一复杂系统中的种种风险，金融科技与金融大数据的涌现为以计算实验建模为主的新技术手段的发展提供了重要的驱动力。

要解决以上问题，就要从金融系统参与个体的决策行为、多资产建模、跨市场风险传染及系统性风险建模的角度开展"自下而上"的研究，但是这种研究不仅依赖于可靠微观数据，还需要数理建模工具的支撑。因此，要想从这种复杂演化金融系统的角度来认识金融规律，计算实验的方法无疑从实验性、操作性及可靠性等多个方面提供了可能。传统的金融理论往往着眼于已发生的事件，并基于历史数据进行分析，相较于这种事后的研究，计算实验的方法为事前的预防提供了一种新的途径。然而，与此同时，一个重大挑战也会出现，即如何构建一个有效的模型来解释这一复杂系统中可能出现的问题，并为政策制定、风险测定、监管预防等提供参考。因此，考虑到这一重大挑战，在如今金融资产种类与规模不断增长，防范系统性金融风险愈显关键的时代大环境下，如何通过计算实验的方法，更加有效地对金融风险进行识别、预警与防控，具有非常重要的理论意义和十分迫切的应用需求。

预防和减少金融风险的发生，是维护国家金融系统稳定和安全的重要基础。基于复杂系统的计算实验金融建模与分析，具有以下意义：①在金融资产种类增大的前提下，更为复杂的投资组合在降低资产风险中发挥的作用是不可忽视的。因此，从多资产到跨市场的研究，将进一步发展与丰富现有的对于金融系统的认知，也将推动交叉学科前沿的发展，满足实践中的需求。②考虑到中国市场个人投资者占比高的特性，其行为与决策更为复杂和多样。基于中国市场，计算实验金融能带来更大的效能，进而更好地服务于市场主体。③通过构建计算实验金融平台为我国金融市场上的创新及其风险管理提供模拟仿真，形成金融政策和金融创新的"实验床"，可以为风险管理提供扎实的技术手段。

第二部分　国内外研究现状与发展态势

金融系统中参与个体的行为是引发金融系统性风险，导致经济危机的主要根源。2008 年美国次贷危机之后，国际上开展了运用计算实验和复杂网络等关键技术探索复杂金融系统动力学特征和系统性风险的热潮。欧洲和美国都非常重视这方面的研究，开展了多个重大研究计划。例如，欧盟的 EURACE、CRISIS、SYMPHONY 和 FinMaP 等项目以及美国的 CIFRAM 计划，其目的都是为金融系统性风险管理及宏观经济金融决策提供科学依据。另外，一些属于交叉学科的期刊如 *Journal of Economic Dynamics and Control* 和 *Journal of Economic Behavior and Organization* 也开始集中发表高水平的计算实验金融领域的论文，并成为领域内的核心期刊。

近年来，随着计算机科学的进步及运算能力的提高，计算实验金融引起了学术界的广泛兴趣并得到了蓬勃发展。苏黎世大学为其金融、经济及计算机科学专业开设了计算实验金融的课程，计算实验金融也是麻省理工学院的金融工程实验室的重要研究方向之一。国内方面，张维等（2010）出版了国内首本计算实验金融专著，不仅清晰地梳理了国内外计算实验金融研究的进展，还基于计算实验方法，对中国市场的过度波动、认知偏差、投资者适应性等问题进行了深入研究和探讨。与此同时，国家自然科学基金委员会对金融大数据和金融科技的研究进行了重点支持。例如，"大数据驱动的管理与决策研究"的重大研究计划和"互联网背景下金融创新与风险管理若干基础理论与方法"的重大项目等。这些项目都基于计算实验的方法对风险管理理论进行了许多探索。

计算实验金融自 20 世纪 90 年代发展至今，已逐渐引起了主流金融学的关注。金融领域的顶级期刊 *Journal of Finance* 及 *Journal of Financial Economics* 自 2003 年以来也开始持续发表有关计算实验金融相关的研究成果。在此期间，*Science* 和 *Nature* 上共发表了 9 篇文章，探讨这一日益活跃的领域中的问题与未来方向。截至 2020 年，使用"agent-based"、"stock market"与"bond"等关键词在科学引文索引（Science Citation Index，SCI）和社会科学引文索引（Social Sciences Citation Index，SSCI）检索的相关文章有 200 余篇。另外，使用计算实验的方法对金融系统进行建模研究的专业期刊如 *Journal of Artificial*

Societies and Social Simulation 与 *Journal of Economic Interaction and Coordination* 的刊文量也不断增加。

第三部分　中国发展基础与优势

从我国金融改革发展的大方向上看，2019年2月，习近平明确指出，"我国金融业的市场结构、经营理念、创新能力、服务水平还不适应经济高质量发展的要求，诸多矛盾和问题仍然突出"①。面对这个形势，会议指出金融工作的根本性任务是防范和化解风险，特别是防止发生系统性金融风险。金融危机的频发促使人们开始反思以往基于简单系统视角下得到的金融运行规律，并逐渐认识到金融系统的复杂性，而计算实验金融正是复杂系统视角建模思想在金融领域的应用之一。

在学术研究方面，我国的计算实验金融领域学者队伍已经初步形成，自2001年我国首次将计算实验模型应用于金融研究以来，计算实验金融领域的研究在整体上处于增长趋势，使用中文对于相关领域进行检索，在中国科技核心期刊中，截至2020年已有160篇论文被收录。在国内，有许多优秀的学者已经在从事这方面的研究，如天津大学的张维教授是我国最早从事金融工程与金融风险管理、计算实验金融研究的学者之一；陈树衡教授是国际公认的一流计算实验金融学者，在计算实验金融、风险管理及信息科学方面都有深入研究。在平台开发技术方面，天津大学研究团队较早开发出符合中国市场特性并具有智能学习和多种交易机制的多个人工股票市场，近年来，其又与中国金融期货交易所合作开发能嵌入中国金融期货交易所仿真交易系统的虚拟交易系统，以及股票、股指期货并存的跨市场人工金融系统；陈树衡教授不断完善的 AIE-ASM 平台是国际学界公认的几个代表性计算实验金融平台之一；华东理工大学的周炜星教授与金融系统性风险预测的国际一流学者迪迪埃·索内特（Didier Sornette）教授合作开发的金融风险事件预测系统在中国股票市场大波动研究中取得成功。

---

① 习近平主持中共中央政治局第十三次集体学习并讲话. http://www.gov.cn/xinwen/2019-02/23/content_5367953.htm[2019-02-23].

第四部分   主要研究方向

1）研究方向一：计算实验金融的投资者行为刻画

在真实的交易中，投资者并非完全理性地进行决策，其行为会受到自身行为偏见和外界因素的影响，这与传统金融模型研究投资者行为及决策方式截然不同。对市场中的投资者的行为进行研究，是探究市场价格形成机制的重要途径之一。近年来，金融科技的兴起，特别是人工智能的发展，提高了使用计算实验的方法对金融市场进行定量仿真与实验的可靠性。这种实验方法可以通过从市场微观层次即个体行为着手，并阐释宏观系统变化形成的原因，弥补了传统行为金融研究方法的不足。

本方向研究的典型科学问题有以下几项：个体在多源信息环境中的决策方式、个体适应性行为对资产定价的影响、个体自我学习行为对资产定价与风险管理的影响、基于投资者行为的计算实验金融建模、基于计算实验的决策偏好研究。

2）研究方向二：多资产计算实验金融系统建模

投资者对于金融产品和资产管理的需求的变化，导致金融市场中个体的交互更为错综复杂，在专注于单一资产的资产定价及风险管理等方面的研究与分析的时候，无法忽视的是其他资产的影响。特别地，在全球资本配置的趋势下，投资者更倾向于投资多个资产对风险进行分散。由于中国资本市场的不断开放，投资者可以选择的投资标的也随之增加。对于投资者来说，他们面对更为复杂的投资环境难以做出准确的投资判断，而且对于市场的监管机构来说，这无疑又增加了监管难度。基于这一现实，计算实验给模拟分析多资产的配置有效性及收益风险分析带来了便利性和可行性。

本方向研究的典型科学问题有以下几项：个体决策行为与资产选择研究、多资产的分配机制研究、基于多资产的资产定价模型、多资产组合风险分析、动态多资产套利行为分析、多资产的风险规避和对冲。

3）研究方向三：跨市场计算实验金融系统建模

每种金融资产虽然都在各自的子市场上完成交易，但是各个子市场之间存在着不同程度的相互联系。比如，投资者对于同一证券在不同资本市场对其相关联的证券品种或者衍生品如期权等进行交易,这种多市场之间的互动关系会对市场的运行产生影响。跨市场的金融风险,其传递的机制也显得更为多变,传播速度大大加快,这从某种程度上来说严重威胁着我国金融体系的稳定性和安全性。面临着这种复杂的系统性问题,我们仍然可以通过计算实验金融的方法,构建合适的跨市场模型,解释金融系统中市场参与者的动态规律及其对资产定价的影响。

本方向研究的典型科学问题有以下几项:跨市场交易机制与价格发现功能、跨市场风险传染、跨市场性的信息传递与价格形成、交叉性金融产品带来的跨市场风险度量、基于计算实验方法的跨市场风险溢出分析。

4)研究方向四:计算实验方法的金融系统性风险分析

金融风险管理的研究逐渐转移到防范系统性风险的方向上。在化解金融系统性风险的过程中会不断地出现新的风险,存量风险虽然化解了,但是还有可能出现增量风险。随着金融科技的发展,新的金融工具如加密货币的诞生,也在改变着系统的内在结构,又给市场风险监管增加了新的维度。这使得我们更加难以预测和估量会出现什么样的金融风险及其影响。因此,基于计算实验的方法,我们可以进行事前的模型构建,通过改变输入的变量、参数等仿真和模拟可能出现的金融风险事件,为金融监管提供充足有效的准备时间与参考基础。

本方向研究的典型科学问题有以下几项:个体诱发系统性风险行为的测度、个体间信息与风险传递模式的度量、个体间风险传染的演化行为、计算实验方法的金融系统性风险的情景应对分析。

领域 16　数据驱动的平台运营与治理

第一部分　选题背景与意义

随着云时代的来临,互联网和信息行业的发展使数据呈井喷式爆发。各行业对海量数据的挖掘与应用彰显了大数据在新经济模式下独一无二的优势。以电子商务、线上到线下（online to osffline，O2O）、物流配送等为例，借助大数据，企业通过开展新业务、制定新战略，实现了新发展。毫无疑问，大数据正对平台的运营与治理产生着重大影响，并会在未来给平台发展带来更多的机遇和挑战。利用大数据，平台能够更好地了解竞争对手的运营行为、识别消费者的购买偏好，这对于管理者准确预测市场和高效决策是非常有利的。然而，大数据时代的到来也对企业提出了新的要求，如何对海量数据"提纯"，并对这些数据进行处理分析，从而将其用于运营决策，实现企业健康长远发展，都是平台运营与治理所面临的不容忽视的挑战。基于此，本领域研究以数据驱动为切入点，探讨平台型企业的运营和治理问题，为行业在大数据时代下更好地发挥优势和潜力提供理论支持与指导。

互联网和大数据的发展，促成了平台经济的繁荣，也为运营管理研究注入了新的活力。基于此，本领域研究以大数据为背景，对新时代、新经济模式下运营管理中的典型问题展开研究，主要涉及以下四个专题：基于大数据的电子商务平台运营管理研究、基于大数据的共享经济平台运营管理研究、基于大数据的平台治理研究、基于大数据的平台可持续发展研究。这些研究不仅创造性地拓展了运营管理的研究方向，而且对助力平台型企业的可持续发展具有指导价值。

本领域的研究课题涉及大数据、人工智能、共享经济、平台治理等新业态和新模式，通过对这些基于新背景所产生的前沿问题的探讨，本领域研究将会产生一系列针对新的运营管理问题的理论和方法，具有较强的理论研究价值。同时，本领域研究立足于中国情景，关注和研究典型的平台企业，从企业运营与治理的现实困境出发，抽象出研究问题，为支持和推动中国平台经济规范健康发展、促进产业升级提供有力的支持，具有较强的现实指导意义。

第二部分　国内外研究现状与发展态势

目前，平台运营与治理已经成为业界和学界共同关注的重要问题。

为了在新经济模式下实现可持续发展，以阿里巴巴为代表的平台企业深刻剖析运营实践中所面临的数据痛点，从数据安全的角度研究平台治理问题。它们发现，谁来制定规则、怎样分配权利义务、如何解决纠纷，是平台治理亟待解决的三个根本性问题，而处理这些问题不仅需要技术层面的支持，还离不开平台与合作方的互相信任，只有这样才能实现共生共赢和长远发展。

平台运营与治理作为运营管理领域的前沿问题，受到了学者的广泛关注。作为运营管理领域的国际顶级期刊，*Manufacturing & Service Operations Management* 在纪念创刊 20 周年特刊中的开刊论文中列示了当前运营管理国际研究前沿，而与共享经济和在线平台相关的研究专题就在其中，可见这一问题处于研究前沿，具有重要的研究意义和极高的科学价值。本领域研究核心有四个方面，下面将分别介绍这四个方面的研究现状。

1）基于大数据的电子商务平台运营管理研究

运用大数据刻画消费者行为，以实现精准运营和产品与服务创新是本方面研究的核心。现有研究主要涉及新零售模式（Amrouche and Yan，2016；Gao and Su，2017；Li et al.，2016；高钰莹，2018）、产品设计与创新研究（Chen and Turut，2013；Fay and Xie，2010；Yu et al.，2015）、需求预测（Bastani and Bayati，2019；Javanmard and Nazerzadeh，2019；Ban and Keskin，2021）等。

2）基于大数据的共享经济平台运营管理研究

早期关于共享经济的研究重点在于关注这一新经济模式的概念和内涵（Botsman and Rogers，2010；Lamberton and Rose，2012）。伴随着共享经济平台的成长，相关研究也得到了发展。不少学者利用实证研究量化共享经济的影响（Fraiberger and Sundararajan，2015；Li and Srinivasan，2017），理论研究则重点关注了共享模式的经济效益（Weber，2014；Taylor，2018；李琦和赵一飞，2019）。

3）基于大数据的平台治理研究

关于平台治理的研究指出，在线平台作为第三方机构，所发布的关于卖家的质量认证与品牌声誉类似（Klein and Leffler，1981；Grossman and Horn，1988），它不仅能够为消费者购买提供参考，还会影响卖家的进入和退出决策，进而影响市场结构（Hui et al.，2018）。

4）基于大数据的平台可持续发展研究

针对平台经济的可持续发展研究主要以大数据为媒介，探讨平台针对战略性消费者的精准运营策略（Cachon and Swinney，2009；Xie and Shugan，2001；Chakravarti and Xie，2006；Hu et al.，2016）和产品设计策略（Wickart and Madlener，2007；Gibson et al.，2013）。

近年来，越来越多与平台经济有关的论文被国际顶级期刊 *Management Science*、*Manufacturing & Service Operations Management*、*Production and Operations Management* 等收录，这充分表明，以平台为研究对象的运营与治理问题已成为前沿，受到学者的广泛关注，具有良好的发展态势和重要的研究价值。

第三部分　中国发展基础与优势

2018 年 3 月 5 日，平台经济首次被写入政府工作报告，深化大数据、人工智能等的研发应用，培育新兴产业集群，壮大数字经济，是国家促进平台经济健康快速发展的重要举措。2019 年 8 月，《国务院办公厅关于促进平台经济规范健康发展的指导意见》印发，指出要"围绕更大激发市场活力，聚焦平台经济发展面临的突出问题，遵循规律、顺势而为，加大政策引导、支持和保障力度，创新监管理念和方式，落实和完善包容审慎监管要求，推动建立健全适应平台经济发展特点的新型监管机制，着力营造公平竞争市场环境"。

得益于国家的高度重视，平台企业迎来了巨大的发展机遇。以阿里巴巴、京东、腾讯等为例，这些平台型企业凭借对互联网、大数据的敏锐洞察力走在了世界前列，为本土情境下的平台运营与治理研究提供了代表性的研究对象、前沿的研究问题和坚实的研究基础，这也正是本领域的重要研究优势。

第四部分　主要研究方向

1）研究方向一：基于大数据的电子商务平台运营管理研究

得益于互联网经济的发展，以企业网站、论坛、博客、微博、商铺、网络直销店等为代表的电子商务平台占据了商务运营的半壁江山。依靠这种新的经济模式，平台企业盈利颇丰。然而，来自传统交易模式的压力、与同类型平台之间的竞争、互联网生态背景下复杂的利益关系、交易方式多样性带来的消费者忠诚度下降，这些都是谋求长远发展的企业必须要解决的问题。如何设计交易渠道，满足更广泛的消费需求；如何利用获取到的平台交易数据信息识别消费者、掌握消费者偏好，实现精准的客户画像；如何更好地做出产品需求预测，指导设计创新及生产优化，这些都是电子商务运营的重要问题。

本方向研究的典型科学问题有以下几项：大数据背景下的全渠道策略、数据驱动的电商平台库存管理、数据驱动的电商平台供应链网络设计、数据驱动的电商平台需求预测与选品研究、数据驱动的电商平台定价机制、数据驱动的个性化产品和服务设计、数据驱动的电商平台仓储管理、数据驱动的电商平台物流管理、数据驱动的电商平台竞争与合作等。

2）研究方向二：基于大数据的共享经济平台运营管理研究

共享在新时代被赋予了新的含义。2010 年前后，随着 Uber、Airbnb、滴滴等一系列实物共享平台的出现，共享开始从纯粹的无偿分享、信息分享，走向以获得一定报酬为主要目的，基于陌生人且存在物品使用权暂时转移的共享经济。

与传统模式相比，共享经济具有以下四个特点：所有权和使用权分离、商品成本共担、平台与产品供应商的合作竞争关系、共享市场中产品的公共性。上述特点是共享经济催生新增长点和形成新动能的重要原因，也是众多共享平台触发恶性竞争、面临生存危机、遭人诟病的"罪魁祸首"。要实现共享经济的健康发展和可持续运营，平台企业必须制定应对消费者道德困境的策略，与产品供应商建立良好的合作关系，控制商品库存成本和客户交付成本，创新盈利模式，这也正是共享经济平台运营管理研究的重要课题。

本方向研究的典型科学问题有以下几项：数据驱动的共享平台成本控制、数据驱动的共享平台盈利能力研究、基于潜在网络效应和轻资产运营的新型平台模式研究、数据驱动的共享平台竞争与合作机制设计、基于共享经济的消费者商品使用成本研究、针对消费者"道德困境"的平台策略研究、平台与产品供应商的合作机制设计、共享平台外部效应研究、数据驱动的平台优化运营的政策机制设计等。

3）研究方向三：基于大数据的平台治理研究

良好的信用环境是平台经济规范健康发展的前提，这离不开强有力的外部监管和有效的内部自治。一方面，平台自身信用对整个环境的信用生态至关重要。以政府为代表的外部监管者，如何核查和管理存在诸如滥用市场支配地位限制交易、单边签订排他性服务提供合同等失信行为的平台企业；如何与相关部门对接，建立信用档案，并根据信用记录开展公共信用综合评价；如何针对综合评价结果展开差异化监管，都是值得研究的问题。另一方面，平台内部治理也是必不可少的。规范平台内经营者的行为，需要大力提升平台治理能力，充分发挥平台作用。对于平台而言，建立健全身份认证、双向评价、信用管理等机制，根据信用状况，对经营者实施差别化的管理和服务，为守法诚信的经营者提供更多的优惠便利，对违法失信的经营者进行坚决治理，这些对引导经营者规范自身行为、维护消费者合法权益、充分发挥平台作用具有重要意义。

本方向研究的典型科学问题有以下几项：数据驱动的平台信用评级研究、平台差异化监管研究、卖家质量评级与认证研究、数字经济背景下的平台治理、平台数字资产控制、数据安全与平台治理、基于大数据的平台知识产权保护、平台多元共治、平台机制设计、无限网络空间下的平台治理、大数据背景下的平台治理创新等。

4）研究方向四：基于大数据的平台可持续发展研究

可持续能够给公司带来先发优势，改善公司形象，面对瞬息万变的经济环境，实现可持续运营无疑是企业的发展目标。平台要实现可持续发展，一个重要的前提就是降低成本。大数据能够帮助公司优化资源的使用，而资源优化所带来的效率的微小改进可以节省大量成本。因此，平台企业如何借助大数据制订精准的运营计划，是其有效降低成本、实现可持续发展的关键。

本方向研究的典型科学问题有以下几项：数据驱动的平台绿色运营、数据驱动的可持续发展平台设计、基于大数据的平台可持续发展体系与规则、基于大数据的平台可持续发展绩效评估、平台逆向物流设计、平台循环业务模型设计、平台商品租赁与资源共享、平台产业链资源整合与重塑等。

领域 17　大数据环境下质量与可靠性技术研究

第一部分　选题背景与意义

信息与传感技术的快速发展,已经改变了很多领域数据收集的方式方法,以及获取数据的速度、数量、类型、价值等。Steinberg(2016)提出,技术发展与工业进步持续产生新的具有挑战性的问题,并对新的统计方法的研究提出需求。这个描述同样适用于质量与可靠性技术的研究。在具备了大数据能力的生产制造系统中,产品质量的收集从定点检验延伸到了全过程工艺参数、环境参数、材料属性等综合数据的自动跟踪;设备可靠性评估与预测从离线实验、检测和维修记录拓展到了实时在线设备状态、过程参数的持续存储。这些快速成长并日趋成熟的大数据环境,给质量与可靠性技术的研究带来了诸多新的机会与挑战。

在大数据环境下,数据基础形态的根本性变化使得现有的理论方法不能简单适用。质量与可靠性的状态评估和度量、质量形成机理模型、质量预测与波动预警、可靠性预测与健康管理等,都需要新的理论来支撑。通过对多工位、多部件、在线数据及其存在的复杂结构关系的分析,为更精准地分析质量问题根源提供了可能;通过对设备状态、工况条件、环境变量等的实时了解,使得对质量波动趋势和设备可靠性衰减规律的掌握更准确。深度学习、人工智能等新的数据科学方法为数据信息的最大化提供了新的工具。

在国务院印发的《中国制造 2025》中,特别强调了要坚持把质量作为建设制造强国的生命线,要加强质量技术攻关,实现从中国速度到中国质量的制造强国战略品牌转变。制造业是我国的支柱产业。制造业竞争力的提升离不开质量与可靠性。从"鼓励探索、突出原创"的角度看，当前基于大数据的质量与可靠性研究刚刚起步，我国学者在开展研究时所需要的数据、实际应用背景案例等方面甚至更有优势，具备开展原创研究的条件和机会。从"需求牵引、突破瓶颈"的角度看，我国先进制造业发展对质量与可靠性的需求明确。借助大数据的发展，质量与可靠性研究有望突破现有技术框架，在理论研究与实践应用方面达到领先水平。

第二部分　国内外研究现状与发展态势

　　质量与可靠性技术研究的热点和重心一直随着技术环境的发展而变化。近年来，围绕大数据开展的质量与可靠性学术领域的研究日趋增多。2019 年，在 INFORMS 年会主题报告中，斯坦福大学的苏珊·阿西（Susan Athey）教授以 "Predictive data science for physical systems：from physics-based models to scientific machine learning" 为题，强调了在科学、工程、医疗等领域的重要决策需要基于大数据和大模型来应对。2018 年，质量领域顶级期刊 *Journal of Quality Technology* 首次连续出版三个专刊，其中两个聚焦大数据环境下质量与可靠性的研究，主题分别为 Statistical Process Control for Big Data Streams 及 Reliability and Maintenance Modeling with Big Data。近年来，在质量与可靠性领域国际期刊所发表论文中，越来越多的研究围绕大数据环境展开。这些都体现了大数据环境下质量与可靠性技术的研究日渐成为热点。

　　大数据环境下质量与可靠性技术研究的主要特征是根据所获取数据的特点，设计改进理论方法，有效地将数据转化为有关质量与可靠性问题的解决方案。在质量领域，有学者分别根据大数据环境下数据类型、数据关联结构、数据属性等的变化研究进行质量控制的新方法。例如，Wang 等（2018）研究在数据具有空间位置且信息不完整的情况下高速数据流质量监视的问题。Gahrooei 和 Paynabar（2018）提出当所获取数据变量具有网络关系时进行质量监视的算法。Colosimo 和 Grasso（2018）研究基于视频数据进行质量监控的方法。

在可靠性领域，当前有些工作基于有限的寿命数据或退化数据，结合对物理系统的分析以及可靠性工具方法的应用来开展研究（温艳清等，2018）。Meeker 和 Hong（2014）指出，随着技术的进步，下一代可靠性现场数据将包括丰富的系统操作与环境数据信息。这种数据在现代机车引擎、航空发动机、汽车、风力发电设备、电网设备等系统中都已经得到体现，并将在系统健康管理、条件维修策略设计、故障预测及预警、剩余寿命预测等方向展示出重要的发展和应用。Liao 和 Kottig（2014）与 Chehade 等（2018）提出了通过数据融合研究设备退化模型及剩余寿命预测问题。

大数据的应用范围会伴随制造技术和信息技术的发展不断扩大，而大数据驱动的质量与可靠性的研究需要在方法和理论体系方面不断创新。基于大数据环境所开发的质量与可靠性技术，才能满足新的生产制造系统的实际需求。因此，开展大数据环境下质量与可靠性技术的研究意义重大。

第三部分　中国发展基础与优势

智能制造是我国制造业未来发展的主攻方向（周济等，2018）。智能制造系统通过对现代传感技术和网络信息技术的普遍使用，创造了大数据的环境和平台，也为基于大数据的智能决策支持系统提供了基础和更高的要求。当前，我国很多企业自主搭建大数据平台，逐步形成了制造过程各环节的数据与资源共享模式。企业对基于智能制造推动生产方式向柔性、智能、精细转变，增强企业核心技术竞争力具有急迫需求，这更利于优秀科研成果的产出和应用（周济，2015）。

我国质量与可靠性学科发展迅速。国内多个高校在工业工程、经济管理、机械制造等学科方向下，均有从事质量与可靠性研究的学者。在具体研究领域上，我国学者在质量模型分析、质量在线监视、可靠性评价、故障预测与健康管理等领域均有较好的研究基础，在质量与可靠性领域的重要国际学术平台，经常可以看到我国学者创新成果的发表与展示。

近年来，我国在质量与可靠性领域人才培养成绩显著。国内学者参与组织的中韩双边质量论坛、国际可靠性技术应用研讨会以及中美质量、分析及创新国际会议等学术交流平台，逐渐汇聚了一批年轻学者，他们在资深教授带领下不断开拓研究问题和方法。我国的实际应用需求、研究基础、人才储备等都已经做好了准备，能够支持该领域研究的持续开展。

第四部分　主要研究方向

1）研究方向一：基于数据与知识融合的设备可靠性度量、评估、预测及健康管理

复杂系统设备可靠性的评估和预测，对了解设备状态、保证生产效率和质量至关重要。现有可靠性评估与预测方法使用的数据和知识通常来源于物理机理分析、可靠性实验、设备检测等。在大数据环境下，更详细、复杂、多样的数据将可以用于可靠性的分析，如多源数据、函数型数据、图像或视频数据等。一些无法正常获得的设备状态实时数据，也随着传感技术的进步变得可能。在大数据环境下，需要将基于物理机理的可靠性研究与数据驱动的可靠性建模结合起来，研究新的可靠性分析建模、评估预测等理论方法，为设备可靠性的健康管理提供支持。

本方向研究的典型科学问题有以下几项：物理机理与数据驱动模型相融合的可靠性预测方法研究、多组件复杂系统相依失效模式研究、基于实时多源数据的可靠性建模、大数据环境下的可靠性度量模型、网络可靠性研究、人工智能及机器学习算法在可靠性分析与预测中的应用研究、大数据环境下动态可靠性分析、大数据环境下的可靠性测试与可靠性度量、大数据环境下系统及组件寿命预测与健康管理等。

2）研究方向二：基于大数据的质量控制理论与方法

质量控制涉及对质量形成过程与机理的研究，对所有可能影响最终质量的因素的识别分析，对质量问题根源的追溯，以及对现有质量控制方法改进的研究。在大数据环境下，需要开发新的理论与方法，以便能充分利用丰富的数据环境，完成对上述内容的研究，形成系统的质量控制理论和方法，用于指导工程实践。

本方向研究的典型科学问题有以下几项：基于多源异构数据的质量

分析、复杂制造系统中质量形成过程与机理研究、基于大数据的质量在线监视与预警、大数据环境下质量误差根源定位、人工智能和机器学习模型在质量诊断分析与预测中的应用、复杂网络质量监视与质量控制方法研究等。

3）研究方向三：基于大数据的智能制造链质量控制

在当前的生产组织模式下，一件产品的生产制造全流程通常由位于不同物理位置的多家企业的制造系统组成。物流系统支持的供应链实现了产品部件或原材料从一家企业到另一家企业的对接，或者说从制造流程的上游到下游的对接，这种供应链支持的上下游生产制造流程的对接，形成了一条制造链。在智能制造环境中，上下游对接的制造链预期能够让信息流动更自由，从而为质量根源分析溯源、改进和控制提供更多机会。质量控制需要跨越企业物理边界，贯通制造的全过程，才能达到协同质量控制的目的。

本方向研究的典型科学问题有以下几项：基于制造链的质量波动误差流分析，制造全过程质量采样方法与数据共享机制研究，基于网络结构数据的质量根源分析与控制方法研究，基于网络大数据的质量研究，基于大数据平台的质量分析与预测研究，面向服务型制造新模式的质量控制研究，基于设计、制造与客户服务全链条数据的质量分析与预测等。

4）研究方向四：面向质量与可靠性的设计方法研究

质量与可靠性研究的最终目的是促进产品质量提升与产品或设备的可靠性提升，而设计是产品质量与可靠性的根本性决定因素之一，在产品设计阶段，所需要的质量与可靠性的模型及方法通常与大规模生产过程中场景下有所不同。因此，根据不同类型系统和产品的特点，基于同类或近似产品质量与可靠性的历史表现数据，在设计环节重视质量与可靠性目标，科学评估和预测，对实现产品质量与可靠性的提升至关重要。

本方向研究的典型科学问题有以下几项：大数据环境下的实验设计方法研究，基于复杂混合类型数据的实验设计方法研究，基于人工智能、数据挖掘、迁移学习等大数据科学方法的质量与可靠性分析和预测，面向可靠性的优化设计方法研究，面向系统柔性的分析与优化设计研究，消费者等多方参与下产品设计方法研究，技术创新对质量与可靠性设计方法影响的研究，不确定性量化研究，等等。

领域 18 实体经济数字化管理理论与方法研究

第一部分 选题背景与意义

数据关联分析、云计算、人工智能等技术逐步被应用于实体经济发展的各个方面（Ghasemaghaei and Calic，2019），在生产、开发、利用等环节为实体经济发展提供重要支撑，以数据为基础的数字经济发展对国内生产总值增长的贡献率不断提高。在美国、德国、日本、中国等各国制定的国家战略中，实体经济数字化转型与创新都位居核心地位。党的十九大报告指出，推动互联网、大数据、人工智能和实体经济深度融合，加快建设制造强国，支持传统产业优化升级。党的十九届四中全会提出，"健全劳动、资本、土地、知识、技术、管理、数据等生产要素由市场评价贡献、按贡献决定报酬的机制"。这是对数据具有生产要素性质的首次明确表述，把数据与劳动、资本、土地、知识、技术、管理并列为第七大生产要素。在这种理论共识和中国数字经济发展战略背景下，实体经济数字化管理理论与方法日益成为学术界关注的热点问题。

要深入探讨实体经济数字化管理理论与方法，需要从基础理论和应用基础理论两个层面展开研究。在基础理论层面，需要探讨互联网、大数据、人工智能和实体经济深度融合在产品形态、资产方式、组织制度及治理方式等适应性创新上构建实体经济数字化的实现机制及其市场运行机制问题。在应用基础理论层面，需要从行业或产业应用视角，探讨数字化体系与工业化体系如何融合以推动实体经济数字化的根本性变革，探讨实体经济数字化对行业或产业结构、市场结构、行业或产业发展的影响以及实体经济数字化的产业政策及管理策略等。

实践中，实体经济数字化面临诸多挑战。麦肯锡的调研显示，数据驱动的企业组织变革失败率高达 80%。埃森哲发布的《中国企业数字转型指数》报告显示，"只有 7%的企业突破业务转型困境"[①]。研究表明，大数据一方面提升了实体经济创新效率，使企业获得更大的竞争优势（Côrte-Real et al.，2019）；另一方面依然有大量实体企业无法通过使用大数据来提高其创新绩效，甚至有超过 60%的实体企业大数据项目无法跨越实验与业务融合的阶段而最终被放弃（Ghasemaghaei and Calic，2019），这表明实体经济数字化过程也是机会与挑战并存。

因此，实体经济数字化管理理论与方法研究是源于中国乃至全球经济数字化转型加速情境形成的研究课题，具有鲜明的需求导向、问题导向和目标导向特征。同时，该研究对加快推进我国实体经济数字化的转型过程，促进新一代信息技术和实体经济深度融合，培育数字经济成为经济增长的新动能，也具有重要的实际应用价值。

第二部分　国内外研究现状与发展态势

现有实体经济数字化管理理论与方法的理论研究主要从三个视角展开。

一是决策逻辑视角，强调实体经济数字化是数字化体系与工业化体系深度融合的决策行动过程，核心是如何应对融合创新中的不确定性（Parker et al.，2016）。这一视角出发的研究，从信息和知识获取、吸收及整合等方面，沿着提高数字化资源的利用效率是提升实体经济数字化创新绩效的重要途径这个逻辑主线来展开（Zhang et al.，2018）。决策逻辑视角的研究形成最为丰富的文献，未来依然是最为主流的研究视角。

二是创生逻辑视角，通过引入生物学和心理学的创生性（generativity）概念，强调实体经济数字化创新是通过大量异质用户的参与和多主体间的信息共享，形成多样化的分散决策和多样化的创新成果，以应对实体经济数字化创新过程的不确定性（le Masson et al.，2019）。从这个视角出

---

① 转型后只有 7%的企业突破困境 埃森哲揭秘领军者的经验. https://www.jiemian.com/article/2464077.html[2018-09-12].

发，重点探讨在实体经济数字化过程中信息技术创新的动态性、交互性和延展性，以及信息技术创新支持大量异质用户的参与，拓展数字化创新生态的灵活性和多样性（Zhan et al.，2017）。创生逻辑视角的研究刚刚兴起，在国际学术界逐步受到重视。

三是适应逻辑视角。此视角从生物演化和复杂适应系统理论出发，强调实体经济数字化过程与创新绩效是一种适应性创新，对数字化创新方向、结构、流程和策略等可以做出即时调整，实体企业迅速形成数字化商业洞察来适应环境高度变化的要求（Hoornaert et al.，2017）。从这个视角出发，实体经济数字化的适应性创新是一个非线性的连续过程，融合了熊彼特的创造性破坏与创造性积累，不仅形成了具有自适应特征的生产，即消费的新商业模式，而且促进了数字化创新的产业体系，推动了数字经济的增长（肖静华等，2020）。适应逻辑视角的研究在理论框架上长期陷入了路径依赖，但国内外新近研究成果增长迅速，是未来最具期待实现理论突破性创新的研究视角。

第三部分　中国发展基础与优势

实体经济数字化是当代中国实施创新驱动发展战略的重要组成部分，是当代中国"大众创业，万众创新"的主战场之一。中国实体经济数字化的情境，虽然与欧美发达国家、韩国等新兴经济体的情境不相同，但都面临同样的实体经济数字化转型与创新挑战（Svahn et al.，2017），国际竞争日益激烈。部分中国实体企业数字化转型与创新实践已经走到了国际同行的前面，为中国学者探讨实体经济数字化管理理论与方法提供了前沿实践基础和前沿科学问题的探索情境。

新一代数字技术、商业模式、竞争模式、新型人力资本积累和制度变革等驱动实体经济数字化创新的关键因素，改变实体经济资源属性和信息结构，形成新产业体系和数字经济新动能等面向国家重大战略需求的课题，正在受到国内外学者的重视，形成了一批具有前沿探索性的成果（Govindarajan and Immelt，2019），中国学者在实体经济数字化管理创新领域的国际学术话语权得到了显著提升（Wang et al.，2017b）。

此外，在实体经济数字化转型行业研究领域，埃森哲发布的《中国企业数字转型指数》报告,《哈佛商业评论》和华夏邓白氏发布的《2019中国企业数字化转型及数据应用调研报告》等,均属于中国实体经济数字化管理前沿领域的代表性探索成果。

第四部分　主要研究方向

1)研究方向一:实体经济和信息技术融合的基础理论研究

与以往信息化与工业化融合(简称"两化"融合)相比,新一代信息技术和实体经济深度融合呈现一体化特征。例如,在智能制造的人、机、料、法、环五个关键要素上,"两化"融合主要解决料的融合问题,新一代信息技术和实体经济深度融合实现了五个关键要素内部及相互间的一体化。既有研究主要沿着技术—产业—政策的逻辑探讨实体经济数字化,较少从产品、资产、契约实现机制、市场运行角度剖析实体经济数字化的创新逻辑,亟须基础理论和方法的研究。

本方向研究的典型科学问题有以下几项:实体经济数字化与信息技术融合的经济和管理理论基础,互联网、大数据、人工智能和实体经济深度融合的产品适应性创新,数据驱动的大数据合作资产适应性创新,实体经济数字化的资源配置与帕累托优化机制,技术与管理互补性、产业数字化与数字技术产业化资源属性和能力构成,等等。

2)研究方向二:实体经济数字化的管理创新基础理论研究

实体经济数字化的信息技术创新涉及 5G 网络、边缘计算、工业互联网、物联网、大数据、人工智能、区块链等技术创新,支持数字化技术与实体经济生活场景无缝对接。依托 5G 网络形成的边缘计算,在应用端依托网络、计算、存储、应用能力高度集成的开放平台能够就近提供快捷服务。在 5G 情境中,大量的实体产品和服务适应性创新被技术应用激发出来。因此,在数字化技术与实体经济和服务深度融合领域,会不断涌现多种形式与水平并存的实体产品适应性创新场景。

本方向研究的典型科学问题有以下几项:人的有限理性与大数据或人工智能理性的互补与替代结构及其影响、数据驱动的产品适应性创新水平与测度方法、大数据平台驱动的组织复杂适应系统创新、实体经济与 5G 网络和边缘计算技术创新融合的社会网络、工业互联网驱动的实体经济产业联盟多主体协同创新等。

3）研究方向三：信息技术和实体经济深度融合的技术效率模型研究

"两化"是信息化与工业化二者的技术性效率或趋同，新一代信息技术和实体经济深度融合是合二为一下二者的技术效率或趋同。同时，"两化"融合主要是信息化与工业化二者因彼此变化而变化，新一代信息技术和实体经济深度融合二者既因彼此变化而变化，也都因消费者或用户变化而变化。构建信息技术和实体经济深度融合的技术效率模型，需要体现融合的技术效率本质，也需要将技术效率的经济概念与两条融合路径的理论框架相衔接。

本方向研究的典型科学问题有以下几项：信息技术技能偏向型技术进步模型、刻画信息技术系统特征与实体经济系统特征的测量量表和方法、信息技术和实体经济深度融合的非参数随机前沿模型、技术效率视角的信息技术和实体经济嵌合体模型理论与方法、信息技术和实体经济深度融合的内生经济增长模型等。

4）研究方向四：实体经济数字化对行业发展的驱动作用

实体经济数字化将呈现出多种方式、多层次水平的产品与服务的适应性创新。在数据驱动的技术范式下，数字化技术创新催生了新的产业战略场景，加速形成战略性新兴产业，如适应性计算革命形成边缘计算等新兴产业。同时，5G网络等条件下形成的数字化适应性创新和实体经济深度融合，不仅推进信息技术和实体经济的深度融合，而且形成实体经济的适应性创新产业，对行业发展产生驱动作用。

本方向研究的典型科学问题有以下几项：实体经济数字化与平台化的分层模块化结构及其对产业集中度与分散化的影响、产业适应性创新影响产业竞争与合作的市场结构、数字经济产业体系促进产业转型升级的实现路径、行业数字化的内生经济增长机制、实体经济数字化的产业政策等。

5）研究方向五：实体经济数字化下优化决策及其实现路径研究

实体经济数字化既具有网络经济和数字经济特征，又具有工业经济的规模经济和范围经济特征。在网络外部性和正反馈的影响下，实体经济数字化下的适应性创新活动会表现为典型的数字产品"S"形创新曲线特征。因此，实体经济数字化下优化决策及其实现路径研究受以下四个关键因素的影响：一是大数据资源规模与决策时间，二是人工智能的智能水平，三是决策从业人员的知识与学习能力，四是上述三者之间的协同水平。

本方向研究的典型科学问题有以下几项：实体经济数据资源属性变化程度的优化决策、实体经济大数据资源最优规模与决策时点的优化决策、实体经济中高频流数据的优化决策及其实现路径、实体经济运营管理中的人工智能与人协同优化及其实现路径、实体经济数字化拐点优化决策与其实现方式等。

领域 19　复杂环境下的大规模随机系统建模、仿真与优化管理

第一部分　选题背景与意义

无论是智能制造，还是智慧交通；无论是信息医疗，还是科技物流，我国在诸多行业和领域都面临着从粗放式走向精细化、从低技术走向高科技、从简单操作走向复杂协同的普遍需求。此过程中产生了诸多大型复杂随机系统，如华为的整合供应链系统，菜鸟、京东的物流平台系统，长三角一体化发展中的医疗共享系统，粤港澳大湾区中的城际交通系统，等等。如何对这些复杂系统进行合理有效的建模与优化管理是提升系统效率、增强企业竞争力的重要手段，也是管理科学领域的重要研究问题。

与传统的随机系统相比，复杂环境下的大规模随机系统呈现诸多新特征，如涉及多方主体，其目标不统一甚至不明确，运作环境的动态变化，等等。这些特征给建模过程带来了新的要求，如系统中各主体对自有数据信息的保护（不愿共享），使系统建模由中心化转变为非中心化；系统内各主体诉求的不同及主导方目标的动态性（内因）和外部环境的变化（外因）会导致系统建模由统一目标变为动态多目标。复杂随机系统优化建模通常面临的问题有以下几项：①目标函数无解

析形式，且可能为多目标；②目标函数及约束条件结构性质不清晰；③系统性能随机性高且精度要求随目标不同而变化。结合不同实际问题的特性和需求，通过多种建模优化理论和技术的综合应用，把黑箱（black-box）问题变为灰箱（grey-box）问题，是研究大规模复杂随机系统建模、仿真与优化管理的重要科学问题。具体来讲，本本领域研究着重从随机仿真建模（stochastic simulation modeling）、仿真分析（simulation analytics）及动态仿真优化（dynamic simulation optimization）等三方面展开探讨。

我国企业发展、经济转型催生了众多复杂系统，保证其高效运行对复杂随机仿真系统的建立提出了实际需求。小到企业层面的系统整合，大到数字孪生平台建设，都需要仿真系统提供决策支持。一方面，现有的随机仿真建模方法和仿真软件并不能完全适用于解决上述大规模复杂系统的需求；另一方面，大多数商业软件来自国外公司，如美国的 Arena、FlexSim、Simio，俄罗斯的 AnyLogic，英国的 Witness，德国的 Enterprise Dynamics，等等。党的十八大以来，习近平多次强调，"关键核心技术是要不来、买不来、讨不来的"[①]。《国务院关于深化"互联网+先进制造业"发展工业互联网的指导意见》也提出，"推进标准内容试验验证、试验验证环境建设、仿真与测试工具开发和推广"[②]。因此，针对复杂随机系统的实际应用需求，建立一套新的随机建模仿真与优化理论，并设计快速高效的核心算法，是亟须解决的理论工作，可为我国企业提升核心竞争力和未来自主开发仿真软件提供基础。

第二部分 国内外研究现状与发展态势

随机仿真领域的重点研究工作一直是由美国和欧洲学者主导的，相关研究已经广泛应用到制造系统、通信服务系统和金融系统中。美国西

---

① 科技创新应"计之深远". http://opinion.people.com.cn/n1/2021/1130/c1003-32294922. html[2021-11-30].
② 国务院关于深化"互联网+先进制造业"发展工业互联网的指导意见. http://www.gov. cn/zhengce/content/2017-11/27/content_5242582.htm[2017-11-27].

北大学的巴瑞·尼尔森（Barry Nelson）教授 2016 年在 *Journal of Simulation* 发表的"Some tactical problems in digital simulation' for the next 10 years"一文中，回顾了从美国康奈尔大学的理查德·康威（Richard W. Conway）教授 1963 年在 *Management Science* 发表"Some tactical problems in digital simulation"到 2016 年随机仿真领域的一些重要发展，着重指出其后 10 年的发展方向，包括仿真分析、并行仿真、仿真决策支持等理论方法和仿真技术（Nelson，2016）。美国马里兰大学的迈克尔·福（Michael C. Fu）教授和康奈尔大学的沙恩·亨德森（Shane G. Henderson）教授在 2017 年 Winter Simulation Conference 成立 50 周年之际回顾了随机仿真优化领域的诸多理论成果及软件算法开发成果（Fu and Henderson，2017）。我们通过统计 2011～2020 年在 *Operations Research* 和 *INFORMS Journal on Computing* 中的仿真领域，以及 *Management Science* 中的随机建模和仿真领域的论文，发现随机仿真的论文发表整体稳定呈缓慢上升趋势，且主要集中在仿真优化理论工作。

基于离散事件系统仿真（discrete event system simulation）的随机仿真建模已有很多集大成的工作，包括 Nelson（2013）、Kelton 等（2014）及 Law（2015）等的著作，但离散事件系统仿真可能并不适用于复杂系统中过于细节的建模方式。另外，复杂系统中问题的求解规模巨大，而现有文献中的很多仿真优化方法（Fu，2015），大多数都是面向单机的算法，处理现实中的大规模问题的效率还有待研究。计算能力的不断提升使学者开始关注用云计算等并行计算来提高效率，如 Luo 等（2015）和 Ni 等（2017）讨论了如何利用并行计算来解决有限大规模择优问题。此外，随机仿真优化在医疗、库存管理及物理化学领域得到应用，如 Alvarado 等（2016）、Zhang 等（2014）和 Jalving 等（2019）的著作。结合大数据与仿真分析的研究也初露头角，如 Jiang 等（2019）和 Lin 等（2019）的著作。在工业系统、供应链系统、能源经济系统等复杂随机系统建模方面，国内学者也有诸多研究，如柴天佑等（2013）、张涛等（2003）和魏一鸣等（2005）的著作。

总体来说，现有随机仿真建模与优化的研究主要集中在有限规模问题,并且大多数是针对单机运算环境的静态优化算法。结合大数据仿真分析、利用并行计算及在线学习方法等对大规模复杂随机系统进行多精度仿真建模和动态优化的研究还有待进一步开展。

第三部分　中国发展基础与优势

近年来,我国不管是高端智能的制造系统,还是信息共享的医疗系统,抑或是互联网背景下的通信服务系统,伴随而来的复杂系统的设计、优化运营等问题都为随机仿真优化的发展提出了实际的需求,并提供了丰富的土壤。事实上,随着我国科技的高速发展,互联网、物联网技术的普及,大数据分析和高性能计算技术为解决复杂随机系统的建模仿真优化工作提供了数据与技术支持。

在研究基础方面,中国学者在随机仿真领域有着深厚的理论工作积累。在 *Management Science*、*Operations Research* 和 *INFORMS Journal on Computing* 等 2011~2020 年的论文中,1/6 甚至 1/3 的研究工作有中国学术单位的学者参与。在国际期刊任职方面,以复旦大学洪流教授为代表的学者(其担任 *Operations Research* 仿真领域主编和 *Management Science* 随机建模和仿真领域副编委等工作),体现了中国学者在相关领域的学术地位。国内一批青年学者围绕上述研究问题做出了一系列研究积累。例如,基于高斯混合模型的随机搜索方法(Sun et al., 2018),考虑各种方差缩减技术的大规模择优问题(Tsai et al., 2017;Tsai et al., 2022),从随机控制角度对仿真优化问题的建模(Peng et al., 2018),等等。

综上所述,我国学者坚厚的研究基础,结合新经济形态带来的广泛实际应用需求,以及互联网云计算等科技支持,使国内学者有机会做出满足国家重大需求、引领国际随机建模与仿真领域发展的重大研究工作。

第四部分　主要研究方向

1)研究方向一:大规模复杂随机系统仿真建模理论与方法
由于复杂随机系统中涉及不同主体,主体间可能有先后层级等各种组织关系。多主体间的信息交互频率、及时性和体量通常不同，各主体的目标需求也不尽相同，甚至会动态变化。这些不同点及不确定性要求仿真建模的过程要充分考虑模型的可展示性、可扩展性、可解释性及运行效率。

本方向研究的典型科学问题有以下几项：大规模复杂随机系统的特征分析、拓扑结构分析及逻辑事件流分析，基于数字孪生技术的多主体模块化仿真建模方法，多精度（multi-fidelity）和多目标（multi-objective）要求下的动态仿真建模理论与方法，与随机网络图和排队网络模型相结合的灰箱仿真建模理论与方法。

2）研究方向二：基于现实大数据和仿真大数据的随机仿真建模方法

现实应用中，传感器和信息系统的普及使系统数据采集更为便捷，但可能存在冗余或关键数据缺失等情形。这些数据产生在复杂网络系统中的不同节点。同时，仿真系统的运行过程中将产生大量仿真过程数据。如何整合实时现实大数据和仿真大数据，对随机系统的仿真建模进行有效的改进，成为亟待解决的问题。

本方向研究的典型科学问题有以下几项：考虑现实大数据和仿真大数据的输入型和输出型建模（input and output modeling），考虑随机克里金（stochastic kriging）等元模型（meta model）的仿真建模方法，考虑随机网络结构中稀有事件仿真（rare event simulation）的建模方法，考虑随机网络结构中的梯度估计（gradient estimation）和敏感度分析（sensitivity analysis）。

3）研究方向三：基于并行计算的大规模仿真优化问题的理论与算法研究

现有文献中大量的仿真优化方法都是针对单机串行的环境而设计的算法。在云计算等大规模存储与计算资源极大丰富的今天，在对随机系统的仿真建模的同时，如何考虑对其进行优化，为决策管理提供科学依据尤为重要。然后，简单移植现有算法到并行计算的框架下，不仅可能达不到理想的并行效率，甚至会带来原有算法的理论性质的丢失。

本方向研究的典型科学问题有以下几项：考虑有中心节点的

Master-Worker 并行框架下的仿真优化问题，考虑无中心节点的一般并行框架下的仿真优化问题，考虑有计算节点丢失或者存算资源变化的并行计算环境下的仿真优化方法，考虑一般并行计算环境下的多精度、多目标仿真优化问题。

4）研究方向四：线下仿真建模与线上学习的实时联合仿真优化决策问题

由于传统仿真系统的耗时性，以及和现实系统的耦合性不高，随机仿真系统一般只作为线下（offline）辅助决策的手段和工具。在云计算等大规模并行计算环境下，随机仿真系统除了作为线下决策的工具，也可及时处理线上实时系统的信息，让线下线上一体化决策管理成为可能。然而，网络随机系统的复杂性和数据的高维特征，给线下仿真模型和线上实时决策带来了诸多挑战。

本方向研究的典型科学问题有以下几项：结合真实系统中实时数据输入的动态仿真优化建模方法、基于系统输出反馈的输入参数的在线学习方法和逼近优化算法、考虑数据降维和模型降维的动态仿真优化方法、考虑随机网络系统结构中带有协变量的个性化决策优化问题。

5）研究方向五：随机仿真建模与特定随机系统理论分析相结合的研究

现实中，不同的随机服务系统有着规模大、多主体、复杂动态等共性，但具体系统通常有自身特性。例如，以快速响应的应急物流系统和以提升效率的共享物流系统有不同的目标导向，以政府为主导的医联体系统和以市场为主导的共享医疗系统的运作方式也不尽相同。以 5G 服务系统为例，结合其特定随机系统的研究也是值得开展的。

本方向研究的典型科学问题有以下几项：考虑 5G 专有带宽和普通共享带宽分配定价规则的随机系统建模研究、考虑云存储和边缘计算环境下的 5G 网络基站布局的仿真建模优化研究、对带有新型虚拟现实（virtual reality，VR）服务的新型客服系统的仿真建模优化研究、在用户可共享私有存算资源和带宽下的 5G 网络运营优化管理问题。

领域 20　复杂经济系统的计算建模研究

第一部分　选题背景与意义

　　经济系统是一个不确定性、非线性与动态的复杂系统。进入大数据时代,数据信息面临多源化、高频化、多维化等复杂环境,这既为经济系统的理论认知和实践决策提供了新机遇,也进一步加剧了经济系统的复杂性。当前,世界政治、经济形势依然动荡不安,一系列"黑天鹅"事件在全球化背景下极易转化为世界性的政治经济危机。而我国正处于产业结构转型升级的关键阶段,在外部环境不断变化下,一系列"灰犀牛"事件有可能在经济发展放缓的情况下转化为不同程度的系统性经济风险。所以,在这个全球经济网络中,宏观与微观、全局与局部、常规与突发等多方面数据信息驱动了复杂经济系统的演变和反馈。

　　对于复杂系统,现有理论模型和数学方法不能充分刻画复杂系统结构与功能机理之间的关系,而大数据技术的出现为复杂系统建模提供了新的手段。如何利用大数据方法寻找复杂系统的核心变量、刻画复杂系统演变机理和关联关系,成了复杂经济系统研究成败的关键。然而,新的数据形式、新的多元变量耦合关系、新的数据分析理论与方法等都给复杂经济系统的计算建模带来重大挑战。因此,研究复杂经济系统的复杂性来源、特征、理论机制和计算模型,既能为经济管理学科提供新理论和新技术,也能为我国经济平稳高效发展提供决策支持。

　　针对当前经济发展的新形势和新需求,开展复杂经济系统计算建模研究,寻求多种科学有效的分析理论及框架,实现对非线性、多重反馈与路径依赖的复杂经济系统演变建模,挖掘出影响经济系统运行的关键因素和关键变量,模拟各种经济变量交互影响的宏观模型,从而找出复杂经济系统的运行规律,对判断我国经济形势及定调宏观经济政策等方面,具有重要的理论意义和实践价值。

第二部分　国内外研究现状与发展态势

　　复杂经济系统研究已成为当前学术研究的热点，1999 年布莱恩·亚瑟（W. Brian Arthur）首次在 Science 上发表 "Complexity and the economy"（Arthur，1999），开启了各国学者从产业、贸易、投资、金融等多角度研究复杂经济系统的热潮。随着大数据、新一代通信、物联网等新技术的发展和应用，出现了诸如数字经济、网络经济、空间计量经济等新的经济形态与建模手段，这些已经引起政府管理部门和学术界的广泛兴趣。

　　复杂经济系统是一个动态反馈系统，整个系统也存在异质性、时变性与不确定性等特征。同时，混沌与分形、自组织与协同、博弈论、复杂自适应系统等新理论广泛用于分析经济的动态复杂性机理，从宏观经济结构与微观经济状态的不同角度建构复杂经济系统的分析框架，分析国际贸易、货币通胀、国际金融等与国内经济增长、产业结构优化等之间的关联。通过分析复杂系统的组成、结构和外部环境及其复杂相互作用关系，建立复杂经济系统的反馈模型。

　　2015～2019 年，在 Google Scholar 网站以 "economic modeling" 为关键词，搜索到 783 000 条信息（不含专利和引用数据），研究包括经济时序分析、特性挖掘、不确定性分析、经济因果关系的识别、高维工具变量估计、区间数据建模、高频宏观经济学、时变模型预测、混频数据建模、空间数据关联等。同时，数据驱动的研究范式已经成为复杂经济系统计算建模的主要手段。当前，中国已成为全球数字经济的引领者之一，具有丰富的经济数据资源，有望在复杂经济系统的计算建模方面取得开创性突破。

第三部分　中国发展基础与优势

　　"十三五"规划纲要提出实施国家大数据战略，把大数据作为基础性战略资源，全面实施促进大数据发展行动，加快推动数据资源共享开放和开发应用，助力产业转型升级和社会治理创新[①]。该纲要的实施将

----

① 中华人民共和国国民经济和社会发展第十三个五年规划纲要. http://www.12371.cn/special/sswgh/wen/[2016-03-17].

使各行各业产生大量的数据资源，同时也为复杂经济系统计算建模研究提供强有力的数据支撑。

从学术研究的角度看，复杂经济系统计算建模研究得到了中国学者的高度重视和积极关注，并取得了大量重要的学术研究成果。在中国学术期刊网以"经济系统建模"为主题词搜索 2015～2019 年的学术论文，其中被 CSCD 和 CSSCI 数据库收录的中国学者公开发表中文学术论文约有 612 篇。在 WoS 数据库以"economic system modeling"为主题词、以"China"为地址对 2015～2019 年的学术文献进行检索发现，中国学术机构发表的学术论文约有 5677 篇（未包含港澳台地区数据），而以同样检索条件查询美国学术机构发表的该领域学术论文，仅有 4144 篇。中国科学院预测科学研究中心每年举办中国经济预测发布与高端论坛，包括 GDP、固定资产投资、消费价格指数（consumer price index，CPI）、原油期货、粮棉产量等重要经济指标，全面解读中国经济内外部指标未来发展和潜在的经济风险。这些成果表明在 2015～2019 年，经济系统建模是中国学者的研究热点问题之一，且学术成果位居世界前列，这为复杂经济系统计算建模的研究提供了重要基础。

第四部分　主要研究方向

1）研究方向一：复杂经济系统数据特征表示理论与方法

复杂经济系统的数据特征，除了传统的周期性、趋势性和季节性以外，还更多地表现出非线性、非稳态、时变性、多源性和突变性等特点。同时，大数据环境下复杂经济系统数据在形式上还呈现出点数据、区间数据、多维数据、符号数据、振荡数据等多样化形式。因此，如何将复杂经济系统数据从多样化形式转化到统一表征框架并从大数据中挖掘显著特征和精准表示，是本研究方向要解决的重要科学问题。

本方向研究的典型科学问题有以下几项：复杂性特征及标度方法、数据多尺度分析理论及方法、数据模态解析理论及方法、高维数据降维理论及方法、时频特征提取理论及方法、数据结构转换理论及方法、相空间重构理论及方法、多源数据集成方法等。

2）研究方向二：基于特征机理的复杂经济系统计算建模

复杂经济系统的数据不仅具有数据海量化与信息有效性差等特征，还受到多维变量复杂性的影响（影响因素构成复杂、变量耦合关系复杂、变量更新频率不同步），其自身特征的矛盾性与外生变量的复杂性，导致难以运用传统数理统计方法或计量经济模型进行分析，这给复杂经济系统计算建模提出了新的挑战。同时，复杂经济系统除了具有整体性、相关性、目的性和环境适应性等特征之外，还体现为环境复杂、结构复杂、关系复杂和行为复杂，受诸多外在因素的多重因果反馈影响，复杂经济系统发生动态作用而显示出非线性时变特征。此外，经济系统具有独特的理论支撑和发展规律，如开放经济理论研究、开放经济条件下国民收入的决定，以及对外贸易、汇率、资本流动等对一国经济影响和各国经济之间的联系；通过总需求–总供给模型对劳动市场现状的分析及对通货膨胀等现实问题的分析等。所以，如何利用经济学相关理论和软计算相关技术在处理非均匀性、非线性和不确定性等方面的能力，增加经济学解释性能力，实现复杂经济系统的特征机理建模，是本研究方向要解决的重要科学问题。

本方向研究的典型科学问题有以下几项：信息熵理论及方法、混沌理论及方法、数据融合理论及方法、分形理论及方法、关联分析理论及方法、不确定性理论及方法、模型筛选方法、进化博弈理论及遗传算法、经济学理论及分析方法（消费函数理论、投资理论、就业均衡理论等）、软计算方法、非均衡经济系统理论及控制方法、数据缓冲与特征信息挖掘技术、数据驱动融合建模技术、集成学习技术等。

3）研究方向三：基于计算建模的复杂经济系统演化分析

复杂经济系统是由具有主动适应周围环境变化的微观经济主体构成的。这些经济主体掌握的信息和资源数量、个体理性、个体决策过程及时间维度的差异，造成其在复杂经济系统中具有不同的地位和作用。这种复杂系统的演变分析范式不仅适用于稳定系统，也适用于不稳定系统（政治、公共卫生、经济等突发事件引起的经济系统突变）。因此，研究复杂经济系统的演变，需要通过建立复杂经济系统微观经济主体模型，在此基础上通过构造多主体的通信、多主体模型中微观经济主体的社会化模型和学习模型,从而建立基于计算建模的复杂经济系统演化的多主体模型,实现复杂经济系统演变规律与演化趋势的建模。

本方向研究的典型科学问题有以下几项:复杂自适应系统理论、多主体建模理论、经济系统关联理论、复杂经济系统演化模型、微观经济主体的规则挖掘及贡献权重评测算法、系统动力学模型的改进与优化、粗糙推理框架与方法等。

4)研究方向四:典型复杂经济系统的计算建模应用

中国区域经济发展战略正在渐次铺开。近几年,中央提出了京津冀协同发展、粤港澳大湾区建设、长三角一体化发展、成渝城市群协同发展等战略,党的十九大报告进一步确定了实施区域协调发展战略,建立更加有效的区域协调发展新机制①,这说明我国未来将更重视城市群协同发展及中心城市引领作用。不同的区域经济发展形成了不同的经济特色和演变系统,所以项目以城市群经济系统为对象进行应用研究,以验证上述理论、方法与技术的合理性与有效性,并根据结果完善上述理论与方法成果。

本方向研究的典型科学问题有以下几项:城市群经济系统分析、城市群经济协同理论与模型、城市群经济与产业群耦合发展模式、典型城市群经济系统、演化规律与发展趋势分析、多源数据集成理论、数据信息修复技术、缓冲算子作用理论与方法、系统自组织理论、城市群经济创新发展机理分析等。

领域21 基于智能服务机器人的新型智慧商业模式

第一部分 选题背景与意义

智能服务机器人是指在非结构环境下为人类提供现场服务的、由多

---

① 习近平:决胜全面建成小康社会 夺取新时代中国特色社会主义伟大胜利——在中国共产党第十九次全国代表大会上的报告. http://www.xinhuanet.com//politics/19cpcnc/2017-10/27/c_1121867529.htm[2017-10-27].

种软硬件技术集成的智能化装备，是国家高科技实力和发展水平的重要标志，受到了国家的高度重视。近年来，一批重点重大项目先后立项，推动了智能服务机器人技术的日益成熟。例如，科学技术部启动了国家重点研发计划"智能机器人"重点专项，其中，智能服务机器人为重要方向之一；国家自然科学基金委员会围绕大数据、人工智能、智能机器人等领域也资助了一批重点、重大研究计划项目。随着技术的日益成熟，智能服务机器人在企业的产品销售、客户服务等经营活动中得到了越来越广泛的应用，催生了基于智能服务机器人的新型智慧商业模式。但目前，智能服务机器人在酒店、银行、商场等线下场所主要起着迎宾、业务向导等浅层次作用，在优化客户服务质量、提升企业运营效率等方面的作用还没有得到充分体现，智能服务机器人在商业模式创新中的价值有待进一步挖掘。

要解决以上问题，需要将智能服务机器人集成到企业业务流程之中，建立由"社会人+机器人"构成的新的人机混合组织形态，从智能服务机器人对客户的理解，到整个新型智慧商业模式下的人机协同、运营优化，以及企业的组织与流程变革等开展系统的研究，实现新型智慧商业模式的全局优化。例如，如何利用机器人与消费者互动的痕迹数据，预测消费者的个性化需求；如何实现社会人-机器人间的有效协同，解决社会人的满意决策与机器人的最优决策的分歧所引发的服务决策困境；如何设计前端服务驱动的企业运营优化策略，从而选择更加高效的后端运营模式；如何变革现有的组织结构和业务流程，构建适应于智能服务机器人融入组织后的组织形态，成为实现基于智能服务机器人的新型智慧商业模式价值变现的重要问题（Rahwan et al.，2019；Billard and Kragic，2019）。

《"十三五"国家战略性新兴产业发展规划》^①指出："培育人工智能产业生态，促进人工智能在经济社会重点领域推广应用，打造国际领先的技术体系。"然而，目前针对人工智能技术与实体经济融合过程中所产生的企业组织流程及变革、运营模式选择及优化、个性化营销决策和

---

① 国务院关于印发"十三五"国家战略性新兴产业发展规划的通知. http://www.gov.cn/zhengce/content/2016-12/19/content_5150090.htm[2016-12-19].

人机协同管理等问题的相关研究和理论支撑仍显不足。开展本领域的研究，对进一步落实国家相关政策、促进我国国民经济转型升级具有重要意义。

第二部分　国内外研究现状与发展态势

基于智能服务机器人的新型智慧商业模式已经成为全球智慧商务领域中的热点，并且已引起学术界广泛的研究兴趣。伊亚德·拉万（Iyad Rahwan）教授在 2019 年发表于 *Nature* 上的文章认为，人工智能驱动的智能机器人正在不断地改变我们的社会、文化及经济，跨学科研究智能机器人的行为对更好地发掘其潜能和趋利避害具有重要意义；瑞士科学院院士奥德·布拉德（Aude Billard）在 2019 年发表于 *Science* 上的文章认为，实现智能机器人与人类稳健灵活的协同交互是接下来面临的主要挑战之一；国际管理类期刊 *Organization Science* 于 2019 年征集专题文章，讨论包括智能机器人在内的新兴技术对企业组织产生的影响（Bailey et al.，2019）。

目前，国际上该领域的研究进展也刚刚起步，但已经形成了一些有价值的成果。例如，在个性化营销决策方面，Davenport 等（2020）认为人工智能技术的应用会改变消费者行为及企业的营销策略，Luo 等（2019）发现披露智能服务机器人身份对客户决策产生影响，Mende 等（2019）则发现智能服务机器人会给消费者带来不适，从而引发补偿消费；在组织管理方面，Barrett 等（2012）指出机器人服务会重组组织边界，Brougham 和 Haar（2018）则关注于社会人对机器人的替代感；在人机协同方面，Wirtz 等（2018）指出人类员工应该与智能机器人协作提供社会情感和认知分析服务；在企业运营优化方面，Azadeh 等（2019）认为智能服务机器人系统可以提高企业仓储系统的运行效率，智能服务机器人系统将会成为下一代仓储系统中的重要设施。

总体上看，2015～2019 年关于基于智能服务机器人的新型智慧商业模式研究在 *Nature* 和 *Science* 上有 4 篇相关文献发表，2016 年 *Science* 子刊 *Robotics* 创立，截至 2019 年底，该子刊共发表相关论文 19 篇；同期，*Management Science*、*Marketing Science*、*Management Information*

Systems Quarterly、*Operations Research* 等管理类顶级期刊发表相关论文 24 篇。在 WoS 数据库以"intelligent robot"为主题检索发现，2010 年以来发表在学术期刊上的论文有 5450 篇，其中商务管理主题的期刊论文 488 篇。

第三部分　中国发展基础与优势

　　机器人技术和支持智能服务机器人发展的人工智能技术已经成为国家战略的重要组成部分，在我国有着良好的发展基础。根据国际机器人联合会（International Federation of Robotics，IFR）、中国电子学会统计数据，2019 年我国服务机器人市场规模同比增长约 33.1%，约占全球市场的 23%。2019 年 4 月，中国信息通信研究院数据研究中心发布的《全球人工智能产业数据报告》显示，截至 2019 年 3 月，全球活跃的人工智能企业共 5386 家，中国拥有 1189 家，排名第二；全球人工智能独角兽企业共 41 家，中国拥有 17 家[①]。人工智能及智能服务机器人的快速发展为我国学者在基于智能服务机器人的新型智慧商业模式研究领域提供了领先世界的研究机会。

　　从学术研究的角度来看，基于智能服务机器人的新型智慧商业模式相关研究也逐渐得到中国学者的重视，取得了一些探索性研究成果。例如，方正和屈锗与美国罗学明教授合作研究了智能服务机器人身份披露问题（Luo et al.，2019），郭凯明（2019）与徐鹏和徐向艺（2020）研究了人工智能的发展对产业结构转型升级、要素收入分配格局及企业管理变革的影响。在中国知网上以"智能机器人"为主题词搜索发现，2010 年以来被 CSCD 和 CSSCI 数据库收录的公开发表中文学术论文有 559 篇，其中商务管理主题的期刊论文 26 篇；在 WoS 数据库以"intelligent robot"为主题检索发现，2010 年以来中国学术机构发表在国际学术期刊上的论文共有 1826 篇（未包含港澳台地区数据），其中商务管理主题的期刊论文 116 篇，排在同期全球各个国家和地区同类论文数量的第一位。

---

　　① 全球人工智能产业数据报告. http://www.caict.ac.cn/kxyj/qwfb/qwsj/201905/P0201905235 42892859794.pdf[2022-10-27].

第四部分　主要研究方向

1）研究方向一：新型智慧商业模式下的个性化需求预测方法

在新型智慧商业模式下，消费者可以通过多种感官与产品、情境进行深度交互，产生了大量能够反映消费者语言、动作、情绪、购买等的多模态痕迹数据。挖掘多模态痕迹数据，理解新型智慧商业模式下的消费行为机制，准确预测甚至创造消费者的个性化需求面临新的挑战。

本方向研究的典型科学问题有以下几项：①智能交互对消费者偏好及行为的影响机理。例如，智能服务机器人的介入模式对消费者偏好的影响，基于智能服务机器人的需求创造机制等。②多模态痕迹数据的融合处理方法。例如，多模态动作和情绪分析方法，基于语义分析的购买意图识别方法等。③基于多模态数据融合的个性化需求预测。例如，融合机器感知内容的消费者需求预测，多机器信息协同的消费者需求预测等。

2）研究方向二：新型智慧商业模式下的人机协同决策模式

在新型智慧商业模式中，以机器人为代表的智能化系统具有强大的计算分析能力，而人类智能具有天生的知识驱动能力和应对不确定性的感知判断能力。因此，在人机互动与协同决策中，如何定义机器人和社会人的参与模式及参与任务，如何平衡和综合机器智能分析结果与人的认知判断面临着极大的挑战。

本方向研究的典型科学问题有以下几项：①新型智慧商业模式下的人机协同知识建模与管理。例如，知识抽取与评价方法、知识表示的模板库构建策略、知识动态生成与融合方法等。②新型智慧商业模式下的人机协同策略。例如，多模态（通道）人机交互、反馈和迭代策略、满意决策与最优决策的分歧消解等。③新型智慧商业模式下的人机协同系统控制技术。例如，多源信息融合技术、智能决策与规划及控制执行技术等。

3）研究方向三：新型智慧商业模式下的运营优化及模式选择

在新型智慧商业模式下，新的前端服务场景和决策模式对企业后端运营的支撑能力提出了更高的要求。消费者需求动态变化、前端服务与后端运营信息的分散、不对称等问题，使得新型智慧商业模式下运营优化及模式选择面临多种挑战。

本方向研究的典型科学问题有以下几项：①前端服务需求驱动的运营优化及模式选择。例如，智能仓储优化算法、最优配送调度方法、智能渠道运营与模式设计等。②后端运营信息驱动的运营优化与模式选择。例如，考虑库存约束的最优替代品搜寻方法、智能动态定价方法、服务模式选择与评估等。③前端服务与后端运营协同的运营优化和模式选择。例如，营销与库存的协同优化方法。

4）研究方向四：智能服务机器人驱动的企业组织与流程变革

在新型智慧商业模式下，智能服务机器人融入组织后形成的"社会人+机器人"组织形态，迫使企业进行组织变革和业务流程再造，保障服务和运营的持续优化。机器人与社会人特质的显著差异，给组织的管理对象、管理属性、管理决策等方面带来冲击，给企业组织与流程变革带来挑战。

本方向研究的典型科学问题有以下几项：①智能服务机器人驱动的企业组织结构创新。例如，智能服务机器人对组织宽度、组织边界、管理层级、职能分工、运维体系及组织间协同的影响等。②智能服务机器人对组织流程再造的影响。例如，组织流程的涉及要素、组织流程的规范、实施、诊断及评估等。③智能服务机器人驱动的组织流程集成方法与优化。例如，核心流程的界定方法、复杂变化环境下的流程集成方法与优化。

领域 22　区块链驱动的互联综合能源系统交易决策研究

第一部分　选题背景与意义

区块链起源于比特币，独特的技术设计使其具有分布式、高冗余存储、时序数据不可篡改及伪造、去中心化信用、自动执行、安全和隐私保护等显著特点。2019 年 10 月 24 日，习近平在主持中共中央政治局集体学习时强调："要把区块链作为核心技术自主创新的重要突破口。"[①]区块链技术不仅成功应用于数字货币领域，同时正在能源电力领域进行移植和改造，具有广泛的应用前景。从 2020 年开始，我国能源生产和消费总量已居世界首位，成为可再生能源第一大国。为减少弃风、弃光，提高分布式能源调节的灵活性，互联综合能源系统（"互联网+"智慧能源）应运而生。兼具电能生产和消费双重特性的综合能源供应商作为一种新兴的市场主体参与竞争，自主选择交易对象。日益增多的自主决策和多方交易无法通过传统的电网公司进行，需要一种去中心化的新型交易方式和信息平台予以支撑。

为解决以上问题，需要引入一种既遵循网络固有物理属性，又能满足交易经济属性、自主选择交易对象的能量交易机制。分布式能源具有地域分散、数目庞大、多种能源生产和消费同时存在等特点，集中式交易系统难以满足灵活接入、实时结算、去中心化的要求。如何解决互联综合能源系统内部系统及各可再生能源之间的协调优化运行，构建灵活易用、智能高效、安全隐私的交易信息系统是支撑综合能源服务的必要条件。作为计算机学科的新兴技术，区块链在分布决策、协同自治、可信交易等方面与综合能源系统需求有着天然匹配性。为此，应兼顾电能交易的经济属性和固有的网络物理约束，开展区块链驱动的互联综合能源系统交易决策，实现多能协同、供需分散、交易开放和信息共享的功能需求，为新一代信息技术与智慧能源管理的融合创新提供新方法，为互联综合能源系统的去中心化、自主决策、分布式交易提供新途径。

发展清洁能源产业，推进能源生产和消费革命，构建清洁低碳、安全高效的能源体系，是党的十九大报告对未来能源发展方向的定位。以互联综合能源系统为核心的用户侧参与市场交易成为中国电力工业改革的重中之重，截止到 2020 年 10 月已注册的售电公司达万家，市场潜力高达 0.8 万亿～1.2 万亿元。区块链技术被视为国内外能源服务商公平

---

① 习近平：把区块链作为核心技术自主创新重要突破口 加快推动区块链技术和产业创新发展. https://m.gmw.cn/baijia/2019-10/26/33266458.html[2019-10-26].

参与交易、提升服务品质的重要手段。国内外能源服务商正在推动能源交易金融结算、安全认证的区块链平台建设，并着力将区块链技术应用到能源物理系统中。为此，突破区块链驱动的互联综合能源系统交易决策方法瓶颈，是实现"十四五"期间能源改革和信息产业规划目标的重要途径之一，对促进能源绿色转型升级，实现能源、经济、环境和社会协调发展具有重要的实际应用价值。

第二部分　国内外研究现状与发展态势

区块链技术的快速发展得到了中国、欧盟国家、美国等几乎全世界所有国家的关注、认同，并制定了相应政策支持其研究、开发、应用。2017年底 Nature 推出了区块链研究议程（Extance，2017），从比特币、环境科学、食品安全等方面讨论区块链处理和应用专题（Heaven，2019；Howson，2019；Ahmed and ten Broek，2017）。国内外能源企业正积极开展区块链试验项目。美国 LO3 Energy 与 Consensus Systems 合作设计了基于区块链技术的分布式光伏售电平台，首次将以太坊区块链技术用于能源交易。欧盟资助的 Scanergy-Project 正研究以区块链去中心化方式，实现点对点交易的高效率和高收益。德国电力公司莱茵集团与 Slock.it 合作研发了基于区块链智能合约的电动汽车充电站管理系统。中国国家电网和南方电网正投资建设光伏补贴、填谷需求响应、停电保险、电子发票的区块链平台，并逐步建设"互联网+智慧能源"综合能源服务示范工程。

区块链技术在电能交易工程进行实践应用的同时，相关的理论研究主要集中在金融领域外延的能源市场交易结算方面。利用区块链技术，实现车辆之间的点对点电力交易，搭建去中心化的匿名能源交易系统，解决需求响应的智能采集和结算。2018～2020年，基于区块链技术的分布式能源研究被国际学者所重视，Nature 子刊发表相关论文 3 篇（Morstyn et al.，2018；Krause and Tolaymat，2018；Thomas et al.，2019）。以"blockchain"+"energy"为关键词，Management Science 等 INFORMS 数据库发表相关论文 12 篇，IEEE Transactions 数据库发表相关论文 86 篇（Wang et al.，2019a；Li et al.，2018）。

现有能源区块链研究尚处于概念说明与定性分析阶段，较少探索区块链技术面对电力系统运行的实际物理问题,更没有涉及系统中各类市场主体的博弈决策、网络约束、安全校核的机制和方法。区块链技术应用于综合能源交易的研究才刚刚起步,开展区块链驱动的互联综合能源系统交易决策具有重要的理论意义。

第三部分　中国发展基础与优势

我国的区块链技术发展与应用已经成为一种国家战略。中国区块链技术和综合能源应用的快速发展,为我国学者在这一融合创新领域提供了领先世界的契机。针对分布式发电容量小、波动性大的特点,提出分散式电力交易模式,探讨了区块链与综合能源服务的融合应用分析。就上述已经发表的能源区块链的约 100 篇论文中,中国学者占到了 40%~50%。在中国知网数据库中,以"区块链+能源"为关键词,搜索到 SCI、工程索引(The Engineering Index,EI)、CSCD、CSSCI 期刊相关学术论文 49 篇(张鹏和罗新星,2019;武赓等,2017),其中 76%的论文是 2018~2020 年发表的。这些研究工作为我国能源区块链的理论研究、技术创新和方法突破奠定了坚实的基础。

第四部分　主要研究方向

1)研究方向一:互联综合能源系统联盟博弈及分布式优化决策

传统的综合能源用户以独立、各自为政的方式开展非合作形式的集中调度。实际上,新能源资源互补、个体灵活,通过建立合作联盟,来增加服务商利润点,降低用户能源成本。因此,如何考虑综合能源间的互补特性,建立综合能源系统用户之间的合作运营模型,通过分布式能量调度实现多方共赢,提高参与者之间的协调性仍具有很大挑战。

本方向研究的典型科学问题有以下几项:构建以配电网为核心的综合能源系统模型,建立内部能量转化与各种设备之间相互协作运行方案;考虑综合能源的互补特性,建立以合作博弈理论为基础的综合能源系统联盟博弈模型,分析联盟内部能量共享对每个结盟系统的效用影响;提出新能源出力和负荷需求不确定性的综合能源系统最优调度模型,建立基于交替方向乘子算法的分布式运行方案。

2）研究方向二：兼顾经济和物理属性的联盟间点对点交易双链式区块链设计

综合能源系统联盟间点对点交易模式略去了可信任的第三方机构。在缺乏强制性的第三方协调和监督下，自动决策并执行交易，防止合同信息被篡改。同时，电能作为特殊商品，具有交易的经济属性，还必须遵循电力网络的物理约束。因此，构建兼顾经济和物理属性的双链式区块链，是实现互联综合能源点对点交易的自主决策、安全执行、自动结算的关键科学问题。

本方向研究的典型科学问题有以下几项：提出电能链和交易链耦合协同运行的双链式区块链架构，将交易信息和物理信息分开部署，交易链和电能链耦合且独立运行；以追求综合能源系统联盟自身利益最大化为目标，与不同联盟间自行达成交易，设计点对点交易自主决策的去中心化交易链；采用多中心化的电能链，以网络潮流为约束，实现市场交易方案的安全校核和调整。

3）研究方向三：基于去中心化交易链的联盟间序贯纳什议价交易决策

现行集中式现货交易出清机制与综合能源系统的终端用户接入数量庞大、供需体量小、不确定性高等特点之间存在矛盾。研究综合能源系统复杂的市场行为，建立合作博弈（结盟）和非合作博弈（议价）的分布式交易架构，提出完全去中心化交易链（公有链）的点对点交易决策方法是重要的关键科学问题。

本方向研究的典型科学问题有以下几项：研究综合能源系统从交易需求产生，到与相邻系统结盟，再到与其他联盟进行点对点交易的匹配流程、交易协商和出清方法；提出联盟间点对点交易决策模型，以追求自身利益最大化为目标，建立序贯纳什议价问题的分布式迭代方法；采用去中心化的交易链，实现联盟内到联盟间点对点交易的自主决策、交易共识和区块更新。

4）研究方向四：基于多中心化电能链的网络安全校核及点对点交易调整

采用弱中心化的联盟链方式虽然避免了区块链去中心化交易与物

理网络约束之间的矛盾,但无法满足点对点交易决策信息在生成、传输、存储过程中的去中心化和安全性需求。因此,基于交易链与电能链的耦合运行,考虑网络安全校核的点对点交易调整在双链式区块链中的具体实现是重要的科学问题。

本方向研究的典型科学问题有以下几项:考虑不同数学形式的电力系统潮流模型,提出互联综合能源系统联盟内和联盟间的网络安全校核方法;设计多中心化的电能链,探索竞争选举产生记账权和校核权节点的共识机制,实现点对点交易的安全校核及调整;研究交易链和电能链相互耦合的节点决策、区块信息调整和数据共识交互方法。

5)研究方向五:互联综合能源系统交易自动执行的双链式智能合约部署

智能合约是部署在区块链上的一种交易合同触发机制,满足触发条件时,实现交易方案的自动执行、资金的自动转移和现金的自动结算等功能。在没有第三方的情况下进行可信交易,交易可追踪且不可逆转。为了自动执行点对点交易决策及安全校核,需要在交易链和电能链耦合的区块链上部署智能合约。

本方向研究的典型科学问题有以下几项:在以太坊等主流区块链上,部署双链式区块链的智能合约,实现互联综合能源系统交易的自动执行;研究点对点交易在交易链上自主决策与电能链上安全校核的执行顺序和流程,设计双链式智能合约触发机制;考虑电力系统物理约束的影响和制约,重点探索合同校核、偏差考核、偏差电费的智能合约设计过程。

领域 23 新零售环境下的运营管理与模式创新

第一部分 选题背景与意义

消费是我国经济增长的第一动力。根据商务部发布的信息,2019 年全年中国社会消费品零售总额 41.2 万亿元[①]，消费对经济增长贡献率57.8%，拉动 GDP 增长 3.5 个百分点。党的十九大报告指出要"完善促进消费的体制机制，增强消费对经济发展的基础性作用"[②③]。2016 年11 月，《国务院办公厅关于推动实体零售创新转型的意见》[④]印发，从调整商业结构、创新发展方式和促进跨界融合三个方面明确了实体零售转型的方向。中共中央和国务院于 2018 年 9 月印发《关于完善促进消费体制机制 进一步激发居民消费潜力的若干意见》[⑤]及其三年实施方案，对相关工作做出专门部署。2019 年 8 月《国务院办公厅关于加快发展流通促进商业消费的意见》[⑥]印发，提出了多条稳定消费预期、提振消费信心的政策措施。2018 年政府工作报告明确要求，"推进消费升级，发展消费新业态新模式"[⑦]。

　　打破线上和线下边界的新零售，正是消费新业态、新模式的典型。近年来，作为中国消费升级的最大亮点，新零售已渗透到越来越多的人群，在推进消费升级中发挥了重要作用，对中国经济产生重要实质性贡献。自2017 年开始，各企业纷纷加大布局，连接线上线下的新零售模式不断涌现，给消费者带来了全新的体验。新零售的影响已不仅局限于商业领域，还慢慢扩展至经济、社会各领域，对制造业、金融、物流、线上线下基础设施等全产业链都形成了强大的辐射带动。从 2019 年开始，在新零售领

---

① 2019 年中国社会消费品零售总额 41.2 万亿元. http://www.chinanews.com/cj/2020/01-21/9066259.shtml[2021-01-21].

② 习近平: 决胜全面建成小康社会 夺取新时代中国特色社会主义伟大胜利——在中国共产党第十九次全国代表大会上的报告. http://www.gov.cn/zhuanti/2017-10/27/content_5234876.htm[2017-10-27].

③ 习近平在中国共产党第十九次全国代表大会上的报告. http://www.china.com.cn/19da/2017-10/27/content_41805113.htm[2017-10-27].

④ 国务院办公厅关于推动实体零售创新转型的意见. http://www.gov.cn/zhengce/content/2016-11/11/content_5131161.htm[2016-11-11].

⑤ 中共中央 国务院关于完善促进消费体制机制 进一步激发居民消费潜力的若干意见. http://www.gov.cn/zhengce/2018-09/20/content_5324109.htm[2018-09-20].

⑥ 国务院办公厅关于加快发展流通促进商业消费的意见. http://www.gov.cn/zhengce/content/2019-08/27/content_5424989.htm[2019-08-27].

⑦ 2018 年政府工作报告（全文）. http://www.china.com.cn/lianghui/news/2019-02/28/content_74505934.shtml?f=pad&a=true[2019-02-28].

域,我国不仅在规模上稳居世界第一,在商业模式、商品种类、支付方式、物流配送等方面也创出了中国特色,已领先很多发达国家。

新零售为消费升级提供了全新动能,也给科学研究带来了机遇和挑战。首先,未来的商业创新源自技术变革,如何利用新技术进行模式创新亟须研究。在物联网、大数据、虚拟现实、人工智能、云计算等新技术的基础上,新零售如何以用户为中心,打造全新商业生态,这都有待科学探索。其次,新零售环境下运营效率如何进一步优化。无论是新零售还是传统零售,零售的竞争最终还是运营效率和能力的竞争。零售企业和供应商如何提高供应链效率,提供高品质、低价格的商品和服务,这将直接影响新零售的效益。最后,如何利用数据实现精准运营决策、提升运营效率还有待进一步探索。数据是未来商业发展的新能源、新资源。线上的数据如何指导改善供应链流程、提高效率,而线下如何借助信息提供更好的消费场景、更优质的服务,这都亟须相应的科学研究。因此,研究新零售环境下的运营管理与模式创新,对我国推动传统消费提档升级、促进新兴消费至关重要。该方向研究也将拓展传统运营管理的应用领域,为企业运营与模式创新提供有效的理论依据、方法借鉴和技术支持。

第二部分　国内外研究现状与发展态势

目前,新零售环境下的运营管理和模式创新已成为全球运营管理、电子商务、市场营销等相关领域的热点话题,引起学术界广泛研究兴趣。在 Google Scholar 分别以"new retailing"和"omnichannel"为关键词,搜索到的 2019 年论文分别有 17 600 篇和 3740 篇。据不完全统计,近年来,在 *Management Science*、*MIS Quarterly*、*Journal of Marketing Research*、*Manufacturing & Service Operations Management*、*Production and Operations Management*、*Journal of Operations Management* 等国际顶级期刊已发表新零售领域相关学术论文近 30 篇。市场营销领域知名期刊 *Journal of Retailing* 在 2015 年 6 月推出 Multi-Channel Retailing 专刊,强调零售业正在由多渠道向全渠道的新零售环境转型。运营管理顶级期刊 *Manufacturing & Service Operations Management* 在 2020 年 1 月发表

文章"The future of retail operations"，在回顾 *Manufacturing & Service Operations Management* 过去二十年发表的论文之后，指出全渠道与新零售是将来的重点研究领域（Caro et al., 2020）。国际管理顶级期刊 *Journal of Operations Management* 在 2020 年 2 月推出"Managing the marketing-operations interface in omnichannel retail"征稿启事。该征稿启事明确指出全渠道环境下的运营管理研究还很不够。

　　新零售需要线上和线下渠道有效协同。目前，在全渠道运营方向，国际上的研究逐渐兴起。已有学者研究全渠道的库存管理，线上下单、门店自提，线下体验店价值，等等（Gao and Su, 2017; Gu and Tayi, 2017）。新零售需要供应链整合，亟须企业整合线上和线下的供应商、客户资源。学者对供应链整合也展开了相关研究，但现有研究多聚焦于分析供应链整合的内容或范围（Gallino and Moreno, 2014）。与此同时，在新零售模式创新方面，已有研究逐渐从运营视角关注社交电商、团购、射频识别技术（radio frequency identification, RFID）、共享平台等相关议题。

　　学术界已关注新零售环境下的运营和模式创新，现有研究有以下几点特征。首先，虽然已有学者研究新零售的运营管理相关问题，学术界对新零售的认识还赶不上实践的发展。新零售模式创新层出不穷，这为学者提供了极好的创新机会。其次，现有研究以理论模型推导为主，对数据驱动的研究缺乏足够的重视。许多新零售平台正在基于数据寻求有效运营决策，以实现最佳的全新商业生态。数据驱动的研究将在后续的研究中扮演着重要的作用。

第三部分　中国发展基础与优势

　　在新零售领域，我国在规模上稳居世界第一，很多创新正引领着全球。自 2017 年开始，一系列创新呈现出爆发式增长，新商业模式不断涌现。例如，以盒马鲜生为代表的"生鲜超市+餐饮"业态快速发展，消费者既可以现场选购商品，也可以线上下单、送货到家，购买食物后还可以现场烹饪加工、现场享用。盒马鲜生已突破传统的坪效极限，其单位面积坪效达到传统生鲜超市的 5 倍。以拼多多为代表的社交电商，基于社交网络、信息分享、拼单等模式，迅速扩大市场份额。该公司成立不到四年时间即成为国内电商第三巨头，用户数量已达 4.8 亿，营收超百亿元，市值超 2000 亿元①。以苏宁为代表的传统零售企业依托丰富的线下资源，加快布局线上业态，实施全渠道战略，2019 年其销售收入已超过 2600 亿元②。在新零售的引领下，我国物流信息化、标准化、集约化水平也在不断提升，智慧物流、冷链物流、多式联运等先进模式加快应用，整体流通成本呈现持续下降趋势。由于缺乏关键的基础设施，世界其他地区在新零售的实践需要很长时间才能赶上我国。比如，除了微信支付和支付宝外，世界其他地区尚没有普遍存在的移动支付工具。因此，中国几乎已成为新零售业的代名词，中国正在为全球零售业的未来制定标准。

与此同时，新零售相关研究得到中国学者的高度重视，已拥有良好的研究基础。从百度学术上简单地搜索标题中包含"新零售""全渠道"等关键词的论文来看，2018～2019 年，仅被 CSCD 和 CSSCI 数据库收录的公开发表中文学术论文就有约 700 篇；用 WoS 数据库简单地以"new retailing""omnichannel"为主题检索发现，2016～2019 年，中国学术机构发表的"rew retailing""omnichannel"国际学术论文共有约 50 篇（未包含港澳台地区数据），排在同期全球各个国家和地区同类论文数量的第二位。中国新零售实践的高速发展及国内学者扎实的研究基础，为我国在新零售研究领域提供了领先世界的机会。

第四部分 主要研究方向

1）研究方向一：新零售环境下的商业模式创新

随着移动互联网、物联网、大数据、虚拟现实、人工智能等技术日新月异，连接线上线下的新商业模式层出不穷。例如，Amazon Go 颠覆了传统便利店、超市的运营模式，使用计算机视觉、深度学习及传感器

---

① 社交电商拼多多，从哪里来，往哪里去？.http://pg.jrj.com.cn/acc/Res/CN_RES/INDUS/2018/7/2/5b7cab50-81bb-4107-88da-bf848c61a67e.pdf[2018-07-02].
② 苏宁易购 2019 年年报公布：营收 2692 亿 归母净利润 98 亿. https://finance.sina.com.cn/roll/2020-04-18/doc-iirczymi6977431.shtml?cre=tianyi&mod=pcpager_tech&loc=21&r=9&rfunc=100&tj=none&tr=9[2020-04-18].

融合等技术计算顾客有效的购物行为，并在顾客离开商店后，自动结账收费，这种即拿即走的购物体验前所未有。传统制造业汽车行业也进入新零售的场景。2019 年 2 月，奇瑞与花生好车签署了战略合作协议共同探索汽车的新零售模式，提供"先用后买"的方式，让消费者先获得使用权，一两年后再拥有产权。以上这些新零售模式创新，都亟须相应的探索研究。

本方向研究的典型科学问题有以下几项：新技术与消费场景重构、渠道与用户驱动的新零售模式创新理论和方法、移动支付与新零售模式创新、基于社交平台的社群零售、互联网平台与新零售模式创新、模式创新中的线上和线下融合、新零售模式创新的易复制、新零售盈利模式的创新等。

2）研究方向二：新零售环境下的运营理论与方法研究

新零售的竞争最终是运营效率和能力的竞争。近年来，虽然新零售是中国消费升级的最大亮点，但新零售的发展效益还有待提升。比如，作为新零售标杆的永辉超市仅 2018 年上半年新零售业务净亏达 3.89 亿元，2018 年被迫剥离新零售业务。无人超市一度火爆，但是不到两年时间就陷入关店、裁员和资金链断供的深渊。面对这些新现象和新挑战，我国学者需要研究新零售环境下的运营理论与方法。

本方向研究的典型科学问题有以下几项：全渠道的库存管理与优化、新零售的定价策略、新零售的运营成本控制、新零售的供应链效率提升、新零售的需求预测与管理、新零售环境下实体店的改造与运营、营销策略与运营管理的整合、智慧物流管理理论与方法、互联网平台与服务运作等。

3）研究方向三：新零售运营管理的实证与案例研究

商业的全面数字化是新零售运营的基础。通过数据的内外部共享、交换，新零售企业可以更深刻地理解消费者行为及心理，实现精准运营决策、提升运营效率等。很多商家正在进行多点用户的数据采集，并积累了海量数据。例如，北京西单大悦城部署了 300 多个无线局域网（wireless local area network，WLAN）、近 3000 个蓝牙信标（iBeacon）设备进行信息采集、消费者轨迹监测等。大量的数据为我国学者进行运营管理的实证和案例研究提供了得天独厚的机会。

本方向研究的典型科学问题有以下几项：基于数据的运营管理机制评估，线上线下定价策略的实证研究，线上下单、门店自提的成本与收益分析，新零售环境下退货策略实证研究，基于数据的产品选择和设计研究，线上线下引流与推广策略研究，线上线下客户生命周期价值研究，新零售环境下零售企业和供应商关系的实证研究，新零售环境下用户隐私保护的案例研究，等等。

领域 24　区块链技术驱动下供应链金融理论与方法

第一部分　选题背景与意义

供应链由供应商、制造商、分销商、零售商、第三方物流等组成。大的制造企业，仅供应商就可能有成千上万家；且供应链上很多企业可能与链内外多家企业合作，因此供应链往往规模庞大、结构复杂。中小企业是供应链构成主体，可抵押担保的资产主要是应收账款，但其真实性往往由于信息不对称难以被外部金融机构准确评估，因此融资难，经常面临资金链断裂的风险。供应链金融旨在通过链内企业间、链内企业与外部融资机构间的合作，来缓解中小企业融资难、提升供应链资金运作效率和综合竞争力。作为一种分布式账簿，区块链的去中心化、去中介化、信息透明、无法篡改等特性，可提高供应链交易的透明度。因此，如何把区块链技术应用到供应链金融以增强中国制造的实力，已成为中国学界和业界共同关注的重要课题。

要解决以上问题，需要从研究区块链技术下供应链金融主体行为出发，分析各参与主体是否均可从区块链带来的供应链金融新特性中获益，并设计机制激励不能获益主体的参与。而要进行主体行为分析和激励机制设计，又需要对区块链技术下的供应链金融收益分配模型及投资主体的资产定价模型进行研究，资产定价模型会影响供应链成员的决策，形成供应链和投资主体的复杂均衡。区块链技术会改变供应链金融的风险结构，因而风险定价模型的建立，离不开对区块链技术下供应链金融风险源和演化机理的分析。一套有效的风险管理方法，可指导区块链和供应链金融实践的开展。

2017 年《国务院办公厅关于积极推进供应链创新与应用的指导意见》提出"积极稳妥发展供应链金融"①；2020 年针对疫情下企业的资金压力，国务院提出"引导金融机构主动对接产业链核心企业，加大流动资金贷款支持"②，表明供应链金融的战略意义。2019 年区块链进入国家支持层面，将其成功应用到供应链金融是推动区块链发展的重要途径之一。因此，2019 年《中国银保监会办公厅关于推动供应链金融服务实体经济的指导意见》中明确指出"鼓励银行保险机构将物联网、区块链等新技术嵌入交易环节"。然而，相关应用尚处在初级阶段，还有很多问题需要解决。例如，区块链不可篡改特性会使供应链交易信息永久留在互联网上，存在商业隐私泄露的重大隐患；去中介化带来监管难问题，而供应链往往规模庞大，监管问题可能会被放大；猎豹移动统计数据显示，2011～2018 年智能合约造成的损失达 12.4 亿美元，而供应链的复杂性和诸多风险源可能放大智能合约设计难度及带来的损失。因此，将区块链成功应用到供应链金融还需解决很多难题；开展本领域的研究，对提升我国区块链和制造业的国际竞争力具有重要价值和意义。

第二部分　国内外研究现状与发展态势

区块链的研究已成为全球信息科技领域的热点；供应链金融的研究近年来发展迅速。国际著名管理期刊 *Manufacturing & Service Operations Management* 于 2018 年推出了供应链金融和风险管理特刊，并正筹备运营和金融科技特刊，探索区块链等金融科技在供应链金融中的应用。此外，世界各国政府也高度重视区块链的探索。艾媒咨询（iiMedia

---

① 国务院办公厅关于积极推进供应链创新与应用的指导意见. http://www.gov.cn/zhengce/content/2017-10/13/content_5231524.htm[2017-10-13].

② 3 月 10 日的国务院常务会定了这三件大事. http://www.gov.cn/guowuyuan/2020-03/11/content_5490097.htm[2020-03-11].

Research）数据显示，截至 2019 年 8 月全球各国政府推动的区块链项目数量达 154 项，累计投融资规模达 103.69 亿美元；2019 年，美国参议院批准了《区块链促进法案》，要求美国商务部为区块链建立标准定义和法律框架；2019 年，澳大利亚公布了国家区块链路线图，重点关注监管、创新、投资、国际竞争力等领域。

国际上针对区块链技术下的供应链金融研究也刚起步。Babich 和 Kouvelis（2018）展望了新科技（多处提及区块链）对供应链金融研究的影响；Chod 等（2020）研究表明区块链技术可使供应链成员通过库存信息获得低成本融资；Babich 和 Hilary（2020）针对区块链分布式记账本质，提出了其在供应链管理中应用的研究建议；de Véricourt 和 Gromb（2018）分析了信息不对称下供应链主体向银行借贷时的不理性行为；Ning 和 Babich（2018）研究了供应链成员采用新科技带来的其他成员的行为问题；Kouvelis 和 Zhao（2018）及 Deng 等（2018）讨论了核心企业与交易伙伴间的融资模式和利益分配等问题；Tang 等（2018）和 Kouvelis 等（2018）讨论了供应风险下供应链金融决策问题。国内学者邓爱民和李云凤（2019）研究了供应链智能保理业务，表明区块链对主体方决策行为的优化作用；张鹏和罗新星（2019）构建了一个区块链数字代币模型，对产品进行有限溯源。上述研究从不同角度触及了区块链技术对供应链金融的本质影响。

从 2015 年到 2020 年，以区块链为背景的供应链金融研究越来越被国际学者重视，*Nature* 及其子刊共发表了 7 篇同时讨论区块链和供应链的论文和综述；据 WoS 数据库的不完全统计，2015～2020 年，在国际著名管理期刊 *Management Science*、*Operations Research*、*Manufacturing & Service Operations Management*、*Production and Operations Management* 和金融期刊 *Journal of Finance*、*Journal of Financial Economics*、*Review of Financial Studies* 上发表以区块链为主题的论文有 10 篇，以供应链金融为主题的论文有 23 篇；以 "blockchain" 为关键词，在 Google Scholar 和 SSRN 搜到的论文分别有 122 000 篇、1506 篇；同时以 "blockchain" 和 "supply chain finance" 为关键词，搜到的论文分别有 694 篇和 13 篇。

第三部分 中国发展基础与优势

近年来，区块链和供应链金融在国家层面上均得到了高度关注，已成为一些重要国家战略的重要组成部分。根据《中国区块链政策现状及趋势分析报告》相关数据，截至 2019 年 3 月，我国共出台了 22 项国家层面的区块链政策；根据前瞻产业研究院整理的资料显示，截至 2020 年 1 月，共出台了 18 项国家层面的供应链金融政策。产业层面上，区块链和供应链金融也在飞速成长，并得到了全球高度关注。根据艾媒咨询统计显示，截至 2019 年 8 月，全球区块链企业 2450 家，其中美国区块链企业数量最多，占 21.8%，中国其次，占 20.4%；中国信息通信研究院的《区块链白皮书（2019）》显示，截至 2019 年，在全球区块链专利上，中国占比超过五成，第二位美国占比 17%。在金融科技投资公司 H2 Ventures 和毕马威合作发布的《2018 年全球金融科技 100 强》榜单中，美国有 18 个公司入围；中国有 11 个公司入围，但蚂蚁金服、京东金融和度小满金融分列第一、第二和第四位，尤为瞩目的是三者均为供应链金融企业，这说明了我国在金融科技与供应链金融结合的方面已有了较为深厚的前期积累，为区块链在供应链金融的应用奠定了世界领先的实践基础。

从学术研究的角度看，区块链在供应链金融中的应用研究也得到了中国学者的高度重视。2015 年至 2019 年，在百度学术上被 CSCD 和 CSSCI 数据库收录的中文学术论文，用论文标题包含"区块链"的搜索策略，分别有 47 篇和 44 篇，用论文标题包含"供应链金融"的搜索策略，分别有 9 篇和 32 篇；用论文标题同时包含"区块链"和"供应链金融"的搜索策略，分别有 4 篇和 7 篇；2015 年至 2019 年，在 WoS 数据库以"blockchain"为主题检索发现，中国发表学术论文 1119 篇（未包含港澳台地区数据），排在同期全球各国家和地区第一位（美国 1020 篇位列第二）；以"supply chain finance"为主题检索，中国发表 329 篇（未包含港澳台地区数据），排在同期全球第一位（美国 140 篇列第二）；同时以"blockchain"和"supply chain finance"为主题检索，中国发表 3 篇（未包含港澳台地区数据），与美国并列第一。

第四部分 主要研究方向

1）研究方向一：区块链驱动的供应链金融主体行为分析与激励机制设计

区块链的去中心化、去中介化、信息透明、无法篡改等技术特点，可降低信息不对称程度、降低供应链上中小企业融资成本。此外，在传统供应链中，核心企业的信用一般仅传递给与其直接交易的企业；而信息透明化有助于外部投资主体打通供应链层级，基于核心企业的信用为远端企业融资。然而，核心企业信用的跨层级传递及区块链技术推动下的融资方式多样化，可能使部分企业拥有自主融资的能力，其发展壮大会影响或改变原供应链的相互关系，对供应链的竞争力产生重要影响。区块链带来的这些变化，需要以供应链金融主体行为分析为基础。

本方向研究的典型科学问题有以下几项：信息透明化、核心企业信用的跨层级传递是否会造成远端企业获得自主融资能力；信用跨层级传递是否会造成竞争对手通过远端企业扩大产能而搭便车；远端企业自主融资是否影响供应链内外部竞争关系、损害核心企业收益；核心企业是否可设计激励机制，降低远端企业自主融资意愿等。

2）研究方向二：区块链技术下供应链金融收益分配模型及资产定价模型研究

区块链技术的信息透明特性，可帮外部投资主体更好地判断供应链企业的资产和交易的真实情况；信息不对称程度的改变，会影响投资主体的资产定价模型，从而影响其供应链金融产品的设计；而供应链金融产品设计及其定价模型的变化，又会通过供应链企业间的决策，最终影响供应链的均衡收益及其在各参与主体间的分配。此外，区块链信息透明特性使多节点融资成为可能，投资主体可基于供应链的一些关键节点为企业进行多批次融资，因此可更多地介入供应链的运营环节，会进一步影响其资产定价模型及供应链的收益。

本方向研究的典型科学问题有以下几项：区块链技术如何改变投资主体的资产定价模型；新资产定价模型下供应链金融的收益分配模型，其能否实现参与主体的多方共赢；投资主体如何设计多节点融资的金融产品；供应链主体如何设计相应的供应链金融收益分配模型；供应链金融何时该由核心企业主导、何时由外部投资主体主导；等等。

3）研究方向三：区块链驱动的供应链金融风险演化机理及风险管理研究

区块链技术有自身固有风险，如智能合约风险，根据猎豹移动的统计显示，2011～2018 年智能合约造成的损失高达 12.4 亿美元；隐私泄露风险，2018 年韩国加密货币交易所遭到黑客攻击，损失近 10 亿美元等。而供应链往往规模庞大、结构复杂，其自身固有风险源（需求、供应、产出等）众多，而区块链的去监管化可能导致区块链风险与供应链风险耦合，并引发更大风险。例如，供应链的复杂性和众多风险源可能会增大智能合约设计难度；区块链交易数据公开透明的特性，可能使内外部竞争对手有机会获得供应链账户和交易等商业隐私信息，加剧或引发新的竞争。

本方向研究的典型科学问题有以下几项：如何评估供应链金融下智能合约风险，是否与供应链成员合作时间、核心企业是否强势有关；供应链交易信息泄露如何影响内外部竞争；区块链固有风险如何与供应链固有风险相互作用，是否会成为新风险源，如何在供应链网络中传播；如何设计供应链有助于将风险限制在局部，并降低风险造成的损失；等等。

4）研究方向四：区块链驱动的供应链金融理论的实证检验与应用研究

区块链技术对供应链金融的改变是复杂、多方位的。模型和理论研究往往通过一些假设对问题进行简化；而这些假设是否合理、什么情况下合理，往往存在不同视角，这是理论研究的局限性。因此，需要通过第一、第二手数据对其进行检验，以及将理论应用到典型企业以观察其效果与局限。

本方向研究的典型科学问题有以下几项：如何量化区块链技术对供应链金融表现的影响、如何对比区块链对外部投资主体主导和核心企业主导的供应链金融影响的差异、如何比较区块链对不同行业下的供应链金融的影响、如何评估区块链带来的供应链金融风险的新特征等。

领域 25　大数据环境下企业信息管理和分享机制研究

第一部分　选题背景与意义

当今，随着移动互联网和物联网的蓬勃发展，各类海量数据呈爆发式增长。习近平 2016 年 4 月曾强调要，"着力推动互联网和实体经济深度融合发展，以信息流带动技术流、资金流、人才流、物资流，促进资源配置优化"①。2017 年党的十九大报告提出，"推动互联网、大数据、人工智能和实体经济深度融合"②。数据化转型是实现产业新旧动能转换、推进供给侧结构性改革的根本途径。数据经济的快速发展正推动企业管理模式迎来一轮新变革，企业必须有效地使用作为关键生产要素的数据、信息和知识，才能屹立于这场没有边界的全球互联网革命中。2018 年 9 月 11 日，由埃森哲发布的《中国企业数字转型指数》报告显示，我国企业通过新的数据业务带来的企业营收占全部营收 50%以上的仅占 7%。这意味着我国企业获取、理解与利用数据信息的能力亟待提高。

本质上，要提升企业数据信息管理能力，需要厘清数据的经济属性和商业规律，研究数据流动如何赋能企业。这需要企业建立基于数据的指挥中枢来全盘协调数据流动，统筹各子单元数据信息治理和共享，实现数据驱动的管理优化和决策智能。比如，宝钢集团构筑欧冶云商平台实现了产业链数字化服务，重构了钢铁产业链各业务环节。只有充分研究数据和信息的经济特性与流动机制，才能有效地管理企业内部、供应链上下游和社会相关利益群体之间的信息流；充分研究企业数据的管理特征和治理模式，才能实现信息的高效运营、规制和

---

① 习近平在网络安全和信息化工作座谈会上的讲话. http://media.people.com.cn/n1/2016/0426/c40606-28303634.html[]2016-04-26].
② 习近平：决胜全面建成小康社会 夺取新时代中国特色社会主义伟大胜利——在中国共产党第十九次全国代表大会上的报告. http://www.gov.cn/zhuanti/2017-10/27/content_5234876.htm[2022-10-10].

共享，并发挥其最大的经济和社会价值。

实践中，我国不少互联网企业已成为大数据驱动的管理变革先锋，正快步赶超世界领先企业。工业 4.0 和服务 4.0 方兴未艾，企业能否据此机遇来构建起有核心竞争力的数据化生态系统，很大程度上取决于能否通过信息管理和分享实现数据流动的商业增值。2016 年 7 月《国家信息化发展战略纲要》指出"开发信息资源，释放数字红利""支持市场主体利用全球信息资源开展业务创新"[①]。这场崭新的、巨大的数据管理变革正在释放企业个体的创造创新活力，2016 年，数据经济已经占到中国 GDP 30.6%的比重，带来 280 万新增就业人数，占中国年新增就业人数的 21%[②]。2017 年政府工作报告更是强调，"推动'互联网+'深入发展、促进数字经济加快成长，让企业广泛受益、群众普遍受惠"。此外，2020 年新冠疫情对于我国企业的冲击也启示我们，在突发公共事件下企业层级的大数据与信息预警、信息管理和信息公开策略，应该得到更多的关注和研究。因此，开展本领域相关研究，必将推动我国企业的数据化信息管理变革，有力促进企业信息管理理论和实践的深层创新。

第二部分 国内外研究现状与发展态势

目前，大数据研究已成为全球信息领域的重大热点，世界各国相继从国家层面提出大数据发展战略。2015 年 10 月，党的十八届五中全会正式提出"实施国家大数据战略"[③]。美国在 2016 年也发布了《联邦大数据研究与开发战略计划》。在企业层面，大数据对企业组织和供应链管理的各个方面产生着深刻的影响，极大地改变了数据生成、共享和传播的方式。此背景下，企业的信息管理和分享机制也受到高度关注。2015 年 5 月，我国推出"中国制造 2025"计划，指导建设高质量的工

---

① 中共中央办公厅 国务院办公厅印发《国家信息化发展战略纲要》. http://www.gov.cn/xinwen/2016-07/27/content_5095336.htm[2016-07-27].
② 中国"新动能"获世界赞誉. http://ydyl.people.com.cn/n1/2017/0524/c411837-29296526.html[2017-05-24].
③ 中国共产党第十八届中央委员会第五次全体会议公报. https://news.12371.cn/2015/10/29/ARTI1446118588896178.shtml[2018-10-30].

业云服务和工业大数据平台，推动关键技术与标准的开放共享。2016 年，美国颁布"美国国家制造创新网络计划战略规划"，大力推动与创新相关的制造研发信息共享。

随着信息技术的发展，企业可有效地利用大数据提高预测精度、指导供应商生产、加深合作共赢，进而有效提升供应链的核心竞争力。该领域研究引起了学术界的广泛关注，如管理科学著名期刊 *MIS Quarterly* 在 2016 年 12 月推出了 Transformational Issue of Big Data and Analytics in Networked Business 专刊，集中探讨大数据驱动下的企业管理与决策，涵盖了营销、供应链上下游间信息共享等。管理科学著名期刊 *Production and Operations Management* 在 2018 年 10 月出版了 Special Issue on Big Data in Supply Chain Management 专刊，探讨大数据在供应链管理中的各种应用。

从 2015 年到 2019 年，大数据背景下的企业信息分享和管理机制越来越多地受到国际学者的关注。据不完全统计，2015～2019 年，*Management Science*、*MIS Quarterly* 和 *Information Systems Research* 等管理科学著名期刊已刊载相关论文 20 余篇。在 WoS 数据库分别以"big data & information management"和"big data & information sharing"为关键词，搜索到的学术论文分别有 7874 篇和 2202 篇。

第三部分　中国发展基础与优势

近年来，我国大数据产业飞速成长。根据数据显示，2020 年中国大数据产业规模达 6388 亿元，同比增长 18.6%，预计到 2023 年产业规模超过 10 000 亿元①。截止到 2022 年 9 月，我国已有八个国家级大数据综合试验区（贵州、京津冀、辽宁、内蒙古、上海、河南、重庆、珠三角大数据综合试验区），与这些试验区毗邻的省份（安徽、湖北、四川、陕西、浙江、山东和江苏）也都加快了大数据产业园区建设，意图增强数字经济发展实力，助力产业转型升级。我国大数据产业的高速发展为本土学者研究企业大数据和信息管理提供了十分难得的机遇。

---

① 2022 年中国大数据行业市场规模与区域分布现状分析. https://www.qianzhan.com/analyst/detail/220/220304-276b65d4.html[2022-03-04].

　　从理论研究角度，大数据相关研究已得到包括中国学者在内的学术界的高度重视。然而，大数据环境下企业信息管理和分享机制的相关研究仍然是一个亟待深入探讨的新领域。在中国知网上用关键词"大数据"进行搜索发现，2015 年至 2019 年，公开发表的学术论文超过 5 万篇；用论文关键词"大数据"和"信息管理"进行搜索发现，2015 年至 2019 年，公开发表的学术论文仅有 108 篇；用论文关键词"大数据"和"信息分享"进行搜索发现，2015 年至 2019 年，公开发表的学术论文仅有 5 篇。在 WoS 数据库以"big data"为主题检索发现，2015～2019 年，中国学术机构发表的国际学术论文达到 13 982 篇（未包含港澳台地区数据），位居全球第一；以"big data & information management"为主题检索发现，中国学术机构发表的国际学术论文达到 2236 篇（未包含港澳台地区数据），位居全球第一；以"big data & information sharing"为主题检索发现，2015～2019 年，中国学术机构发表的国际学术论文共有 260 篇（未包含港澳台地区数据），居全球第二。在大数据研究领域我国在论文成果数量上已经处于全球领先，为本领域研究提供了坚实基础。

第四部分　主要研究方向

　　1）研究方向一：大数据背景下企业运营信息管理模式变革

　　大数据时代，企业须充分利用数据形成管理洞见，优化产品和服务设计，影响用户决策，形成"发现—设计—交付"闭环，以对运营信息管理模式进行创新性变革。此过程的核心是企业如何对多源数据进行有效组织、存储，并对数据资源在运营各环节进行赋能，以充分发挥信息的决策支持功能，提高运营竞争力。另外，2020 年新冠疫情对我国企业的巨大冲击也启示，在突发事件下企业的信息预警、信息管理策略与功能设计，也是企业信息管理模式变革的重要议题之一。

　　本方向研究的典型科学问题有以下几项：大数据背景下企业运营信息组织、获取与存储方式变革，大数据背景下企业运营信息管理模式变革的行业规律，大数据背景下企业运营信息内部流动机制变革，制造型企业和服务型企业的信息管理新模式，应对突发事件的企业大数据信息预警与管理。

2）研究方向二：大数据背景下企业数据治理

当今，企业管理决策正经历以流程为中心向以数据为中心的转变。针对企业具体业务的数据挖掘或分析模式，已无法满足数据创新和市场竞争的要求。有效的企业数据治理需要从使用局部数据转变为使用企业范围的综合数据，实现数据驱动的业务模式、管理模式、商业模式和价值链的创新。这一过程的核心是从管理价值属性角度对企业数据进行分类，对不同类别数据进行价值挖掘，实现数据的使能作用，并据此，围绕企业数据价值开展技术管理创新和商业应用创新。

本方向研究的典型科学问题有以下几项：大数据背景下企业范围多业务部门数据收集和存储机制、大数据背景下企业多源数据融合机制、基于商业价值的企业数据挖掘与分类方法、基于分类数据赋能的业务系统协同创新模式、大数据背景下企业数据治理系统构建及协调机制。

3）研究方向三：大数据背景下供应链企业间数据共享机制

信息技术的快速发展，促进并增强了企业收集、获取及分析数据的能力，形成了企业的重要战略资源。如何有效地利用数据信息成为企业面临的重要管理问题。当前，供应链上下游间共享数据成为增强企业竞争力和提高供应链效率的重要手段，而数据信息的多种类、多维度和多范式对供应链企业间的信息共享实施提出了新挑战。数据信息的共享对象、共享时机、共享方式、共享种类等在不同供应链环境下将会产生一系列重要的管理科学问题。

本方向研究的典型科学问题有以下几项：供应链企业间数据衔接与传输模式设计、供应链内部大数据和信息的分类研究与共享机理、不同信息结构下供应链主体的利益冲突分析、供应链内信息共享与企业关键运作策略的互动规律、供应链信息共享对企业竞争战略的影响机理。

4）研究方向四：大数据背景下企业竞争与社会交互信息治理

大数据背景下的互联网电子商务，改变了企业与顾客的交互方式，产生了大量的社会交互信息，如在线评论、用户生成内容等。社会交互信息的涌现为企业提供了从多角度洞察顾客消费行为的机会，而其公开性也使得竞争对手获得了更多的信息资源，加剧了企业竞争环境的复杂性。在实践中，企业在开展社会交互活动、利用社会交互信息、影响或控制社会交互行为等方面开展了越来越多的实践，深刻影响着市场的竞争格局，提出了一系列重要的新兴理论问题。

本方向研究的典型科学问题有以下几项：社会交互大数据信息的传播规律与分类理论、企业获取社会交互大数据信息策略设计、顾客与企业在社会交互中的基本关系研究、企业利用社会交互信息建立竞争优势的基本理论、社会交互大数据信息治理与竞争企业可持续发展理论。

领域 26 共享预约出行的行为决策与经济效用分析

第一部分 选题背景与意义

交通运输是社会经济中的基础性、先导性和战略性产业。随着移动互联网技术的日益发展和普及，共享预约出行成为一类高效、便捷、低成本的出行方式。与此同时，无序的、不合理的共享预约出行运输发展会带来一些负面问题。首先，无效的乘客-司机匹配使得大量空驶共享服务车辆涌入城市路网，产生不必要的绕路过程，导致交通系统拥堵、能源消耗和环境污染的增加。其次，共享预约出行服务可能对传统出租车行业、公共交通运输等产生一定冲击，使一些出行者放弃使用传统出租车和公共交通模式，产生公共资源的浪费。最后，设置不合理的共享出行服务准入门槛和监管政策可能导致逆向选择现象的产生，增加交通系统的社会成本，给共享出行乘客或司机带来安全风险。自从基于移动互联技术的共享预约出行方式出现，人们的日常出行活动及现有各类出行方式受到了深远的影响，从而产生了一系列新的交通运输管理问题。

为了解决这些交通运输问题，就需要从理论上对共享出行系统中参与者的行为决策进行分析，揭示系统运行机制。系统运行机制清楚了,才能知道如何提高共享出行乘客与司机的匹配效率,如何优化共享出行系统的社会效用或运营收益,如何实现共享出行方式与传统出行方式的协调发展,如何降低共享出行乘客或司机的安全风险。虽然目前已经存在一些线上和线下的共享预约出行运营公司,这些运营公司已有一些成功的共享出行运营模式,但是这些运营模式的科学性和系统性等有待进一步提高,有必要提出更科学系统的运营策略。需要进一步从定量的角度进行共享出行经济效用建模分析,开展多方博弈机制分析;利用大数据分析处理技术,实现共享出行系统运营与投资决策优化管理;开展共享出行系统中逆向选择行为分析,进行系统效率损失评估。

科学合理地发展共享预约出行运输对于降低城市交通拥堵、减少交通能源消耗和环境污染以及促进社会经济的可持续发展均起着非常重要的作用。我国正处于新型城镇化建设的关键时期。新型城镇化建设的一个主要任务是实现城市交通的转型和缓解城市交通拥堵问题。科学合理地发展共享预约出行运输对提高新型城镇化质量具有促进作用。党的十九大报告明确提出了建设"交通强国"的战略目标要求。中共中央、国务院于2019年9月印发实施了《交通强国建设纲要》。该纲要提出"到2035年,基本建成交通强国……共享交通发展水平明显提高","加速新业态新模式发展……大力发展共享交通"[1]。开展本领域相关研究,对于实现我国的"交通强国"战略具有重要的实际应用价值。

第二部分 国内外研究现状与发展态势

目前,共享预约出行的理论研究和应用已成为交通运输管理领域中的热点问题之一。共享预约出行问题具有交叉学科属性,已引起交通科学、运筹与管理、经济学、信息科学等领域学者的广泛关注。2015年至2019年交通科学领域期刊 *Transportation Research* 系列和 *Transportation Science* 上的共享预约出行主题论文比例明显增加。国际和国内一些科研机构、高校已与滴滴、美团打车、高德等共享预约出行运营公司建立

---

① 中共中央 国务院印发《交通强国建设纲要》. http://www.gov.cn/zhengce/2019-09/19/content_5431432.htm[2019-09-19].

了联合实验室、研究中心，开展合作研究和成果落地。2019 年，我国将"大力发展共享交通"写入了《交通强国建设纲要》。

　　存在的共享预约出行研究主要分为三类：共享出行乘客与司机的匹配问题，共享出行的运营与管理，共享出行方式与传统出行方式的相互影响和竞争。一些综述性的论文对上述三类问题的研究进展进行了总结和概括。例如，发表在 *Transportation Research Part B*：*Methodological* 的论文"Ridesourcing systems：a framework and review"对该研究主题的主要问题进行了分类和探讨（Wang and Yang，2019）。

　　近些年，关于共享预约出行的研究逐渐被国际学者所重视，这些相关研究主要发表在交通科学领域的 *Transportation Research* 系列和 *Transportation Science* 等期刊，以及运筹与管理领域的 *Management Science* 和 *Manufacturing & Service Operations Management* 等期刊上。由于共享出行问题具有共享经济特征，因此近些年受到一些经济学家的关注，相关研究发表在经济学领域的 *American Economic Review* 和 *Journal of Political Economy* 等期刊上。例如，发表在 *American Economic Review* 上的论文"Disruptive change in the taxi business：the case of Uber"对比了共享出行和出租车出行的运行效率（Cramer and Krueger，2016）。在 Google Scholar 上以"ride sharing"为关键词搜索到的 2015 年至 2019 年学术论文数量有 34 100 篇。

第三部分　中国发展基础与优势

　　近年来，随着移动互联技术的进步，共享预约出行在我国取得了飞速的发展。以 2018 年为例，中国移动出行用户规模达到 4.95 亿。移动出行用户规模的持续扩大，用户出行需求持续升级，为共享出行各领域提供了发展空间。截止到 2022 年 9 月，已有超过 270 家企业在我国开展了基于互联网平台的共享预约出行业务，如滴滴、美团打车、高德等。而且，国内一些传统车企成立了共享出行公司，独立开发和运营各自的打车软件，如开开出行、长安出行、华夏出行等。共享预约出行在实践中的快速发展，为我国学者从事共享预约出行研究提供了丰富的实践素材和数据支持。

共享预约出行研究主要属于交通科学领域范畴。近年来,我国学者在交通科学领域的研究处于国际领先地位。以"transportation"为主题词,在 WoS 数据库中搜索到 2015 年至 2019 年的学术论文有 82 590 篇,其中包含中国学者的学术论文 21 648 篇,排名世界第一;包含美国学者的学术论文 17 858 篇,排名世界第二。共享预约出行相关研究也得到中国学者的高度重视。在 WoS 数据以"ride sharing"为主题词,查询到 2015 年至 2019 年的学术论文有 868 篇,其中包含中国学者的学术论文 165 篇,排名世界第二(美国以 288 篇排名第一)。

第四部分 主要研究方向

1)研究方向一:共享预约出行的行为决策与均衡建模分析方法

在基于移动互联网技术的共享出行系统中,共享乘客和司机的等待搜索时间边界变得更加模糊,乘客与司机匹配的有效性更难度量。另外,与共享出行运营企业相连的是一个双边市场体系。出行乘客和司机均可以选择是否共享出行,选择共享出行的乘客和司机均存在匹配成功或失败的可能。这就衍生出许多新的组织运营管理问题。为了解决这些问题,首先需要做的是揭示共享预约出行系统中参与者的行为决策和系统运行机制,建立均衡模型来对系统进行定量分析。

本方向研究的典型科学问题有以下几项:乘客-司机匹配有效性的度量、有效匹配规则的设计、求解大规模多类点对点匹配问题的算法设计与实现、联合出行乘客方式选择和出行车辆供应的广义均衡建模、均衡解的拓扑结构分析、基于均衡建模的管理策略评价和可靠性分析等。

2)研究方向二:共享预约出行经济效用建模与多方博弈机制

共享预约出行方式的运营可以有多类目标,如实现运营收益最大化或社会效用最大化。而且,在共享出行系统中会涉及多方参与者,包括交通管理部门、各出行方式的运营商、共享出行乘客和司机等。多方参与者的决策相互影响,构成一个多方博弈系统。这就有必要建立数学模型,刻画多方参与者的博弈行为,确定决策变量,实现系统经济效用优化。

本方向研究的典型科学问题有以下几项：基于运营收益最大化或社会效用最大化的主从博弈建模与求解、多方博弈的演化行为建模分析、演化模型稳定点的拓扑结构和稳定性分析、基于演化博弈的多方参与者经济效用分析、面向帕累托改进的动态运营策略设计、共享出行系统演化博弈实验设计等。

3）研究方向三：基于大数据的共享出行系统运营与投资决策优化管理

通过处理分析共享出行系统中的相关数据，挖掘出共享出行用户的决策行为和消费特征，以及系统内生变量之间的相互作用关系，为共享出行系统运营与投资决策提供数据支持。同时，建立数据驱动模型，分析系统中控制变量（共享出行市场的准入指标、出行乘客收费、出行司机服务收入等）对共享平台运营收益的影响；设计平台运营策略（出行司机的工作激励制度、出行乘客的需求刺激方式等），达到优化平台运营收益和投资决策的目标。

本方向研究的典型科学问题有以下几项：共享出行数据的分析处理、用户决策行为的挖掘、用户消费特征的提取、基于数据的参与者效用相关性分析、数据驱动的方式选择和车辆供应建模、基于数据的平台运营收益分析和策略制定、基于数据的共享系统投资分担和收益分享规则等。

4）研究方向四：共享预约系统的逆向选择行为分析及效率损失评估

一方面，共享出行服务运营企业主要提供司机和乘客的匹配服务，实现运营收益最优是其首要目标；另一方面，交通管理部门制定共享出行服务准入门槛和监督管理政策，实现系统社会效用最优是其首要目标。设置不合理的共享出行服务准入门槛和监督管理政策可能导致逆向选择现象的产生，增加交通系统的社会成本，给出行乘客和司机带来安全风险。因此，有必要对共享出行系统中的逆向选择行为进行分析，以达到增加系统社会效用和降低用户安全风险的目的。另外，有必要进行系统效率损失评估，决定交通管理部门对共享出行运营的管控策略，使得系统效率损失最小。

本方向研究的典型科学问题有以下几项：共享出行系统中逆向选择

行为分类、逆向选择行为对系统社会效用和用户安全风险的影响、逆向选择行为的避免、共享出行服务准入门槛和监管政策制定、共享系统效率损失评估和优化、共享出行服务的精细化设计和分配管控等。

领域 27 在线交易平台中的行为及机器学习算法

第一部分 选题背景与意义

大数据、人工智能等机器智能的广泛应用给生产生活等各方面带来了巨大的变革，掀起了又一波研究的浪潮（徐鹏和徐向艺，2020）。例如，机器智能应用对许多行业劳动力或特殊技能的替代，引发了人们对于未来工作岗位丧失、大规模失业的担忧，对会计和审计、营销、律师、医生，甚至艺术家的职业是否会继续存在下去的疑虑。在互联网与商业密切相关的各个领域，机器学习算法空前繁荣，从亚马逊（Amazon）的智能推荐算法到个性化定价，从个人征信评估到证券公司的高频交易算法，从人脸识别到语音识别与翻译，到处都是机器算法的身影。从淘宝到京东，从携程到飞猪，从爱奇艺到优酷，从掌阅到悦文等各类电子商务应用的平台，机器算法从与用户的每一次交互中不断学习，并向用户进行精准的广告和商品的推送。

人类的学习、工作、生活、娱乐等线上和线下正在融为一体，为机器日益了解我们每时每刻的想法，充分观察我们每个人的一举一动提供了条件，加上功能强大的学习算法，使得机器算法如虎添翼。我们在机器算法面前无以隐藏，我们的学习效率远远比不上机器算法，可是我们对机器算法及其所展示出来的行为的了解却不多。如果未来我们要与机器更好地协作演化，我们就应该更多地了解机器算法展示的行为；如果未来我们希望机器之心能够与人类文明所倡导的价值观相互匹配、相互适应，我们与机器的交互行为就要采取适当的策略，影响机器之心和机器的行为。

机器算法的设定受到原创者的深刻影响，人类的善意和恶意都可能被算法放大，大量的人工智能和机器相关的伦理道德问题引起人们的广泛关注（Martin，2019）。例如，利用信息优势，机器算法定价带来的价格歧视（电商平台上的杀熟）和隐私关注。与人类的行为规律、演化方式相比，机器算法行为产生机制有了全新的特征，它既有人类行为的一面（算法设计和程序员），又有机器自身的一面（学习算法），还有训练的一面（训练使用的数据集）等。对不同环境下机器算法的行为产生机制进行研究，具有重要的意义。不过，机器算法的普遍性、不透明性和复杂性，以及对探索过程中多学科交叉与融合特性，对算法的管理和预测变得非常困难，这极大地不利于机器算法在在线交易平台中的广泛运用和良性发展，相关问题迫切需要开展跨学科的研究。

世界各国政府高度重视对机器算法的相关行为研究。例如，欧盟明确指出，要注重人工智能的基础研究及对人类社会的影响；美国在财政预算中将人工智能作为研发优先事项；日本将人工智能技术上升到国家战略的高度，并提倡机器算法在各个领域的实际运用。以往对于机器算法的研究，主要集中在科学、工程和技术领域，从心理学、认知科学、生态学及脑科学等视角来考察机器算法行为的研究刚刚开始引起国际学术界的重视（Rahwan et al.，2019），可能产生一系列全新的颠覆性科学问题，并开创一个全新的研究领域。此外，对机器行为展开系统深入的研究，有助于提升算法决策质量，改善在线交易的效率，提高在线交易平台中的用户满意度，最大化机器学习算法的价值，实现算法与商业的深度融合。结合机器算法行为规律，有效地利用机器算法技术，制定和完善平台治理和机器算法相关的政策法规，可为我国在线交易平台及智能算法的升级和监管提供政策依据；对保持我国经济可持续发展、社会和谐稳定，也具有重要的实际应用价值。

第二部分　国内外研究现状与发展态势

近年来，机器学习算法引起了经济学界的广泛重视，如运用机器学习算法估计需求、人力资本与机器学习的生产力和选择，以及实证资产定价等。目前，对机器算法的行为研究成为全球信息系统领域和人机交互领域中逐步兴起的热点。作为一门交叉学科,机器行为学已引起学术界广泛研究兴趣。早在 2015 年,弗拉基米尔·米哈(Volodymyr Mnih)等学者开始研究人类对机器算法的控制机制,相关研究成果发表在 *Nature*。同时,2019 年 *Nature* 发表了一篇以"Machine behavior"为题目的综述文章,该文章由麻省理工学院媒体实验室(MIT Media Laboratory)、哈佛、耶鲁、马普所、微软、谷歌、Facebook 等院所和企业的研究者共同参与撰写,从相关研究动机、研究对象及研究问题、未来研究展望等方面对机器行为的研究进行了综述,标志着机器行为学作为一门新兴学科的诞生(Rahwan et al.,2019)。

该领域相关问题的研究也受到众多领域学者的广泛关注。例如,在信息系统领域上有 2 篇文章,分别是"Editor's comments:next-generation digital platforms:toward human–AI hybrids"(Rai et al.,2019),以及"Artificial intelligence in service"(Huang and Rust,2018)。营销领域有 2 篇文章讨论了机器算法在营销领域的应用及对行为理论和思考边界的重新定位(Davenport et al.,2020;Swaminathan et al.,2020)。此外,近来还有学者对"machines as teammates"这一研究主题展开讨论,并提出了一系列未来的研究方向(Seeber et al.,2020)。

机器算法的相关技术研究从 20 世纪起就开始涌现,然而,近年来,以机器深度学习算法行为为主题的研究成果才逐渐被国际学者所重视。据不完全统计,近年来,在 *Management Science* 和 *Information Systems Research*、*MIS Quarterly* 等管理与经济类国际顶级期刊上已发表论文近 30 篇。特别是 2020 年以来,相关研究呈现显著性的增长趋势,应用领域也逐步扩大到机器算法在旅游管理中的运用(Tussyadiah,2020)、智能机器人在营销管理中的发展前景(Campbell et al.,2020)等多个方面。

第三部分 中国发展基础与优势

近年来,大数据、人工智能等新一代数字技术在中国的发展日新月异,我国在众多新型数字技术如商业大数据领域已经在世界处于并跑阶段。同时,5G 及基于 5G 的人工智能发展已经处于世界的领跑阶段。大规模发展和大面积应用受到了国家的高度关注，并逐步上升为国家战略，交易算法、机器人技术等领域受到了国家战略的广泛关注。2016年，工信部正式发布的《大数据产业发展规划（2016—2020年）》①中明确指出，发展目标是"到2020年，技术先进、应用繁荣、保障有力的大数据产业体系基本形成"，"在数据挖掘、分析与应用等算法和工具方面处于领先地位"。

从商业应用的角度来说，基于新一代数字技术发展的电子商务平台、社交网络平台及社交商务平台等建设取得了巨大的成就。比如，淘宝、腾讯、京东、抖音及菜鸟等的发展，不仅创建了世界知名的中国数字商业奇迹，而且在中国模式的创新中不断得到发展，支撑着中国城市的便利化发展及中国农村的脱贫攻坚。基于微信社群的网络购物方式，基于网红的直播购物方式，基于数字技术发展的精准推荐和新零售发展如火如荼，很多都是世界首创。

中国数字技术快速发展和创新商业模式的落地为中国及世界学者探索基于平台的新型机器行为提供了有利的条件和保障。同时，以中国网红经济发展为代表的平台和机器行为的研究、基于中国新一代数字技术发展的下沉市场研究，以及数字技术支撑下平台对农业农村发展的探索等，都将是下一波以中国为背景的新一代理论诞生的发源地。就目前而言，虽然对人工智能机器算法行为的学术研究，我国与全球其他国家处在相近起跑线上，但是我国在计算机科学等学科的相对优势及丰富广阔的实践应用场景为我国学者在机器算法行为领域的研究提供了得天独厚的基础优势。

第四部分 主要研究方向

1）研究方向一：在线交易平台上的机器算法定价行为研究

数字经济的崛起使得在线交易平台的用户数量和交易规模不断攀升，随之产生的数据种类和数量也急剧增长。数据资源的丰富使得在线交易平台有条件采用以大数据为基础的机器算法定价。由于价格标签成

---

① 工业和信息化部关于印发大数据产业发展规划（2016—2020年）的通知. https://www.miit.gov.cn/zwgk/zcwj/wjfb/zh/art/2020/art_a4ea057ae84a47069933feb5bb9ba8ae.html[2016-12-30].

本的大幅下降，在线交易平台的机器算法定价实时性强，对影响商品和服务价格的市场信息反应灵敏，并且由于依托于计算机处理，机器算法定价能够在短时间内处理大量复杂的数据信息。机器算法定价能够更好、更及时地反映影响商品和服务价格的外部信息，因而能够增加企业的收入，提高企业盈利能力，也有利于提高市场效率和透明度。但是，机器算法定价也可能给企业、消费者和市场带来不利影响。比如，有设计缺陷的机器算法可能会让企业以不同寻常的低价销售商品，导致入不敷出；也可能使商品价格奇高，使企业错失争夺顾客、获取市场份额的宝贵机会。又如，在线交易平台上的不同机器算法定价之间的博弈可能也会导致商品价格过于高昂，从而降低市场效率；但也可能出现算法之间"合谋勾结"，损害消费者权益。以上这些机器算法定价可能带来的积极影响和消极影响，都亟须学术界对机器算法定价行为的相关问题进行深入系统研究。

本方向研究的典型科学问题有以下几项：在线劳动力市场、电子商务市场、在线金融市场及其他类型的在线交易平台上的机器算法定价行为的研究方法，在线交易平台上的机器算法定价对市场参与者、利益相关方、交易市场及交易平台等的影响，在线交易平台上的机器算法定价行为的市场效率和公平性的评估度量，在线交易平台上的机器算法定价行为模式的识别，在线交易平台上的基于机器学习的智能定价算法的学习演化机制及规律，在线交易平台上机器定价算法之间的博弈，在线交易平台上机器算法定价的监管理论和方法，等等。

2）研究方向二：在线交易平台上的机器算法歧视行为研究

由于在线交易的形式使大量消费者决策、消费数据留下痕迹，相关平台运营者会利用算法手段，跟踪、记录并分析消费者的消费记录或其他网络浏览痕迹，对不同的消费者实施差异性的定价策略。一些学者发现有些在线交易平台存在机器算法歧视的行为，如阿尼克·汉娜科（Anikó Hannák）等发现，在线劳动力交易平台 TaskRabbit 的搜索算法显示的搜索结果与劳动力雇佣方感知的供给方性别和种族显著相关。由于机器算法是需要对来自外部环境的刺激信息做出反应和采取相应决策的人工产物，算法设计人员的主观偏见可能会被有意或无意地带入算法中，最终影响到市场交易活动。另外，机器算法具有学习能力，可能本来设计良好的算法，由于所处外部环境的影响，后天习得了带有偏见和歧视的行为。而当机器算法出现歧视行为时，势必需要采取措施对其纠偏。围绕在线交易平台中的机器算法歧视行为的相关研究能够帮助回答和解决前述问题。

本方向研究的典型科学问题有以下几项：机器算法的透明度及其可解释性理论和方法，在线交易平台上的机器算法歧视行为的识别、检测及歧视程度量化研究，在线交易平台上的机器算法歧视行为对平台参与者的心理、行为和福利等的影响，在线交易平台上的机器算法歧视行为对市场公平性、有效性和市场效率的影响，针对在线交易平台上的机器算法歧视行为的监管和治理，机器算法的伦理，等等。

3）研究方向三：在线交易平台上的机器算法和用户的交互学习行为研究

在线交易平台上的机器算法具备一定的智能决策和学习能力，在参与市场交易过程中能够向平台用户学习；同理，平台用户也能够向机器算法学习，即机器算法和用户之间存在交互学习行为。机器算法扮演着和平台用户一样的交易参与者的角色，其在平台上的交易行为势必会影响用户的交易行为，而用户的交易行为又会反过来作用于机器算法的交易行为，即机器算法和用户行为之间存在交互影响。相比于平台用户，机器算法在处理大量复杂决策信息时处理速度快、处理容量大、处理即时性强，并且具有系统性和可复制性。机器算法与平台用户之间的不同特征可能导致其交互影响的非对称性。另外，机器算法与平台用户之间可以作为竞争对手参与在线交易活动，也可以合作或协同完成在线交易活动，无论何种交互模式，都需要研究其中的机制和效果，并且机器算法与平台用户的交互行为对交易市场、交易平台及其生态系统也会产生影响。

本方向研究的典型科学问题有以下几项：在线交易平台上的机器算法对平台用户个体和群体行为的影响机理，在线交易平台上用户交易行为对机器算法的影响效应及机理，在线交易平台上的机器算法和人类用户之间的合作、竞争和协同行为，在线交易平台上的机器算法和人类用户交互学习的演化规律和机制,在线交易平台上的机器算法和人类用户之间的交互行为对交易市场的流动性、有效性、市场风险等的影响,在线交易平台上的机器算法和用户之间的交互行为对交易平台及其生态系统的影响,等等。

4)研究方向四:在线交易平台上的机器算法体验与预测行为研究

2020 年和 2021 年商务部发布的《中国电子商务报告》都不断强调新一轮电子商务的发展应以服务并满足消费者为根本。随着新一代数字技术的发展,在线交易平台如何利用机器算法更好地为消费者提供优质服务是重要的议题,从消费者的角度需要有一个升级的体验,而从商家或平台的角度需要有精准的预测。用户精准画像的构建是了解消费者的基础。通过对于画像的精准构建,不仅可以提高用户活跃度与复购率,提高用户的满意度,同时还可以实施精准营销及对市场需求科学预判。《美国科学院院报》(Matz et al.,2017)运用机器算法精准捕捉消费者心理特征。但是,新一代数字技术(物联网、云计算)的快速迭代更新为在线平台发展创造了空间丰富的应用场景,使得在线平台逐步发展成为多渠道、多场景、网络化、自媒体的新型平台环境。平台消费者行为表现出时间碎片化、空间流动化、需求个性化、购物社交化等特点。一系列的变化给用户画像的构建带来了巨大挑战,消费者行为形成机理更加复杂,促使消费者画像构建方法遇到瓶颈,同时也使得以消费者为中心的服务受到阻碍,以及精准的需求预测受到挑战。基于在线交易平台的机器算法是对这一重要问题解决的关键。

本方向研究的典型科学问题有以下几项:在线交易平台上旨在高效捕捉消费者满意度的机器算法研究、在线交易平台上的机器算法对消费者核心体验因素的影响研究、社交互动和跨渠道环境下机器算法的行为和决策机制探索研究、基于机器学习的消费者心理与行为特征甄别方法、基于机器学习的消费者动态特征提取理论与方法、基于机器学习的消费者网络地位行为构建理论和方法、基于机器学习的消费者复杂画像构建对"信息茧房"等推荐算法突破性研究、基于机器学习消费者画像构建的预测应用研究。

领域 28   面向智能时代的电商物流优化研究

第一部分   选题背景与意义

电子商务已经成为全球经济跨越式发展的新引擎,是信息时代中国经济发展的原动力。据统计,2019 年全国快递服务企业业务量累计完成 635.2 亿件,同比增长 25.3%;仅天猫一家在 2019 年双十一购物节当天就达成 2648 亿元的交易额,物流订单总量突破 13 亿单。物流的成本及服务质量已经成为电商企业打造自身竞争力的重要途径,这也是继京东大力布局全国物流网络之后,阿里巴巴从原有的依赖第三方物流模式转而大力收购快递企业并重点发展菜鸟联盟的原因所在。一方面,业界不断探索物联网技术、机器人技术、无人驾驶技术在物流行业的应用前景,国家也在高度关注有关的学术课题研究,仅 2018 年就批准了 2 项有关物流技术装备的国家重点研发计划;另一方面,虽然电商物流发展迅速并积累了大量数据及管理经验,但在整个庞大的物流体系中的不同环节存在着若干亟待解决的痛点,严重影响着我国电商经济的未来发展。

若要真正实现电商物流的低成本、高效率运转,不仅需要业界投入大量的资金建设基础设施节点、研发硬件的升级换代,更需要从管理科学的角度审视物流系统层面的问题,利用系统工程理论、运筹最优化理论、计算科学理论等对有关商业模式、系统设计、运营管理等关键核心问题进行深度化、体系化研究,从整体的宏观视角梳理造成痛点的系统性原因,从具体的微观视角分析痛点的解决方案。比如,如何优化智能无人仓的系统以提高仓库的订单处理水平,如何解决物流成本中由"最后一公里"引起的瓶颈问题,如何解决农产品冷链运输中的"最早一公里"难题,如何提高物流网络的韧性以应对各类非常规突发事件的影响等。

大力发展电商物流是我国《物流业发展中长期规划（2014—2020 年）》中的一项重要任务,商务部、国家发展和改革委员会等多个部委曾联合出台了《全国电子商务物流发展专项规划(2016—2020年)》,提出"电商物流成本显著降低,效率明显提高,供应链服务能力大大增强"的发展目标[①]。随着移动互联、人工智能时代的到来,电商物流在不断涌现各种新问题的同时,也为物流业突破瓶颈向前发展提供了新的可能性。开展本领域研究,不仅是学术理论的进一步探索,还能解决电商行业的实际问题,改善电商物流的服务水平,增强电商企业的国际竞争力,对促进国民经济的健康发展、提高人民的生活满意度具有重要的实际价值和现实意义。

第二部分　国内外研究现状与发展态势

目前,电商物流在智能时代的新特点、新挑战及与其相关的应用研究已经成为国内外的热点话题之一,新零售、新物流、O2O、无人店等新概念新模式层出不穷,陆续成为市场前进方向的一个个风口,也成为社会经济发展的新动力。中国政府不仅从政策层面出台各项中长期规划对行业进行宏观调控,同时,国家自然科学基金委员会等部门也已经对以智慧物流为主题的项目进行重点资助,形成了多个与之相关的专项课题,而技术驱动的电商巨头更是将智能化时代的物流上升到企业战略层面,投入巨额经费成立研究院或者与高校合作进行相关学术研究,并在第一时间推进智能仓库、无人配送、区块链授信等项目的实施。

从管理科学的角度对电商物流在人工智能背景下的关键问题进行抽象,并利用数学建模、算法设计、仿真评估、数据挖掘等理论方法进行系统研究,可以增加相关企业在当前时代的适应能力,从而提升企业的运行效率及市场竞争力。虽然物流领域学术研究自21世纪开始已经存在了数十年,但由于大数据、机器人等技术刚刚兴起,与之相关的智能化物流研究正处于起步阶段。比如,德国比吉特·沃格尔-霍伊泽尔(Birgit Vogel-Heuser)教授等在其编著的《德国工业4.0大全》一书的第三卷中专门介绍了相关的智能物流技术,中国学者林庆编写的《物流

①商务部等六部门关于印发《全国电子商务物流发展专项规划(2016—2020年)》的通知. http://www.zcom.gov.cn/art/2018/3/16/art_1443004_15482340.html [2016-03-23].

3.0："互联网+"开启智能物流新时代》深入浅出地阐述了物流行业在当前时代的新变局。

近年来，以智能化为背景的物流研究逐渐被国内外学者所重视。在中国知网中检索有关智能化、无人化物流的论文，2015～2019 年分别有 4 篇、10 篇、31 篇、80 篇、70 篇，整体上呈现出明显的增加趋势。在 WoS 数据库中检索有关物流新模式的论文，2015～2019 年分别有 52 篇、123 篇、138 篇、151 篇、201 篇，也呈现出明显的增加趋势。可以看出，随着新技术的不断涌现，其在物流行业的应用及相关的学术研究都必须逐步完善。

第三部分 中国发展基础与优势

近年来，电商物流的发展一直受到国家领导的高度重视，李克强曾在国务院常务会议上多次强调"大力培育供应链物流、快递和电商物流等新模式，促进物流体系智能绿色、高效便捷发展""鼓励包括民企、外企在内的社会资本参与物流枢纽建设运营"[①]。如今，电商交易额、快递单量、在线支付、5G 等方面，中国已经在国际上遥遥领先，形成了一批在全球产生巨大影响力的巨头企业。2019 年，全球最大的电子商务市场是中国，独占全球电商市场的 54.7%，电商销售额达到 1.935 万亿美元，是排列第二名的美国的三倍多[②]，催生了全球知名的电商平台阿里巴巴，同时也造就了顺丰、京东、菜鸟等排名全球前列的快递企业。与此同时，在智能化发展方面，华为的 5G、阿里巴巴的阿里云计算，以及旷视科技、科大讯飞的深度学习技术都处于世界领先地位。

在学术研究方面，近年来，国内的学者也累积了丰富的成果。百度学术中搜索中文关键词"电商物流"，显示找到约 81 400 条结果，其中北大核心 1043 篇，中国科技核心期刊 555 篇，CSSCI 期刊 196 篇。在 WoS 数据库的论文标题中查找英文关键词"e-commerce"，

① 李克强：延续和完善跨境电子商务零售进口政策并扩大适用范围. http://www.cac.gov.cn/2018-11/22/c_1123748664.htm[2018-11-22].
② 2019 年全球十大电商市场名单出炉，中国占据半壁江山. https://m.jiemian.com/article/3409899.html[2019-08-15].

2015~2019年中国学者发表期刊论文1060篇,占世界总量的34%(总数3100篇,中国排名第一);论文标题中查找英文关键词"logistics",2015~2019年中国学者发表论文1372篇,占世界总量的20%(总数6977篇,中国排名第一)。同时,国内高校及学者积极开展国际交流合作,走在学术研究的最前沿,如与加拿大皇家院士、物流领域最具影响力学者吉尔伯特·拉波特(Gilbert Laporte)教授合作发表了多篇顶级期刊论文,与法国南特高等商学院等联合成立了"一带一路"商学院联盟。

第四部分 主要研究方向

1)研究方向一:基于物联网与机器人自治技术的电商物流智能化仓库系统优化研究

一方面,人工成本不断上升,顾客对订单处理速度要求不断提高,"双十一"等高峰期不断出现爆仓现象;另一方面,传感器、机器人等设备性能逐渐提升,5G支持的数据传输能力突飞猛进,使得智能仓的建设与应用初见雏形。要在控制成本的前提下实现智能仓库系统的高效运行,就必须从系统最优化的角度探讨如何真正实现作业无人化、运营数字化和决策智能化。

本方向研究的典型科学问题有以下几项:战略规划方面,包括仓库空间的布局优化问题,存储、搬运、分拣等模块的设备选型、规模数量及匹配集成问题等(Azadeh et al., 2019);战术运作方面,包括穿梭车式自动化立体仓库中的储位分配问题、订单拆分组合问题、取货次序及行进问题、自动补货策略问题,机器人式分拣搬运系统中的自动避障问题、路径优化问题、最少装箱问题等(Boysen et al., 2019);系统评估方面,主要涉及三维仿真平台的建立及运行可靠性问题等(Roy et al., 2016)。

2)研究方向二:基于云平台的众包物流网络及在电商物流"最后一公里"应用的优化研究

"最后一公里"是配送体系的末端,是影响用户体验最直接的触点。随着共享经济的崛起,基于云平台的众包模式成为电商物流解决"最后一公里"难题的新途径。众包物流服务平台如达达等依托互联网，利用社会闲置人员，连接运输需求及供应两端，大幅降低了配送成本。然而，众包企业没有有效应对不确定需求等各类风险，出现了倒闭潮。欲让众包模式长久发展，企业不断壮大，必须为网络设计及运营管理提供科学指导。

本方向研究的典型科学问题有以下几项：网络设计层面，包括市场随机需求及社会供应能力预测问题，平台中多方参与者之间的博弈问题、社会配送人员的激励及管理机制问题、自营人员规模设定问题等（Vazifeh et al.，2018）；日常运营层面，包括供需不平衡环境下的平台动态定价问题，为提高配送人员积极性而进行的订单合并、任务分配、路线规划问题，派单与抢单等不同模式间平衡问题等（王文杰等，2018）。

3）研究方向三：面向农产品电商物流"最早一公里"的冷链物流与紧致化冷库系统优化研究

生鲜产品单价低、重量大、保质期短，需要在进入渠道之前进行预冷、分拣等环节，而且不同产品冷藏温度不同，造成了农产品冷链最早一公里难题。这一概念的提出比"最后一公里"更晚，我国在此方面发展较慢，存在产地保鲜库建设不足、冷链断链等问题，大大影响产业链盈利水平。要解决农产品上行的难题，首先要建设节能的紧致化冷库系统及健全的冷链物流体系，在整个链条源头予以把控、避免引起后续资源的浪费。

本方向研究的典型科学问题有以下几项：基础设施建设层面，包括以"最早一公里"为辐射半径的冷库选址问题、冷链物流配送中心选址布局问题、物流配送网络整体规划问题等（Li et al.，2019b）；冷库运营管理层面，包括三维紧致化情况下的货架尺寸优化问题、冷库中可行的翻箱策略优化问题、冷库运行中的节能降耗问题等（Li and Chen，2016）。

4）研究方向四：非常规突发事件下基于区块链的韧性电商物流与应急系统构建与优化研究

新冠疫情对中国的经济发展造成了严重影响，也对当前的供应链与物流网络体系提出了严峻挑战。传统物流网络基于中心化数据库与第三方背书认证而建立,其中的信息不对称、交易管理烦琐、信任度低下等痛点,造成供应链上下游企业在紧急事件突发之时无法迅速有效应对。而区块链技术具有去中心化、信息共享、点对点传输等特点,可为物流行业成员提供电子签名、智能合约、全链条追溯等功能,从而形成一套全新的交易与信任机制,大大提高物流网络的韧性。

本方向研究的典型科学问题有以下几项:物流溯源层面,包括结合物联网科技的区块链共识算法研究问题、信息透明时的隐私保护问题等(Babich and Hilary, 2020);物流金融层面,包括通过智能合约编写评级算法、账本数据计算评级结果的信用体系建立问题,通过账款链上通证及拆分向上支付的金融服务体系建立问题等(Ahluwalia et al., 2020)。

领域 29 新兴信息技术影响下的管理决策与优化方法

第一部分 选题背景与意义

近年来,新兴信息技术对经济、社会发展产生的重要作用,已逐步为各国政府和管理学界所公认。对于新兴的国家和地区来说,重视信息技术已成为其在局部领域赶超发达国家的现实选择。2020 年 3 月 4 日,中共中央政治局常务委员会召开会议,强调"要加大公共卫生服务、应急物资保障领域投入;加快 5G 网络、数据中心等新型基础设施建设进度"[①]。新基建以新兴信息技术为基础,包括信息基础设施、融合基础设施和创新基础设施三方面。其中,信息基础设施可进一步划分为以5G、工业互联网为代表的通信网络基础设施,以物联网、云计算、大数据为代表的数据处理技术,以区块链、人工智能为代表的网络安全共生组织,等等。商业实践反复证明,新兴信息技术的发展和应用通常催

---

① 新基建浪潮下,5G 再次"C 位出道"!这一行业市场潜力有多大?. https://ishare.ifeng.com/c/s/7ub13bbjzmJ[2020-12-12].

生出新模式、新业态和新人群，从而对管理决策和优化方法产生一定的影响。

　　首先，由于新兴信息技术的自身特点，传统的管理与决策范式将可能发生转变。比如，在数据处理相关新兴技术背景下，管理与决策将呈现出高频实时、深度定制、全周期沉浸式交互、跨组织整合、多主体决策等特性，传统上以管理流程为主的线性范式将逐渐向以数据为中心的扁平化范式转变，管理与决策中各参与方的角色和相关信息流向更趋于多元与交互。在人工智能和区块链构成的网络安全共生组织下，企业管理思维与决策手段可以实现从传统有限理性等目标方面过渡到极限理性目标方面。其次，新兴信息技术也可带来运营管理优化方法的创新。例如，基于工业互联网实现生产过程的数字化，提质增效，优化产业链协作，赋能制造业转型。综上，深入挖掘各种新兴信息技术的特点，探索其发展应用过程中的管理决策范式转变机理与理论，创新运营管理优化方法，实现复杂管理系统的集成，成为当前该领域亟待研究的重要课题。

　　依靠科技进步来支撑、引领国家和地区的可持续发展已经成为全球的共识和共同行动。以变革、创新为本质的新兴信息技术管理和决策研究，发展空间极为广阔。目前，我国大力发展新基建，5G、大数据、人工智能、区块链、物联网、工业互联网等新技术层出不穷，并逐渐在各个领域得到应用，智慧医疗、智慧物流、智能制造、新零售等新产业新业态蓬勃发展。在此背景下，对伴随新兴信息技术产生的管理决策问题进行深入剖析和研究，不仅有利于提高技术的推广应用，也有利于不断提升战略性新兴产业的品质化和国际化水平。开展本领域相关研究，对于实现"十三五"规划提出的"发挥科技创新在全面创新中的引领作用，加强基础研究，强化原始创新、集成创新和引进消化吸收再创新，着力增强自主创新能力，为经济社会发展提供持久动力"目标任务，具有重要的实际应用价值。

第二部分　国内外研究现状与发展态势

　　目前，新兴信息技术研究和应用已经成为各大领域的热点。通信网络基础设施方面，5G 是新一代信息技术演进升级的重要方向，美国于 2018 年 9 月发布"5G 快速计划"；同年 12 月韩国首次进行商用 5G 信号发射，成为全球首个进行 5G 商用化服务的国家。工业互联网是第四次工业革命的关键支撑，美国工业互联网、德国工业 4.0、"中国制造 2025"都强调互联网技术在工业领域的应用。数据处理技术方面，云计算、大数据和物联网代表了信息技术领域最新的技术发展趋势。2008 年和 2011 年 Nature 与 Science 杂志分别出版专刊 Big Data 和 Dealing with Data，从互联网技术、互联网经济学、超级计算等多个方面讨论大数据处理和应用专题。网络安全共生组织方面，人工智能和区块链的相互赋能，有可能以前所未有的方式使用数据，从而有效颠覆传统企业经营管理方式及业务流程内容。2016 年，英国政府分别发布《分布式账本技术：超越区块链》白皮书和《人工智能：未来决策制定的机遇与影响》文件，肯定了区块链和人工智能的价值。

研究新兴信息技术影响下的管理决策和优化方法，有利于更好地推动经济社会的发展。目前，国际上该领域的研究也刚刚起步，如管理学著名期刊 Information Systems Research 于 2016 年发表名为 "Special section introduction-ubiquitous IT and digital vulnerabilities" 的文章，探讨如何处理工业互联网物联网等信息技术带来的创造新漏洞（Ransbotham et al., 2016）。管理学国际顶级期刊 Manufacturing & Service Operations Management 于 2020 年刊登名为 "Industry 4.0: opportunities and challenges for operations management" 的论文，讨论了包括增材制造、物联网、区块链、机器人和人工智能等新兴信息技术对企业运作管理的影响（Olsen and Tomlin, 2020）。总体来说，围绕新兴信息技术影响下如何进行管理决策和优化的研究，近年来已经得到了广泛的关注。从 2015 年到 2019 年，在 Management Science、MIS Quarterly、Information Systems Research、Production and Operations Management 和 Operations Research 等管理科学国际顶级期刊上能够检索到相关研究 103 篇，如 Production and Operations Management 在 2020 年发表了一篇文章 "Unintended consequences of automated vehicles and pooling for urban transportation systems"，探讨了自动驾驶汽车对消费者模式选择的影响及其对道路和

公共交通系统性能的影响（Naumov et al.，2020）。在 WoS 数据库以"emerging information technologies"为关键词，搜索到 2015～2019 年的学术论文达 8261 篇。

第三部分　中国发展基础与优势

自"十三五"以来，我国大力发展战略性新兴产业，新兴信息技术得到了各级政府的高度重视。通信网络基础设施方面，在 5G+工业互联网的应用上，我国以 5G 应用产业方阵和工业互联网产业联盟为跨界合作交流平台，涌现出一大批优秀的 5G+工业互联网应用示范企业，如海尔集团、航天云网、徐工集团等。数据处理技术方面，云计算、大数据等的发展需要底层信息基础设施来承载，因此建设大数据中心成为最迫切的核心需求。截至 2017 年底，全球超大规模数据中心接近 400 个，中国占比为 8%，位居全球第二。网络安全共生组织方面，据国家工业信息安全发展研究中心《人工智能中国专利技术分析报告》数据，2018 年国内专利申请量达 94 539 件，为 2010 年申请量的 10 倍；《2018 年度中国区块链专利报告》显示，截至 2018 年 8 月 27 日，我国公开的区块链专利数量已经达到了 1065 件，位居全球第一。各方面新兴信息技术高度发展的背景，为我国学者探讨新兴信息技术对管理决策和优化方法的影响提供了领先世界的研究机会。

从学术角度看，5G、工业互联网、大数据、云计算、物联网、人工智能、区块链等新兴信息技术相关研究也得到中国学者的高度重视。从百度学术上简单以论文题目中包含以上 7 个新兴技术的搜索策略来看，2015～2019 年，仅被 CSCD 和 CSSCI 数据库收录的公开发表中文学术论文就有约 8945 篇；分别从论文标题中包含"大数据"和"管理"、"云计算"和"管理"、"物联网"和"管理"、"人工智能"和"管理"及"区块链"和"管理"的搜索策略来看，被 CSCD 和 CSSCI 数据库收录的公开发表中文学术论文数依次为 293 篇、57 篇、48 篇、27 篇和 21 篇。可以发现，目前国内在大数据相关的管理问题上研究较为广泛，而人工智能、区块链等方面的管理问题研究尚处于起步阶段，还应进一步加强。

第四部分　主要研究方向

1）研究方向一：新兴信息技术影响下的管理范式与理论

随着新兴信息技术的发展应用，各个领域相继出现一些新的现象和管理问题。紧密结合实际问题对理论基础进行不断的修正和演化，是一种巩固根本，不断创新的过程。这一巩固创新的要求将成为社会、经济与科技发展对管理科学基础理论提出的持久话题。5G、互联网等通信网络技术正在改变着我们身边的一切，其带来的信息爆炸加上移动互联网的便携性与及时性，促使企业管理形态及组织结构发生深刻变化。各行各业的平台型企业和生态型企业不断形成，平台经济越发繁荣。以互联网、大数据、云计算等数据处理技术为基础支撑的全渠道零售生态体系，成为国内大型零售企业转型新零售的标杆。同时，新兴信息技术的应用对风险管理也提出了新的要求，催生了人工智能与区块链这一网络安全共生组织，如智能交通系统、大数据、生物识别等新兴信息技术都汇集了大量个人信息。以上这些新兴信息技术带来的管理实践的变化，都亟须相应的管理范式和理论。

本方向研究的典型科学问题有以下几项：平台导向型管理原理和管理模式的策略研究、生态型企业管理模式研究、基于大数据的决策参与者行为规律与机理建模、全渠道供应链之间的协调优化、新零售背景下管理范式研究、新兴信息技术下的风险管理、新业态领导理论与方法研究、新兴信息技术下企业社会责任与机构理论、基于灵活性与创新性驱动的管理理论研究等。

2）研究方向二：新兴信息技术影响下的运营管理优化

运营管理通常关注成本、灵活性、速度和质量等方面。工业 4.0 背景下的增材制造、物联网、区块链、机器人和人工智能等新兴信息技术均与这四个方面密切相关。例如，增材制造和先进机器人技术降低了经济生产所需的最小有效规模，并提高了生产的灵活性和速度。在传统基础设施领域深度应用互联网、人工智能、区块链、大数据等技术，可以推进其向数字化智能化转型，对运营管理提出了新的要求。上述新兴信息技术促使物理世界和数字世界的深度融合，将不可避免地对管理决策产生深刻影响，因此，亟须研究与各类新技术相适应的运营管理优化方法。

本方向研究的典型科学问题有以下几项：互联网环境下线上线下服务融合运作优化与协调、数据驱动的新产品设计与优化、数字化背景下的管理决策变革与运作管理、数字化制造下的全生命周期质量和可靠性管理、深度学习和运筹优化融合研究、数字化智能化背景下供应链运作管理理论与方法等。

3）研究方向三：新兴信息技术影响下的管理系统集成

新兴信息技术下管理系统集成将表现为以下形式：基于 5G、工业互联网、云计算、物联网、人工智能、区块链等新一代信息技术，一方面支撑传统基础设施转型升级，形成融合基础设施，如智能交通基础设施；另一方面支撑科学研究、技术开发、产品研制等具有公益属性的基础设施，如重大科技基础设施。与此同时，相关政策环境也不断地优化，形成从技术到应用再到政策保障的完整体系。

本方向研究的典型科学问题有以下几项：新基建背景下传统基础设施的智慧化升级、智慧城市运营管理模式、融合基础设施管理模式研究、人机共融的智能制造模式、创新基础设施应用研究、基于工业互联网的协同制造、分布式网络化服务型生产体系、面向离散制造业和流程工业中复杂多维度人机物协同问题等。

领域 30　数字货币与数字货币衍生品风险管理

第一部分　选题背景与意义

随着互联网信息技术和区块链应用的快速发展，数字货币时代已经来临，一个国家对数字货币的应用和风险管理能力将成为国家综合实力的重要体现。我国高度关注数字货币的理论和应用研究，中国人民银行于 2017 年 1 月正式成立中国人民银行数字货币研究所。2019 年 7 月，国务院正式批准了央行数字货币（central bank digital currency，CBDC）的研发工作。以数字货币为基础的区块链技术，可用于金融交易、征信管理、智能合约还有供应链管理等。但数字货币也存在诸多风险，如数字货币波动性风险、数字货币市场操纵、利用数字货币进行洗钱、利用首次币发行（initial coin offering，ICO）非法集资、数字货币的安全性风险等。因此，数字货币和数字货币衍生品的风险管理问题越来越突出。以比特币为例，大约 26% 的比特币账户及 46% 的比特币交易是与非法行为相关的，每年约有 760 亿美元的非法活动涉及比特币（Foley et al.，2019）。

要解决以上问题，需要从数字货币区别于法定货币和传统金融资产的特征入手，依据数字货币的发展路径、经济学的基础理论，确定数字货币及其衍生品的根本属性。在实践中，数字货币既被作为交换的媒介（货币属性），又被作为投资工具（金融资产属性）。这带来了一个重大挑战，即数字货币是货币还是金融资产，价值如何确定，如何监管，如何发挥数字货币的特点并管理其风险。因此，深化对数字货币的全面认识，有助于建立健全我国的数字货币体系。该方向将拓展对数字货币的属性的理解，提供数字货币及其衍生品的定价方法，并为数字货币及其衍生品的风险管理提供了一种新途径，同时为金融市场对冲风险提供新的思路。

有效管理数字货币和数字货币衍生品的风险，有利于我国在金融新技术领域占据主动权，有利于防范系统性金融风险、推进金融改革发展和激发金融活力。2017 年 6 月，中国人民银行印发的《中国金融业信息技术"十三五"发展规划》，将区块链技术等技术列为"十三五"期间的重大任务和重点工程，并提出加快法定数字货币系统建设，完善法定数字货币发行流通体系。2019 年 10 月，习近平在中共中央政治局第十八次集体学习时强调"把区块链作为核心技术自主创新重要突破口"[①]，这体现了党和国家对于区块链技术的重视。目前，数字货币还处在发展的初期阶段。开展对数字货币和数字货币衍生品的风险管理的研究，有

---

① 习近平：把区块链作为核心技术自主创新重要突破口. https://baijiahao.baidu.com/s?id=1648427337063701370&wfr=spider&for=pc[2019-10-26].

利于我国抢占先发优势、树立行业标准、提升国际话语权；有利于推动区块链技术的合理应用和持续健康发展；有利于保障中国数字货币金融体系稳定，守住不发生系统性金融风险的底线。

第二部分　国内外研究现状与发展态势

关于数字货币的研究已经成为互联网金融领域中的热点。金融学顶级期刊 *Journal of Finance*、*Review of Financial Studies* 和 *Journal of Financial Economics* 已有 7 篇关于数字货币的文献，分别从数字货币市场操控、区块链理论、数字货币的套利与价格形成、数字货币与非法交易、智能合约等多个方面对数字货币展开研究。此外，各国政府和科技公司也高度重视数字货币的研发，2019 年 6 月，Facebook 发布数字货币 Libra 的白皮书；2019 年 11 月，突尼斯的中央银行数字货币电子第纳尔"E-dinar"启动测试；中国、瑞典、法国等国家也在积极研发央行数字货币。

目前，针对数字货币主要有三个方向的研究，分别是数字货币的资产属性、数字货币的货币属性及数字货币的应用和监管。因为基于分布式账本的数字货币缺少中央政府的信用背书，不具有法定货币的法偿性和强制性等特点，因此一部分学者认为数字货币是一种金融资产。随着区块链的飞速发展，一些国家已将研发法定数字货币提上日程。此外，对于数字货币的应用（首次币发行）及对数字货币的监管，也是研究的一大热点。2019 年，美国得克萨斯大学金融教授约翰·格里芬（John Griffind）和俄亥俄州立大学金融教授阿密·沙姆斯（Amin Shams）在金融学顶级期刊 *Journal of Finance* 上发表了名为"Is bitcoin really un-tethered？"的文章，该文章认为比特币价格被泰达公司严重操控，数字货币交易需要严格监管，获得了学术界和实业界高度关注。

从 2015 年到 2020 年，围绕数字货币的相关研究逐渐被国际学者所重视。2015～2020 年，在 *Journal of Finance*、*Review of Financial Studies*、*Journal of Financial Economics*、*Journal of Monetary Economics*、*Journal of Economic Perspectives* 和 *Journal of Management Information Systems* 等管理与经济类国际顶级期刊上已发表相关文章 13 篇。在 WoS 数据库

以"cryptocurrency"为主题搜索到的 2015～2020 年发表的经济学领域学术论文有 586 篇,以"digital currency"为主题搜索到的 2015～2020 年发表的经济学领域学术论文有 350 篇;在 Google Scholar 分别以"cryptocurrency"和"digital currency"为关键词,搜索到 2015～2020 年的学术论文分别有 37 300 篇、21 000 篇。从 2018 年起关于数字货币的论文开始快速增长。

第三部分　中国发展基础与优势

近年来,区块链和数字货币在国家层面得到高度关注,金融科技企业也在纷纷布局。中国人民银行是全球央行中对数字货币探索最为积极并富有前瞻性的机构之一。中国人民银行自 2014 年即已经开始针对数字货币进行研究;2017 年 12 月,数字货币研究所挂牌成立;2019 年 12 月,由中国人民银行牵头,中国工商银行、中国农业银行、中国银行、中国建设银行四大国有商业银行,中国移动、中国电信、中国联通三大运营商及华为共同参与的中国人民银行法定数字货币试点项目在深圳、苏州等地落地。从企业层面看,华为、阿里巴巴、腾讯及百度等科技巨头公司纷纷涉足区块链技术,将其运用于供应链金融、物流服务、数据交易等方面。此外,主要的数字货币矿机厂商都在中国,2019 年中国挖矿规模占全球的 65%。国内目前活跃的三大矿机厂商有北京比特大陆科技有限公司、杭州嘉楠耘智信息科技有限公司、亿邦国际控股公司,三者的市场份额加起来超过全球矿机市场总额的 80%,中国具有世界上大部分的数字货币算力。中国数字货币实践和区块链应用高速发展的背景,为我国学者在数字货币研究领域提供了领先世界的研究机会。

从学术研究的角度看,由于我国采取禁止数字货币交易融资的政策,数字货币相关研究还存在较大的空白,因此也具有较大的发展空间。从中国知网上简单地用论文标题中包含"加密货币、数字货币"的搜索策略来看,2015～2019 年,被 CSCD 和 CSSCI 数据库收录的公开发表中文学术论文仅有 19 篇,主要是围绕央行发行法定数字货币展开的研究。在 WoS 数据库简单地以"cryptocurrency"为主题检索发现,2015～

2020年，中国学术机构发表的国际学术论文共有 36 篇（未包含港澳台地区数据），排在同期全球各个国家和地区同类论文数量的第四位（美国以 134 篇名列第一）。

第四部分　主要研究方向

1）研究方向一：数字货币属性（货币、投资品等）研究

数字货币同时具有货币和金融资产两种属性。具有货币属性的数字货币，无疑会对原有货币体系产生影响。随着私人数字货币的发展，许多国家也开展了对法定数字货币的研究。在保证发行法定数字货币对传统金融机构冲击可控的情况下，发行法定数字货币有助于优化传统法定数字货币支付功能，还可解决货币政策传导不畅等现代货币政策困境。除了货币属性，数字货币也被视作金融资产。在合法的数字货币交易平台中，数字货币的价格由带有买入价和卖出价（bid and ask）的双向拍卖机制撮合而成，因此会形成价格和成交量的时序。围绕该时序，可以观察在传统资产中存在的金融现象是否在数字货币中依然存在。

本方向研究的典型科学问题有以下几项：数字货币的金融经济学、法定数字货币的设计与发行、数字货币体系和法定货币体系的竞争与共存体制、比特币的交换媒介功能、比特币与法定数字货币之间的套利、数字货币的市场有效性、数字货币的格式化特征、数字货币交易的本质（投资或投机）等问题。

2）研究方向二：数字货币价格波动率与其他资产关系研究

对于金融市场参与者和决策者来说，通过识别相关驱动因素来关注资产波动性非常重要。这些参与者和决策者通过关注数字货币价格的波动性，来实现评估风险和降低风险的目的。内部因素如供给和价格水平，外部因素如全球实体经济活动、网络黑客事件等都会影响数字货币的波动性。由于数字货币的价值基础不同于其他资产，数字货币存在为其他资产提供分散风险的可能性，并有助于投资组合管理获取更优的组合表现。不同数字货币的基础算法、诞生的时间和规模都不尽相同，数字货币相互之间的关系也是一个课题。

本方向研究的典型科学问题有以下几项：数字货币收益和波动率的预测、宏观经济因素对数字货币的冲击、黑客事件对数字货币波动的影响、不同数字货币之间的关系、数字货币和主流资产之间的关系、数字货币的对冲及避风港功能、数字货币市场的套利、数字货币的投资策略等。

3）研究方向三：数字货币衍生品定价和风险管理研究

数字货币的全球市值已增长至数千亿美元。然而，学者、市场参与者和监管者对确定数字货币的价值仍存有争议。例如，比特币价格的上涨反映其基本价值的上涨还是与基本面无关的投机活动？一些交易所推出了数字货币期货和期权，但传统定价理论如布莱克-斯科尔斯-默顿（Black-Scholes-Merton，BSM）期权定价模型在数字货币中是否适用依然存疑。除了定价问题以外，数字货币的快速发展也伴随着一些风险，如价格操纵、价格泡沫、洗钱风险等。例如，比特币交易可用于小规模的洗钱、毒品交易等。此外，衍生品交易本身伴随着高风险，而行业缺乏统一、公平的规则框架，各国监管法律又各不相同。因此，如何度量风险并监管数字货币及其衍生品对行业良性发展影响极大。

本方向研究的典型科学问题有以下几项：数字货币的基本价值、数字货币及其衍生品的定价方法、数字货币衍生品影响因素及相关机制、数字货币期权定价方法、数字货币期货的价格发现、数字货币衍生品的套利保值、数字货币衍生品的创新与发展、数字货币洗钱账户的特征、可疑交易对数字货币市场的影响、数字货币市场操纵等。

4）研究方向四：数字货币与宏观经济风险分析

宏观经济风险主要是指宏观经济政策变化和经济周期性波动等给数字货币运行体系及数字货币持有者带来的冲击。各国对数字货币投资采取的政策各不相同，一些国家禁止数字货币交易，而一些国家采取默许的态度。目前数字货币还未形成规范有效的交易市场。在经济体下行周期时，数字货币也会受到较大冲击。例如，塞浦路斯金融危机推动比特币价格大幅上涨；委内瑞拉因国内严重通货膨胀而推出石油币。现有研究表明，数字货币交易与非法交易挂钩。我国为保护投资者权益和防范系统性金融风险,将数字货币交易和代币融资视为非法行为,而将开发法定数字货币作为发展重点。

本方向研究的典型科学问题有以下几项:全球经济实体活动对数字货币波动性的影响、数字货币对原有金融体系的冲击、数字货币体系下货币政策调控经济的有效性、经济政策不确定性对数字货币对冲功能的影响、数字货币的市场监管、发行法定货币对宏观经济的调控作用等。

领域 31　基于数字孪生的智能制造企业产品全生命周期管理

第一部分　选题背景与意义

随着信息技术与制造业的融合,世界各国相继提出了各自国家层面的制造发展战略,如工业 4.0、基于信息物理系统(cyber-physical systems,CPS)的制造、"中国制造 2025"等。这些为建设智能工厂和智能车间,开展智能生产,以满足社会化、个性化、服务化、智能化、绿色化等制造发展需求和趋势提供了有力支撑。我国高度关注大数据的理论和应用研究,仅 2015 年就批准了 3 个有关大数据的"973 计划"项目,制造业已经采用先进物联网技术获得海量数据。但生产信息空间与物理空间的数据缺乏融合,尤其是在使用过程中缺少实时交互,导致生产要素管理的智能性、主动性、预测性比较差,无法满足先进制造模式对智能生产、智能车间、智能诊断和智能回收的要求。

产品全生命周期管理(product lifecycle management,PLM)是集成数据管理、并行工程、企业系统集成等技术的数据管理方式。虚拟孪生体是产品全生命周期的数据、模型及决策的集成系统,数字孪生(digital twin)作为数据附着的载体,具有产品的全过程全要素信息,这与产品全生命周期管理的理念不谋而合。而产品全生命周期管理可按照其内外驱动因素,围绕产品数字孪生体执行产品研发、制造、维护与报废的全生命周期,将产品全生命周期的数据集成于数字孪生体,从而实现精益生产理念。

要解决以上问题,需要从整个制造业的全生命周期视角进行系统的智能决策与优化。而要进行系统的智能决策与优化,又必须以各个环节的海量数据为基础,利用新一代信息技术和数据技术,对其实行全生命周期的智能化管理。然而,这些先进信息技术被广泛应用于智能化管理的同时,也给其带来了一个关键瓶颈,即如何实现制造的物理世界和信息世界之间的交互与共融。因此,以存在于各环节的海量数据为基础,如何在产品全生命周期内实现物理世界和信息世界之间的实时交互与融合,将从根本上影响制造业智能化管理水平,其将为制造业系统的综合智能决策与优化提供一种新颖有效的科学分析方法,并为智能制造企业全生命周期管理提供一种新模式。

发展智能制造可以缩短产品研制周期、降低资源能源消耗、保护环境、降低运营成本、提高生产效率、提升产品质量。2015 年 5 月国务院印发的《中国制造 2025》将智能制造与绿色制造工程列入推进制造业与互联网融合发展的五大工程。2017 年 12 月中国科学技术协会智能制造学会联合体在世界智能制造大会上将数字孪生列为世界智能制造核心科技进展。开展基于数字孪生的产品全生命周期管理研究,不仅可以提升制造产品质量,提高企业智能化管理水平,提升国际竞争力,同时有利于转变发展方式,发展绿色智能经济,而且高度契合国家倡导的坚持把可持续发展作为建设制造强国的重要着力点。

第二部分　国内外研究现状与发展态势

数字孪生的多学科交叉研究已成为全球信息科技领域中的热点之一。自 2003 年迈克尔·格里夫斯(Michael Grieves)教授提出数字孪生概念以来,数字孪生已引起学术界的广泛研究兴趣。世界各国也高度重视数字孪生领域的实践探索。例如,2011 年美国空军研究实验室(Air Force Research Laboratory,AFRL)提出构建飞行器的数字孪生体,通过集成多学科、多尺度的仿真,实现产品虚拟空间与物理实体之间的交互。高德纳（Gartner）公司连续在 2016 年和 2017 年将数字孪生列为当年十大战略科技发展趋势之一。2016 年西门子以产品全生命周期管理系统为基础，将数字孪生技术应用于整合生产流程的制造系统，进行全要素、全流程、全业务和全价值链的集成融合与数字化转型。达索、波音等公司综合运用数字孪生技术打造产品设计数字孪生体，在赛博空间进行体系化仿真，实现反馈式设计、迭代式创新和持续优化。相对而言，国内学者对数字孪生的研究起步较晚，国内学者将数字孪生定义为物理对象以数字化方式在虚拟空间呈现，模拟其在现实环境中的行为特征。

数字孪生支持下的多技术交互融合，能够促进多学科交叉、全生命周期协同、多应用协同，进而促进智能制造企业全生命周期管理。目前，国际上该领域的研究进展也刚刚起步。

从 2011 年到 2019 年，以数字孪生为背景的技术融合创新及管理模式变革等相关研究逐渐被国际学界和业界所重视。据不完全统计，近年来，在 Nature 及管理与工程类国际顶级期刊上已发表论文数十篇，另外，在 Google Scholar、WoS 数据库和 Elsevier 上以 "digital twin" 为关键词，搜索到的学术论文都有近百篇。可以说，基于数字孪生技术的管理变革探索刚刚开始，尤其是面向智能制造企业的全生命周期模式创新具有很好的需求和前景。

第三部分　中国发展基础与优势

近年来，特别是在"十三五"期间，数字孪生在我国除了在国家层面得到高度关注、已经列入国家相关战略内容之外，在智能制造企业产品全生命周期管理实践中也方兴未艾，并引起全球高度关注。《数字孪生体技术白皮书（2019）》中提到数字孪生是支撑社会治理和产业数字化转型的发展范式，也将会是数字社会人类认识和改造世界的方法论。

在学术研究层面，从百度学术和中国知网上关键词查询"数字孪生"的搜索结果来看，2016～2019 年，发表的论文有 378 篇；用百度学术检索关键词 "digital twin"，SCI 论文有 203 篇；在 WoS 数据库简单地以 "digital twin" 为主题检索发现，2016～2019 年，中国学术机构发表的国际学术论文有近百篇（未包含港澳台地区数据）。2016～2019 年，管理科学部有关大数据的项目获批 616 个,总资助金额达 3 亿多元;2018～2019 年获批的国家基金项目中有关"数字孪生"的项目有 11 项,总资助金额达 490 多万元;通过中国知网专利查询可以发现,有关数字孪生的专利申请及授权有 121 项,其中仅 2019 年就有 97 项。

在实际应用层面,以百度、腾讯为代表的企业,积极探索数字孪生技术在车联网中的应用,有效地实现了车与人、路、设备的全面连接。北京东方国信科技股份有限公司、石化盈科信息技术有限责任公司等国内公司,在赛博空间打造映射物理空间的虚拟车间、数字工厂,推动物理实体与数字虚拟之间数据双向动态交互。2017 年中国通用技术(集团)控股有限责任公司将数字孪生技术应用于患者信息存储系统;2018 年红塔烟草(集团)有限责任公司研发基于设备数字孪生体管理平台的零部件生命周期管理方法。

第四部分　主要研究方向

1)研究方向一:基于数字孪生的服务运作管理

数字孪生技术可以在服务运作组织内创建流程镜像和提供所有服务运作链相关的业务信息,提升了端到端服务运作网络的透明度,突破了传统服务运作管理的数据缺乏融合、实时性差和智能性及全局优化能力不足的缺陷,从而改变了服务运作网络结构形式,进而对服务运作效率和相关调控机制产生重要影响,并为其实施智能化决策提供了新的模式。

本方向研究的典型科学问题有以下几项:基于数字孪生的服务运作体系决策架构、基于数字孪生的服务运作网络决策模型、基于数字孪生的服务运作网络调控机理及效应、基于数字孪生的服务运作网络仿真、基于数字孪生的服务运作网络效率评估与全局优化、基于数字孪生的产品售后服务运作决策。

2)研究方向二:基于数字孪生的智能制造资源与调度优化

数字孪生技术可以使智能制造资源在物理车间和虚拟车间相互映射,形成虚实交互、虚拟共生、以虚控实、迭代优化的新型调度机制,实现智能制造调度资源的实时动态响应和生产过程的持续协同优化。其主要特征为调度方式由传统的任务驱动转变为数据驱动、调度资源由实体联动向虚实共生转变、响应方式由被动响应向主动应对转变、管控方式由粗放型向精准型转变。

本方向研究的典型科学问题有以下几项：数字孪生驱动的智能制造过程建模、数字孪生驱动的智能制造生产调度优化、数字孪生驱动的智能制造生产调度方案评估、数字孪生驱动的智能制造资源管控机制、数字孪生驱动的虚实信息共生行为及交互机理、数字孪生驱动的智能制造平台开发。

3）研究方向三：基于孪生数据的产品故障诊断理论及方法

基于孪生数据的产品故障诊断是通过物理设备与虚拟设备信息的同步映射与实时交互，对产品的运行状态或异常进行快速捕捉，精准辨识故障原因并推理出合理的故障维修策略，突破了传统故障诊断的滞后性、静态性和过于依赖专家经验的不足。其主要特征为数据来源方式由过于依赖设备数据和经验数据向物理设备及其虚拟设备共生的孪生数据转变、诊断特征由静态滞后向动态实时转变、诊断方法由主观经验型向客观精准型转变、维修策略由专家推理型向智能调控转变。

本方向研究的典型科学问题有以下几项：基于物理设备与虚拟设备的孪生数据产生及来源、基于孪生数据的故障特征提取及融合、基于孪生数据的故障特征辨识与分类、基于孪生数据的故障诊断方法、基于孪生数据的维修策略分析及虚拟验证、基于孪生数据的维修服务精准执行策略。

4）研究方向四：基于孪生数据的产品再制造管理与逆向物流

数据孪生技术改变了再制造管理与逆向物流的运作模式，基于孪生数据的绿色拆解、基于孪生数据的绿色回收、基于孪生数据再制造等概念或业务不断涌现，促进了产品再制造技术的显著提升和逆向物流模式的革新，为产品再制造管理与逆向物流管理提供了新途径，因此，为顺应这些新需求，也需要相关的新的决策与管理方法来提升其服务质量。

本方向研究的典型科学问题有以下几项：基于孪生数据的再制造过程架构、基于孪生数据的再制造运作模式、基于孪生数据的再制造工艺优化与决策、基于孪生数据的回收模式与选择、基于孪生数据的绿色拆解评估与优化、基于孪生数据的逆向物流模型、基于孪生数据的再制造与逆向物流信息管理系统。

领域 32 面向智能制造的定制化生产与质量决策研究

第一部分 选题背景与意义

21世纪初,世界各国开始在先进制造领域展开角逐,继德国推出工业 4.0 之后,世界各国为了在新一轮工业革命中占领先机,相继推出国家层面的先进制造战略。2015 年,国务院印发了旨在实现制造强国战略的《中国制造 2025》[①]。本质上,所有这些国家战略的核心是智能制造。智能制造代表着制造业的未来,是基于新一代信息通信技术与先进制造技术的深度融合,贯穿于设计、生产、管理、服务等活动的各个环节,具有自感知、自学习、自决策、自执行、自适应等功能的新型生产方式。在面向智能制造的定制化生产环境下,企业的生产组织应更加灵活,以适应动态的生产合作关系;订单管理应更加适应个性化需求,生产计划要适应群落化的制造网络,需要构建以智能制造为特征的定制化产品生产与质量管控模式。

构筑面向智能制造的定制化管理新模式需要解决一些基础科学问题。例如,在需求预测和订单管理方面,如何利用顾客参与、互联网和大数据技术,通过用户画像能准确定位顾客的需求,快速形成订单并执行,实时跟踪订单的进度并根据顾客需求及时调整;在产品价格决策方面,如何利用融合顾客价值分析和工业互联网数据,针对个性化定制需求快速定价;如何融合工业互联网的制造资源数据,考虑顾客交期和资源约束,基于企业的制造执行系统(manufacturing execution system,MES),构建智能优化算法,形成个性化订单的排产计划和物料供应计

---

① 国务院关于印发《中国制造 2025》的通知. http://www.gov.cn/zhengce/content/2015-05-19/content_9784.htm[2015-05-19].

划，并可以根据顾客需求对计划进行动态调整；如何基于顾客个性化需求和企业制造资源条件进行产品质量决策；如何利用工业大数据技术，融合源于人、机、料、法、环和测量的多源异构数据，进行质量问题的分析，构建质量预测、质量优化和质量控制模型。

面向智能制造的定制化生产是我国制造业转型升级的重要途径之一。智能制造是落实我国制造强国战略的重要举措，《中国制造 2025》提出建设重点领域智能工厂和数字化车间，工信部、财政部发布了《智能制造发展规划（2016—2020 年）》。加快发展智能制造，是培育我国经济增长新动能的必由之路，是抢占未来经济和科技发展制高点的战略选择，对推动我国制造业供给侧结构性改革，打造我国制造业竞争新优势，实现制造强国具有重要战略意义。

第二部分 国内外研究现状与发展态势

当前，新一代人工智能技术与先进制造深度融合，智能制造成为学术界的关注焦点。2016 年 12 月与 2019 年 1 月，*Science* 与 *Nature* 杂志分别创刊 *Science Robotics* 和 *Nature Machine Intelligence*，从人工智能、机器人、人机交互、机器学习等多领域探索研究专题。工业工程和制造工程领域的一些期刊也推出了以智能制造为主题的专刊，如中国工程院院刊 *Engineering* 于 2017 年出版了 Intelligent Manufacturing 专刊，*Journal of Manufacturing Systems* 于 2018 年出版了以 Smart Manufacturing 为主题的专刊。近年来，在工业工程和制造工程领域的学术会议上，智能制造、智能工厂、工业 4.0 已成为学术界和产业界讨论的热门话题。

智能制造环境下的定制化将给生产模式带来根本性的变革，如何在定制模式下进行生产和质量决策，有许多科学问题需要深入研究。目前的研究多属于概念和框架层面，以提出相关研究问题为主。2017 年国际智能制造专家安德鲁·库里希克（Andrew Kusiak）教授在 *Nature* 上发表论文 "Smart manufacturing must embrace big data"，指出智能制造离不开大数据的基础支持。管理领域著名国际期刊 *Manufacturing & Service Operations Management* 于 2020 年 1 月发表特邀论文 "Industry 4.0：opportunities and challenges for operations management"，文章指出工业 4.0 或智能制造技术直接影响企业在成本、柔性、速度和质量等方面的决策，将给未来的运营决策带来革命性的影响。上述这些研究显示出智能制造在国家与企业创新中的重要地位及其在新时代背景下带来的发展机遇和管理挑战。由于竞争加剧、产能过剩和顾客需求的提升，满足顾客个性需求定制化生产将成为越来越多企业的发展方向，研究表明，实现高质量、低成本、快速响应的个性化定制离不开智能化的生产。

从 2017 年到 2020 年，以技术为背景的智能制造相关研究备受瞩目，在 Nature 与 Science 期刊上有 39 篇相关论文发表。据不完全统计，2017～2020 年在 Management Science、Manufacturing & Service Operations Management、Production and Operations Management 与 Journal of Intelligent Manufacturing 等管理与制造类国际顶级期刊上已发表相关论文 131 篇，其中 2020 年论文占 91 篇。在 Google Scholar 以"smart manufacturing"为关键词，搜索到学术论文 16 600 篇；在 WoS 数据库以"intelligent manufacturing"或"smart factory"或"smart manufacturing"为主题检索发现，论文数量为 2650 篇。但是上述论文中同时含有定制（customization）主题的论文只有 73 篇，这说明面向智能制造的定制化生产模式尚有很大的研究空间。

第三部分 中国发展基础与优势

自从《中国制造 2025》印发以来，我国陆续发布多项政策大力支持智能制造快速发展，一系列智能制造政策和相关推动措施的出台，正在加速智能制造水平提升。2015 年工信部开展智能制造试点示范专项行动，截至 2018 年底，共遴选出 305 个智能制造试点示范项目，覆盖 92 个行业类别、31 个省（自治区、直辖市），其中海尔、曲美等企业以定制化生产模式作为示范项目；联想也一直在探索基于智能制造的个人电脑（personal computer，PC）定制化生产模式；在服装行业，青岛酷特智能股份有限公司已成为智能化定制的标杆。2018 年 10 月 12 日，《国家智能制造标准体系建设指南（2018 年版）》正式发布，文件提出："到 2019 年，累计制修订 300 项以上智能制造标准，全面覆盖基础共性标准和关键技术标准，逐步建立起较为完善的智能制造标准体系"①。因此，我国已具备智能定制化生产的产业基础，业界也迫切需要面向智能制造的定制化生产模式的经营决策、组织管理方面的研究成果。

从学术研究的视角看，智能制造和定制化方面的研究一直是近年来的热点问题。不少高校建立了以智能制造为主要方向的实验室。在CSCD 以"智能制造"为主题进行检索，截止到 2020 年，论文数量为 381 篇，特别是自 2015 年以来，论文数量呈明显的上升趋势。另外，近年来，中国学者在国际期刊上论文发表越来越多，在 WoS 数据库以"intelligent manufacturing"或"smart factory"或"smart manufacturing"为主题检索得到的 2650 篇论文中，中国学者的论文为 711 篇（未包含港澳台地区数据），位列世界第一，其中 73 篇在主题中含有"定制化"，中国学者的论文为 28 篇（未包含港澳台地区数据）。我国有一批学者自 20 世纪 90 年代初开始研究大规模定制，在大规模定制的理论研究和实际应用方面也有较好的基础。

第四部分　主要研究方向

1）研究方向一：面向智能制造的定制模式生产计划决策与订单管理

在面向智能制造的定制模式下，生产计划是建立在客户端、平台和制造商资源实时数据驱动基础上的，具有分布式决策、去中心化、自组织和动态调整的特点，顾客甚至要求制造商提供实时的订单进度信息，在订单执行过程中提出订单变更要求等，要求制造商的订单管理应有充分的柔性和稳健性。

本方向研究的典型科学问题有以下几项：如何利用工业物联网与泛在连接穿透传统企业边界，将客户端、平台端、制造端数据深度融合，考虑顾客交期和资源约束，基于企业 MES、企业间的企业资源计划（ enterprise resource planning，ERP ）系统和数据采集与监视控制（ supervisory control and data acquisition，SCADA ）系统，构建智能优化算法，形成个性化订单的排产计划和物料供应计划与制造产业链中的

---

① 两部门关于印发国家智能制造标准体系建设指南（ 2018 年版）的通知. http://www.gov.cn/xinwen/2018-10/16/content_5331149.htm[2018-10-16].

制造活动同步，并在高效物流网络的基础上根据顾客需求对计划进行动态调整；如何基于不同顾客的订单需求，将客户端、平台端、制造端数据深度融合，构建定制化智能订单排产系统和订单进度跟踪系统，实时跟踪订单的执行情况，及时发现订单执行存在的问题并实时调整订单计划。

2）研究方向二：面向智能制造的定制模式产品质量决策

有些定制化生产，顾客参与产品的设计，体现为顾客和制造商、供应商的价值共创。在产品质量决策时，制造商需要真正明确顾客的需求，明确自身的加工和装配能力及供应商的配套能力，基于自身的生产资源、能力水平和工业互联网大数据，确定定制化程度，将顾客需求展开为产品的工程特性、零件加工特性、工艺特性和工艺参数质量控制计划。

本方向研究的典型科学问题有以下几项：如何设计顾客参与的价值共创体系，实现顾客与制造商的协同；如何利用顾客参与、互联网和大数据技术，通过用户画像能准确定位顾客的需求，以面向制造、装配的设计方法为基础，考虑实际制造商分布与能力特性，以并行和模块化为基础的方法生成可生产的产品订单并执行，同时能够实时监控价值链运行，依据客户需求进行即时调整；如何快速实现将顾客需求展开为产品的工程特性、零件加工特性、工艺特性和工艺参数质量控制计划。

3）研究方向三：面向智能制造的定制模式产品价格决策

在面向智能制造的定制模式下，需要针对顾客的个性化的订单进行产品价格决策。正确的价格决策是建立在供需分析和精确的成本估计基础之上的，在个性化定制条件下，每个订单的成本不同，在接受订单时，需要敏捷地对订单进行成本估计。

本方向研究的典型科学问题有以下几项：在智能制造环境下，制造商可以获得产品设计、生产、销售和售后服务的大数据，这些过程数据为实施作业成本分析提供了基础，如何根据工业大数据构建智能化的定制产品成本预测和价格模型，如何基于大数据和消费者行为分析顾客对定制产品的心理接受程度等。

4）研究方向四：面向智能制造的定制模式质量控制

个性化定制模式给产品和过程的质量管理带来新的挑战，传统的质量管理技术是建立在大批量生产和统计学的抽样检验理论基础之上的，无法适用于个性化定制化生产模式。但是在智能制造环境下，设计质量信息、生产质量信息和售后质量信息实现了融合，为大量智能传感器和在线检测设备的使用提供了高频的、海量的、高维和多源异构的数据资源，可以融合大数据分析和智能算法实现定制化产品质量的个性化管理。

本方向研究的典型科学问题有以下几项：如何融合源于定制化生产过程中人、机、料、法、环和测量的工业大数据，进行质量问题的溯源、过程质量优化和质量控制。质量问题溯源的关键科学问题是如何发现定制化产品关键质量特性与影响因素的映射关系，实现质量问题的追溯；过程质量优化的关键科学问题是揭示复杂、多阶段生产过程之间质量传递关系和质量波动规律，实现减少质量波动和过程质量优化；质量控制的关键科学问题是构建面向定制化的小批量（甚至单一）、质量属性维度高、质量要求不同的在线质量监控技术。

领域 33　新一代信息技术环境下的知识管理理论与方法

第一部分　选题背景与意义

技术进步是经济长期持续增长的源泉，纵观工业革命以来的世界历史，每一次科学技术的大飞跃都推动了经济社会的大发展，产生了极为深远的影响。近年来，以移动互联网、社交网络、云计算、大数据为特征的新一代信息技术蓬勃发展，其主要特征为网络互联的移动化和泛在化、信息处理的集中化和大数据化、信息服务的智能化和个性化。新一代信息技术环境下，大数据、人工智能、物联网、云计算等新兴信息技术与经济社会的深度融合，改变了人类社会信息的产生、获取、分析、传播及使用的方式和途径，扩展了知识管理的研究领域和范畴，并提出了新的研究挑战。传统的知识管理由于其研究环境、对象、视角的差异很难解决新一代信息技术环境下的知识管理问题。

移动互联网、大数据、人工智能等新兴技术高速发展的时代，知识管理的环境和媒介出现了革命性变化。这些新兴技术给社会各行业、各领域带来机遇的同时，也给知识管理和创新带来巨大挑战，亟须在知识管理技术、能力、方法等方面进行彻底变革（Obitade，2019），需要在知识管理理念、技术和应用方面进行创新，探索大规模、异构、多源数据，以及新的移动、泛在、实时信息传播环境下的知识表示、提取、分析、计算、传播及使用等基本科学问题，如新技术环境下的知识智能表示与提取、大数据背景下知识的自动化及其价值共享、泛在网络环境下的信息传播及知识管理机制、新技术驱动的多模态知识计算等科学问题，并探索新一代信息技术下的知识管理理论体系等。这些研究将完善并拓展知识管理的理论和方法，为重塑经济社会的知识发现、使用和管理模式提供新的途径。

在大数据、云计算、物联网、人工智能等新兴技术的影响下，海量数据的分析和利用成为国内外重点关注的问题。我国将实施国家大数据战略，加快政府数据开放共享，并促进大数据产业健康发展，人工智能和大数据等新兴信息技术被列入战略性新兴产业。智能地分析海量数据，探究知识表示、获取和传播的方法及应用对挖掘大数据蕴含的价值、创造用户价值和商业价值，以及促进我国国民经济和社会持续健康发展均非常重要。开展本领域研究，对智能地、有效地利用新一代信息技术环境下的大数据资源，促进知识增长和经济社会转型发展具有重要的战略价值。

第二部分　国内外研究现状与发展态势

知识管理源自人类知识积聚与知识传递的自然行为，该领域的研究始于 20 世纪 50 年代。1996 年世界经济合作与发展组织发表《以知识为基础的经济》研究报告后，知识管理思想在世界范围获得普遍认可。知识管理充分利用信息技术，使知识在信息系统中加以识别、处理和传播，并有效地提供给用户使用。知识管理强调系统化的研究方法，结合信息与信息、信息与活动、信息与人，探索知识的创造、发掘、传播和利用，其主要目的是促进知识的增长和有效使用。

传统的知识管理研究经过多年的发展，其理论和应用已较为成熟，主要关注知识的产生、发现、传播和使用。研究问题包括知识与信息和数据的关系、知识的定义、知识的创造、隐性知识向显性知识的转化、知识的传递、知识的使用、知识创新、知识管理系统和工具等。新一代信息技术环境下知识产生的条件、传播途径，使用机制和模式发生了新的变化，传统知识管理理论和方法在新技术环境下的应用受到了挑战。学术界和企业界针对新一代信息技术，从知识的提取、挖掘、共享和使用等角度开展了一些理论和方法的研究，但还需深入探索。一方面，这些研究正处于发展阶段；另一方面，新一代信息技术的发展与应用也在不断更新和变化，导致相关研究滞后于技术的发展，同时，现有的研究从整体上考察还没有形成比较系统完善的理论和方法体系。

2010 年到 2019 年，以人工智能、大数据为背景的管理学相关研究逐渐被国际学者所重视。据不完全统计，截止到 2019 年，*Nature* 和 *Science* 等期刊上有 20 篇相关论文发表；*INFORMS* 出版的国际顶级期刊上已发表论文近 55 篇；在 Google Scholar 以 "big data、artificial intelligence、knowledge management" 为关键词，搜索到的学术论文有 14 000 余篇。总体而言，与新兴技术结合的知识管理研究是热点问题，受到了学术界的广泛关注。

第三部分　中国发展基础与优势

随着知识在社会经济中的重要性越来越突出，知识管理成为一种适应知识经济的管理思想，吸引了来自管理学、经济学、社会学等不同学科的研究者的关注。2019 年我国《政府工作报告》中指出"深化大数据、人工智能等研发应用"。新兴技术将全面融合我国的经济社会的各个领域，数据、技术及环境为新一代知识管理提供了良好的研究条件和机会。国际权威机构 Statista 预计，到 2027 年全球大数据规模将达到 175 万亿字节，收入规模将达到 1030 亿美元（Statista Research Department，2022）。工信部 2021 年发布的《"十四五"大数据产业发展规划》显示，预计到 2025 年我国大数据产业测算规模突破 3 万亿元。

国务院印发的《新一代人工智能发展规划》指出，我国到 2030 年，人工智能理论、技术与应用总体达到世界领先水平，成为世界主要人工智能创新中心。截至 2017 年，中国将约 635 亿元投资到人工智能领域，占全球总投资额的 33.18%；人工智能行业在我国实现了基于基础层与技术层与传统产业融合。互联网在我国深度普及和应用，"互联网+"和大数据已经成为我国的国家战略。上述技术在我国的发展和应用，为互联网、大数据、人工智能等新技术环境下的知识管理研究提供了良好的数据基础与应用场景。

2015～2019 年，CSSCI 数据库收录的公开发表中文学术论文中与"知识管理"相关的论文有 5000 余篇；在 WoS 数据库以"knowledge management"为主题检索发现，2015～2019 年发表 Article 类型论文有 4 万余篇，经济管理领域的研究论文约占 1/3。论文总数中我国学者发表的论文 4500 余篇，排世界第 3 位。国际和中国学者在该领域论文发表总量均呈稳定增长趋势，这说明该研究方向是当前研究的热点问题。同时可以发现，近年来，绝大部分的研究与新一代信息技术结合紧密。以中国工程院院士王众托团队为代表的一批中国学者聚焦知识经济与知识管理，正致力于知识管理的理论、方法、技术与工具的研究。

第四部分 主要研究方向

1）研究方向一：新技术环境下的知识智能表示与提取

大规模、富结构知识资源的出现和信息提取方法的进步，使得大规模知识获取方法取得了快速发展。自动构建的知识库已为语义搜索、大数据分析、智能推荐系统提供新的知识基础，在经济社会各行业和领域得到广泛应用。典型应用包括语义搜索、问答系统、大数据语义分析及智能知识服务等。然而，在当前大数据从概念到问题解决的转型期，知识表示和提取的主要挑战体现在多源异构、多实体和多空间的巨量信息的动态交互。

本方向研究的典型科学问题有以下几项：大数据环境下知识表示学习算法与模型、基于多源信息融合的知识表示学习、面向问题与情境的知识表示和推理、面向不同知识类型的知识表示学习、复杂推理模式的知识表示学习、非结构化知识自动抽取、智能化实体识别与关系分类等。

2）研究方向二：大数据背景下知识的自动化及其价值共享

知识自动化在新一代技术环境下存在广泛的应用，如基于知识的服务，包括基于信息的服务、基于情报的服务、基于任务的服务等。知识自动化除了包含传统的规则、推理和显性表达式之外，也对隐含知识、模式识别、群体经验等进行模型化，并借助一定的机制和工具加以实现，有众多待研究的基础理论和应用问题需要探索。知识价值共享是指使知识在组织或社会中交流和扩散，最大化发挥其使用价值。数据的权力归属、隐私保护、数据传播渠道及使用终端的多样性导致目前还缺少针对新技术环境下的有效的知识价值共享机制。

本方向研究的典型科学问题有以下几项：大数据环境下知识自动化的模型和机制，大数据环境下的知识自动化应用，大数据环境下知识共享系统的相关者分析及其交互机制，大数据环境下知识共享模型与技术、激励机制，大数据环境下知识共享的影响因素及其对策，大数据环境下知识共享应用模式及体系，大数据环境下知识价值创造与创新等。

3）研究方向三：泛在网络环境下的信息传播及知识管理机制

随着信息技术的飞速发展，移动智能终端的普及，网络呈现泛在化趋势。多终端移动网络环境下的信息传播改变了知识的获取、创造、传播和使用方式，产生了许多新的知识传播、生产和消费模式。泛在网络环境下的信息传播具有不同于传统传播渠道的新特点，对传统的知识管理的理论和方法提出了新的要求，亟须建立与完善泛在互联网环境下的信息传播理论和方法及知识管理机制。

本方向研究的典型科学问题有以下几项：多终端移动网络下的信息传播与演化机制、多终端信息网络结构挖掘、互联网用户信息传播行为、网络信息传播的预测方法和干预机制、网络信息传播对知识创新的影响和作用机制、互联网环境下知识传播模式与评价、互联网环境下知识服务模式等。

4）研究方向四：新技术驱动的多模态知识计算

大数据时代，物联网、社交网络、电子商务、多媒体技术的迅速发展使得多源、异构、多模态数据广泛存在。由于人的感知和认知机理的多模态本质,人机交互信息从传统的文字、声音、影像发展到位置、睡眠、运动等人体信息,共生、共现的单模态信息种类大大增加。移动智能终端、可穿戴设备、自然语言处理、信息检索、模式识别、认知科学等新技术促进和推动多模态知识计算方法及思路的广泛应用。然而,多模态知识的模态不完整性、处理实时性、模态不均衡性和属性高维性为计算方法提出严峻挑战。

本方向研究的典型科学问题有以下几项:多模态知识的表示和学习方法、模态间知识的映射、多源异构知识的融合机制、基于图模型的多模态融合、跨模态知识的集成方法、多模态情绪识别与情感计算、多模态情境感知的协同预测、基于多模态表示学习的推荐、基于多模态信息的检索与推荐、基于迁移学习的多模态知识协同计算等。

领域 34 健康平台服务运作管理

第一部分 选题背景与意义

近年来,随着"互联网+"的快速发展,大数据、云计算、人工智能等新一代信息技术与健康医疗产业的交叉融合迎来数字医疗 4.0 时代,据医药咨询机构弗若斯特沙利文(Frost & Sullivan)发布的中国医疗健康应用报告显示,2019 年中国互联网医疗市场规模达到 267 亿元,2026 年将增至 1978 亿元。在互联网医疗的背景下,各类健康医疗平台也不断涌现。在国家层面,为响应全面推进人口健康信息化建设要求,我国已在各省份建设以电子健康档案信息的采集、存储、利用为基础,连接区域内的医疗卫生机构基本业务信息系统的数据交换和共享的区域人口健康信息平台。商业层面,平安好医生、微医、春雨医生、好大夫在线等一批移动医疗平台在最近几年飞速崛起。在 2020 年年初暴发的新冠疫情中,各类健康平台发挥了重要作用,数据显示,截至 2020 年 1 月底,微医互联网总医院新冠病毒免费义诊专区访问量近 8000 万,累计提供医疗咨询服务超 90 万人次。疫情期间国家卫生健康委员会连续发文，鼓励开展互联网诊疗进行疫情防控，可见健康平台对医疗行业的发展十分重要。

对于健康平台而言，向用户提供高效、全面、多方位的服务是平台运营管理的重要目标。但当前我国健康平台服务仍存在跨界融合不充分，信息共享程度低与实体医疗机构对接难，营商环境和行业监管不够完善，个性化、精准化的服务尚未健全等短板弱项。因此，要解决以上问题，需要结合互联网和现代信息技术对整个健康医疗服务运作过程进行系统管理与优化，实现线上线下的无缝对接和多重服务协调运作。此外，由于我国人口基数大、老龄化进程加快、医疗资源分布不均匀、互联网信息量庞大、价值参差不齐，线上医疗健康信息真假难辨，发展规范化网络医疗平台尤为重要。如何有效利用大数据进行用户需求分析，快速响应并提供个性化、智能化的服务、协调医疗资源对解决当前我国群众看病难问题具有重要意义。

健康平台的发展，是加快健康信息化资源体系建设，实现全区域数据共享、全方位数据分析、跨部门业务协同、全流程惠民服务的重要基础。2019 年 8 月 28 日，国家发展和改革委员会、教育部、科学技术部等 21 个相关部门联合印发了《促进健康产业高质量发展行动纲要（2019—2022 年）》，纲要指出，建立全国健康医疗数据资源体系，推动健康医疗大数据安全高效发展；支持依托实体医疗机构独立设置互联网医院，规范开展互联网诊疗活动，推动线上线下服务一体化。因此，如何利用大数据驱动健康服务平台高效运营，实现线上线下有机结合，实现多重服务协调运作成为当前该领域亟待深入探索的重要课题。

第二部分　国内外研究现状与发展态势

随着世界各国对医疗健康行业的重视，相关方面的研究也成为全球关注的热点。*Nature* 和 *The Lancet* 上分别出版了专刊 Health Science 和 Digital Health。*Science* 上也收录了多篇健康医疗领域的相关文献，这些期刊从疾病、保健、护理与健康、医学研究等多个方面讨论健康医疗领域的理论知识和技术问题，为健康和医学发展提供了理论基础和决策支持。此外，世界各国政府也十分重视健康医疗研究的发展。例如，2016 年，美国从财政预算中为精准医疗项目划拨 2.15 亿美元经费支持新一代的科学家开发创造性的新方法；欧盟为集中资源攻关治疗罕见疾病，于 2018 年开始使用跨境电子处方，将通过跨境远程医疗连接上千家医疗机构。

由于健康平台发展仍处于初步阶段，国际上对该领域的研究也在不断发展中。近年来，随着大数据、人工智能等新技术的发展，互联网与健康医疗的跨界融合成为众多研究者关注的热点。国际运作管理顶级期刊 *Production and Operations Management* 在 2018 年 12 月出版了 Introduction to the Special Issue on Patient-Centric Healthcare Management in the Age of Analytics 专刊，突出了以数据为驱动力、以患者为中心的健康医疗分析工具和信息技术的应用。*Production and Operations Management* 在 2018 年发表文章"Big data and the precision medicine revolution"，论述了大数据和精密医学的融合对健康医疗改革具有重要作用（Hopp et al., 2018）。同时，互联网环境下的健康医疗平台对监管也提出了新的要求，然而目前相关文献不多，且集中于对宏观政策的探讨。2020 年 1 月在 *Nature* 合作期刊 NPJ Digital Medicine 发表的 Blockchain vehicles for efficient medical record management 研究通过区块链管理在线医疗数据，同时兼顾患者数据的所有权及敏感数据的安全性，是新环境下对医疗健康平台开展监管的有益探索（Vazirani et al., 2020）。

2016~2020 年，与健康医疗主题相关的研究在 *Nature*、*Science* 和 *The Lancet* 等期刊上分别有 145 篇、10 篇、110 篇学术论文发表；据不完全统计，近年来，在 UTD24 期刊上已发表"healthcare"主题相关论文近 140 篇，其中关于 healthcare platform 主题的论文有 7 篇。例如，*Manufacturing & Service Operations Management* 在 2020 年发表了名为 *a review of the healthcare-management（modeling）literature published in Manufacturing & Service Operations Management* 的论文，文中综述了新技术、新方法在医疗保健运营决策中的运用（Keskinocak and Savva, 2020）。在 Google Scholar 以"healthcare"为标题关键词，搜索到的 2016~2020 年的学术论文达 35 700 篇。

第三部分　中国发展基础与优势

我国自"十二五"以来,对医药行业发展十分重视,并将其作为重点的战略性新兴产业培育发展的领域,同时提出要着力推动医药产业结构升级。2016 年 8 月 26 日,中共中央政治局召开会议,审议通过的《"健康中国 2030"规划纲要》明确指出, 完善健康保障是健康中国建设的五大重点任务之一, 要积极发展健康服务新业态,促进健康与养老、旅游、互联网、健身休闲、食品融合,发展基于互联网的健康服务,加强健康医疗大数据应用体系建设,推进基于区域人口健康信息平台的医疗健康大数据开放共享、深度挖掘和广泛应用。2019 年 8 月 30 日, 国家医疗保障局发布《关于完善"互联网+"医疗服务价格和医保支付政策的指导意见》,首次提出将互联网诊疗纳入医保支付。Wind 数据显示,截止到 2020 年 2 月, 我国共有超过 1000 家从事在线医疗相关业务的企业, 共拥有专利超过 1.3 万个。2018 年我国在线医疗市场规模达到 491 亿元, 2019 年 4 月我国互联网医疗用户规模为 4500 万人, 同比增长 59.9%。截至 2019 年 9 月末,支付宝已经签约的医疗机构数超过 11 000 家,并在超过 300 家三级医院接通了医保支付。

从学术研究的角度看, 健康医疗相关研究也得到中国学者的高度重视。从百度学术上简单地用论文标题中包含"健康医疗"检索到 2016～2020 年共发表论文 4810 篇, 被 CSCD 和 CSSCI 数据库收录的公开发表中文学术论文有约 144 篇;用论文标题中包含"大数据健康医疗"和"互联网健康医疗"检索到 2016～2020 年共发表的论文分别有 120 篇、79 篇;从论文标题中包含"健康平台"的搜索结果来看, 2016～2020 年被 CSCD 和 CSSCI 数据库收录的公开发表中文学术论文约有 33 篇;而在 WoS 数据库中检索到 2016～2020 年与"digital healthcare"主题相关的论文就有 1926 篇,可以发现,我国对健康医疗平台的研究还在起步阶段。

第四部分　主要研究方向

1) 研究方向一:数据驱动的健康平台服务运作管理

科学开展现代医疗保健离不开对数据的有效运用。从患者到医生的数据流及平台与医疗机构之间的信息共享，推动了健康医疗服务的发展。就健康医疗行业的服务平台来说，数据来自行业的不同部门，如医院和健康医疗提供者、医疗保险、医疗设备、生命科学及医学研究院所等。通过大数据、云计算、机器学习和人工智能等技术进行数据采集、分析、预测、可视化以支持决策，提高用户服务质量，提升响应速度并优化资源利用，改善健康平台运作流程和服务水平。

本方向研究的典型科学问题有以下几项：大数据背景下医疗体系商业模式创新、大数据和人工智能在医学诊疗决策中的应用研究，人工智能在医疗健康中的应用分析，医疗供应链管理研究，基于大数据的新发重大传染病监测、预警和应对，大数据隐私保护机制及模型，远程医疗在慢性病管理中的应用研究，基于大数据的移动医疗对糖尿病患者管理的应用分析，基于医疗数据挖掘的在线病情分析和诊断研究，罕见病线上交互与支持平台的应用研究等。

2）研究方向二：线上线下相结合的健康平台服务运作管理

在线医疗平台正在改变医患沟通和患者就医的方式。在"互联网+大健康"的时代背景下，"互联网+大健康"作为一种新的经济社会形态，是以互联网为载体，以互联网信息技术手段和网络信息平台为依托，利用移动客户端，建立集线上线下的网络平台，充分实现了互联网和医疗的深度融合，促进了我国民众健康产业的发展。近年来，随着互联网医疗的快速融合发展，远程诊疗、在线家庭医生签约、线上健康管理等服务平台相继涌现，在促进医疗资源配置优化的同时，由于缺乏统一的管理标准，也暴露出许多问题。例如，互联网医疗是否纳入医保，如何确定收费标准，如何保障患者隐私，以及如何协调线上和线下医疗资源分配等问题将在一定程度上制约互联网健康平台的发展。因此，解决这些问题也意味着要将线上的服务与线下进行深度融合，统一服务标准，实现线上与线下服务的无缝对接。

本方向研究的典型科学问题有以下几项：线上线下综合医疗服务平台建设研究、远程医疗服务研究、评价和服务对医疗健康渠道选择的影响、线上医患互动行为分析研究、智能互联医院服务体系的构建、"互联网+"医疗社区养老服务分析等、基于云平台的区域卫生一体化服务系统建设、"互联网+"公共卫生服务系统的构建、互联网健康平台对医院高血压患者管理的研究、远程康复医疗管理运作模式研究等。

3）研究方向三：健康平台多重服务的优化与协调

健康医疗平台通过对医疗资源进行整合再分配,同时提供多种健康医疗服务,如公共卫生、计划生育、医疗服务、医疗保障、药品供应保障、健康保险和综合管理等,可有效解决群众看病难的问题。健康平台的高效运作需要对接现有的社会公共医疗卫生机构、医生、保险及普通市民,面对庞大的用户群体,除具备强大的信息技术基础外,平台还应充分考虑相应的机制建设。由于我国的健康医疗平台建设还存在许多不足,平台制度不完善、信息共享程度低等,优化和协调平台的多重服务尤为重要。

本方向研究的典型科学问题有以下几项：医疗资源分配决策分析、养老资金可投资的新型商业保险产品的设计、政府补贴与个人自费养老模式新型制度设计与优化、企业参与社会保障体系的博弈分析、健康医疗系统运营决策、"互联网+"医疗服务流程优化再造、社会保障体系健康服务管理的研究、社区与企业的联合有偿服务优惠政策研究、重大突发公共卫生事件下的医疗资源供给与配置模式、公共卫生体系与医疗服务和医疗保障体系的融合协同机制等、可穿戴传感设备在医疗领域的应用研究、基于慢性病健康管理服务的优化与设计、基于医疗传感器和移动终端的在线疾病诊断服务研究等。

领域 35　区块链背景下的供应链管理与运营管理

第一部分　选题背景与意义

作为一项方兴未艾的高新技术,区块链正迎来发展的春天。2018 年全球区块链支出达 15 亿美元,其中我国的区块链支出达 1.6 亿美元。截至 2018 年 3 月,我国以区块链业务为主营业务的区块链公司数量已达到 456 家。我国高度关注区块链技术的发展,将区块链提升为国家技术发展的重要战略。进入 21 世纪后，供应链在全球范围内应用场景的复杂化、参与方的动态性、信息不透明不对称等特点，使得供应链的发展遇到瓶颈。区块链技术是一种去中心化的高信任度分布式数据库账本技术，具有可溯源、信息无法篡改等特点，能有效化解供应链信息系统难题，并以此提高各参与方在物流和资金流的协作效率。然而，区块链在供应链中的应用涉及产业升级问题，将带来设施建设、技术普及、人员训练等成本的提高。同时，信息透明化将带来利益关系的转变也将成为区块链技术应用的阻力。

要解决区块链技术在供应链管理应用中的阻碍，需要激励供应链中的所有主体、积极构建基于区块链技术的互信共赢型供应链信息平台。首先，借助区块链技术对症下药，优化各个参与方的库存与服务水平、质量管理、运营效率及成本控制，进而实现创收。其次，借助区块链技术实现供应链管理思维上的变革，梳理和完善整条链条上物流、信息流及资金流的相关业务。最后，借助区块链技术开展融资、顾客关系管理等增值业务。因此，本领域研究就如何利用区块链的分布式记账、数据自动更新、智慧合约等特点对提高企业的运营效率、企业间的协作效率及整个链条的价值进行研究。该方向拓展了区块链技术的应用领域，同时为新时代下供应链管理提供了一种新的研究方法和实践途径。

十九大报告明确提出："在中高端消费、创新引领、绿色低碳、共享经济、现代供应链、人力资本服务等领域培育新增长点、形成新动能。"[①]基于区块链实现供应链优化，推进供应链创新与应用，有利于推动集成创新和协同发展，是落实新发展理念的重要举措；有利于促进降本增效和供需匹配，是供给侧结构性改革的重要抓手；有利于打造全球利益共同体和命运共同体，是引领全球化提升竞争力的重要载体。将区块链技术应用到供应链管理中，以优化信息流带动物流和资金流的整合与协调，既是当下供应链管理理论与实践的迫切需要，也是国家加快推动区块链技术和产业创新发展的战略与规划的重大需求。开展区块链背景下的供

---

① 习近平：决胜全面建成小康社会 夺取新时代中国特色社会主义伟大胜利——在中国共产党第十九次全国代表大会上的报告. http://www.gov.cn/zhuanti/2017-10/27/content_5234876.htm[2020-11-11].

应链管理与运营管理研究，有助于加大信息技术对传统产业的赋能，推动我国产业升级，对我国经济高质量发展具有重要实际应用价值。

第二部分　国内外研究现状与发展态势

目前，区块链技术研究和应用已经成为全球信息科技领域的热点，以其为支撑的新经济新业态正成为全球竞争的新蓝海。区块链已经引起学术界广泛的研究兴趣。*Nature* 公布的 2018 年全球各地科学家在 Scopus 数据库上搜索最多的关键词，区块链位居第二。多国政府高度重视区块链技术创新与产业健康发展，2019 年美国、德国等 14 个国家和地区制定了区块链相关政策。通过对国外文献的标题和摘要的分析发现，2015 年至 2017 年国际的关注重点主要是区块链对金融服务、银行及商业的影响。2018 年，中国的区块链发展成为国际区块链关注的焦点。其后，国内各界开始广泛关注区块链与其他不同领域的结合应用，其中区块链与供应链的结合是重要关注点之一，业界如华为、腾讯、阿里巴巴等互联网巨头纷纷打造了各自的区块供应链模式。

区块链分布式记账、信息共享等特点能够应对当前供应链优化过程中面临的信息不对称及信任问题带来的效率低下问题，为供应链管理、优化及创新提供技术支持。目前国外研究集中于从多视角探讨区块链在供应链领域的应用优势、价值与前景，介绍了若干应用创新案例，剖析应用瓶颈与问题，提出了完善应用的路径和措施。例如，Britchenko 等（2003）在国际管理著名期刊 *Management Science* 发表了题为 "Blockchain technology into the logistics supply chain implementation effectiveness" 的科研论文，是该期刊首篇有关区块链的研究，在具体应用方面，国内外研究主要聚焦于信息溯源及供应链金融（Tian, 2016; Tse et al., 2017; Choi, 2019; Azzi et al., 2019; Hastig and Sodhi, 2020; 李明佳等，2019; 张鹏和罗新星，2019; 贺超和刘一锋，2020; Chod et al., 2020）。

考虑区块链技术的供应链管理的相关研究逐渐被国际学者所重视。2016~2020 年来 *Nature* 和 *Science* 刊登了 3 篇相关论文；据不完全统计，近年来，在 *Management Science*、*Operation Research*、*Manufacturing & Service Operations Management*、*Production and Operations Management*

等管理与经济类国际顶级期刊上已发表相关论文近 40 篇。在 Google Scholar 和 SSRN 以"blockchain and supply-chain"为关键词,搜索到的学术论文分别有 5635 篇和 592 篇。

第三部分　中国发展基础与优势

2016 年 12 月,国务院印发《"十三五"国家信息化规划》,首次将区块链技术列入国家级信息化规划内容。近年来,区块链技术在我国除了在国家层面得到高度关注外,其已经成为国家重要技术发展战略的组成部分。截至 2019 年 2 月,北京、上海、广州、重庆、深圳、江苏、浙江、贵州、山东、江西、广西等多地发布区块链政策指导信息。在 2019 年 10 月底,中共中央政治局就区块链技术发展现状和趋势进行了第十八次集体学习,中央领导明确强调"把区块链作为核心技术自主创新的重要突破口""加快推动区块链技术和产业创新发展"①。截至 2022 年 9 月,我国区块链专利申请量占全世界专利申请量的 80% 以上,仅在数字货币领域的专利就已超 700 件,并涌现具有代表性的数字货币上市公司约 16 家。中国对区块链技术高度重视和在供应链管理方面取得的技术先机,为我国学者在应用区块链进一步优化供应链研究领域提供了领先世界的机会。本领域研究将依靠国家和业界的支持,深度挖掘区块链在供应链管理领域的应用,填补本领域研究的空白,并紧密联系和指导实践以推动区块链技术与产业创新发展。

从学术研究的角度看,区块链技术在供应链领域的应用研究得到中国学者的高度重视。从百度学术上用论文标题中包含"区块链在供应链的应用"的搜索策略来看,2015~2019 年,仅被 CSCD 和 CSSCI 数据库收录的公开发表中文学术论文就有约 404 篇(2015 年之前仅有个位数的此类论文发表);在 WoS 数据库简单地以"blockchain and supply-chain"为主题检索发现,2015~2019 年,中国学术机构发表的国际学术论文共有 72 篇(未包含港澳台地区数据),排在同期全球各个国家和地区同类论文数量的第二位(美国以 88 篇名列第一)。国内

① 习近平:把区块链作为核心技术自主创新重要突破口 加快推动区块链技术和产业创新发展. https://m.gmw.cn/baijia/2019-10/26/33266458.html[2019-10-26].

学术界在传统供应链管理方面研究成果和实践丰富，但在结合区块链的相关研究方面潜力较大。

第四部分　主要研究方向

1）研究方向一：区块链背景下的供应链优化研究

顾客需求的多样化和市场环境的复杂化使得供应链规模日益庞大，传统供应链整体运行效率低、运作成本高，供应链优化势在必行。区块链作为当下最热门的技术之一，其分布式记账、不可篡改等特性能有效解决现有供应链面临的信息不透明、信任风险、数据错误等问题，降低供应链的信任风险和运行成本，以及提升服务水平，实现供应链的优化。本领域研究将供应链优化分为三个层次：供应链设计优化、供应链计划优化、供应链执行优化。供应链计划优化以供应链设计优化的结果为前提，供应链执行优化以供应链计划优化的结果为前提，探究如何利用区块链避免各种优化策略的冲突，得其利而不必受其害。

本方向研究的典型科学问题有以下几项：区块链背景下（应急物品）供应链网络优化、基于区块链的（钢铁）行业信息管理系统优化、基于区块链的（汽车零部件）供应商管理战略研究、基于区块链的（农产品）需求预测研究、区块链背景下（医药）采购模式优化、区块链背景下（时鲜产品）库存管理优化、基于区块链的订货型生产（make to order, MTO）调度研究、基于区块链的物流生态圈优化。

2）研究方向二：区块链背景下的供应链竞争与协调研究

随着经济规模的不断扩大和发展，供应链的两端不断延伸，企业的供应链越来越复杂。并且，整个供应链运行过程中产生的各类信息被离散地保存在各个环节各自的系统内，信息不对称产生或大或小的牛鞭效应，降低了供应链运营效率和整体利润。作为新兴信息技术，区块链有望能有效化解供应链信息系统难题，并且以信息流带动物流和资金流的优化。然而，信息透明化带来利益关系的转变将成为区块链在供应链应用的阻力。本领域研究将从供应链竞争与协调角度出发，主要考虑区块链技术对供应链上下游企业的影响，研究基于区块链技术的供应链各主体间的决策与协调问题。

本方向研究的典型科学问题有以下几项：基于区块链的信息共享对供应链上下游的影响、如何构建基于区块链技术的供应链信息共享机制、如何制定区块链背景下的智能合约实现供应链协调、基于区块链的联合采购机制设计、基于区块链的供应链质量管理研究、基于区块链的商品转运合作研究。

3）研究方向三：区块链背景下的供应链模式创新研究

随着供应链在全球范围内的不断深化应用，其制约瓶颈也日益突出。特别是在金融供应链和医药食品供应链，信息不透明不对称、参与方不信任及供应链风险等问题急需解决。在区块链技术下，其去中心化、分布式共享及智能合约等技术特点，正好切入供应链管理面临的痛点。在权限范围内，区块链节点上数据相互共享、公开透明，有利于全链条信息资源整合，不但能实现供应链信息流通的透明化和对称化，而且能提高信息的可追溯性及保证信息安全。尽管区块链在供应链领域具有广泛应用前景，但目前大多数研究仍处于理论方面，区块链技术下的供应链模式创新问题尚未解决。厘清区块链技术下供应链模式创新问题，特别是界定不同领域的区块供应链模式创新，才能完全发挥出区块链在供应链不同领域应有的作用。

本方向研究的典型科学问题有以下几项：区块链背景下的供应链高效溯源模式创新研究、基于区块链的供应链金融模式创新研究、基于区块链的供应链风险防控模式创新研究、基于区块链的供应链结算模式创新研究、基于区块链的供应链供给侧管理模式创新研究、基于区块链的供应链客户关系管理创新研究。

领域 36　"互联网+"工程建造平台模式与服务管理

第一部分　选题背景与意义

目前，我国工程建造行业仍然面临行业发展方式粗放、建筑工人技能素质不高、监管体制不健全等突出问题,亟须通过产业升级改变现状。"互联网+"旨在把互联网创新成果(移动互联网、大数据、云计算、物联网等)与经济社会各领域深度融合,具有推动技术进步、效率提升和组织变革的巨大潜力。"互联网+"与工程建造深度融合也将创新建造方式、提升企业竞争力、改革监管方式,是解决行业问题的有效途径。那么,如何实现"互联网+"与工程建造的融合?从"互联网+"与制造业的融合来看,基于互联网平台实现建造服务的线上聚集与配置是"互联网+"与建筑业融合的关键。基于此,"互联网+"工程建造平台如何优化服务资源配置并提供有效的服务管理成为改变建筑业现状的核心问题。

借助数字化技术,工程建造平台上的建造服务与线下建造资源形成"所见即所得"的映射关系,使得通过建造服务交易来完成工程项目成为可能,借助服务交易的供需关系匹配实现服务资源的有效配置。同时,交易的竞争性能激发企业的服务创新,进而推动建造方式的创新。在新一代信息与通信技术支持下,服务实施信息的实时性与透明度都得到了极大的改善,为革新监管方式创造了条件。然而,实现上述目标有赖于"互联网+"工程建造平台的正常运转,发挥交易管理、服务管理及监督管理等功能。平台的正常运转和平台参与者类别与数量、平台盈利、平台服务交易量、服务交易质量等息息相关。相应地,工程建造平台如何吸引不同建造企业加盟、如何收取平台服务费维持盈利、如何促进并监督建造企业之间的服务交易、如何保证建造服务交易的质量将成为推行"互联网+"工程建造平台模式面临的重大挑战。

《建筑业发展"十三五"规划》明确指出,为了调整优化建筑业产业结构,要"支持'互联网+'模式整合资源,联通供需,降低成本";也要"加强业态创新,推动以'互联网+'为特征的新型建筑承包服务方式和企业不断产生"。可见,积极推动"互联网+"与工程建造深度融合符合建筑业发展的战略需求,也是行业转型升级的必然趋势。通过研究"互联网+"平台模式与服务管理,构建一套完整的平台运作和服务管理理论体系,能为"互联网+"与工程建造的深度融合奠定理论基础,有助于推动建筑业的转型升级,促进建筑业的可持续健康发展。

第二部分　国内外研究现状与发展态势

互联网平台经济在全世界范围内的巨大成功吸引了产业界和学术界的大量关注。在 Google Scholar 上可以搜索到 2020 年以前（包括 2020 年）共发表 489 篇标题包含"platform economy"的学术论文，标题包含"sharing economy"的学术论文多达 3200 篇。从 2005 年到 2015 年，*Management Science*、*American Economic Review*、*Marketing Science* 等管理与经济类顶级期刊发表了近 20 篇有关双、多边平台的论文。另外，国家自然科学基金委员会于 2014 年至 2018 年资助了重点国际（地区）合作研究项目"网络环境下平台服务模式及其资源整合与协作机制研究"，极大地推动了平台模式下服务运作管理的研究。

互联网平台是一个通过互联网将双方或多方群体连接形成的双边或多边市场。让·夏尔·罗歇（Jean-Charles Rochet）和让·梯若尔（Jean Tirole）最早提出双边市场的概念，并通过模型说明了网络外部性是形成双边市场的必要条件（Rochet and Tirole，2003）。之后，学者对双边平台下收费对象的选取及收费策略（Armstrong，2006）、不同市场结构下的平台竞争策略及其对定价的影响（Economides and Katsamakas，2006；Hagiu，2009）进行了研究。在多边平台方面，学者主要关注多边平台商业模式（Parmentier and Gandia，2017）、多边平台竞争（Jullien，2011）及多边平台市场定价（Weyl，2010）等。目前，在工程建造领域，互联网平台主要应用于电子采购和项目协同管理，旨在借助互联网、物联网、建筑信息模型（building information modeling，BIM）等数字化技术改善信息传递与共享效率，提高项目采购和项目管理水平（Ibem and Laryea，2014；Oesterreich and Teuteberg，2016）。就平台模式下的服务管理而言，研究多集中于网络环境下的平台服务运作管理（华中生，2013）、服务科学与创新管理（华中生等，2018）。

近年来，平台经济的成功吸引了不同领域学者的关注。2018 年，管理学顶级期刊 *Manufacturing & Service Operations Management* 发起了主题为 Sharing Economy and Innovative Marketplaces 的专刊，关注共享经济模式的运营和经济学研究。2019 年，*Journal of Economics and*

Management Strategy 发布了主题为 Special Issue on Platforms 的专刊，对平台市场结构、平台均衡选择、合并与反托拉斯等问题发起讨论（Cabral et al., 2019）。在创刊 20 周年之际，*Manufacturing & Service Operations Management* 于 2020 年在线发表了题为 "Operations management in the age of the sharing economy：what is old and what is new？" 的文章，探讨了共享经济模式下新的运作管理问题与理论及其和传统运作管理研究的区别与关联（Benjaafar and Hu, 2020），这将开启平台商业模式下服务运作管理的研究热潮。

第三部分　中国发展基础与优势

　　近年来，不管是互联网平台经济还是建筑业改革都得到了国家层面的高度重视。2019 年《国务院办公厅关于促进平台经济规范健康发展的指导意见》印发，充分肯定了平台经济的重要作用；另外，《建筑业发展"十三五"规划》明确提出要坚持推进建筑业供给侧结构性改革。这两方面的发展需求将共同催生"互联网+"工程建造平台模式。话梅糖等工程设计众包平台、必联网等电子招投标平台、"四库一平台"的出现为工程建造平台模式提供了实践土壤。所以，无论是平台经济环境还是行业实践土壤，我国都掌握了发展"互联网+"工程建造平台模式的先机。

　　从学术研究的角度看，平台经济得到了中国学者的高度重视。在百度学术中以标题含有"平台经济"为条件进行搜索，2015 年至 2020 年，被 CSSCI、CSCD、北大核心期刊收录的学术论文共有 287 篇，而标题中包含"双边市场"的学术论文多达 134 篇，涵盖了理论经济学、管理科学与工程、应用经济学、计算机科学工程等不同学科范畴。在国际上，中国学者也有自己的话语权。在 WoS 数据库以 "two-sided platform" 为主题搜索 SCI、SSCI 论文发现，中国学者发表的论文多达 112 篇（仅次于美国的 180 篇）。此外，国家自然科学基金委员会管理科学部在 2011 年至 2014 年资助了重大项目"网络环境下的服务运作管理研究"，极大地提高了我国管理科学领域在平台服务管理方面的研究水平。

第四部分　主要研究方向

"互联网+"工程建造平台模式的核心在于促成工程参与主体在平台上进行建造服务交易,为此需要吸引不同类别的工程参与主体加入平台,形成一个可交易的多边市场。针对多边市场的形成,需要考虑多边市场的形成机理,以及平台企业收费与补贴策略对潜在参与者的吸引力。为了保证建造服务交易令用户满意且符合规范,还必须对服务实施过程进行管理,对服务交易过程进行监管和控制。总的来说,推动"互联网+"工程建造平台模式需要从以下几个方向展开研究,这几个研究方向的相互关系如图1所示。

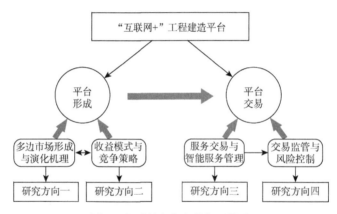

图1　主要研究方向的相互关系

1)研究方向一:"互联网+"工程建造平台的多边市场形成与演化机理

在工程建造平台模式下,工程建造的各类参与主体聚集在平台上进行服务交易,形成多边市场。工程建造服务的主体多样性、类型多样性、层次多样性增加了多边关系的多样性,使得各边主体之间的相互作用变得错综复杂。面对多边关系的多样性与复杂性,网络外部性的作用机制也势必发生变化。此外,平台外部环境的动态变化会改变平台参与主体的分布,平台的网络效应也会随之改变,使得平台朝不同的方向演化。

本方向研究的典型科学问题有以下几项:工程建造平台的多边市场

结构建模、工程建造平台的多边网络效应、工程建造平台的网络外部性及其作用机制、平台成员多属行为及其对多边网络外部性的影响、从业单位与从业人员的异质性对网络外部性的影响、网络外部性作用下的平台启动策略、工程建造平台网络外部性失灵及其应对、不同主体分布下的平台网络外部性及其平台演化效应等。

2）研究方向二：工程建造平台企业的收益模式与竞争策略

工程建造平台作为建造服务交易的中间人，通过向平台参与者收取一定的服务费用来获利。不同的价格结构（对市场各边采取收费、免费或补贴策略）会影响各边主体的平台参与积极性，进而改变平台网络效应。价格结构与主体特征及服务交易价格息息相关。建造服务交易具有交易金额较大、交易周期较长、交易频率低的特点，使得工程建造平台的价格结构设计需要新的理论。此外，在平台竞争情况下，平台企业需要在交易量和利润之间进行权衡，选择相适应的价格结构来保持竞争力。

本方向研究的典型科学问题有以下几项：价格结构对多边平台网络外部性的作用机制、考虑建造服务交易特征的平台价格结构设计方法、不同发展阶段的平台价格结构设计方法、竞争环境下价格结构对平台演化的影响规律、寡头工程建造平台的价格结构设计理论与方法、基于价格结构设计的反垄断机制等。

3）研究方向三：工程建造平台模式下的服务交易与智能服务管理

在工程建造平台模式下，工程建造所需的资源和能力以服务的形式聚集在平台上，供需求者获取，形成服务交易。建造服务的多样性及互联网的连接性使得招投标以外的交易模式（众包、代理）成为可能。在新的交易模式下，平台上建造服务的供需匹配过程也将发生变化。另外，云计算、物联网、大数据等新一代信息与通信技术改变了服务实施过程中信息获取与传递的方式，使信息实时性与共享性得到提升，带来了服务管理方式的变化。

本方向研究的典型科学问题有以下几项：整合型众包交易下复杂工程建造任务的服务选择方法、平台代理模式下的任务-服务匹配方法、基于历史交易记录的服务推荐方法、物联网技术下的工程服务供应链管理、基于计算机视觉的工程服务安全管理、大数据和区块链技术下的工程服务质量追踪管理等。

4）研究方向四：数据驱动的平台交易监管与风险控制

工程建造领域存在发生道德风险（串标、合谋）和交易风险（违约、支付纠纷、质量纠纷）的可能，实现有效的监管和风控才能规避风险。平台模式下，服务交易过程和实施过程的全部信息都被记录，为利用数据分析技术进行风险识别提供了条件，进而改变既有的监管与风险控制方式。此外，平台自身不具备监管职权，而是充当政府监管的辅助者，同时也要接受政府监管。在此情形下，如何发挥政府和平台各自的监管能力而又避免平台"监守自盗"成为新的挑战。

本方向研究的典型科学问题有以下几项：基于大数据的违规交易行为识别、基于信誉度的道德风险防范机制、考虑交易评价的平台参与者信用评价与奖惩机制、基于历史交易数据的交易风险预警与风险处置方法、"政府−平台"双重监管的有效性论证、"政府−平台"双重监管机制设计等。

领域 37　互联网商务平台信息内容治理策略研究

第一部分　选题背景与意义

随着信息和网络通信技术的发展，互联网平台已成为世界各国与跨国巨头竞争和布局的焦点与核心。我国政府在 2018 年政府工作报告中首次提到平台经济，并明确指出要"发展平台经济"①。基于互联网的平台经济是以商务平台为核心，通过连接双边、多边市场中商家、消费者、广告商等，促成双方或多方交易的一种商业模式。平台生态系统的健康发展取决于平台与其利益相关者间的协同发展，并揭示了多方利益相关者共同治理的成效与机制。但近年来大量违法信息、虚

---

① 2018 年政府工作报告全文. http://www.gov.cn/zhuanti/2018lh/2018zfgzbg/zfgzbg.htm[2022-10-10].

假广告、版权侵权、消费者信息泄露、垃圾评论、信息不对称等问题，严重影响了平台参与方的利益，限制了平台经济的健康发展。

要解决以上问题，需要在分析商务平台生态系统形成和发展机理的基础上，对影响平台健康发展的各类信息进行分类，分别从产业组织、平台参与者等角度研究各类信息对商务平台生态系统的具体影响。从基于信息内容治理的平台服务模式、商业服务平台的信息治理机制优化设计及竞争环境下平台信息治理策略选择等维度，通过对互联网商务平台模式下的信息治理策略进行研究，构建基于信息内容治理的生态系统演进过程及面向平台信息治理决策机制。该方向旨在深入刻画商务平台生态系统中出现的商业模式、信息治理机制等新经济现象，为商务平台生态系统的健康发展及参与方自身定位提供理论支撑，为政府、行业和企业层面的决策奠定理论基础。

互联网商务平台的信息治理，有助于增强和拓展经济发展新动能，优化资源配置、推动产业升级、激活消费市场等，是关乎国家经济稳定发展和信息安全的重大战略问题。《国务院办公厅关于促进平台经济规范健康发展的指导意见》指出，"明确平台在经营者信息核验、产品和服务质量、平台（含APP）索权、消费者权益保护、网络安全、数据安全、劳动者权益保护等方面的相应责任"，"建立健全协同监管机制"，等等。然而，仅2019年6月全国受理网络违法和不良信息举报就达1170万件，加之互联网商务平台的信息量巨大，给信息治理带来了严峻挑战。开展本领域研究，对影响平台发展的各类信息进行分类管理，明确各类信息治理的责任主体，并结合商务平台经济新业态特征，构建基于信息内容治理的生态系统演进过程及面向平台信息治理决策机制，对维护商务平台经济健康稳定发展具有重要的实际应用价值。

第二部分　国内外研究现状与发展态势

信息治理能力构建已经被世界各国政府列为重要战略与议题，如澳大利亚、加拿大、美国等。就网络信息内容的治理而言，国际社会形成了多种治理结构和模式，包括强调通过市场调节和行业自律的市场自治模式及强调政府主导角色的政府监管模式等。

综合 2013 年保罗·泰伦（Paul P. Tallon）等的研究（Tallon et al.，2013），平台生态系统中不同信息的不同属性使得信息治理面临诸多挑战且成为商务平台的首要问题（Peterson，2004；Tallon，2010；Cennamo et al.，2018）。国际上对本领域的研究进展也刚刚起步，如 *Information Systems Research* 在 2018 年 6 月出版了"Digital Infrastructure and Platforms"专刊，达特茅斯学院的杰弗里·帕克（Geoffrey G. Parker）教授则在该专刊上发表了名为"Platforms and infrastructures in the digital age"的论文（Constantinides et al.，2018），突出了平台经济发展中面临的新问题。此外，平台内容的多归属问题（Karhu et al.，2018）、平台边界资源利用（Niculescu et al.，2018）及平台技术开放问题（Adner et al.，2020）均得到了重点关注。数字内容作为商务平台的重要组成部分，在单向兼容策略（Li et al.，2019c）、收益模式选择（Nan et al.，2018）、盗版版权管理（Nan et al.，2019；Hao and Tan，2019）等方面已有初步研究成果。信息的形式还包括广告信息和商品评论信息等，涉及信息商业化影响主要包括三个方面：正确信息的应用、虚假信息的治理（Lee et al.，2018）及厂商对信息的战略性介入策略（Tiwana et al.，2010）。

从 2015 年到 2020 年，以平台生态系统为背景的内容安全治理、隐私敏感信息治理等相关研究逐渐被国际学者所重视。据不完全统计，近年来，在 *Management Science*、*MIS Quarterly* 和 *Information Systems Research* 等管理与经济类国际顶级期刊上涉及关键词"governance"的论文已经有近百篇。在 Google Scholar 上分别以"information governance"和"platform governance"为关键词，搜索到的学术论文数量分别为 761 篇和 108 篇。

第三部分　中国发展基础与优势

近年来，我国各类商务平台迅速崛起，如电子商务平台、社交商务平台、打车租车平台、音乐游戏软件等信息产品服务平台等。从各类商务平台的规模、数量或成长速度看，我国平台经济崛起的大势已然形成。伴随着商务平台的崛起，违法信息、虚假广告、版权侵权、消费者信息泄露、垃圾评论等呈爆炸式增长。例如，国家版权局在"剑网 2019"行动中就删除盗版链接 110 万条，查处网络侵权盗版案件 450 件。以上产业背景，结合我国 2020 年 3 月 1 日起实施的《网络信息内容生态治理规定》，为我国学者在本研究领域提供了领先世界的研究机遇。

从学术研究的角度看，平台信息治理（于洋和马婷婷，2018）和治理机制（彭珍珍等，2020）得到了中国学者的重视。与之紧密相关的两个概念是信息治理和平台治理，前者针对信息内容的治理，而后者关注平台生态。在百度学术用论文标题中包含"信息治理"的搜索策略，被北大核心期刊、CSSCI 和中国科技核心期刊等索引数据库收录的公开发表的中文学术论文篇数分别为 30 篇、18 篇、16 篇（而 2015 之后上述三个数据仅为 7 篇、3 篇、2 篇）；而用论文标题中包含"平台治理"进行搜索，被北大核心期刊、CSSCI 和中国科技核心期刊等索引数据库收录的公开发表中文学术论文篇数分别为 8 篇、5 篇、5 篇。在 WoS 数据库简单地以"information governance"为主题检索发现，2015～2020 年，全球发表的"information governance"国际学术论文篇数为 221 篇（2015 年之前发表的数量为 126 篇），其中，中国学术机构发表学术论文篇数为 8 篇（未包含港澳台地区数据）；以"platform governance"为主题的检索策略，2015～2020 年，全球发表的"platform governance"国际学术论文篇数为 51 篇，中国学术机构发表学术论文篇数为 12 篇（未包含港澳台地区数据）。

第四部分　主要研究方向

1）研究方向一：互联网商务平台的成长与信息内容治理

互联网商务平台以其低交易成本的优势和商业模式的多样性实现了其在全球的高速发展，并呈现出了以商务平台企业为核心的商业生态系统特征。但是，市场机制尚不健全，且商务平台市场存在严重的信息不对称，使得平台生态系统的信息治理进程面临诸多问题和挑战。例如，平台参与者为了追求自身利益导致的消费者隐私信息泄露、针对商品的垃圾评论、虚假宣传、信息商品盗版等。更重要的是,商务平台加强信息治理势必会影响其自身服务模式、产品和服务定价策略,以及消费者行为。因此,有必要从生态系统的视角研究包括商务平台的信息治理策略选择和面向信息管理的商务平台服务模式的机制设计等在内的相关科学问题。由于平台企业的迅速发展,尚未形成完善理论体系,该研究可从信息治理视角下为商务平台生态系统的理论发展奠定必要的基础。

本方向研究的典型科学问题有以下几项:商务平台信息保护框架体系、垃圾评论识别算法、面向消费者行为的推荐算法和推荐系统、信息治理视角下影响互联网商务平台成长的要素分析、信息治理视角下商务平台的生态特征识别与提取、交叉网络外部性对商务平台的作用机理、互联网商务平台生态系统的形成和运作机理。

2)研究方向二:特定平台服务模式下的信息内容治理分析

平台服务模式不仅吸引了越来越多的内容提供商和消费者,而且为平台参与方发布各类信息提供了便利条件。商务平台加强对各类信息的管理已成为信息内容治理的一种主要形式,该措施在一定程度上不仅保护了消费者和商家的合法权益,还吸引了更多的消费者和商家进驻平台。但是,信息管理必然会增加商务平台的运营成本。因此,实施信息内容治理是否一定能提高平台和内容提供商的利润已成为学术界争论的焦点。该方向拟从两个主要信息内容治理层面展开,一是从隐私保护、垃圾评论和商品推荐的角度研究商务平台的服务模式;二是从信息商品内容版权保护的角度研究商务平台的服务模式。考虑商务平台独有特征、产品或服务的替代关系、商家之间的竞争合作关系等生态特性,构建平台实施信息内容治理的决策分析模型,为商务平台企业发展与转型升级在策略选择和机制优化上提供理论基础。

本方向研究的典型科学问题有以下几项:商务平台信息内容治理的经济学分析,商务平台实施内容版权保护的经济学分析,信息内容治理模式对产品和服务商品定价策略的影响机理,特定商务平台的服务模式下的信息内容治理策略,基于信息内容治理的商品、服务定价策略。

3)研究方向三:商务平台的信息内容治理机制优化设计

对于典型的电子商务平台而言,用户的产品使用情况评论和商家的产品广告等平台参与方生成的信息，在一定程度上有助于消费者在购买前充分了解产品和服务的基本属性，提高其加入平台的意愿，进而增加平台的用户基数。但是，过多的用户生成内容需要消费者消耗较高的时间成本来识别信息的真伪。类似地，对于软件和应用类商务平台而言，实施内容版权保护以打击盗版，一方面可以增强非纯平台用户的潜在需求，另一方面也会给平台用户带来因保护技术带来的使用限制而产生的负效用。因此，商务平台信息治理强度会对商务平台生态系统的演化和稳定发展起到至关重要的作用。通过商务平台的信息治理机制优化设计来平衡信息治理给平台经济带来的双刃剑效应，进而为商务平台服务模式选择、商品提供商定价和消费者行为提供决策依据。

本方向研究的典型科学问题有以下几项：基于内容制造的混合双边平台治理强度优化，混合双边商务平台的内容创新与治理博弈，平台信息内容治理强度在特定服务模式下对信息商品需求、平台利润及内容提供商利润的影响，平台生态视角下的最优信息内容治理强度。

4）研究方向四：竞争环境下平台信息内容治理策略选择

信息技术的高速发展促使信息产业逐步形成寡头竞争的格局，如操作系统领域的 iOS 和 Android、在线视频领域的爱奇艺和腾讯视频、电子商务领域的京东和淘宝。平台经济的快速发展推动并加剧了商务平台间的相互竞争，首先，表现为在既定信息治理策略下的商业模式竞争，即平台一方商业模式的选择会影响其竞争对手的商业行为；其次，表现为在既定商业模式下，竞争一方实施信息治理策略会影响另一方的信息治理策略选择。考虑竞争平台在口碑效应、服务质量、网络外部性、商业模式、市场地位等方面的差异化特征，有助于竞争环境下平台信息治理策略选择。

本方向研究的典型科学问题有以下几项：新商务平台市场进入时的信息治理策略选择，商务模式和产品定价策略对平台信息治理策略的影响，技术、用户基数等具有差异性的竞争平台的信息治理策略和商务模式选择，信息不对称情形下的竞争平台信息治理策略和商务模式决策，竞争合作情形下商务平台间的协同信息治理策略和商务模式决策。

领域 38　智能互联时代的网络文化产业行为分析与商业模式创新

第一部分　选题背景与意义

中华文化历史悠久，有着深厚的底蕴。近年来，随着信息及网络技术的快速发展，文化产业和互联网的结合极大地带动了文化产业的发展，给传统文化产业带来冲击的同时，也给文化产业的转型升级带来前所未有的巨大机会和强大动力，诞生了许多基于互联网的新型文化产业商业模式。互联网文化娱乐平台被纳入最新颁布的文化及相关产业分类。同时，由于我国文化产业的起步晚，尽管近年来文化产业增加值增速加快，相比发达国家，我国的文化产业尚存在很大差距，存在着规模小、质量低、创新能力不高的问题。据国家统计局发布的消息，2018 年全国文化及相关产业占 GDP 的比重为 4.48%。而美国 2018 年的文化产业占 GDP 的比例超过 20%。因此，如何将文化与互联网及其他智能化信息技术结合，提升文化产品的创新性和品质，成为智能互联时代进一步推进网络文化产业发展的重要研究课题。

近年来，大数据、人工智能等信息技术的发展，使得借助这些先进的智能技术收集和分析互联网文化产业相关的用户行为模式与产业运营规律成为可能。为推动文化产业转型升级，创新文化产业模式，需要深入研究互联网文化产品的创造主体、生产手段、服务方式、传播形式、消费方式等方面的运作原理与用户行为规律。平台为王、内容为王、专业垂直、在线参与等商业模式成为文化产业的主流，这些新型的文化商业模式对已有相关理论的应用和研究方法提出了挑战。基于大数据的理论和方法，研究互联网文化产业中与文化产品的生成、服务、消费和传播有关的用户行为规律及商业模式创新原理，一方面将拓展大数据在文化产业方面的应用，丰富大数据相关理论和方法；另一方面为创新文化产业运营模式、提升文化产业管理水平提供新的思路。

党的十七大明确提出要"推动社会主义文化大发展大繁荣，兴起社会主义文化建设新高潮"①。2009 年我国推出的《文化产业振兴规划》标志着文化产业已经上升为国家的战略性产业，该规划明确指出要推动文化与科技的融合，采用数字、网络等高新技术，大力推动文化产业升级。2019 年 3 月，李克强在政府工作报告中指出，要"加强互联网内容建设""繁荣文艺创作"②。然而，目前我国文化产业的规模有限，文化产品的创意和品质不高，国际竞争力不强。因而，开展本领域研究，研究和发现互联网文化产业的运营及行为规律，为提升文化产品的创意与品质、创新文化产业商业模式提供理论支持，对构建健康的文化产业生态系统，提高国家文化软实力，增强中华文化自信和竞争力具有重要意义。

第二部分　国内外研究现状与发展态势

2018 年，习近平强调"全面实施国家大数据战略，助力中国经济从高速增长转向高质量发展"③。同时，作为大数据的前沿分析技术，近年来国内外高度重视人工智能的发展。2017 年，我国出台《新一代人工智能发展规划》，该规划提出，"到 2025 年人工智能基础理论实现重大突破，部分技术与应用达到世界领先水平，人工智能成为带动我国产业升级和经济转型的主要动力"。本领域旨在研究新型网络文化产业特点，研究文化产品的创造、生产、消费、传播、服务特点，研究网络文化产业大数据的智能分析技术、理论和方法，研究网络文化产品商业模式的创新模式和理论。

对于网络文化的研究，互联网信息搜索服务及互联网广告服务方面的研究已有很多，相对比较成熟。近年来，针对新兴互联网文化产业的

① 高举中国特色社会主义伟大旗帜 为夺取全面建设小康社会新胜利而奋斗——胡锦涛在中国共产党第十七次全国代表大会上的报告. https://www.most.gov.cn/szyw/yw/200710/t20071026_56736.html[2022-10-10].
② 2019 年政府工作报告全文. http://www.gov.cn/zhuanti/2019qglh/2019lhzfgzbg/index.htm [2022-10-10].
③ 围绕建设网络强国、数字中国、智慧社会，全面实施国家大数据战略，助力中国经济从高速增长转向高质量发展. http://www.mod.gov.cn/shouye/2018-05-26/content_4815246. htm [2018-05-26].

新业态、新模式的研究已经引起了学术界的关注，出现了一系列的研究，如数字游戏中虚拟货币销售研究（Guo et al.，2019），针对文化产品的推荐系统研究（He et al.，2019；Malgonde et al.，2020；Chen et al.，2018；He et al.，2020；王炳祥，2019），对直播观看行为和打赏行为的研究（Zhou et al.，2019；Cho et al.，2019；Lee et al.，2019a；Lee et al.，2019b；邓富民等，2020），文化产品消费行为研究（Neus et al.，2019），网络直播治理策略研究（李亚兵和张家瑞，2020），文化产品设计和生成方面研究（Han et al.，2019；沈旭等，2019；王静，2019），文化产业盈利模式和模式创新方面的研究（Chen and Amahah，2016；张欢，2019），等等。

近年来，尽管相关研究呈现上升的态势，但是，网络文化的极端性、开放性、娱乐性、虚拟性、互动性及自我性等区别于传统文化的特点，亟须结合大数据、人工智能、管理科学等多学科领域知识，对文化产品的创造、生产、消费、传播、服务等各个环节进行系统和深入地分析与研究，以创造和生产高质量的文化产品，创新业务模式，优化传播方式，检测不良文化产品的生产和传播，提高服务质量和管理水平。为互联网产业的创新、转型升级提供理论基础和管理决策支撑，为推动我国文化产业的健康发展，提升创新水平提供实践参考。

第三部分　中国发展基础与优势

在国家政策的支持和推动下，近年来，我国文化产业发展迅速，2004 年全国文化及相关产业增加值为 3440 亿元，占 GDP 比重为 2.15%；2012 年全国文化及相关产业增加值达到 18 071 亿元，占 GDP 比重为 3.48%；2017 年全国文化及相关产业增加值为 34 722 亿元，占 GDP 比重为 4.2%；2018 年全国文化及相关产业增加值为 41 171 亿元，占 GDP 的比重上升为 4.48%。由此可见，中国文化及相关产业已逐步成长为我国宏观经济发展中新的增长点。同时，互联网作为文化传播的新型媒介与平台，塑造了全新的互联网文化产业模式，涌现出诸多新兴文化业态，如直播、短视频、游戏、动漫、网络影视剧等。这些新的业态和实践为我们的研究提供了基础，为我们采用数据驱动的方法研究其背后的原理和发展规律成为可能。

从学术研究的角度看，互联网文化产业相关研究已引起了国家自然科学基金委员会和中国学者的重视。2019~2020 年，国家自然科学基金委员会支持了一批针对在线音乐、视频、直播等新兴互联网娱乐方面的研究，包括对敏感信息或不良主播的检测及对其商业模式的研究，如面向网络视频直播的敏感信息实时检测技术研究和在线音乐及视频媒体服务商业模式研究等，以及商业模式创新方面的研究，如在线音乐及视频媒体服务商业模式研究。在信息技术领域，已经开始出现这些方面的一些研究结果（Chen and Amahah，2016；Han et al.，2019；He et al.，2020；Lee et al.，2019b；邓富民等，2020；李亚兵和张家瑞，2020）。这些项目和研究的开展为本领域研究奠定了一定的基础。同时，国内新兴文化业态的出现也为本领域的研究创新提供了良好的支持。

第四部分　主要研究方向

1）研究方向一：网络文化产业特点及用户消费行为分析

互联网与文化产业的融合，产生了许多新型文化业态和商业模式，展现出诸多新特点，同时，激发了人们的消费意愿和需求，产生了新的消费习惯。互联网文化产品凭借其独特性正在不断融入我们的日常生活。研究互联网文化产业的新特点，研究用户对网络文化产品的消费行为特点，对有效管理网络文化产业、创新文化产品消费和服务方式具有重要意义。

本方向研究的典型科学问题有以下几项：网络文化产业特点分析、用户文化消费行为特点分析、影响用户文化产品消费的因素分析、用户消费行为预测方法、网络文化产业的特性与消费行为的关系、不同群体消费行为差异化分析、用户文化产品消费行为模式挖掘方法等。

2）研究方向二：网络文化产业内容生产行为分析与预测

互联网和数字化技术使普通大众可以参与文化产品的创作及生产。如今，千万人作为网络文学写手每天在创造文学作品，每时每刻都有成千上万的人在生产短视频，直播平台上任何一个草根都可能成为网红主播，全民 K 歌不断产生流行的音乐作品。同时，互联网创意设计和数字信息服务展现出前所未有的内容生产模式。研究和探索新型的互联网文化产品内容生产行为的特点及背后的原理，对文化产品的创新，刺激文化市场繁荣具有重要意义。

本方向研究的典型科学问题有以下几项：内容生产行为模式挖掘理论与方法、辅助内容精准化生产的数据分析方法、内容生成的协作化创新理论、用户内容生成行为预测方法、文化内容产品的创新性评估和预测方法、个性化内容的创造与生产、内容生产的差异化分析。

3）研究方向三：网络文化的自我性和个性化推荐

生产者和消费者的个性化需求体现了网络文化的自我性。网络文化尊重个性化的创造和服务。网络文化产品的丰富性，使得文化产品的生产者和消费者每天都面对大量的选择，让用户承受着信息过载的困扰。如何让文化产品更好地满足用户的个性化需求，是关系到展现用户个性和价值、提升服务质量的关键。

本方向研究的典型科学问题有以下几项：网络文化的自我性特点分析、用户文化产品生成与消费的偏好分析、具有可解释性的推荐模型和方法、提升推荐多样性的推荐方法、考虑文化产品特性的推荐方法、考虑公平性的推荐系统、推荐系统的评估方法、推荐系统对生产和消费行为的影响分析。

4）研究方向四：基于大数据的互联网文化产业不良信息检测

文化安全关乎一个国家的生存和发展。网络文化的即时性、超时空性及娱乐性使得低俗和不良文化产品影响很大。互联网平台上谣言信息、低俗内容层出不穷。部分西方发达国家不断将其文化产品输入和渗透我国，对我国的文化安全构成严重的威胁。基于大数据进行不良文化产品的识别和检测，及时阻断不良产品的传播，有效防止不实及不良信息的产生，对互联网文化产业的健康发展至关重要。

本方向研究的典型科学问题有以下几项：网络文化特性与不良信息的生产和消费的关系、不良信息的智能识别和检测方法、不良信息的传播机理分析、不良信息预防和应对方法、不良信息的影响分析、基于多媒体信息的文化自信度量和检测方法、西方文化的渗透分析等。

5）研究方向五：数据驱动的互联网文化产业商业模式创新

互联网与信息技术的结合，改变了文化产品的创造和生产方式，改变了文化产品的传播方式，使其突破了时空的限制，同时，改变了人们的消费习惯及文化产品的服务方式，催生了全新的文化产业，对传统文化产业造成了冲击。传统文化产业向互联网文化产业转型需要模式创新。因此，研究文化产业的商业模式创新对文化产业的转型升级和重组，坚持创新驱动，推进文化产业的进一步繁荣发展具有重要的意义。

本方向研究的典型科学问题有以下几项：数据驱动的商业模式创新、网络文化产业的 O2O 商业模式、文化产业与其他产业的融合创新、人工智能与网络文化产业商业模式创新、网络文化产业的销售模式创新、网络文化产业的盈利模式创新、文化产业特性与商业模式创新、文化产业商业模式创新的影响因素分析。

领域 39　大数据环境下智慧休闲服务系统设计优化理论与方法

第一部分　选题背景与意义

休闲产业是与人的休闲生活、休闲行为和休闲需求密切相关的产业领域，已成为全球经济发展的重要支柱产业。世界旅游业理事会的报告显示，2018 年旅游业为全球经济贡献了 8.8 万亿美元，提供了 3.19 亿个相关工作岗位。国家统计局的数据显示，2018 年我国国内游客达到 55.39 亿人次，国内旅游总收入超过 5 万亿元，旅游业对 GDP 的综合贡献接近 10 万亿元，占 GDP 总量的 11.04%。随着休闲产业的快速发展，各类运营商的规模迅速增加。以旅行社为例，截至 2019 年，我国纳入统计范围内的线下旅行社已有约 2.7 万家，携程、去哪儿、艺龙、同程、途牛、马蜂窝等在线休闲服务运营商发展如火如荼，百度、阿里、腾讯等互联网头部企业及京东、美团、高德等跨界企业也相继进入旅游休闲领域。随着线上线下各类休闲服务运营商的迅猛发展，如何基于海量大数据设计高效的智慧休闲服务系统，从而为游客精准地提供个性化休闲产品和服务，成为休闲服务运营商在激烈的竞争环境下面临的重要课题。

对于休闲服务运营商而言,向游客进行精准的个性化休闲产品及服务推荐是一个高度复杂的决策过程,迫切需要综合运用大数据技术和优化领域的相关模型及方法。一方面,完整的休闲产品及服务推荐过程包括合作伙伴选择、线路规划、产品推荐及活动实现等多个环节,涉及活动场所考察、合作谈判、导游、广告推荐、门票选购、游客运输等一系列成本要素,休闲服务运营商必须综合考虑不同方案所具有的迥异的复杂成本结构和收益水平,从而优化制定合理的个性化推荐策略。另一方面,游客是否响应推荐方案并实现该旅游行为受到众多因素的影响,因此游客的真实需求具有明显的随机性,这种随机性需求进一步加大了休闲服务运营商进行门票预购数量、资金分配、导游及车辆配置等方面的决策难度和复杂性。如何基于大数据充分挖掘游客休闲行为模式,并借鉴随机优化、鲁棒优化等领域的相关方法,设计智慧休闲服务系统,从而提升休闲服务运营商的服务水平和运营效益,成为当前本研究领域亟待深入探索的重要课题。

近年来,虽然我国休闲产业快速增长,但是有效供给不足、服务水平有待提升、体制机制不完善等问题也日益凸显。当前我国正面临经济社会发展转型的关键时期,大力发展包括休闲产业在内的第三产业将是未来相当长的一段时间内的战略部署。随着我国全面建成小康社会,游客对于高质量的休闲产品和服务的需求将呈现持续的增长。本领域的研究,对促进我国产业结构优化调整和经济社会可持续发展,提升我国休闲产业的现代化、品质化和国际化水平及人民生活质量水平,具有重要的实际应用价值。

第二部分 国内外研究现状与发展态势

随着世界各国对数字竞争力的重视,近年来,大数据研究和应用已经成为全球关注的热点。许多发达国家均已制定国家层面的大数据发展战略,力图通过大数据促进经济发展、社会变革和提升国家整体竞争力。休闲产业涉及海量游客和休闲服务运营商,游客在实现其休闲活动的过程中将产生大量数据,因此休闲产业是典型的数据密集型行业。基于大数据分析对游客出行模式、旅行时间等的研究,近年来,休闲产业在 *Management*

Science、*Operation Research* 等国际顶级期刊上得到了学者的关注。

近年来，基于大数据进行休闲产品个性化推荐得到了广泛研究与应用，既有效提升了游客服务水平，又提高了休闲服务运营商的精准营销能力。然而，近年来，在管理学和信息系统领域的国际顶级期刊上，已有研究成果表明最满足用户偏好的个性化服务方案容易导致过度个性化的问题，因此并不一定能够给企业带来最大收益。企业提供不同的产品或服务往往具有不同的成本结构和收益水平，因此最大化满足用户偏好与最大化企业收益之间存在着显著差异。在为消费者提供个性化产品或服务的过程中，如何综合考虑需求水平、客户偏好、企业推荐成本及收益等因素，这已经引起国内外学者的广泛关注。虽然已有学者基于整数规划、旅行商问题及定向运动问题等优化模型对酒店、旅游景点、旅游行程等休闲产品和服务推荐进行了探索，然而这些成果大多基于游客的视角，从最大化满足游客偏好或效用的角度，缺乏对休闲服务运营商在个性化服务过程中所面临的随机性游客需求、运营成本及运营收益等关键问题的探索。

总的来说，围绕如何提高对游客休闲活动中的服务水平的研究，近年来已经得到了广泛的关注。从 2015 年到 2019 年，UTD24 期刊中能够检索到相关研究 8 篇，在 WoS 数据库中围绕娱乐休闲领域的个性化产品与服务推荐、服务系统设计及智慧旅游等相关主题，检索到相关学术论文约有 1000 篇。

第三部分 中国发展基础与优势

自"十三五"以来，我国大力发展第三产业从而促进经济社会发展转型，休闲产业更是得到各级政府的高度重视。国务院于 2016 年和 2018 年分别印发了《"十三五"旅游业发展规划》和《国务院办公厅关于促进全域旅游发展的指导意见》两个文件，以全面促进我国休闲产业健康快速发展。高速发展的产业背景，为基于大数据技术和优化理论研究适合我国国情的智慧休闲服务系统，全面提升休闲产业发展水平提供了土壤和机遇。

从学术研究的角度看，休闲服务相关研究也得到中国学者的高度重视。在 WoS 数据库简单地以"tourism"为主题检索发现，2015～2019 年，中国学术机构发表的被 SCI 和 SSCI 检索的学术论文共有 2512 篇（未包含港澳台地区数据），排在全球第二位（美国以 3100 篇名列第一）。在百度学术上检索标题中包含"休闲服务"的论文，2015～2019 年被 CSCD 和 CSSCI 数据库收录的公开发表中文学术论文有约 136 篇；从论文标题中包含"旅游服务"的搜索结果来看，被 CSCD 和 CSSCI 数据库收录的公开发表中文学术论文约有 764 篇。可以发现，近年来，本领域已经成为国内学者研究的热点领域。

第四部分　主要研究方向

1）研究方向一：跨平台异构休闲大数据集成理论与方法研究

游客的休闲行为涉及自然及人工景点、游乐园、交通、导游、餐饮、住宿等众多方面，在行为过程中将产生大量数据。这些数据有以下特点：①类型丰富，包括游客基础信息、景区动态流量数据及游客评论及评分等；②数据异构，不同机构、平台对数据存储方式和结构差异明显；③容量巨大，游客规模庞大，出行行为频繁，导致产生海量数据。将跨平台、异构的海量数据进行有效集成，是进一步分析游客偏好及行为模式的基础，也是提供精准的个性化服务的基础性工作。

本方向研究的典型科学问题有以下几项：休闲数据分类研究、基于无人机等智慧设备的流量数据获取、跨平台数据抽取模型及方法、数据清洗方法、跨平台异构数据转换方法、统一数据模型研究、异构平台数据融合与集成理论及方法等。

2）研究方向二：基于大数据的游客偏好及行为建模理论与方法研究

不同游客在休闲产品或服务的选择和偏好上具有显著差异。在休闲领域，广泛采用主题特征来描述休闲场所的重要特征和游客偏好。游客偏好和行为具有许多明显特征：①游客的休闲行为具有明显的情境性特征；②游客的偏好和行为特征具有明显的时变性；③社交关系对游客行为具有显著影响。这些复杂特征使得基于大数据的游客偏好和行为建模面临诸多挑战。

本方向研究的典型科学问题有以下几项：休闲场所主题特征模型

研究、基于情景的主题模型及参数估计算法研究、游客主题偏好分析、社交关系对游客偏好影响机理研究、基于社交关系的游客偏好研究、时变性偏好预测模型研究、群体性偏好建模、基于主题偏好的聚类算法研究等。

3）研究方向三：基于数学优化的智慧休闲服务系统设计及应用研究

随着休闲市场竞争的日益激烈，休闲服务运营商在开展个性化服务的过程中，除了追求尽量满足游客兴趣和偏好外，也开始日益关注在服务过程中自身的成本的盈利情况。然而游客偏好的差异性、需求的不确定性以及不同休闲产品的成本差异，使得休闲服务运营商开展个性化推荐和服务成为一个高度复杂的决策过程。游客进行休闲活动的形式多样（单人、家庭成员或朋友、陌生人群等）及游客的出行时间、资金约束、目的（游览单个景点或游览整条线路）也各不相同，这些进一步加剧了休闲服务运营商基于自身收益情况，优化调度各种资源，为游客合理制订休闲方案的难度。

本方向研究的典型科学问题有以下几项：休闲服务运营商成本要素及收益分析、基于统计学和非参数方法的游客随机需求描述方法研究、游客休闲效用度量研究、群体效用度量研究、基于随机优化理论的景点推荐优化模型及求解算法研究、基于鲁棒优化理论的景点推荐优化模型及求解算法研究、旅游行程规划模型研究、基于随机优化理论的旅游行程推荐优化模型及求解算法研究、基于鲁棒优化理论的旅游行程推荐优化模型及求解算法研究、智慧休闲服务系统设计及面向国内典型景点的实际应用等。

领域 40　大数据环境下行为资产定价与动态投资组合选择研究

第一部分　选题背景与意义

随着信息和网络技术的飞速发展，大数据、移动网络、人工智能等各种技术手段极大推动了金融业的创新发展,互联网金融、移动支付等新型金融业态不断涌现,金融信息的传播方式、广度、速度发生了翻天覆地的变化,投资者的行为体现出更大的差异性,对金融资产的价格波动产生了非常大的影响。金融数据已经超出了金融学的传统范畴,演化成为金融大数据。大数据技术的运用使得金融数据间的交叉关联性更容易获取,金融系统中微观个体层面的数据变得更加丰富,于是分析金融系统中参与金融活动的诸多微观个体的心理和行为变得非常便捷。面对开源的、高频的、分布式存储的大数据和日益错综复杂的宏观金融现象,传统的金融学理论、方法和模型遇到了前所未有的挑战。针对复杂的大数据环境,如何分析金融市场微观异质参与者的行为特征和规律,如何进行合理的投资决策和资产配置,均是摆在金融学者和从业人员面前严峻而现实的难题。

金融大数据环境下,孕育出对金融学中最核心的问题资产定价和投资组合选择的科学规律进行新探索的需求。金融大数据的开源、异质、海量、复杂、关联、实时演化等特点使得它能够更加深刻地揭示金融市场的复杂系统的本质,引发金融学者从一个不同于传统金融学的视角来认识金融市场的动态演化规律(张维等,2019)。面对金融大数据,采用先进的大数据挖掘、机器学习、人工智能等方法、技术和实验手段,从金融大数据中提炼更加有用的信息;结合金融大数据,运用心理学和行为科学的方法,深入分析金融市场微观异质参与者的行为规律,揭示复杂金融系统运行的微观内在机理和宏观演化特征;提出大数据环境下行为资产定价和动态投资组合选择的理论、方法和模型,为金融学界和业界提供新的分析工具和技术。该方向将拓展大数据的应用领域,同时,为金融经济学和金融工程领域提供新的研究方法,并为金融市场提高创新能力和服务效率提供一种新的途径。

金融是现代市场经济的核心,处于牵一发而动全身的地位。近年来,中国金融市场蓬勃发展,国际化进程不断加快,市场成熟度逐渐提高,尤其随着大数据、移动网络、人工智能等技术的广泛应用,中国在金融科技领域已经走在世界前列,成为金融创新发展的新增长点和新亮点。大数据背景下,充分利用金融科技的发展优势,深入研究金融学的核心问题，提出新的资产定价方法和工具，对提升中国金融业的资源配置效率，强化风险管控能力，提高金融业务的创新能力，促进金融市场的健康发展具有非常重要的理论意义和应用价值。

第二部分　国内外研究现状与发展态势

资产定价和投资组合选择问题的研究一直是金融学的核心内容和前沿课题。传统的资产定价模型在解释一些金融市场异象方面受到了质疑和挑战，行为金融学运用心理学、行为科学的方法进行资产定价和投资组合选择的研究，并对金融市场的异象做出较为合理的解释。2002年、2013年、2017年的诺贝尔经济学奖均颁给了行为金融学这个研究领域，其中，2017年诺贝尔经济学奖得主理查德·塞勒（Richard Thaler）教授在行为资产定价方面取得了丰硕的研究成果（Benartzi and Thaler, 1995）。2000~2019年，先后有埃尔顿（Elton）、康斯坦丁尼季斯（Constantinides）、达菲（Duffie）、科克伦（Cochrane）、哈维（Harvey）五位教授作为美国金融协会年会主席在年会上诠释了资产定价领域研究的重大问题和学术前沿，为未来的研究指明了方向（陆蓉和王策，2016；Harvey，2017）。

正如Campbell（2000）指出的，近年来，资产定价理论的发展趋势就是寻找随机贴现因子的决定因素，寻找的具体方向就是引入投资者偏好异质、收入异质、类型异质等各种异质假定。例如，Shefrin和Statman（1994，2000）引入非理性和纯粹的心理活动来解释资产定价问题，提出了行为资产定价模型和行为投资组合理论；Campbell和Cochrane（1999，2000）将投资者习惯行为刻画到效用函数中，解释了习惯因素对资产定价的影响；Barberis等（2001）将前景理论融合到定价模型中，较好解释了股票溢价之谜；Barberis等（2015）提出了投资者推定预期的资产定价模型，解释了具有推定预期的投资者是如何导致股价高估的；Daniel和Hirshleifer（2015）研究了投资者过度自信的心态在回报预测和超额交易中发挥的作用，并给出动态过程。针对相关研究问题，管理学国际著名期刊 *Management Science* 在2012年1月和2月出版了Behavioral Economics and Finance两期专刊；金融学国际著名期刊 *Journal of Financial*

Economics 在 2012 年 5 月出版了 Investor Sentiment 专刊。

金融系统的微观个体在参与金融活动时具有自主性、学习性、交互性等特征，依赖传统金融数据分析微观个体的异质行为难度非常大。计算机软、硬件功能的提升和人工智能技术的发展，为基于海量数据、非结构化数据开展以上研究提供了良好条件，为资产定价和投资组合选择研究赋予了新的引擎。金融学者可以基于金融大数据对新型互联网金融产品进行定价；结合大数据挖掘对金融系统微观参与者的异质行为及其信息交互性深入分析，探讨背后的行为规律；从行为、媒体信息交互、多资产时空关系等不同角度寻求新的定价因子；提出新的资产定价模型完全破解股权溢价之谜。总体而言，2011 年至 2019 年，以技术为背景的金融创新相关研究逐渐被国际金融学界所重视，金融学国际著名期刊 *Review of Financial Studies* 在 2019 年 5 月出版了 To FinTech and Beyond 专刊。

第三部分 中国发展基础与优势

相对西方发达国家成熟的金融市场，中国的金融市场发展历史还比较短，尽管有不成熟的地方，但是也有自己独有的特征，如庞大的普惠金融市场需求。随着大数据、移动网络和人工智能技术的发展，移动支付、互联网金融等新的金融业态在中国发展迅速，中国金融科技生态系统的复杂程度和规模在世界上已处于无可比拟的地位。2019 年 8 月，中国人民银行印发《金融科技（FinTech）发展规划（2019—2021 年）》，明确表示到 2021 年建立健全国内金融科技发展的"四梁八柱"。这说明中国金融科技发展已经逐渐上升到国家发展战略层面。可以预见未来几年，中国会继续引领全球金融科技的发展。源于金融科技的发展优势，大数据、云计算、区块链、人工智能等新兴信息技术势必会极大地推动中国金融大数据的建设，金融行业数据的整合、共享和开放正在成为趋势，这些有利条件都为中国金融学的学术研究提供了雄厚的研究基础和丰富的素材。

从学术研究的角度看，大数据背景下资产定价与投资组合选择的相关研究已经得到国内外学者的高度重视。鉴于大数据与金融科技的新颖性，整体而言，目前国际上本领域的研究进展也刚刚起步。金融科技和移动互联网技术对于金融市场成熟的发达国家和中国都是新生事物，新的互联网金融、移动支付的金融生态使得金融信息的处理效率大大提高，同时，信息不对称及资金成本大大降低，新型金融资产的定价值得开展原创性研究，传统金融产品的定价机制也会随着新兴信息技术的介入发生一定变化，值得进行变革式的重新梳理和研究。日新月异的金融大数据基础为中国金融学的学术研究提供了良好支撑，这些优势也许是国外学者无法直接获取的，中国金融学者有望在这个崭新的研究领域实现弯道超车，做出更多的原创性研究成果。

第四部分　主要研究方向

1）研究方向一：大数据环境下行为资产定价研究

随着信息与网络技术的发展，金融系统微观主体及之间交互的数据得到了极大丰富，尤其移动互联网技术积累了微观主体的大量信息，为刻画微观主体行为和揭示微观主体心理提供了新的途径。大数据和人工智能技术使得金融学者可以采用文本分析、自然语言处理及社交网络中文本、图片、音频、视频等大数据信息深入分析投资者的行为因素，更加准确地刻画投资者关注与投资者情绪。这些现实的金融场景和分析手段为学术创新的开展创造了新的机遇，亟须在大数据环境下提出新的行为资产定价理论、方法及模型。

本方向研究的典型科学问题有以下几项：互联网信息传播及移动支付对资产定价的影响机制、基于金融大数据的投资者关注与投资者情绪度量、金融大数据环境下基于投资者异质的行为资产定价模型、基于各类金融大数据（新闻媒体数据、网络搜索数据、社交网络数据、网络论坛数据等）的实证行为资产定价。

2）研究方向二：互联网与大数据环境下动态投资组合选择研究

信息和网络技术、计算方法的快速发展促使原来由于海量数据和参数、变量规模庞大带来的动态模型计算复杂性的瓶颈问题得以突破，现有的投资组合选择模型需要依托新的技术在算法和效率方面取得技术进步。以网络信贷、数字货币为代表的各类新型金融产品丰富了投资组合选择的资产池，延展了风险分散化的空间，但这些新型金融产品的风险特征与传统金融产品不同，现有的动态投资组合选择模型未必能适合新的环境，亟须在互联网和大数据环境下开展动态投资组合选择问题的建模研究。

本方向研究的典型科学问题有以下几项：互联网与大数据环境下金融产品的风险分析与动态风险度量、互联网与大数据环境下考虑投资者观点的动态投资组合选择建模、基于适应性学习的动态投资组合选择建模、基于人工智能的动态投资组合选择决策支持系统。

3）研究方向三：新兴数字资产定价及价格波动影响机理分析

以区块链、云计算为代表的新兴信息技术对传统资产的概念造成了颠覆性冲击，催生了以数字货币为代表的大量数字资产。传统金融资产均有现金流，而数字资产的现金流却难以界定，传统估值和定价的方法往往在数字资产面前就失效了，如何评估数字资产的内在价值和市场价值，做出准确的定价，一直是业界密切关注的热点课题。目前，数字资产价格普遍波动非常大，研究数字资产价格波动的影响机理和机制对数字资产在未来金融体系中发挥稳定市场的作用至关重要。

本方向研究的典型科学问题有以下几项：数字资产的结构和金融模式、数字资产的估值与定价、数字资产市场的市场微观结构、数字资产的价格波动影响机理分析、数字资产市场与传统资产市场的信息溢出效应、数字资产的组合投资策略、数字资产的高频量化对冲。

4）研究方向四：人工智能技术在量化投资建模中的应用研究

人工智能技术在金融投资领域的广泛应用给量化投资带来了新的机遇。深度学习在金融预测中的作用凸显，人工智能技术使得金融海量信息被及时有效地处理，进而自适应学习，及时生成有效的风险因子模型，降低了模型的风险。然而，由于金融市场参与者均是具有主观意志的微观个体，金融系统的结构不断进行演化，金融资产的价格瞬息万变，这些使得金融投资的逻辑决策与响应过程更加复杂，对机器学习、人工智能技术的应用不断提出新的需求和挑战。如何结合人工智能的技术，提出新的量化投资建模方法，开发有效的量化投资策略迫在眉睫。

本方向研究的典型科学问题有以下几项：基于机器学习和人工智能技术的金融市场的预测方法与模型、基于多频度和多维度信息的量化因子提取方法、基于人工智能技术的程序化交易和算法交易、基于人工智能技术的高频量化对冲策略、基于人工智能技术的量化交易与风险管理决策支持系统。

领域 41　全球供应链风险应对与结构重整

第一部分　选题背景与意义

近年来，若干重要的全球大事件如中美贸易摩擦、制造回流转厂、全球范围内的环保禁令绿色抽检等，在不同时期和不同场景造成了巨大的贸易损失。譬如，中美贸易摩擦中，华为的产量缩减约 30%，营收损失约 300 亿美元，受波及专利数 3195 件。由于关税壁垒和新冠疫情影响，上海美国商会调查显示，48.1%的企业考虑全球分散生产，不再以中国为唯一产地，工厂和就业机会随之外迁。较多知名企业纷纷减产10%以上，甚至中断生产线。2017 年中国颁布的洋垃圾禁令和日益严格的环保抽查频繁引发中国、印度、日本的工厂关停。

上述事件尽管发生的情景和原因不同，提炼出的科学问题均为自然、政策、政治事件等外力引发的全球供应链不确定性及风险应对问题。其统一的背景是中国改革开放 40 多年来通过承接制造业务逐渐升级打造的外向型贸易，提炼出的科学问题的研究对象是全球供应链。上述全球供应链细分为以下几种：①中国产，世界销；②世界产，世界销（部分中国公司走出去建设海外分厂，如福耀玻璃）。

事件刚爆发时，应急管理是必须。尽管这方面研究已有较多积累，但新冠疫情的经历显示，我国应急供应链管控的方法和策略还远远不够。紧急应对之后，活下来的企业面临原材料供应中断、环保抽检引发的绿色生产中断、关税突增引发的市场中断等问题，以往习惯运行的供应链面临重整重构的难题。如何在新型贸易规制和绿色约束下做出科学的全球供应链设计、生产和分销决策？这成为理论研究的重大挑战。考虑到全球供应链层级多、链条长、参与决策的利益相关方复杂，其风险应对和重整重构必须秉承中国企业与国际伙伴多赢共生的宗旨，深入剖析参与企业的决策依凭，对现行可修改、可商榷的政策规制进行再检视，对不可抗的政治事件和自然灾害进行企业决策的约束优化。

新冠疫情带来的政界、学界、商界共同认知是全球供应链管控能力是经济体核心竞争力所在，更是国家安全所在。参与国家、地区主体较多，2020 年仅"一带一路"双边贸易额即超过 1.3 万亿美元，中美和中国欧盟贸易额均超过 6000 亿美元。因此，全球供应链经济意义巨大。对于理论研究意义而言，诸多世界知名学者已做了充分论证。比如，美国工程院院士李效良（Hau L. Lee）和 *Manufacturing & Service Operations Management* 部门主编莫里斯·科恩（Morris A. Cohen）指出，全球供应链管控与结构设计方面的研究将是运营管理理论中令人激动的、可产生丰硕成果的领域。因此，本领域研究既服务国家重大战略需求，也契合国际前沿热点，必须独辟蹊径进行建模分析，将成果落地并应用到政府决策和全球产业发展引导中。

第二部分　国内外研究现状与发展态势

全球供应链是重要的研究对象，自 2000 年以来一直维持较高热度。早期研究较多关注全球供应链功能环节外包、物流网络布局、上下游协调契约等，聚焦于优化问题求解、调度算法设计、复杂网络仿真等具体的数学问题，相关的文献分为三类。

（1）税制驱动的全球供应链优化。Cohen 和 Lee（1989）指出，国际供应链的主要特征在于面临更为复杂的差别因素（典型如关税、差别税率、汇率等）。其后，一些典型工作（Hsu and Zhu，2011；Xiao et al.，2015；Xu et al.，2018）都将税制纳入各自研究，探讨了关税、增值税、企业所得税、出口退税等税种的影响。

（2）绿色可持续约束下的供应链管理。从一般意义上讨论绿色供应链的文献较为丰富。Atasu 等（2020）发表在 *Manufacturing & Service Operations Management* 上的回顾论文从闭环供应链、低碳约束等角度对 2010～2020 年的研究进行了全景梳理。在全球供应链框架下，绿色可持续约束方面的研究受到不同国家、地区贸易规制的影响，随时变动。因此，如何动态融入绿色约束需要理论开拓。

（3）供应链风险应对和网络结构优化设计。经典文献认为，应对中断风险的手段主要包括大量备货或被动接受（Tomlin，2006）、多源采购（Niu et al.，2019）、应急布局优化、发展备用仓和再寻址（Guo et al.，2020）等。但是，全球供应链中，风险来源更为复杂，具体的优化非常艰难，如何形成战略性指引面临巨大挑战。

总结而言，税制驱动的全球供应链研究刚刚起步，极富潜力。Dong 和 Kouvelis（2020）指出税制政策变动对全球供应链布局的影响是未来热点研究方向。在全球供应链框架下，企业响应当地绿色规制做出的局部决策并不服务于全球供应链整体，因此，关于绿色协调的研究成为新兴热点。以往供应链风险优化多求解具体数学问题，但做决策的时候需要充分融入不同国家、地区企业博弈策略，因此，多方博弈模型的构建和分析成为研究亟须。

第三部分　中国发展基础与优势

改革开放 40 多年来，中国从早期的世界工厂，逐渐升级演化为承接设计—制造—物流配送系列环节的世界供应链枢纽（Cohen et al.，2018a）。*Management Science* 主编大卫·辛奇-利维（David Simchi-Levi）、*Manufacturing & Service Operations Management* 部门主编莫里斯·科恩（Morris A. Cohen）和美国工程院院士李效良（Hau L. Lee）等世界知名学者对 80 多家大型在华跨国企业持续数年的跟踪调查结果显示，尽管生产成本有上升，但是中国完善的供应链配套使得这些跨国巨头几乎没有主体离开中国的计划（Cohen and Lee，2020），75.5% 的受访企业甚至增加了在华生产（Cohen et al.，2018a），疫情期间的实践更表明，中国是供应链受冲击后最快复工复产的经济体，整体受损程度最低。

因此，在预见的时期内，中国是研究全球供应链的最佳阵地，拥有数量最多、发展最快、创新最有活力、受商业情景和政策外力变化影响最频繁的跨国公司研究样本。

以 global supply chain、global operations、cross-border supply chain、belt and road initiative operations 等关键词在 WoS 数据库和 Google Scholar 中检索发现，近年来，华人学者的研究呈现快速上升趋势，特别是莫里斯·科恩（Morris A. Cohen）和李效良（Hau L. Lee）新近发表的文献总结中重点回顾的文献（Hsu and Zhu, 2011; Xiao et al., 2015; Xu et al., 2018）作者中都有中国学者。中国学者在运筹优化和博弈论方法方面的研究实力强，对业界变化敏感，成果产出效率高。澳大利亚 ABDC 最高 A*级期刊 *TRE* 组织的"一带一路"运营特刊最终接收发表的 7 篇论文主要作者均来自中国。UTD24 期刊 *Manufacturing & Service Operations Management* 最近发表了 20 篇文献回顾论文，与全球供应链运营有关的论文有 2 篇：Dong 和 Kouvelis（2020）及 Cohen 和 Lee（2020），主要作者均为华人。

第四部分　主要研究方向

1）研究方向一：关税驱动的全球供应链重整重构研究

关税是全球贸易中最常见的税种。中美贸易摩擦中，关税作为重要武器，保证我国在电子、汽车、粮食等供应链贸易中止损维稳。跨境供应链涉及多国贸易，各环节均受到关税约束。美国制造和服务管理协会主席潘洛斯·孔力思（Panos Kouvelis）等指出，关税有多方向、多维度、时机和持续时间不确定特征。如何利用关税这一武器进行供应链重整优化，协调中国与海外伙伴的竞合关系值得深入研究。

本方向研究的典型科学问题有以下几项：①关税调整风险、当地建厂成本变动风险、属地市场信息不确定性风险三者如何交互，如何协同应对？②关税调整和生效时限的不确定性如何促成全球供应链结构重整重构？③在"一带一路"倡议下，突发的关税差别待遇如何改变中国与海外公司之间的竞合博弈？④出口和内销双向转换如何影响跨国公司供应链结构？

2）研究方向二：绿色可持续发展约束下的全球供应链治理

2017 年，供应链纲领性文件《国务院办公厅关于积极推进供应链创新与应用的指导意见》发布，明确指出针对石化、轻纺、电子、重金属等具体供应链强化绿色监管、建立绿色体系，相关研究发展迅速（刘作仪和王群伟，2020）。新型全球供应链治理至少存在双目标——经济与环境可持续性协调发展。*Management Science* 部门主编谢尔盖·奈特辛（Serguei Netessine）指出，"找出可持续的增长路径是政策制定者和公司管理者的中心任务"。因此，融合供应链外力（绿色可持续发展约束）和内力（供应链成员优化决策）的结构重整成为重要课题。

本方向研究的典型科学问题有以下几项：①应对不同国家、地区的差异化绿色约束，全球供应链功能环节如何重新分布和动态调整？②绿色可持续政策变化较快、较频繁，企业环保投资见效较慢，如何平衡政策多变风险与环保投资的平稳性？③依托供应链决策，如何实现对环保政策的适应，并定量化论证评估，合理提出政策修改诉求？

3）研究方向三：考虑全球供应链风险的供应链设计策略

由于多重外包转包，供应链链条一方面不断延长；另一方面，制造业回流引发"属地生产+属地销售"，链条变短。全球供应链风险虽时有发生，但其波及范围和影响深度，与供应链长度和广度直接关联。供应中断、生产中断、市场中断、物流中断四类风险的应对策略各具独特性。因此，设计针对性的风险和收益平衡机制将成为供应链设计策略的突破口。

本方向研究的典型科学问题有以下几项：①供应链网络、企业竞争与合作程度、全球供应链风险发生概率三者之间的交互影响机理；②考虑决策者风险态度和动因联合的全球供应链设计；③供应链上下游四类中断风险的区别应对和联动管控策略；④考虑信息不确定性的全球供应链设计等。

4）研究方向四：考虑全球供应链风险的供应链应急管理方法

近年来，全球供应链风险频发，特别是新冠疫情暴露出应急管理方法和手段的不足。政府权威机构对各领域企业管理者展开的调查结果显示,基于供应链而非单一企业的应急管理表现较好。典型案例来自华为,上游关键技术研发,下游成品提价升格,以全供应链之力化危为机,不仅顶住了贸易摩擦的压力,还成功地实现了品牌升级。

因此,风险来临之时,应急应对不仅是政府和公益组织的事情,更是企业团结供应链上下游抱团取暖的事情。与传统供应链不同,供应链应急的目标是活下去,需要公平合理地分担成本、风险和收益(杨列勋等,2015)。

本方向研究的典型科学问题有以下几项:①如何区分供应链应急管理与传统应急和国民动员的关键区别;②政府财税减免和风险补贴、企业受损信息不确定性之间的博弈;③考虑企业生存和社会福利的供应链结构与运营决策(必用生鲜品和医疗防疫物资定价、短缺情形下的分配等)。

领域 42　重大突发传染性疾病下城市群应急管理

第一部分　选题背景与意义

随着我国城市化进程的推进,城际交通迅速发展,城市之间联系愈发紧密。2016 年 3 月,《中华人民共和国国民经济和社会发展第十三个五年规划纲要》中明确提出:"建立健全城市群发展协调机制,推动跨区域城市间产业分工、基础设施、生态保护、环境治理等协调联动,实现城市群一体化高效发展"。城市群一般以特大城市或大城市为中心,通过发达的运输网络和信息网络与周边区域连接,核心城市人口和经济增长较快,经济和人口集聚效应明显。城市群的出现有利于区域内的分工合作,实现资源的高效配置及利用,但同样也增加了城市间的依赖程度,给重大突发事件应急管理带来了新的挑战。2019 年 12 月以来,新冠疫情在长江中游城市群的核心城市武汉市暴发,截至 2020 年 3 月 5 日,全国共累计确诊新冠患者 80 552 例,其中,武汉市患者占比超过

61%，长江中游城市群患者占比超过 85%。与其他重大突发事件有所不同，重大突发传染性疾病难以预报、持续时间长、涉及范围广、对社会经济和民生负面影响更大，不仅考验某个城市的应急管理水平，也对城市群协同应急管理提出了新的要求。

要提高应对重大突发传染性疾病的应急管理能力，需从城市群角度出发，系统全面地了解疫情发展的各个阶段的管理需求。首先，重大突发传染性疾病会随着城市群内人口迁移，通过不同的交通方式进行传播，对不同交通方式中病毒的传播特点进行系统分析，进行有针对性的人员隔离管理，是控制疫情发展的前提；其次，充足有效的防疫人员及物资是战胜疫情的关键，单体城市的防疫资源及防控水平总是有限的，充分协调、调度城市群内部不同防疫人员及物资，可以有效提高应急救援效率；最后，疫情造成社会经济生产活动减缓甚至停滞，在疫情退散阶段合理有序地恢复生产可尽快缓解疫情对民生及经济带来的负面影响，涉及城市群综合交通管制的调整和人员复工优化等问题。总之，在重大突发传染性疾病的发生及退散全过程中，城市群内各层次的应急管理系统都亟待研究。

城市群是未来我国城市发展的主要方向，提高城市群应对突发疫情的应急管理水平，对保障人民群众的生命财产安全，维护国家和社会的稳定，以及促进我国社会经济持续发展均有重要作用。本领域研究针对新冠疫情暴发过程中所表现出的城市群应急管理能力不足的问题，从疫情暴发到消退的各个阶段系统分析提高城市群应急管理能力的方法，提出一套针对突发传染性疾病等突发事件的应急管理体系，可有效增加事前预警能力，提高应急管理水平，为重大突发传染性疾病下城市群应急管理提供理论基础和决策支持。

第二部分　国内外研究现状与发展态势

2020 年，新冠疫情肆虐全球[①]。回顾历史，2003 年 SARS 疫情暴发、2009 年甲型 H1N1 流感暴发、2014 年中东呼吸综合征（Middle East

---

① 世卫组织：中国以外新冠肺炎确诊病例超两万人. https://www.sohu.com/a/378423604_260616?_trans_=000014_bdss_dkwhfy[2020-03-08].

Respiratory Syndrome，MERS）暴发[①]。交通管理研究领域结合 SARS 病毒大规模传播的成果十分丰富。这些研究的侧重点有 SARS 病毒在交通工具中的传播特性研究、SARS 病毒感染者在交通工具中的隔离方法、疫区物资的输入与内部调配管理等。虽然这些侧重点各有不同，但是它们都围绕着一个大核心，即利用交通管理的手段减轻大规模传染病带来的二次伤害。此外，在新冠疫情暴发过程中，政府层面对武汉城市群的封城决策取得了卓越的成果。在未来，基于城市群的交通管制方案以应对重大突发急性传染病的机理与实证研究仍然是必须深入进行的。

在 2003 年 SARS 疫情暴发后，有关疫情条件下的城市群应急管理的研究数量大大增加。这些研究对疫区内部应急物资调配、应急物资跨地区运送、交通工具中患者与健康人的行为管理是有重大意义的。随着通信移动化的快速发展，城市群应急管理的研究也必须借助信息化的手段。目前，国际上对于本领域研究有一定的关注度，如交通领域著名期刊 *TRE* 早在 2005 年就出版了应急物资分配、应急物资物流网络建设等方面研究的特刊。另外，美国交通研究委员会（Transportation Research Board，TRB）在 2010 年出版了病毒在机舱中传播的动力学的研究特刊。在 2020 年 1 月 23 日至 2020 年 2 月 19 日的时间段内，中国六大城市群新冠患病人数占据了总病例的 90%，并且疫情在城市群内集聚呈中心-边缘结构特征，即首位核心城市确诊病例数在城市群中占比均较高。疫情扩散的边界溢出效应亟待跨区域进行联防联控引导[②]。数据证明，有效的城市群内部与城市群间的交通管制对疫情的扩散遏制起到关键的作用（Kraemer et al.，2020；Tian et al.，2020）。

虽然学术界对重大突发传染病城市群应急管理的研究总量大（Olsen et al.，2003；Hu et al.，2007；Gupta et al.，2011；Zhang and Li，2012；Zhang et al.，2016；He and Liu，2015；Nasir et al.，2016；

① 非典、埃博拉及甲型 H1N1 流感对新型冠状病毒疫情的启示. https://baijiahao.baidu.com/s?id=1656849302184282683&wfr=spider&for=pc[2020-01-27].
② 长三角议事厅｜城市群空间视域下的新冠肺炎疫情启示. https://www.sohu.com/a/376195681_260616[2020-02-27].

Namilae et al.，2017；Sheu，2007；孙根年和马丽君，2006；桂文林和韩兆洲，2011；王新平和王海燕，2012；曹杰和朱莉，2014；朱莉等，2017），但是在时间上是有波动的。研究总量在 2003～2004 年、2009～2010 年处于高峰状态，这也是与疫情暴发的时间所关联的，而其余时间本领域的研究热度与疫情暴发时间窗内的研究热度有明显差异。但是，在非疫期的研究效率是最高的。只有在非疫期把疫情期间所有可能出现的应急管理预案与措施准备齐全，才有可能最大希望地发挥研究的效能。

第三部分　中国发展基础与优势

　　关于重大突发传染性疾病下城市群应急管理这一主题的相关管理措施与理论研究，中国政府和科研工作者皆具有较好的基础及一定的优势。

　　一方面，中国政府在重大突发传染性疾病管控和城市群发展方面均有较为卓越的发展和建树。针对重大突发传染性疾病，中国政府对于疫情的管控和防治均颇显良效。从 SARS 疫情到新冠疫情，中国政府积极领导、严格把控，其采取的措施包括却不限于严格把关各个交通枢纽流动人员的身体健康情况，限制各个城市间的交通流动，使得疫情得到快速控制。由此可见，中国政府对疫情的宏观管控较世界其他国家较为科学和负责。针对城市群发展，中国政府的投入众多，效果明显。中国高度成熟的高速公路、高铁和航空网络使得逐渐形成的城市群能够高效运转。此外，中国正在加速成为 5G 的领导者，这使得中国在智慧城市和智慧城市群的发展道路上走得更快更好。

　　另一方面，中国研究者对重大突发传染性疾病和城市群的研究得到了中国政府的支持，研究成果颇丰。对"疫情""传染疾病""流行病"等关键词进行检索，1997～2020 年，国家自然科学基金项目数量达到百余项，其中包括重大项目 3 项。对"城市群"等关键词进行检索，2015 年以来，相关的国家自然科学基金项目逐年增多，其中包括重大项目 3 项，重大研究计划 2 项。国家自然科学基金项目数量大，尤其是重大项目数量大，表明我国研究者对相关领域研究有着良好的基础和相当杰出的贡献。

综上，我国政府和研究者，无论是对疫情防控，还是对城市群相关问题研究都有着较好的基础。因此，我国科学工作人员对开展重大突发传染性疾病下的城市群应急管理项目有着较高的可行性。

第四部分　主要研究方向

1）研究方向一：不同交通方式中病毒传播特点及人员隔离管理

新冠疫情导致大量人员伤亡和巨大经济损失，该传染病病原体主要通过呼吸道飞沫和接触传播，传染性极强。居民通过不同交通方式出行快速扩展了病毒的传播范围，而不同交通工具由于内部结构、乘客数及通风条件差异性大，病毒在其中传播特点不尽相同，需针对具体交通工具展开病毒传播特点研究。自武汉地区出现不明原因肺炎至离汉通道关闭，约 500 万人通过不同交通工具离开武汉，通过确诊者行程信息确定同行程中具有感染风险的人群有助于早发现、早隔离。封路、停驶公交车等强干预措施有助于切断病毒传播，但交通中断严重影响居民生活，不能长期实施，需针对病毒传播特点和不同交通工具特点，逐步恢复公路—铁路—水路—航空等运输。以上这些疫情防控带来乘客乘坐不同交通工具的管理问题，都亟须相应的病毒传播机理和人员隔离等方法研究。

本方向研究的典型科学问题有以下几项：传染病在综合交通枢纽中的传播特点、城市群空间结构对流行病传播的影响、确诊者及无症状感染者行程信息管理机制、公共交通工具（特别是公交、地铁）中传染性病毒传播机理及人员感染规律、通风或消毒等措施对公交车和小汽车内病毒传播的影响、含密闭性空间的交通工具（游轮、飞机、高铁等）中人员隔离和消毒措施等应急管理方法、不同交通方式病毒传播风险等级评估及应急管理措施效果评估等。

2）研究方向二：疫区所需防疫人员及物资的获取与调配管理

新冠疫情造成武汉地区多人感染住院甚至死亡，给人民生命健康造成了极大伤害。疫情暴发初期，由于缺乏应对经验，医院人满为患，医护人员严重不足；一些急需物资特别是医疗防护物资短缺，这造成部分医护人员感染、患者交叉感染、家庭聚集感染等现象，同时也造成武汉地区新冠病死率远高于其他地方。而后，全国各地和部队医护人员进入武汉，包括捐赠在内的救援物资来汉，人员和物资短缺问题得到了缓解，然而物资调配却出现了一些问题，尤其是捐赠物资商业化运作、物资调配效率低。随着定点医院和方舱医院建成，疫情初步得到控制，但由于疫情复杂，隔离措施面临长期实施风险，疫区居民日常生活受到严重影响，包括生活必需品在内的物品获取均出现一定问题。以上疫区面临的问题，都亟须相应的人员与物资调配理论和方法。

本方向研究的典型科学问题有以下几项：重大传染性疾病防疫物资储备及安全管理制度、定点医院和方舱医院所需医护人员及医疗防护物资需求与响应机制、疫区所需物资需求预测及分级分类管理措施、急需物资募捐及使用信息管理、隔离措施下生活必需品分配与配送方案、特殊群体物资供给、城市群防疫人员物资协同调配等。

3）研究方向三：疫情消退期交通管控及人员复工优化

随着防控措施发挥积极作用，疫区疫情会逐步进入消退期。然而一些病毒具有传染性强，存在变异可能且潜伏期内也具有传染性等特点，无法保证消退期内无病毒携带者，因此需逐步恢复正常生产生活状态。较为严格的交通管控措施，如限制道路车流量、限制交通工具内乘客上座率等，可在保证基本出行需求的前提下有效地减缓病毒传播速度。同时，复工过程中人员会在空间位置流动，除了尽可能阻止病毒携带者乘坐交通工具外，也需采取点对点交通服务、加强城际疫情信息共享等措施，尽可能地保证跨区域复工安全，阻断病毒大规模传播。以上措施亟须疫情消退期内交通管理机理与人员复工优化研究。

本方向研究的典型科学问题有以下几项：单点城市复发下城市群交通管控措施、疫情消退期公交车和地铁限流限客对减慢病毒传播机理解析、出行即服务中响应式公交和网约车服务感染风险评估、城市群多模式交通协同管理范式、人员复工点对点运输成本分析与协同优化、城市群内人员流动安全性评估、疫情信息共享及健康码互认等举措对复工复产的影响等。

领域 43 海外重大工程建设的投融资机制、组织模式、合约治理与风险防范

第一部分 选题背景与意义

随着"一带一路"倡议的深化落实,海外重大工程建设进入新的发展阶段,正由传统的承包建设逐步拓展到项目投融资、设计咨询、建设施工、运营维护等多个业务领域。2019 年,我国在"一带一路"沿线对 56 个国家的非金融类直接投资达到 150.4 亿美元。在承包方面,2019 年对外承包业务新签合同额为 17 953.3 亿元人民币,同比增长 12.2%(折合 2602.5 亿美元,同比增长 7.6%)。然而,海外重大工程建设处在不断变化的国内和国际环境当中,在投融资机制、组织模式、合约治理和风险防范等方面面临着诸多新挑战。一些海外重大工程建设的实施过程中风险问题频发,造成巨大的经济损失和恶劣的社会影响,为海外重大工程建设敲响了警钟。

重大工程建设一般具有投资规模大、技术复杂、参与方众多、环境不确定性高、社会影响广泛等特征。此外,海外重大工程建设还受到多重制度环境的约束,不确定性和复杂性更高。海外重大工程建设的风险防范在理论层面属于制度理论与组织理论的研究范畴,其背后的核心科学问题在于揭示项目客体、参与主体和外部环境之间的交互作用机理,探究如何面向国际金融市场创新投融资机制,在复杂的制度环境下构建合适的组织模式以获得项目合法性,并通过高效的合约治理机制设计提高交易效率,防范交易风险。同时,由于海外重大工程建设周期长,项目参与主体构成的组织网络及其合约治理的动态演化也会给海外重大工程建设的风险防范带来新的挑战。本领域研究将拓展制度理论与组织理论的应用领域和研究前沿,并为海外重大工程建设的风险防范提供新的研究视角。

海外重大工程建设的风险防范对实现我国与相关国家共赢发展至

关重要。特别是"十四五"时期，海外重大工程建设将进入高质量发展阶段。2019 年 8 月，商务部等 19 个部门共同印发了《商务部 外交部 发展改革委 教育部 工业和信息化部 公安部 财政部 住房城乡建设部 交通运输部 人民银行 国资委 海关总署 税务总局 市场监管总局 国际发展合作署 银保监会 证监会 外汇局 全国工商联关于促进对外承包工程高质量发展的指导意见》，其重要目标是"实现对外承包工程规模和全球市场份额稳中有升，结构逐步优化，领域不断拓宽，综合竞争力显著增强，由对外承包工程大国向对外承包工程强国转变。形成一批世界级的对外承包工程企业；培养一批具有国际化经营管理能力的人才队伍；打造一批综合效益好、社会影响力广泛、绿色环保的示范项目；推动中国建设品牌得到国际社会普遍认可和好评。建立一套完善、规范、科学的对外承包工程管理体制机制，促进服务有效、监管保障有力、便利化水平大幅提升。更好地服务我国经济社会发展和对外开放大局，有效促进项目所在国和世界经济发展，为推动构建人类命运共同体作出积极贡献"。因此，研究海外重大工程建设的投融资机制、组织模式、合约治理与风险防范是深化落实"一带一路"倡议的战略需求。

第二部分　国内外研究现状与发展态势

鉴于重大工程建设的复杂性，将工程项目视为封闭系统的传统项目管理知识已难以发挥作用（盛昭瀚等，2019）。目前，重大工程建设的相关研究呈现出两个发展趋势。其一，传统项目管理领域的研究更加关注外部环境，研究组织战略与制度环境对项目管理的影响（Martinsuo et al.，2019；Söderlund and Sydow，2019）。其二，组织管理研究逐渐将重大工程建设视为一种新型组织模式，以此发展组织管理理论（Gil and Pinto，2018；Orr and Scott，2008）。

在制度理论和组织理论的基础上研究海外重大工程建设，能够揭示项目客体、参与主体和外部环境之间的相互关联性，进而更好地防范风险。在投融资机制方面，辛兹亚纳·多罗班图（Sinziana Dorobantu）教授等在 *Academy of Management Journal* 发表的最新论文研究了政治风险对重大基础设施投融资合作伙伴选择的影响机理。国内学者也从投融资角度探究了国际 PPP 项目的实施绩效及其影响因素（张水波和郑晓丹，2015）。在组织模式方面，*Strategic Management Journal* 于 2019 年 4 月出版了以政府和企业如何在基础设施领域共同合作以创造公共价值为主题的研究专刊（Cabral et al.，2019；Luoand Kaul，2019）。Klein 等（2019）在 *Academy of Management Journal* 发表了关于组织治理的理论文章，为海外重大工程建设的治理结构研究提供了新的理论视角。西格·拉扎罗尼（Sergio Lazzarini）教授最新发表在 *Academy of Management Journal* 的论文也探讨了包括 PPP 在内的不同组织模式对社会价值创造的影响。在合约治理方面，学者从制度经济学视角出发，以功能视角区分合约的控制、协调和适应功能，并探究了合约治理与关系治理的交互关系（Cao and Lumineau，2015；Wang et al.，2019b）。*Journal of Management Studies* 也于近期发出了关于合约治理与关系治理的专刊征文启事。

以上研究前沿表明，从项目、组织和制度视角研究海外重大工程建设的风险防范正逐渐被国际学者所重视。据不完全统计，截至 2019 年，在 *Academy of Management Journal*、*Strategic Management Journal* 等组织管理领域国际顶级期刊以重大工程建设为背景的已发表论文有近 30 篇。制度理论和组织理论能够为海外重大工程建设的风险防范提供新的研究视角，同时，海外重大工程建设也能为制度理论和组织理论的拓展与应用提供宝贵的实践背景。

第三部分　中国发展基础与优势

我国国际工程相关企业正在积极部署国际化战略，着力提升国际化经营水平和国际竞争力。2019 年，共有 75 家中国企业入围"全球最大 250 家国际承包商"，上榜数量和营业额均连续多年蝉联各国榜首。在国家层面，海外重大工程建设已经成为共建"一带一路"倡议的可视性成果。我国丰富的海外重大工程建设实践使国内学者在本领域研究方向具有先天优势，能够在研究问题来源、数据支持和理论检验等方面提供支持。

在学术研究方面，近年来，国家大力推动重大工程建设领域的课题研究，立项课题主要有"我国重大基础设施工程管理的理论、方法与应用创新研究"（国家自然科学基金重大项目）和"重大工程项目风险识别、度量与控制的理论与方法研究"（国家自然科学基金重点项目）。2014~2020年,标题中含"一带一路"的国家自然科学基金立项课题达32项。这些研究课题的顺利开展为海外重大工程建设的课题研究奠定了扎实的研究基础,培养了一大批优秀的科研人才,能够服务于国家在推动海外重大工程建设高质量发展和落实"一带一路"倡议方面的重大战略需求。在WoS数据库以"belt and road"或"one belt and one road"为主题检索发现,2013年至2020年5月,中国学术机构发表的"一带一路"相关国际学术论文共有1767篇（未包含港澳台地区数据）,排在同期全球各个国家和地区同类论文数量的第一位。

第四部分 主要研究方向

1）研究方向一：面向国际金融市场的海外重大工程建设投融资机制

在传统投融资模式的基础上,海外重大工程建设正面向国际金融市场逐步拓宽资金来源,扩大投融资参与主体,积极吸引各类国际组织、开发性机构、市场机构共同参与。海外重大工程建设也越来越多采用PPP模式提供公共产品和服务。针对海外重大工程建设,需要进一步探索投融资机制、产品和制度创新,完善金融支持保障与风险监管体系。

本方向研究的典型科学问题有以下几项：海外重大工程建设投融资机制可持续性评估与优化、面向国际金融市场的海外重大工程建设多元化投融资体系构建、海外重大工程建设的股权和控制权配置与优化机理、面向国际金融市场的海外重大工程建设投融资风险分担机制、国际PPP项目融资风险分担机制设计及其动态调整、面向国际金融市场的海外重大工程建设投融资制度保障与风险监控体系构建。

2）研究方向二：全球治理视角下的海外重大工程建设组织模式创新

在全球治理的视角下,海外重大工程建设的参与主体既包含企业和相关国家政府部门,同时也涉及当地公众、国际组织、社会团体等利益相关者,对重大工程建设的组织模式提出了新挑战。为了更好地服务我国经济社会发展和对外开放大局,有效促进项目所在国和世界经济发展,海外重大工程建设亟须组织模式创新。

　　本方向研究的典型科学问题有以下几项：全球治理下的海外重大工程建设制度复杂性及其影响机理，全球治理下的海外重大工程建设组织治理体系的构建、调整与重构机理，全球治理下的海外重大工程建设价值链构建与激励机制，全球治理下的海外重大工程建设参与主体竞合策略，海外重大工程建设的非市场战略与制度环境匹配性机理，全球治理下的海外重大工程建设大数据挖掘和公众参与决策模型。

　　3）研究方向三：面向多元化参与主体的海外重大工程建设合约治理机制

　　海外重大工程建设具有参与主体多元化、治理期限较长的特征。海外重大工程建设的参与主体通过合约设定项目目标、明确各方权利与义务，并确定实现目标、监督绩效的方式。如何在复杂的制度环境下面向多元化参与主体进行合约设计，并有效运用合约治理机制以提高海外重大工程建设的实施效率，成为工程企业面临的新挑战。此外，合约治理与关系治理机制的交互作用作为学术界的研究热点之一，也是海外重大工程建设需探究的新方向。

　　本方向研究的典型科学问题有以下几项：面向多元化参与主体的海外重大工程建设合约网络构建与优化、复杂制度环境下的海外重大工程建设合约治理机制设计、权变视角下的海外重大工程建设合约执行与调整机制、海外重大工程建设合法性与效率双重性对治理机制的影响机理、制度压力下的海外重大工程建设参与主体信任修复路径、基于多维属性的海外重大工程建设合约治理与关系治理交互机理、海外重大工程建设合约治理与关系治理的动态演化机理。

　　4）研究方向四："一带一路"沿线国家重大工程建设的风险识别、度量与控制

　　海外重大工程建设是"一带一路"倡议的重要载体，受到政治、法律政策、市场、融资、财务等诸多风险因素的影响。同时，环境复杂性及主体治理结构复杂性带来风险因素之间联系增多且相互影响增强，风险因素经复杂叠加后会产生不可预见的重大影响。要落实好"一带一路"倡议，需要对沿线国家重大工程建设的风险管理进行系统化的研究，开发新范式。

本方向研究的典型科学问题有以下几项："一带一路"沿线国家制度环境差异及其应对机制、"一带一路"沿线国家重大工程建设风险评估与预警体系构建、海外重大工程建设风险复杂演化规律、全球治理下的海外重大工程建设价值链风险传导机理、重大公共卫生事件影响下的海外重大工程建设风险应对机制、"一带一路"沿线国家重大工程建设争端解决机制。

领域 44　重大突发公共卫生事件下的医疗资源应急管理

第一部分　选题背景与意义

近年来，在《"健康中国 2030"规划纲要》的指导下[①]，提供优质高效的医疗服务成为医疗改革的重心之一，其中，利用科学管理手段来提升医疗资源的利用率得到了学术界与医疗从业者的广泛关注。据不完全统计，2016 年至 2019 年，基金委管理科学部共批准了近 100 项有关医疗管理的项目。目前关于医疗资源管理的研究成果大多建立在需求较为稳定的情形下，很难应用到重大突发公共卫生事件中。突发公共卫生事件下，尤其是重大传染病疫情发生时，（伤）患者人数往往会指数级增长，对医疗（救援）物资的物流与供应链系统稳定性、医疗机构的诊断能力、医疗救治能力与应急保障能力、相关部门对医疗资源的统筹调配能力等提出了严峻的考验。

对重大突发公共卫生事件下的医疗资源进行科学的应急管理，需要对事件发展有整体预判，需要对医疗需求趋势有合理预估，需要医疗（救援）物资的物流供应链系统具有一定的柔性，需要对医疗机构

---

① 中共中央　国务院印发《"健康中国 2030"规划纲要》. http://www.gov.cn/zhengce/2016-10/25/content_5124174.htm[2016-10-25].

的人员、设备、物资进行有效的调度，需要系统、有序地对（潜在）患者进行追踪、筛查、分诊与收治。然而，该类事件具有突然性、复杂性和不可预测性等特点，使得以上问题十分具有挑战性。比如，为应对突发事件的发生，在设计医疗物资的物流与供应链系统时，如何同时兼顾到成本与柔性；事件发生时，由于尚未对该事件形成准确的认知，往往无法进行合理的预判，是否可以结合大数据、机器学习等技术对事件的发展进行推演；事件发生初期，如何利用模拟仿真技术来评估各种情形下的风险，为进一步决策提供依据；当患者数量迅速增长时，面对医疗资源严重短缺的困境，如何同时对患者与资源进行最为有效的调度。

2003 年 SARS 疫情中全球累计确诊 8096 例，死亡 774 例[①]，据估计，造成了 300 亿美元以上的经济损失（Keogh-Brown and Smith，2008）。截止到 2020 年 5 月 14 日，新冠疫情全球已累计确诊超 440 万例，累计死亡病例超 30 万例，预估将对全球造成高达 8.8 万亿美元的经济损失[②]。习近平在中央全面深化改革委员会第十二次会议上，对完善重大疫情防控体制机制、健全国家公共卫生应急管理体系做出重要部署，要求总结经验、吸取教训，"从体制机制上创新和完善重大疫情防控举措，健全国家公共卫生应急管理体系"[③]。对医疗资源的应急管理能力，关系到疫情防控工作的平稳运行，是健全国家公共卫生应急管理体系的关键之一。

第二部分　国内外研究现状与发展态势

一方面，医疗管理相关研究十分丰富。为应对人们对医疗卫生资源不断增长的需求，提升医疗服务质量，降低医疗系统运营成本等，有关医疗管理的研究已经成为管理学科的热点之一。另一方面，针对突发公

---

① Summary of probable SARS cases with onset of illness from 1 November 2002 to 31 July 2003. https://www.who.int/publications/m/item/summary-of-probable-sars-cases-with-onset-of-illness-from-1-november-2002-to-31-july-2003[2015-07-24].

② COVID-19's Global Economic Impact Could Reach $8.8 trillion—ADB. https://www.adb.org/news/videos/covid-19-s-global-economic-impact-could-reach-8-8-trillion-adb[2020-05-15].

③ 习近平主持召开中央全面深化改革委员会第十二次会议强调 完善重大疫情防控体制机制 健全国家公共卫生应急管理体系 李克强王沪宁韩正出席. http://www.xinhuanet.com/politics/leaders/2020-02/14/c_1125575922.htm[2020-02-14].

共卫生事件的医疗管理相关研究十分有限，且主要集中在公共卫生政策领域。著名医学期刊《新英格兰医学杂志》总结了 2001 年至 2012 年所发生的重大突发公共卫生事件，强调持续研究如何科学应对该类事件的重要性（Lurie et al., 2013），这为将管理科学领域中的理论、工具与方法应用到其中提供了良好的机会，针对该类事件下的医疗资源应急管理研究具有极大的潜力。

近年来，越来越多的学者认为大数据与人工智能会给医疗管理带来巨大的转变（Raghupathi and Raghupathi, 2014），将其合理运用在预测、评估与分析突发公共卫生事件中，将会是一个非常具有研究意义的议题。而在将运营管理与供应链管理理论应用到医疗管理中，成为 2010 年以来的主流研究问题。如今，我们也需考虑，针对突发公共卫生事件的特性，如何结合流行病学，对流行病传播建立模型，并运用运营管理与供应链管理中的方法（设施选址、资源配置、人员与物资调度等）来对医疗资源进行应急管理，从而更好地预防、减缓和阻止传染病的传播。

总的来看，近年来医疗管理相关研究逐渐被国内外学者所重视，越来越多的研究成果发表在经济管理学科的期刊上。例如，2011～2020 年发表在 *Manufacturing & Service Operations Management* 的文章中超过 10%是针对医疗管理问题的（Keskinocak and Savva, 2020）。然而，经济管理学科对突发公共卫生事件下的应急管理研究却十分有限。据不完全统计，近年来，在 *Management Science*、*Operations Research*、*MIS Quarterly* 等管理类国际顶级期刊上发表的相关论文不超过十篇，其中有的论文研究如何对流行病进行预测与控制（Finkelstein et al., 1981），有的论文研究如何进行资源配置（Long et al., 2018）以及信息系统在其中的作用（Chen et al., 2011）等。

第三部分　中国发展基础与优势

新中国成立 70 多年来，随着人类疾病谱的变化和医学模式的转变，我国流行病学在疾病防控、科研教学、学会建设和期刊发展等方面取得了显著成就。我国学者的研究成果陆续发表在《新英格兰医学杂志》

《柳叶刀》《美国医学会杂志》《英国医学杂志》等国际著名期刊上（毛琛等，2019）。

自"十三五"规划明确提出"推进健康中国建设"后，互联网企业纷纷对医疗行业展开布局，诸多大型企业通过并购，整合医疗资源，布局智慧医疗产业链，使得我国医疗信息化产业年增长率保持在 15%以上。这不仅为研究如何进行医疗资源应急管理提供了基础数据支持，也为整合各渠道信息，建立预测、评估与报警系统，以及医疗资源分配与调度平台提供了软硬件基础。

为提高中国在医院管理领域中理论和实践方面的研究水平，推进相关学科与学术建设，促进学术交流和研究成果的应用，国内高校纷纷设立与医疗管理相关的研究中心，或搭建管理学科与医疗机构的合作平台，或与医疗卫生单位建立良好的长期合作关系。上述研究平台以中国医疗卫生单位的实际情况为出发点，积极地将研究成果推广应用，为研究重大突发公共卫生事件下的医疗资源应急管理提供了合作基础。

从科研人员对医疗管理的研究能力上来看，在 WoS 数据库以"health"或"hospital"为关键词检索 2011～2020 年来发表在顶级期刊（*Management Science*、*Operations Research*、*Manufacturing & Service Operations Management*、*Information Systems Research*、*MIS Quarterly*、*Journal of Consumer Research* 等 UTD24 期刊）上的文章，其中由中国学者发表的文章占 7.5%；而 2016～2020 年的数据显示这一比例上升到了8.1%。这表明国内学者对本研究领域的重视程度越来越高，投入越来越大，研究成果越来越多，研究质量越来越高。

第四部分　主要研究方向

1）研究方向一：突发公共卫生事件情景推演与风险评估

突发公共卫生事件具有不确定性、复杂性、不可预测性等特点，能否科学且合理地对其发展趋势与潜在风险进行及时的预判，对后续疫情防控和诊疗工作的平稳运行起到决定性的作用。在 2020 年防控新冠疫情中，大数据等信息技术展现了广阔的应用前景。然而，如何利用模拟仿真、大数据、人工智能等新一代信息技术，使突发公共卫生事件的防控更为科学精准高效，值得进一步深入研究。

本方向研究的典型科学问题有以下几项：如何利用大数据与机器学习对公共卫生风险进行预警；如何基于大数据来对传染性疾病发展趋势进行监测；如何测算与评估公共卫生事件的风险；如何结合流行病学，对流行病传播过程进行动态建模与模拟仿真；如何快速识别突发传染性疾病的传染源、扩散路径和就医特征；如何合理推演不同决策下的突发公共卫生事件发展；等等。

2）研究方向二：突发卫生事件情景下的柔性供应链系统与物流系统的研究

突发重大的公共卫生事件后，医疗机构与民众对医疗资源的需求迅速增加。例如，2020 年初新冠疫情暴发，在疫情防控的一线救治过程中，普遍存在医疗物资不足的问题。加之该疫情正值春节前后，企业停工、物流停运、原材料供应不足、各地防护物资分布失衡及地方物资管控等原因，导致医疗机构医疗物资短缺的矛盾尤为突出。所以，在物流与供应链系统的设计与运行中，我们需考虑到突发公共卫生事件的风险，并权衡各方面成本，建设并维持具有一定稳定性的物流与供应链系统，并对应急储备医疗资源进行科学的管理。

本方向研究的典型科学问题有以下几项：考虑突发需求的柔性供应链最优设计、为应对突发公共卫生事件的战略储备物资的最优安全库存设计、疫情暴发下考虑物流系统稳定性的封城决策研究、原材料与成品应急采购决策研究、风险规避的医疗物资生产与运输规划等。

3）研究方向三：突发公共卫生事件下关键医疗物资、设备、人员的调度研究

突发公共卫生事件发生后，患者的数量急速增多，收治床位和医护力量等医疗资源会出现突然的短缺，出现一时无法缓解的供需矛盾。如何有效利用已有的医疗资源来最大化地缓解该矛盾，是一个巨大的挑战。比如，进行床位等空间资源配置时需考虑到交叉感染的风险，跨区域集中调度大型医疗设备与医护人员时需考虑到不同区域潜在需求的爆发，在临时收治场所的设计和建设时需同时考虑到建成的时效与规模等。

本方向研究的典型科学问题有以下几项：考虑具有交叉感染的医疗空间资源配置研究、突发需求下大型医疗设备集中调度模型和算法、考虑疫情发展的医护人员跨区域调度策略研究、考虑疫情发展的临时收治场所规模最优设计、突发需求下医疗资源应急生产与调度研究等。

4）研究方向四：突发公共卫生事件下患者的最优检测、治疗的策略研究

突发事件下，对（潜在）患者的追踪、筛查检测、分诊与收治是非常关键与重要的。然而在 2020 年新冠疫情前期中，我们出现了检测试纸严重不足、医疗机构负荷超限等问题，发生了大量患者无法确诊、无法被收治的情况，造成了非常大的潜在风险。因此，在医疗资源严重短缺、检测能力与收治能力十分不足的情况下，我们需要最大化地利用已有的资源。

本方向研究的典型科学问题有以下几项：考虑风险与效率的密切接触人员最优追踪策略研究、存在不同筛查手段且检测资源有限下的最优筛查策略研究、兼顾公平与传播风险的患者分诊策略研究、有限资源下感染患者的最优收治策略研究、对异质性患者的动态管理研究等。

领域 45　重大突发事件中的应急物资保障优化

第一部分　选题背景与意义

2007 年 8 月 30 日颁布的《中华人民共和国突发事件应对法》[①]，将突发事件定义为突然发生，造成或者可能造成严重社会危害，需要采取应急处置措施予以应对的自然灾害、事故灾难、公共卫生事件和社会安全事件。例如，2020 年暴发的新冠疫情，由于大规模的人口流动及病毒病理特征、传播途径等关键信息尚不明确，使得防控工作困难重重。习

---

① 中华人民共和国主席令 第六十九号. http://www.gov.cn/ziliao/flfg/2007-08/30/content_732593.htm[2007-08-30].

近平强调，"新冠肺炎疫情是百年来全球发生的最严重的传染病大流行，是新中国成立以来我国遭遇的传播速度最快、感染范围最广、防控难度最大的重大突发公共卫生事件"[①]。此次事件中，应急物资短缺一度成为控制疫情扩散的焦点，对人民生命财产安全、国家安全构成严重威胁。我国还是世界上自然灾害最为严重的国家之一。根据紧急灾难数据库（Emergency Events Database，EM-DAT）的统计数据，2010～2019年，我国平均每年发生29.5起自然灾害，累计受灾人数高达5亿多人，位于世界首位，并造成巨大的经济损失。应急物资管理课题不仅是学术界的研究焦点，也是政府、人道救援组织的紧迫需求。世界范围内众多的突发事件救援实践表明，建立科学有效的应急物资储备体系能够提升救援行动的时效性。

要做好我国应急物资保障工作，需要集合政府、业界、学术界等多方努力。从管理科学的研究范畴来看，需要全面分析关键应急物资的救援属性和需求特征，明确其采购、储备、生产、调拨和紧急配送等环节的瓶颈所在，并运用运筹学、优化理论、博弈论等相关理论与方法，研究其储备方案、供应链网络、柔性制造、配送路径、社会捐赠、社会征用补偿等相关课题。同时，在学科交叉、学科融合的趋势下，运用新兴科技手段，如大数据、区块链等，搭建智能信息共享平台，实现关键应急物资的紧急采购、社会捐赠等渠道功能，并结合无人机、配送机器人等硬件设备，实现由采购到配送的整体解决方案。

建立健全统一的应急物资保障体系，是关乎国计民生的大事。《中华人民共和国突发事件应对法》规定，国家建立健全应急物资储备保障制度，完善重要应急物资的监管、生产、储备、调拨和紧急配送体系，并要求健全突发事件应急预案体系。2017年国务院办公厅发布的《国家突发事件应急体系建设"十三五"规划》[②]，明确将建立健全应急物流体系纳入"十三五"期间主要任务，并指出我国现行"应急物资储备结

---

① 习近平：在全国抗击新冠肺炎疫情表彰大会上的讲话. http://www.xinhuanet.com/politics/leaders/2020-10/15/c_1126614978.htm[2020-10-15].

② 国务院办公厅关于印发国家突发事件应急体系建设"十三五"规划的通知. http://www.gov.cn/zhengce/content/2017-07/19/content_5211752.htm[2017-07-19].

构不合理、快速调运配送效率不高，资源共享和应急征用补偿机制有待健全"等。重大突发事件中的应急物资保障问题是切合国家安全、社会稳定的大问题，是保障人民生命财产安全的紧要攻关工程。

第二部分　国内外研究现状与发展态势

为应对重大突发事件，各国政府基本都建立了各自的应急物资储备体系，并颁布应急物资储备法案、应急响应预案等来保障应急物资管理工作的顺利推进。比如，美国有《战略及重要物资储备法》，芬兰有《国家战略储备法》，我国也有《中央储备肉管理办法》《国家物资储备管理规定》等，以配合突发事件中的应急救援行动。已有的丰富管理实践经验将有助于推动我国应急物资储备体系的进一步完善。应急物资的研究也已成为管理科学、运作管理领域的热点，引起学术界的广泛研究兴趣。研究者积极借鉴了传统运作管理的思想与工具，将其运用于应急物资管理的多个方面。此外，全球一体化的背景下，人口、商品等大规模流动使得突发事件的演变、发展路径越来越复杂，大数据、人工智能、智慧仓储等新技术的兴起，也为应急物资管理问题的研究开启了新的方向。

应急物资保障工作关乎整个突发事件救援防控工作的成败。从管理科学的角度，对关键应急物资保障的重要环节进行问题抽象，并利用数学建模、算法设计等理论与方法进行研究，以保证应急物资在储备种类、储备数量、采购、生产、紧急配送、供应链协同等各个环节的科学性，提高管理效率，保障救援防控目标的顺利达成。灾害管理是运营管理的重要研究领域，成果文献颇丰，但由于重大突发事件的突然性、不可预测性等特征，诸多关键科学问题尚未形成系统性的研究成果。国际知名期刊 *Production and Operations Management* 专门设立了灾害管理（Disaster Management）部门，并在 2014 年出版了 Humanitarian Operations and Crisis Management 的专刊，积极推进灾害管理相关问题的研究进程。

近年来，以"应急物资"为主题的相关研究逐渐被国际学者所重视。在 WoS 数据库以"emergency supplies"为主题检索发现，2015～

2019 年，发表的学术论文有 627 篇，其中发表在 *Management Science*、*Operations Research*、*Production and Operations Management* 等国际知名管理科学期刊上的学术论文仅有 10 篇。此现象表明本领域的高水平研究成果较少，其关键核心问题的研究尚处于起步阶段，需加紧研究突破。

第三部分　中国发展基础与优势

从管理实践层面来看，近年来，我国对于应急管理的关注度和投入水平持续增强。我国的应急物资储备体系可以追溯至 1998 年。截至 2017 年 10 月，我国已经建成 19 个中央级救灾物资储备中心和 60 个省级物资储备中心。总的来看，我国已经初步形成了"中央—省—市—县"四级救灾物资储备体系。特别是在"十三五"期间，明确将建立应急物流体系列为主要任务，统筹利用社会资源，加快新技术应用，进一步完善应急物资保障体系，提高紧急运输保障能力。然而，2020 年的新冠疫情防控工作却凸显了在我国应急物资储备管理中所存在的问题，如关键医疗物资（口罩、消毒酒精、防护服等）储备结构单一、数量不足、紧急采购渠道薄弱等。2020 年 2 月 23 日，习近平在统筹推进新冠肺炎疫情防控和经济社会发展工作部署会议上发表重要讲话①，再次对完善重大疫情防控体制机制、公共卫生应急管理体系做出部署。今后，我国将进一步推动完善国家卫生应急物资专项储备制度，建立国家统一的应急物资生产供应体系，在实物储备的基础上增加技术储备和生产能力储备，健全国家应急物资收储制度来最大限度地调动生产企业积极性。在我国大力推进健全应急物资保障体系的背景下，丰富的管理经验将为该课题的攻关提供实践支撑。

从学术创新的角度来看，应急物资相关研究得到中国学者的高度重视。在中国知网中以"应急物资"为主题词搜索，2015～2019 年，被 CSCD 和 CSSCI 数据库收录的公开发表中文期刊论文有 215 篇。此外，相同时间段内，在 WoS 数据库以"emergency supplies"为主题的 627

---

① （受权发布）习近平：在统筹推进新冠肺炎疫情防控和经济社会发展工作部署会议上的讲话. http://www.xinhuanet.com/politics/leaders/2020-02/23/c_1125616016.htm[2020-02-23].

篇英文论文中，中国学术机构发表 97 篇，占比 15.47%，位列世界第二（美国第一）；受国家自然科学基金委员会资助的论文有 74 篇，位列世界第一。

第四部分　主要研究方向

1）研究方向一：人道主义物流特点及我国应急管理体系研究

人道主义物流与传统商业物流在物流管理层面有很大的相似性，都包括物资的采购、库存和运输等流程。在研究手段上，前者在很大程度上可以参照后者。目前，人道主义物流或应急物资相关研究绝大部分引入了商业物流研究中常用的分析、建模、优化等方法。后来，Holguín-Veras 等（2012）分析了人道主义物流与传统商业物流问题之间的差异，阐述了两者在目标导向、需求信息、决策结构、物流方式、社会网络状态和支持系统状态等多个方面的差异。Holguín-Veras 等（2013）认为只有充分考虑人的因素，才能实现救援行动对效力、效率和公平这三大目标的整合。他们提出了匮乏成本的概念，用以表示人道救援行动中因未得到及时救援而忍受痛苦的经济价值，并建议在建立模型时用社会成本（物流成本与匮乏成本之和）作为首选的目标函数形式。其后，李冰雪（2015）、Holguín-Veras 等（2016）、Pérez-Rodríguez 和 Holguín-Veras（2016）、Wang 等（2017a）、Paul 和 Wang（2019）对考虑匮乏成本的人道救援问题做了进一步的研究。在研究突发事件中的应急物资相关问题时，需重视人道救援问题的特殊性，保证研究成果的实践意义。

本方向研究的典型的科学问题有以下几项：人道主义物流管理特点和管理目标研究、我国应急物资储备体系结构演变、我国及世界各国应急物资储备制度分析、关键应急物资的匮乏成本函数研究、匮乏成本信息价值研究、匮乏成本与经济成本权衡研究等。

2）研究方向二：应急物资储备、供给及配送策略优化研究

重大突发事件中，应急物资的运输往往耗资巨大，而运达时间却不尽如人意。在突发事件管理领域，社会各界的惯例是做好应急物资的储备工作，以备不时之需。要建立一个健全的应急物资储备体系，需同时

做好事前物资的库存管理和事后的紧急配送行动。目前，大多数文献构建了基于场景的随机优化模型，使得研究成果在实践应用中面临巨大挑战。基于研究成果实践性的考虑，鲁棒优化模型与方法在研究应急物资相关问题中更具科学前沿性。

本方向研究的典型科学问题有以下几项：应急物资储备供应链网络规划、应急物资库存管理策略、考虑需求优先级的应急物资配给策略、考虑社会成本或公平因素的应急物资事前储备和事后救援集成鲁棒优化、考虑运送时间不确定的应急物资运输路径问题、考虑灾后道路抢修决策的应急物资运输问题等。

3）研究方向三：应急物资集中采购、生产优化及社会资源补偿策略

一旦重大突发事件发生，应急物资往往产生巨大的需求缺口。此时，救援组织需立即启动应急响应预案，进行集中采购、紧急生产或者征用社会资源。这类问题属于应急物资的紧急供给问题，亟须相应的研究成果。

本方向研究的典型科学问题有以下几项：应急物资采购合同博弈、关键原料采购合同机制研究、应急物资生产柔性研究、多供应商采购的供应链网络优化、考虑需求优先级的生产计划研究、关键应急物资共享制造模式研究、关键应急物资的社会征用补偿机制研究。

4）研究方向四：区块链溯源、大数据、人工智能等新技术驱动下的应急物流优化及物资质量管理研究

区块链、大数据、人工智能等新技术的研究与应用已成为全球信息科技领域的热点，并对社会运行模式产生着深远的影响。新技术的快速发展有利于应急物资管理问题进一步寻求新的解决方案，如智能仓储配送系统、智能制造、区块链溯源、无人机救援等，也促进了相应组织的管理模式变革。以上各类新技术驱动下的解决方案，亟须相应的管理科学研究领域成果。

本方向研究的典型的科学问题有以下几项：数据驱动的应急物流优化模型与算法、在线应急物流优化模型与算法、应急物资的智能仓储和配送系统、智能制造供应链优化、应急物资的区块链溯源应用场景研究、无人机配送路径研究、应急物资的质量管理博弈研究等。

领域 46　突发公共卫生事件环境下的物流与供应链管理

第一部分　选题背景与意义

从埃博拉疫情到寨卡疫情、从禽流感到猪流感、从 SARS 疫情到新冠肺炎疫情，世界范围内的突发公共卫生事件层出不穷，而且频率越发频繁。突发公共卫生事件给世界各国带来了巨大灾难，严重威胁到世界人民的身心健康与生命安全。截至 2020 年 5 月 16 日，全球新冠感染累计报告确诊病例 450 多万例，累计死亡病例逾 30 万例。突发公共卫生事件环境下，消费者购买行为发生了极大的改变，严重影响了企业的正常经济运转，甚至打乱了政府正常的市场监管政策。在面对突发公共卫生事件过程中，消费者不了解产品的生产、物流及销售信息，造成疯抢现象；企业的生产运营及物流配送未做好充足的准备，以致在应对突发公共卫生事件过程中"捉襟见肘"；政府在突发预案与市场政策干预方面缺乏科学高效的相应机制。

若要解决以上问题，需要从物流和供应链及政府政策角度出发进行整体优化与精准施策。而要进行整体优化与精准施策，就必须充分掌握不同产品的供应与终端消费者需求的变化。在突发公共卫生事件环境下，对于日常消费类产品，虽然此类产品的供应充足，但是消费者的消费模式发生巨大转变：网络购物等非接触式购物需求激增，而线下接触式购物需求呈现低迷态势。对于防疫类产品，消费者需求量巨大，而生产企业的供应难以短时间内提高产能。面对消费者行为模式与需求的巨大转变，在突发公共卫生事件环境下，传统的物流与供应链管理理论已不能适应突发且多变的环境，探索新环境下的物流与供应链管理理论及政府干预政策已显得尤为重要。

在突发公共卫生事件环境下，传统的物流与供应链管理理论已经不能完全适用。本领域研究从我国突发公共卫生事件出发，以消费者非正常行为作为切入点，结合运筹学、博弈论、经济学等相关理论与方法，建模和优化物流与供应链中的生产及运营、物流配送和政府干预政策，总结适合我国突发公共卫生事件环境下的物流与供应链管理理论，为物流与供应链管理提供科学决策支持。目前，在物流与供应链管理领域，针对突发公共卫生事件尚无成熟的管理理论。而且已有物流与供应链管理理论未能吸纳突发公共卫生事件的一些关键特征，其结论难以适应中国管理实践。因此，本领域研究在理论上具有原创性。本领域研究的开展不仅能够为消费者在突发公共卫生事件环境下提供科学且理性的消费理念，又能为物流与供应链相关企业提供管理建议，还能为政府在突发公共卫生事件方面提供政策建议。开展本领域相关研究，对我国在应对突发公共卫生事件、经济发展和社会稳定等方面具有重要的实际价值。

第二部分　国内外研究现状与发展态势

物流与供应链管理的研究是管理科学与工程学科的重要研究方向之一。近年来，该研究方向吸引了世界广大学者的兴趣。*Management Science*、*Manufacturing & Service Operations Management* 和 *Operations Research* 为该方向研究的顶级期刊，以"supply chain"作为关键词进行查询，2019 年这三个顶级期刊分别刊登了 16 篇、11 篇和 6 篇相关论文；以"logistics"为关键词进行查询，2019 年这三个顶级期刊分别刊登了 27 篇、15 篇和 21 篇相关论文。这足以说明物流与供应链管理为世界顶尖学者最为关注的研究方向之一。

物流与供应链管理领域主要探讨两大类研究：物流优化和供应链管理。物流优化其中一个研究方向为车辆路径问题，如 Macrina 等（2019）和肖建华等（2017）。供应链管理主要讨论供应链的生产与运营管理，如 Arya 和 Mittendorf（2015）及 Ha 等（2015）。本领域研究为物流与供应链管理领域在突发公共卫生事件环境下的进一步探索，目前与这方面最为相关的研究为应急物流与供应链管理。应急物流主要探讨灾难发生后物流的调度与优化，如 Dong 等（2015）、Elçi 和 Noyan（2018）及 Gul 等（2015）；应急供应链管理主要分析供应中断情形下的供应链管理，如 Ang 等（2017）、Bimpikis 等（2018）、Osadchiy 等（2016）及潘伟（2015）。

　　纵览应急物流与供应链管理方面的研究,其研究核心在于物流中断后的应急管理。换言之,当前研究是基于重大灾难(地震、海啸)环境下的物流与供应链管理。然而,这一特征仅是本领域研究核心特征之一。在突发公共卫生事件环境下,一些新的管理特征涌现出来,如病毒传染性和政府干预政策(Long et al.,2018)。这些新的管理特性势必对物流与供应链管理产生深远影响。

第三部分　中国发展基础与优势

　　新冠疫情暴发以来,党和国家领导人亲自指挥、亲自部署。在2020年1月25日召开的中共中央政治局常委会专题会议上,习近平听取新冠肺炎疫情防控工作汇报并强调,"疫情就是命令,防控就是责任"[①],表达了党和国家战胜疫情的决心和信心。党和国家对突发公共卫生事件的重视是本领域研究的动力。本领域研究来源于中国实践,扎根于中国实践,具有充足的实践背景和政府政策背景。新兴"互联网+"物流商业模式应运而生,在疫情期间发挥了重要作用。例如,菜鸟、叮咚买菜等互联网物流企业为消费者提供无接触式服务,以降低人员感染风险。这是本领域研究开展的基础,也是本领域研究具有的独特优势。这些基础和独特优势致使当前在物流与供应链管理领域鲜有此类研究。本领域研究能够在应急物流与供应链管理领域开拓一片新的研究方向。

　　本领域研究不仅在实践和政策方面具有发展基础和优势,而且在国内物流与供应链研究上也具有一定基础。具体表现在两个方面:①国家自然科学基金委员会对物流与供应链领域的大力度支持。以2019年为例,国家自然科学基金委员会在物流与供应链方向(G0111)资助重点项目2项、面上项目28项、青年项目29项,在各研究方向中名列前茅。②中国学者在物流与供应链方向研究兴趣十足。2014~2018年,在CSSCI数据库,篇名中出现"供应链"的研究超过1400篇;在WoS数据库中,

　　① 中共中央政治局常务委员会召开会议 研究新型冠状病毒感染的肺炎疫情防控工作 中共中央总书记习近平主持会议. http://www.xinhuanet.com/politics/leaders/2020-01/25/c_1125502052. htm[2020-01-25].

篇名中出现"supply chain"的研究有近 700 篇（仅统计发文量在世界排前 100 名的中国单位，未包含港澳台地区数据）。

第四部分 主要研究方向

1）研究方向一：突发公共卫生事件环境下的物流与供应链商业模式创新

在突发公共卫生事件环境下，消费者需求模式发生巨大变化。相应地，物流与供应链企业的商业模式也随之变化。现实中供应链企业商业模式创新的例子比比皆是。例如，在疫情期间，汽车生产企业比亚迪跨领域制造防疫类产品，传统的中高档餐饮服务企业开启外卖模式，众多物流企业无接触式配送产品，菜鸟买菜等生鲜物流企业无接触式产品配送。

本方向研究的典型科学问题有以下几项：产能不足情形下的跨领域制造供应链竞争策略、存在违约风险的跨领域制造供应链的海外分销策略、消费者存在风险感知下餐饮服务模式创新、消费者存在风险感知下无接触式产品物流配送优化、消费者效用不确定下的生鲜农产品供应链定价策略。

2）研究方向二：突发公共卫生事件环境下的生产与运营管理

在突发公共卫生事件环境下，消费者需求发生巨大变化，分为三种情况：①对于防疫物资（口罩），这类产品的需求量激增，以至于生产企业开足马力生产也难以满足社会和消费者需求；②对于生活必需品（蔬菜），物流配送的中断与产品产出的不确定性造成供与需之间的不平衡；③对于其他产品（手机），供给远远大于需求。针对这三种不同的产品，在突发公共卫生事件环境下，供应链相关企业的生产与运营策略将会发生巨大变化，亟待相应的供应链管理理论和方法。

本方向研究的典型科学问题有以下几项：突发公共卫生事件环境下的供应链产能扩充策略、消费者需求突变情形下的供应链生产策略、消费者需求突变情形下的供应链渠道销售策略、供过于求情形下的供应链生产与销售策略、突发公共卫生事件环境下的供应链回收策略等。

3）研究方向三：突发公共卫生事件环境下的物流配送

物流配送的核心问题是车辆路径问题（vehicle routing problem,

VRP），在突发公共卫生事件环境下，一些新的特征需要在车辆路径问题中考虑，如物流线路中断风险、传染风险和人道主义物流。在突发公共卫生事件环境下，传统的车辆路径问题理论已不能解决新环境下的现实问题，因此亟待研究新的车辆路径问题理论。

本方向研究的典型科学问题有以下几项：突发公共卫生事件环境下的随机车辆路径问题（有时间窗约束）、突发公共卫生事件环境下的动态车辆路径问题（有时间窗约束）、突发公共卫生事件环境下存在设备限制的车辆路径问题、突发公共卫生事件环境下选址-路径问题（location-routing problem，LRP，同时确定救灾物资集散点选择和车辆路径问题）、随机车辆路径问题（包括用户需求随机、需求出现时间随机、路径时间随机等）、动态车辆路径问题（新用户需求不断出现，多阶段车辆路径问题）等。

4）研究方向四：突发公共卫生事件环境下的政府干预政策

在突发公共卫生事件环境下，为了保障人民群众的安全和降低突发事件带来的经济损失，政府的市场干预政策是最有效的手段。例如，在新冠疫情暴发以来，中国政府采取了多项有力的干预政策，如交通管制、防疫物资集中调配、防疫物资限购、产品限价等。研究政府干预政策下的物流与供应链管理迫在眉睫。

本方向研究的典型科学问题有以下几项：突发公共卫生事件环境下的物流管制政策、突发公共卫生事件环境下的产品限价政策、突发公共卫生事件环境下的防疫物资调配政策、政府干预政策下的供应链生产与运营管理、政府干预政策下的物流配送等。

领域 47　数据驱动的人类合作与竞争行为研究

第一部分　选题背景与意义

当今时代，随着经济发展和人口增加，整个社会逐渐形成了复杂的分工体系。在工业、商业、农业和交通运输业等各个领域中，个体间、组织间和国家间的分工协作越来越普遍。然而由于不同参与者可能有各自不同的目标，个体利益常常与集体利益发生冲突。如何促进群体合作并维持合作的稳定是经济学和管理学研究的重点。近年来，网络经济和共享经济得到了蓬勃的发展，这些新经济如何影响个体和群体的行为，以及如何设计合理的激励机制促进社会合作，是当前亟待解决的问题。

经济学与管理学领域对合作和竞争的研究一般采用经典博弈论方法，假设个体完全理性，即参与人具有无限的信息处理与计算能力，并总是能采取收益最高的行为。但是在现实中，由于信息不对称和认知能力有限等原因，个体的行为往往会背离纳什均衡。因此，基于理性原则设计的机制并不总能有效促进合作。和传统方法相比，数据驱动的行为研究根据实验室或真实场景中个体和群体决策建立系统演化模型，这有助于理解不同经济系统中人类行为的规律，进而提高机制设计的有效性。近年来，从实验和实证数据出发，综合博弈论和行为经济学方法研究人类的合作与竞争已经成为经济学及管理学主流方向之一，多位学者因此获得了诺贝尔经济学奖，如丹尼尔·卡内曼（Daniel Kahneman）、弗农·史密斯（Vernon Smith）、阿尔文·罗思（Alvin Roth）、理查德·塞勒（Richard Thaler）、阿比吉特·班纳吉（Abhijit Banerjee）、埃斯特·迪弗洛（Esther Duflo）等。合作和竞争研究中最具挑战的问题是如何基于实际数据建立能够准确描述真实个体和群体行为的模型，然后以此为依据分析和评估不同机制的效果。

人类合作与竞争研究一直以来受到了各国政府和学者的广泛关注，研究成果被用于分析军备竞赛、核裁军、合作减排、贸易战、商业谈判等问题，并对国际关系、经济和社会发展产生了深远的影响。本领域研究是多学科领域交叉的共性难题，融合了经济学、管理学、数学、计算科学及数据科学等人文和自然科学，符合国家学科建设中长期规划。国务院发布的《国家中长期科学和技术发展规划纲要（2006—2020 年）》，将交叉学科和新兴学科，特别是基础学科与应用学科、自然科学与人文社会科学的交叉和融合列为学科发展的重点方向。从数据出发，研究网络和共享经济系统中人类合作与竞争行为的规律，可以为政府管理政策制定提供理论支持和科学依据。综上所述，数据驱动的人类合作与竞争行为研究和社会经济发展联系紧密，开展相关研究符合国家的战略规划，有助于推动新兴交叉学科的发展，具有重要的理论和应用价值。

第二部分　国内外研究现状与发展态势

Science 杂志在创刊 125 周年之际，公布了今后 1/4 世纪亟待解决的 125 个重大科学问题。合作的演化，特别是人类社会中合作的产生和维持是其中最为重要的 25 个问题之一。近年来，基于数据的人类行为研究已成为国际经济学热门研究领域，2017 年和 2019 年的诺贝尔经济学奖均授予了行为和实验经济学家。此外，世界各国政府也高度重视数据驱动的人类行为研究。例如，美国国防部 2015 年将基于社交网络的人类行为的计算模型研究列入未来重点关注的六大颠覆性基础研究领域之一。

从实验和实证数据出发研究人类行为，并以此为基础建立决策模型评估不同机制对合作的效果，是合作与竞争的前沿方向。国际领军学者包括瑞士苏黎世大学恩斯特·费尔（Ernst Fehr）院士、英国诺丁汉大学西蒙·盖茨特（Simon Gächter）院士、美国哈佛大学马丁·诺瓦克（Martin Nowak）院士等。*Nature* 杂志社于 2017 年推出了新期刊 *Nature Human Behaviour*，重点发表从交叉学科角度对人类个体和群体行为的研究。管理学著名期刊 *Management Science* 于 2012 年出版了实验与实证经济和金融学研究的专刊 Special Issue on Behavioral Economics and Finance，诺贝尔经济学奖得主理查德·塞勒（Richard Thaler）在其中发表了"Split or steal？Cooperative behavior when the stakes are large"论文（van den Assem et al.，2012），讨论了涉及巨额资金时的合作行为。2018 年，*Management Science* 发起了"Special issue on data-driven prescriptive analytics"征文，重点关注数据驱动的决策行为分析和机制设计的相关研究。

数据驱动的人类行为研究不仅被经济学家和管理学家所重视，还受到生物学家、环境学家、物理学家等自然科学学者的广泛关注。2016～2020 年，*Nature*、*Science*、《美国科学院院报》、*American Economic Review*、*Management Science* 这五个顶级期刊上发表的关于合作与竞争的文章超过 50 篇。*Nature* 杂志社旗下的另外几个主流期刊 *Nature Climate Change*、*Nature Energy*、*Nature Human Behaviour* 和 *Nature Sustainability*，2016 年至 2020 年，发表了 13 篇以微观行为经济为主题的文章。在 Google Scholar 以"human"、"cooperation"和"competition"为关键词搜索，2016 年以来发表的学术论文就约有 114 000 篇。

第三部分　中国发展基础与优势

随着科技的发展和社会的进步，信息技术革命带动的网络经济和共享经济得到了蓬勃的发展。中国在这些新兴经济领域的发展位居国际前列。截至 2019 年 6 月，中国网民规模达 8.54 亿，超过了世界上排名第二和第三两个国家的总和。国家信息中心发布的《中国共享经济发展年度报告（2019）》显示，2018 年我国共享经济参与人数约 7.6 亿，其中共享交通领域交易规模达到 2478 亿元，网约车用户在网民中的普及率达到 43.2%。我国庞大的数字经济规模，以及由此产生的海量用户数据，不仅为本领域研究的开展奠定了数据基础，也为我国学者的研究提供了领先世界的机会。

从学术角度看，近年来，合作与竞争行为研究得到了中国学者的高度重视。从百度学术上简单地用论文标题中包含"合作"和"竞争"的搜索策略，2016 年以来，仅被 CSSCI 数据库收录的公开发表中文学术论文就有约 10 800 篇；在 WoS 数据库以"cooperation"和"competition"为主题检索发现，2016 年以来，共有论文 4353 篇，其中，中国学术机构发表的论文有 1016 篇（未包含港澳台地区数据），约占总数的 1/4。从数据角度研究人类行为也逐渐成为国内经济学界的主流方向之一。近年来，诺贝尔经济学奖得主莱因哈德·泽尔腾（Reinhard Selten）和弗农·史密斯（Vernon Smith）在我国高校开设了行为实验室。2019 年《经济研究》编辑部联合多所国内高校举办了首届中国行为与实验经济学论坛，旨在推广行为和实验研究在中国的发展。

第四部分　主要研究方向

1）研究方向一：数据驱动的网络博弈中合作与竞争行为研究

当今世界，经济关系网络、社会关系网络和信息网络无处不在，并对社会发展产生了广泛而深远的影响。如何准确地刻画网络结构对微观个体行为和宏观系统演化的影响，是当前经济学和管理学研究中最为前沿的问题之一（Jackson，2008）。网络博弈理论研究发现，一些网络结构会对合作与竞争行为产生显著影响（Santos et al.，2008；Allen et al.，2017）。然而，这些网络结构在真实群体中的有效性仍存在争议（Gracia-Lázaro et al.，2012；Rand et al.，2014；Nishi et al.，2015）。其主要原因是理论研究一般假设个体是同质的并遵循某些简单的行为规则，然而，在真实社会中，个体间的差异广泛存在，不同个体的决策方式可能有很大区别（汪丁丁，2011）。因此，有必要基于数据建立能够描述真实个体行为的决策模型，然后以此为依据分析网络对合作与竞争行为的影响。

本方向研究的典型科学问题有以下几项：网络博弈和演化动态的基础理论、异质群体的网络博弈模型和演化动态、数据驱动的网络结构对社会困境博弈中个体合作行为的影响研究、数据驱动的网络结构对讨价还价博弈中的个体竞争行为的影响研究、网络结构和群体行为的协同演化动态等。

2）研究方向二：数据驱动的社交网络上群体行为演化研究

随着互联网的飞速发展，尤其是微博、微信等在线社交平台的普及，社交网络已经对人们的生活和社会经济发展产生了巨大的影响，不仅缩短了人与人之间的距离，减少了沟通成本；而且方便了信息获取，提升了社会效率。但这也带来了一些社会问题，如群体认知偏差及虚假信息和极端情绪的传播等（del Vicario et al.，2016；Vosoughi et al.，2018；Stewart et al.，2019）。因此，有必要基于实证数据系统地分析社交网络上群体行为的演化规律，为建立科学的舆情管理机制提供理论支持和依据。

本方向研究的典型科学问题有以下几项：社交网络的分类和结构

分析、社交网络的增长规律研究、基于社交网络的舆情传播模型和群体行为演化动态、数据驱动的社交网络上的谣言传播研究、数据驱动的社交网络上的群体极化现象研究、机器人水军对社交网络上群体行为的影响等。

3）研究方向三：数据驱动的群体博弈中合作与竞争激励机制研究

在人类社会中，最为常见的促进合作的方式是引入激励机制，奖励合作的参与者，惩罚不合作的参与者。近几十年来，激励机制设计吸引了众多顶级经济学家的兴趣，如埃里克·马斯金（Eric Maskin）、罗杰·迈尔森（Roger Myerson）、埃莉诺·奥斯特罗姆（Elinor Ostrom）、阿尔文·罗思（Alvin Roth）、本特·霍姆斯特罗姆（Bengt Holmstrom）等诺贝尔经济学奖获得者。实际生活中，激励机制设计的理论研究对促进国家间和企业间的合作产生了重要帮助，如 WTO、欧洲联盟、联合国气候变化框架公约等都是经典的成功案例。传统的机制设计理论一般采用经典博弈论方法，假设个体完全理性（Myerson，1997；Ostrom，2017），但是在现实中，个体的行为往往会背离纳什均衡，对此，2012 年诺贝尔经济学奖获得者阿尔文·罗思（Alvin Roth 教授指出），有必要基于实际数据建立能够描述真实个体行为的决策模型，然后以此为依据分析和评估不同机制的效用（Erev and Roth，2014）。

本方向研究的典型科学问题有以下几项：数据驱动的个体学习模型研究、社会困境博弈中合作行为的演化研究、数据驱动的个体间激励对合作行为的促进作用研究、数据驱动的制度性激励对合作行为的促进作用研究、异质群体的激励机制设计、基于实际场景的激励机制设计等。

4）研究方向四：数据驱动的共享交通中合作与竞争研究

近年来，共享经济在城市交通领域得到了蓬勃的发展，以滴滴、Uber、美团单车为代表的共享出行为提高机动车运行效率、缓解交通拥堵、实现节能减排和方便居民出行做出了贡献。但是，共享交通的出现也给管理学带来了新的问题，如居民出行方式改变对城市交通系统的影响、共享交通和传统交通行业的竞争、网约车管理，以及共享单车停放等问题（Rayle et al.，2016；Yu et al.，2020）。因此，有必要以交通行为实验和交通大数据为基础，系统地分析共享交通对不同群体出行行为的影响，为交通管理部门评估现有管理措施的有效性，以及提出更加科学的管理措施提供理论支持和依据。

本方向研究的典型科学问题有以下几项：数据驱动的网约车对交通系统的影响分析，数据驱动的网约车和出租车的竞争分析，网约车系统中司机和乘客的合作与竞争行为研究，网约车系统中司机、乘客和平台的三方博弈模型，数据驱动的共享单车对交通系统的影响分析，共享单车出行行为的时空分析，等等。

领域 48 大数据驱动的社会公共安全事件演化规律、治理机制和治理策略

第一部分 选题背景与意义

在我国已全面建成小康社会的背景下，面对高风险的国际环境，防范化解重大风险已经成为我们国家的战略需求。当今时代，信息技术飞速发展，互联网和新媒体正在重塑社会公共安全的新形态、新机理，以及社会治理的新权力和新架构，引发了社会公共安全管理研究的一场变革。社会公共安全治理现代化是推进国家治理体系和治理能力现代化的重要内容。随着信息技术的发展，人们上网、驾驶、出行轨迹等活动均会留下各种数据痕迹。不仅在人口密集的城市，而且随着"雪亮工程"等农村基础设施工程的完善，通过大数据技术实现社会公共安全数据化和智能化管理变成了现实。大数据时代的到来，特别是人工智能、云计算等技术的革新发展，深刻改变了社会安全事件治理的思维方式和体系架构。

科学地阐明大数据时代下社会公共安全事件的基本管理特征（是什么）、演化规律（为什么）和创新社会治理体制（怎么办），传统的公共安全理论面临着巨大的挑战。具体来说，运用大数据技术防范和治理重大社会公共安全事件，包括以下三个方面的内容。

（1）科学地界定大数据时代下社会公共安全事件的外部环境、核心

内涵（大数据+国家安全）、构成种类（暴恐事件、群体性事件、涉疫治安事件等）和科学特征（运筹学模型的非常规边界特征）。

（2）运用大数据技术揭示社会公共安全事件演化新规律。

（3）改革、完善和创新适合我国全面建成小康社会国情特征的社会安全治理理论与治理体制。

党的十九大报告指出，"要坚决打好防范化解重大风险、精准脱贫、污染防治的攻坚战"[①]。随着信息技术的飞速发展，在经济和技术的双重冲击下，世界格局正在面临着百年未有的剧烈变动和快速重组，各类自然、技术、经济和社会风险交织交错，互联网环境下各种频发的重大自然灾害、工程事故灾难、传染病疫情和经济金融危机等，极易诱发严重的社会公共安全事件。在当前高风险的国际环境下，如果防范和化解社会公共安全事件的举措失当，诸多新旧矛盾和局部风险通过互联网平台与新媒体快速传导、叠加、演变和升级为重大风险，甚至可能诱发严重的社会冲突，继而出现全盘崩塌的多米诺骨牌效应，陷入中等收入陷阱或社会动荡。大数据时代下科学地揭示出社会公共安全事件演化的新规律，创新新时代具有中国特色的社会公共安全防范机制，研究成果不仅在理论上提出新时代中国特色公共安全和危机管理的理论和方法体系，而且为防范化解重大风险提供理论支持和方法指导，具有重要的现实管理需求。

第二部分　国内外研究现状与发展态势

大数据起源于谷歌研究团队分别发表于 2003 年、2004 年和 2008 年的"The Google file system"、"MapReduce: simplified data processing on large clusters"和"Bigtable: a distributed storage system for structured data"这三篇论文（Ghemawat et al.，2003；Dean and Ghemawat，2004；Chang et al.，2008），奠定了大数据的基础。2009 年谷歌流感趋势研究团队在 *Nature* 上发表文章准确预测了 2009 年流感流行并引起很大反响（Ginsberg et al.，2009）。2012 年美国政府发布《大数据的研究和发展计

---

① 习近平在中国共产党第十九次全国代表大会上的报告. http://www.china.com.cn/19da/2017-10/27/content_41805113.htm[2017-10-27].

划》引起各国政府关注。2015 年保罗·沙克瑞恩（Paulo Shakarian）的团队在知识发现与数据挖掘会议上发表论文，通过 2200 个宗教极端主义组织"伊斯兰国"（Islamic State of Iraq and al Shams，ISIS）相关事件数据挖掘出袭击事件之间的因果关系，成为数据驱动的反恐研究经典论文（Stanton et al.，2015）。国际上一些发达国家，如美国、英国和澳大利亚等，利用互联网和社交媒体等渠道获取数据并有效解决了社会危机事件（Rod and Weidmann，2015；Kalil，2012）。除了恐怖主义袭击等社会安全事件外，大数据分析的另一个广泛应用的研究领域是公共卫生突发事件。其中，2012 年刘德海团队基于中国 2009 年甲型 H1N1 流感数据预测了疫情发展趋势和社会隔离等防控措施对疫情演化趋势的影响（刘德海等，2012）。在 2020 年全球暴发的新冠疫情中，*Nature* 和 *Science* 等发表了大量基于数据驱动的疫情预测研究（Gates，2020；Bedford et al.，2019）。我国公安系统通过数据采集、处理、分析、研判和预警，实现了重大社会公共安全事件管理的精细化，已经广泛应用在城市安全风险治理、城中村改造、群体性事件应急管理、网络风险治理、互联网金融风险治理等各个领域。

根据《中华人民共和国突发事件应对法》，突发事件包括自然灾害、事故灾难、公共卫生事件和社会安全事件。其中，社会安全事件主要包括恐怖袭击事件、民族宗教事件、经济安全事件、涉外突发事件和群体性事件等。计算社会科学（computational social science）作为基于数据驱动的社会科学研究新范式，通过机器学习、自然语言处理、统计分析等手段，分析网页、文本、视频、图片等形式的海量数据（Lazer et al.，2009），提出了社会信息挖掘、社会网络分析、社会复杂性理论和社会仿真模型四种研究方法。大数据时代下，社会公共安全事件治理的核心科学问题是从数据驱动视角，剖析社会公共安全事件的管理特征、演化规律、对策和评估，以及实践中构建"互联网+社会治理"新模式。当前，有关社会公共安全事件的学术研究大都集中在应急管理体系、应急处置中的决策辅助方法和评估问题等方面，运用社会网络分析、演化博弈、仿真模拟实验、穷举搜索、案例分析等方法研究了群体行为的特征、性质、产生成因、表现形式、演化机理与演化路径（Lodewijkx et al.，2008）。然而，社会危机事件具有高度不确定性，其发展途径、演变规律及严重程度难以预测（汪寿阳等，2007）。为了有效应对实时瞬息万变、快速传播、广泛覆盖的社会危机事件，不仅要求政府能实时全面掌握事态动向并在此基础上综合分析、研判、做出决策，而且需要能及时获取应急管理措施的实施效果反馈并对其指导修正（曾大军和曹志冬，2013）。但是，基于大数据分析的社会公共安全治理研究主要集中灾害救援（Akter and Wamba，2019）、机场港口安检（Cavusoglu et al.，2010）等领域，总体上看，明显落后于我国社会公共安全治理需求和实践应用。

国际上大数据应用研究刚刚起步，主要集中在生产运营、商业管理和灾害管理领域。例如，*Management Science* 在 2014 年出版 Introduction to the Special Issue on Business Analytics 专刊；*Decision Support Systems* 在 2014 年推出 Decision Models and Social Commerce 专刊；*Annals of Operations Research* 在 2017 年出版 Big Data and Disaster Management 专刊。但是，基于大数据分析的社会公共安全治理研究，却远远落后于世界各国的社会公共安全治理需求和实践应用。造成这一问题的原因，既包括传统社会安全领域信息处理技术薄弱、缺乏公开的商业数据来源，也包括相关研究缺乏商业应用价值和利益驱动，研究选题更要面临着公众的隐私权和社会安全监控之间寻找平衡的困境。

第三部分　中国发展基础与优势

改革开放 40 多年来，中国社会安全防范体系为实现建设安全中国、智慧城市提供了关键的基础设施和管理体系保障，我国成为世界上最为安全的国家之一。中国安防企业中海康威视、大华股份在世界安防市场中位居前列，已成为世界安防的领军行业。基于大数据技术的社会公共安全防控体系在现代化社会治理中的重要作用已经得到了政府和社会各界的普遍认同。2015 年第十二届全国人民代表大会第三次会议上，李克强在政府工作报告中首次提出"互联网+"行动计划①。大数据技术通

---

① 政府工作报告（全文）. http://www.gov.cn/guowuyuan/2015-03/16/content_2835101. htm [2015-03-16].

过对海量数据的快速收集与挖掘、及时研判与共享,成为支持社会公共安全事件治理科学决策和准确预判的有力手段,有力促进了社会治理的智能化、精细化和专业化水平。

如何基于大数据分析技术实现重大公共事务决策风险的监测预警和社会综合治理,已经成为世界性的热点问题。近年来,国内相关的研究刚刚起步,主要研究力量集中在管理科学、系统工程、计算机、公安学等学科,通过大数据驱动实现社会安全整体性治理、精准化治理和参与式治理。其中,一些代表性的研究成果包括自然灾害管理(Lu and Brelsford, 2014)和公共卫生事件,如新冠疫情时空分布(Jia et al., 2020)等,对于社会安全事件的数据驱动研究尚不多见。中国社会安防技术和应用实践高度发展的背景,为我国学者在社会公共安全事件治理领域提供了领先世界的研究机会。但是,目前本领域的管理科学研究仍然集中在管理系统的设计与实现、应急处置中的决策辅助方法和评估问题等方面。由于传统社会安全领域信息处理技术薄弱,涉及国家安全数据敏感,缺乏公开的商业数据来源,相关研究缺乏商业应用价值和利益驱动等原因,目前,基于大数据驱动的社会公共安全事件演化和治理研究尚不多见。

第四部分　主要研究方向

1)研究方向一:社会公共安全事件若干经典场景的复杂性和管理特征

当前世界各国步入高风险社会,各类自然、技术、经济和社会风险交织交错。从席卷全球的金融风暴到日益严重的环境危机,从日本"3·11"大地震引发的福岛危机到世界各地层出不穷的群体冲突,从全球恐怖袭击到新冠疫情等公共卫生事件,这些频频发生的"黑天鹅"事件(Taleb, 2007)和"灰犀牛"事件(Wucker, 2016),经过互联网和新媒体的迅速放大效应,严重影响到人民生命财产安全、国民经济平稳运行及社会和谐稳定。当前我国迫切需要准确把握大数据时代下社会公共安全事件表现出来的复杂性等管理特征,防范和化解重大社会公共安全事件,避免诸多新旧矛盾和局部风险通过复杂的传导与叠加机制演变和升级为重大风险，甚至演变为各类社会危机事件。

本方向研究的典型科学问题有以下几项：与相关公检法司等实际部门合作展开调研，针对暴恐事件、群体性事件和涉疫治安事件等典型场景下社会公共安全事件固有的复杂性特征（事态不确定性、信息匮乏、决策时间紧迫、极端心理压力、目标利益冲突、结构复杂性等），社会公共安全事件的政府主导情境下管理特征，开放环境下社会公共安全事件的关联和衍生特征，互联网下公共安全事件舆情传播特征，等等。

2）研究方向二：基于大数据技术的社会公共安全事件传播与演化机理

网络社会的兴起对社会公共安全事件治理提出新挑战。特别是以手机为基本平台的网络社会，使人们步入实时、交互、快捷、高频的微时代。社会公共安全事件表现出新的生成、传播、演化和治理机制，新冠疫情初期阶段应对不力显示出传统社会管理模式难以奏效。网络社会背景下基于大数据治理成为考验社会公共安全治理体系和提升现代化治理能力的热点及难点。同时，运用大数据思维和大数据技术，通过数据采集、处理、分析、研判和预警，可以实现整体性治理、精准化治理和参与式治理，提升社会公共安全治理水平。

本方向研究的典型科学问题有以下几项：社会公共安全事件与网络舆情的协同演化机制，考虑政策博弈的社会安全事件演化机制和趋势预测模型，基于大数据技术的社会舆情准确研判和快速舆情预警，基于大数据技术的社会安全事件发展态势准确研判和快速危机预警。具体问题包括：针对社会公共安全事件涉及新媒体、交通、电力等领域的大数据，研究多源异构数据的测度表示、数据分类、关联分析和学习预测模型等；针对社会安全事件特定场景的多模态生物特征身份鉴别技术、视频关键技术提取与标注技术、混合云一体化管理关键技术等。

3）研究方向三：社会公共安全风险的智能监测、精准决策与系统评估

如何防范和治理重大社会公共安全事件成为一个世界性的课题。《2018 年全球风险报告》展示了当前世界各国进入一个高风险社会。2020 年暴发的新冠疫情等重大社会公共安全事件隐藏着巨大的系统

性风险。英国、加拿大、美国、日本等发达国家均构建了国家风险治理框架，大力开发风险治理技术工具，制定了相应的风险治理框架和公共部门管理制度。2010年《国务院关于加强法治政府建设的意见》印发，2012年《中央办公厅、国务院办公厅关于建立健全重大决策社会稳定风险评估机制的指导意见（试行）的通知》印发，两个规范性文件分别从国家层面对防范和治理重大社会公共安全事件做了顶层设计。

本方向研究的典型科学问题有以下几项：自上而下和自下而上两种应急决策机制的管理特征、优缺点和适用范围，应急决策多部门协调的激励设计机制，世界各国应急决策机制的国际比较，基于多源信息融合的多场景风险源智能识别，社会安全事件的风险诱因（智能感知）与城市（区域）环境因素耦合机制，社会公共安全风险实时动态监测与快速评估技术，应急管理绩效的"智能监测+专家研判"评估方案，有关监测、预警和评估系统在公检法司等实际部门应用检验，等等。

4）研究方向四："互联网+社会治理"新模式的构建与治理策略

互联网和大数据技术的兴起，给传统社会管理模式带来了深刻的挑战。运用互联网和大数据思维，创新重大公共事务决策风险治理理论，构建和完善政府大数据中心、公安一体化综合指挥平台和应急联动指挥中心，从而实现基于大数据技术的重大公共事务决策的风险预警体系和危机治理体系。在实施"互联网+社会治理"过程中，各级政府普遍存在着以下痛点。首先，目前我国社会治理体制正处于改革和不断完善的阶段，整体工作效率有待进一步提高；其次，绝大多数政府信息部门的数字资源系统自成体系，自身的数据库、配套的操作系统、定制开发的应用软件和用户界面彼此独立，严重阻碍了共享和更新；最后，信息安全和个人隐私问题仍很严峻。在"互联网+社会治理"应用中也面临着信息安全的风险。

本方向研究的典型科学问题有以下几项：政府机构基于大数据技术的精准评估态势，精确识别重点管控对象，精细界定合法利益补偿范围；机场车站码头等交通枢纽安检效率与安全性的权衡；公民隐私权与社会安全的权衡；政府部门大数据的采集与共享标准、使用与收费规则、隐私保护和知识创新；政府大数据中心和公安一体化综合指挥平台的系统构建；等等。

领域 49　大型交通基础设施建设项目环境扰动治理研究

第一部分　选题背景与意义

党的十八大以来，我国在数量规模全球领先的基础上，全面建设质量效率高、科技创新强、行业治理优、国际影响广的现代化综合交通运输体系，产生了一大批以港珠澳大桥、北京大兴国际机场为代表的大型交通基础设施建设项目。大型交通基础设施是综合交通运输体系的顶梁柱，但其建设过程经常给沿线生态环境造成扰动，吸引着社会各界的密切关注。我国已研发一大批新技术、新工艺、新设备、新材料，虽然交通基础设施建设产生的环境污染得到极大缓解，但污染始终存在。比如，港珠澳大桥施工对海底沉积环境形成干扰，期间产生的悬浮物污染海洋环境。港珠澳大桥的环境保护措施十分缜密，建设过程中的海水浊度仍然维持在 10.86～16.71 毫克/升，施工高峰期的生活污水排放量达 1920 米³/天。是继续加大资源投入，或是创新管理手段，大型交通基础设施建设的环境治理已到了关键的十字路口。

大型交通基础设施建设的环境扰动问题难以得到根本性消除，主要是制度、技术等要素构成的路径依赖，以及人为误判引起的环境治理失效（Ibisch et al.，2016）。周边自然生态韧性为稀释环境扰动提供时空缓冲（Brand，2009），也有制度因素对技术创新形成效果对冲（Kiparsky et al.，2013）。为此，有必要从系统演化的角度解构大型交通基础设施建设的环境扰动机理，进而采取科学有效的防治措施。将环境治理置于路径依赖之上，为解决该环境问题提供新思路。然而，路径依赖是一个由非历态动态随机过程，环境治理是一种多主体合作行动，两者结合带来一个重大挑战，即如何建构环境扰动动态迁移的锁定机理，研究多系统多主体共生演化的应对策略，从而提高环境治理效果。该方向将拓展路径依赖及协同治理等理论的应用领域，为大型交通基础设施建设的环境问题提供新的解决方案。

我国是交通大国，诊断并规避大型交通基础设施建设的环境扰动问题，具有十分重要的价值。我国人均基础设施存量相当于发达国家的20%~30%，交通基础设施有很大的需求空间，还会产生大量的大型交通基础设施建设项目。大型交通基础设施建设对社会经济和生态文明有着实质的影响，研究当中的环境治理是实施环境风险预警及提升环境破坏治理绩效的重要手段，体现《"十三五"生态环境保护规划》中以提高环境质量为核心，强化源头防控，完善风险防控和应急响应体系等关键内容，对促进大型交通基础设施与自然和谐共生、完善生态文明治理体系，意义深远。

第二部分 国内外研究现状与发展态势

路径依赖和协同治理广泛出现在管理学、社会学、经济学等学科中，成为揭示社会经济系统演化的重要理论，赢得了国内外学者的广泛关注（Singh et al.，2015）。2009 年以来，*Academy of Management Review*、*Strategic Management Journal*、《管理世界》等国内外主流期刊发表了"path dependence"和"synergetic governance"相关的文章，给出环境保护、税收竞争、政府支出、技术创新等方面的应用领域（Scott，2015）。此外，世界各国高度重视环境治理中的制度安排与政策选择。美国利用环境规章制度演变不断提升公众、环保组织及规制机构的影响力（Charnley and Engelbert，2005），中国通过系列改革加强公众的参与力量和规制机构的独立性（Boland and Zhu，2012）。

路径依赖视角下的协同治理能够分析更多微小的偶然事件在各种可能的方案中"选择"了某条路径之后，在自增强机制作用下从一种结构到另一种结构的转变，为多方参与环境治理寻找共同的行动规则（Aghion et al.，2016）。罗杰·福奎特（Roger Fouquet）在 *Nature Energy* 发表的"Path dependence in energy systems and economic development"，以及奥间·不丹（Örjan Bodin）在 *Science* 发表的 "Collaborative environmental governance: achieving collective action in social-ecological systems"，都佐证了路径依赖和协同治理理论可用于解决环境问题（Fouquet，2016；Bodin，2017）。然而，现有研究集中在分析环境系统的路径依赖、构建协同网络结构等方面，围绕两者逻辑关系的研究还处于初始阶段，有关的理论体系仍不完善。

从国际顶级期刊 *Science* 再到管理学期刊，运用路径依赖与协同治理理论解决时代发展问题已经成为一种新做法。2016～2020 年，在 *Science* 上有 2 篇论文直接运用路径依赖理论来解决环境问题；在 *Management Science*、*Academy of Management Perspectives*、*MIS Quarterly*、*Academy of Management Journal*、*Academy of Management Review*、*Administrative Science Quarterly*、*Journal of Business Ethics*、*International Journal of Project Management*、*Project Management Journal* 等管理主要期刊上，有 50 篇文章运用路径依赖或协同治理理论探讨各类科学问题，其中有 6 篇与环境科学相关；在 Google Scholar 上以 "path dependence" 和 "synergetic governance" 为关键词进行检索，可以检索到相关的学术论文分别有 308 000 篇和 9990 篇。

第三部分　中国发展基础与优势

党的十八大以来，生态文明建设被纳入"五位一体"的总体布局中。为建设资源节约、环境友好型交通行业，各级环保、发展改革、交通主管部门综合运用工程、生物、园艺、管理等手段，努力将大型交通工程建设对环境的破坏降到最低。青藏铁路、京沪高铁、港珠澳大桥等建设项目，构建了组织管理、制度建设、过程控制、应急管理等环境管理框架，在工程建设与环境保护协调发展方面整体上处于国际领先的水平，对环境治理理论创新与实践做出贡献（李迁等，2019）。当前，中国路、中国桥、中国港、中国车构成了中国的大交通，这个大交通纵横大江南北，源源不断地催生如川藏铁路、成渝中线高铁等大型工程，为研究环境扰动中的路径依赖和协同治理交叉的科学问题提供了领先世界的绝好机会。

从学术研究的角度看,路径依赖和协同治理都得到中国学者的青睐。在百度学术上以"路径依赖"和"协同治理"为关键词进行标题检索,2015~2019 年,被 CSCD 和 CSSCI 数据库收录的期刊文献分别有2421 和 6651 篇;在 WoS 数据库对这五年的文献进行查询,中国学术机构发表以"path dependence"及"synergetic governance"为标题的国际学术论文分别有 374 和 3 篇(未包含港澳台地区数据),但将两者结合起来的文献则是凤毛麟角。

第四部分　主要研究方向

1)研究方向一:环境扰动中的路径依赖理论

大型交通基础建设项目沿线的生态环境有时十分脆弱,要求调用全国、全社会、全产业的资源支持环保技术与管理体系创新(Laurance et al., 2014)。这种做法既延伸行业标准、行政法规、技术规范等正式制度,也扩大了惯例、习俗等非正式制度边界。作为一个行动者,原有的环保选择在建设全过程中受到冲击,在行动中更容易偏离原来的设想。道路偏离产生自我强化,进一步演变成锁定状态,使得应对环境扰动的创新举措陷入低效率的状态之中。从个体组织到整个社会制度体系,从单一的技术采纳到整体的制度创新,大型交通基础设施建设对路径依赖理论添加了新内涵。

本方向研究的典型科学问题有以下几项:环境扰动的地方依赖理论,环境治理的多维度情境,环境治理的制度安排、路径自强化效应,环境治理技术链条模型,环境治理"技术集团"主导论,环境治理的对抗性学习与伪经验,环境治理全要素变迁模型,环境治理路径脱离理论。

2)研究方向二:环境治理的路径依赖减化叠加效应

大型交通基础设施建设项目与自然环境有着"亲密接触",自然环境也有一种抵抗外界破坏、自我修复的内生动力(Perring et al., 2015),缓冲或稀释了大型交通基础设施建设产生的环境影响,在一定时空范围内形成环境容忍区。环境容忍区是一种外生变量,为建设主体摆脱路径依赖创造缝隙空间,但也可能误导行为主体而加重对原有路径的依赖(Walker and Salt, 2012)。环境容忍区是行为主体在与自然互动中得到的反馈，使行为主体容易对技术制度锁定现象产生不准确判断，形成环境治理的路径依赖减化叠加效应，从另一个维度诱发技术制度复合体的时空变迁。

本方向研究的典型科学问题有以下几项：环境容忍区形成机理与度量方法、环境容忍区下主体认知偏差与决策效用、环境恢复力与技术制度路径依赖的耦合模型、环境恢复力视角下路径依赖的减化效应及数值模拟、环境容忍区视角下路径依赖的叠加效应及数值模拟。

3）研究方向三：路径依赖中环境治理自组织理论

大型交通基础设施建设项目的资源密度大、建设周期长、利益相关方众多、外在干扰因素多（Zhu et al.，2016）。在环境保护形成路径依赖后，行为主体按照默契规则，各尽其责而又协调地、自动地形成有序结构，即自组织。具体表现在人际关系网的结成、组织间关系的自组织，以及具有明确项目使命的组织在若干系统之间的调控。自组织下各个子系统行为主体间存在交流与互动，它们之间的关系是竞争与协作，以一种新的系统模式、结构或秩序分配环境保护资源。在路径依赖减化叠加效应作用下，这种自组织从建设之初的无序状态转变为有序状态。例如，没有外部命令的支配，自组织将维持原有的组织和功能，直到项目任务完成。

本方向研究的典型科学问题有以下几项：路径依赖下环境扰动集体行为模型、路径依赖减化叠加效应下的自组织理论、路径依赖减化叠加效应下的自组织序参数的作用与支配规律、环境扰动中的非平衡相变理论、环境扰动中自组织系统的结构和功能、自组织竞争与合作关系模型、环境扰动中自组织转变机制和驱动力模型。

4）研究方向四：自组织变迁下多主体协调优化治理理论

大型交通基础设施建设项目自组织使得环境治理维持在既定的水准。一方面，一旦形成环境扰动的锁定状态，行为主体及单位层级越多，契约关系越复杂，环境治理难度越大；另一方面，大型交通基础设施建设经常遇到环境管理的边界不清和环境问责机制不彻底等问题，而环境管理的专业性、动态性及分散性时常弱化主体间环境管理的积极性和导向性，使得自组织的外在扰动因素多，变迁可能性大（曾赛星等，2019）。

以上这些问题对现有的环境治理体系提出了更新及优化要求,应系统地梳理主体间的环境管理职责、内容、关系,提升环境治理绩效。

本方向研究的典型科学问题有以下几项:大型交通基础设施建设项目的自组织治理模型、多主体秩序、规则体系,环境扰动下多主体治理目标设置、治理机制及治理契约理论,多主体协同聚力模型,多主体间的环境职责网络关系、强制约关系治理、多主体协调治理数字化平台。

领域 50　我国关键产业供应链安全研究

第一部分　选题背景与意义

供应链是一个相互联系的整体,任何一个环节的破坏,都会波及整个供应链的运营。2001 年,"9·11"事件使得美国境内桥梁、隧道和机场等被迫关闭,导致许多公司的供应链在随后的数周之内出现延迟,进口的零部件不能及时运达,损失惨重。自此,供应链安全在全球范围内开始受到重视。2012 年 2 月,奥巴马签发了《全球供应链安全国家战略》,将"全球供应链安全"列为美国国家安全战略。该战略设定两个目标:一是促进商品的高效和安全运输;二是培养一个有弹性的供应链,即一个准备应对且能承受不断变化威胁和危害,并可以从中断中迅速恢复的全球供应链系统。随着我国 GDP 的增长、进出口量的增加,国家层面的供应链安全问题与日俱增。例如,2005 年初的印度尼西亚海啸阻断了我国棕榈油的进口,几千家企业随即断了原料。除了自然灾害的影响,政治、法律等风险也对我国供应链安全形成重要威胁。2018 年美国商务部发布了对中兴出口权限的禁令,禁止美国相关企业向其出售零部件,给中兴的正常运营带来极大的威胁。无独有偶,2019 年美国又宣布对华为实行贸易禁令,再一次使得我国关键产业供应链安全问题成为全社会的焦点。

要保障我国在全球经济治理一体化中的战略安全,需要政府、业界、学术界等多方的共同努力。从供应链管理的研究范畴来看,需要全面分析我国特定关键产业的供应链结构特征(中兴、华为事件中凸显的知识产权、软件系统、芯片制造等行业特征),明确其供应链环节的瓶颈所在,并运用管理科学的理论与方法,研究供应链结构优化、安全与风险管理等相关课题。同时,运用当前新兴科技手段,如大数据、区块链等,搭建供应链安全智能预警平台,实现特定关键产业供应链安全的预测、预警。通过对供应链安全的核心科学问题进行攻关研究,为政府推出相关干预政策提供参考。

关键产业供应链安全问题是国家安全战略的重要内容。国家领导也在不同场合多次强调供应链的重要性。2017 年 10 月 13 日,《国务院办公厅关于积极推进供应链创新与应用的指导意见》印发,指明供应链是"引领全球化提升竞争力的重要载体",并将"提高全球供应链安全水平"列为重要任务之一。该指导意见提出要"鼓励企业建立重要资源和产品全球供应链风险预警系统,利用两个市场两种资源,提高全球供应链风险管理水平。制定和实施国家供应链安全计划,建立全球供应链风险预警评价指标体系,完善全球供应链风险预警机制,提升全球供应链风险防控能力"[1]。因此,开展我国关键产业的供应链安全研究是推进供应链全球化促进与"一带一路"沿线国家互联互通的重要内容,有利于提高我国在全球经济治理中的话语权,保障我国资源能源安全和产业安全。

第二部分 国内外研究现状与发展态势

全球经济一体化正极大地改变着供应链运营与管理的格局。供应链安全问题已经引起学术界的研究兴趣,研究成果已经在物流运输、制造业、信息通信技术、突发事件应急救援等领域得到广泛的应用,保障了供应链系统的平稳运营。此外,世界各国也高度重视供应链安全问题,并将其上升到国家战略层面。2012 年,美国推出《全球供应链安全国家

① 国务院办公厅关于积极推进供应链创新与应用的指导意见. http://www.gov.cn/zhengce/content/2017-10/13/content_5231524.htm[2017-10-13].

战略》，要求对供应链风险进行评估，加强供应链弹性以应对外部中断风险，促进建立法律，推进供应链安全的国际合作。2015 年，英国发布《加强英国制造业供应链政府和产业行动计划》，提出供应链弹性安全相关政策措施。与此同时，欧盟建立了供应链协商和处理机制，关注各成员国在国际贸易中的供应链安全，提出构建绿色供应链的要求以实现区域经济可持续发展。

供应链安全关乎整个供应链系统的平稳运营，是供应链管理的重要研究范畴。从管理科学的角度对关键产业的供应链安全问题进行抽象，并利用数学建模、算法设计、仿真模拟等方法进行系统研究，可以增加相关企业在全球供应链大环境中的适应能力。虽然供应链管理领域成果颇丰，但由于国际政治经济形势迅速变化，智能物流、大数据、区块链等新技术研究刚刚兴起，供应链安全研究尚处于起步阶段。2011 年，国际知名的管理期刊 *Journal of Operations Management* 出版 Product Safety and Security on the Global Supply Chain 专刊，发表考虑供应链安全风险因素的供应链网络规划、离岸制造质量管理、突发事件下的仓库管理、产品安全隐患等问题的研究成果。2019 年，麻省理工学院大卫·辛奇-利维（David Simchi-Levi）教授等在 *Operations Research* 期刊发表 "Designing response supply chain against bioattacks"，研究抵御生物攻击的供应链设计问题（Simchi-Levi，2019）。无独有偶，宾夕法尼亚大学莫里斯·科恩（Morris A. Cohen）教授等于 2018 年、2020 年在 *Manufacturing & Service Operations Management* 上分别发表文章 "OM forum- benchmarking global production sourcing decisions：where and why firms offshore and reshore" 和 "Designing the right global supply chain network"，研究全球供应链建模问题，以积极应对诸如关税、专利、税收、投资刺激等政策变动带来的影响（Cohen et al.，2018a；Cohen and Lee，2020）。

近年来，供应链安全相关研究越来越受到国际学者关注。在 WoS 数据库以"supply chain risk"为主题检索发现，2015～2019 年，发表的学术论文有 2272 篇，其中发表在 *Management Science*、*Operations Research*、*Production and Operations Management*、*Manufacturing & Service Operations Management* 等国际知名管理科学期刊上的学术论文有 92 篇。

第三部分　中国发展基础与优势

近年来，我国供应链安全问题受到了国家层面的高度关注。2017年《国务院办公厅关于积极推进供应链创新与应用的指导意见》①发布，将供应链创新与应用上升为国家战略。同时，供应链安全在业界也受到高度关注，特别是在信息及通信技术行业。2016年华为发布网络安全白皮书《全球网络安全挑战：解决供应链风险，正当其时》②，阐述全球信息与通信技术（information and communication technology，ICT）产业在应对供应链安全挑战方面的不间断努力、优秀实践及标准。该白皮书还讨论了如何保障全球供应链的安全，分享了供应链专家、标准组织及华为的优秀实践，并呼吁各方加大合作力度，应对这一共同挑战。我国部分关键产业（信息及通信技术、能源储备、芯片制造等）在应对全球供应链安全风险上的应对策略，为学者在供应链安全核心科学问题的研究中提供了思路和实践基础。

从学术创新的角度来看，供应链安全问题研究得到了中国学者的高度重视。在百度学术上以"供应链安全与风险"为主题词搜索，2015～2019年，被CSCD和CSSCI数据库收录的公开发表中文期刊论文有685篇。同时，在WoS数据库以"supply chain risk"为主题的2272篇英文论文中，中国学术机构发表660篇，占比29.05%，位列世界第一。

第四部分　主要研究方向

1）研究方向一：关键产业供应链结构特征和管理模式研究

近年来，随着通信技术的进步及生产成本的降低，供应链全球化是必然的趋势。中国企业在"一带一路"倡议的指引下，也将更深、更广地融入全球供给体系。与此同时，政治、汇率、关税、法律等因素的影响，使得中国企业面临严峻的考验，因此供应链安全也上升为国家安全战略，其中，关键产业的供应链安全研究尤为紧迫。比如，中兴、华为

---

① 国务院办公厅关于积极推进供应链创新与应用的指导意见. http://www.gov.cn/zhengce/content/2017-10/13/content_5231524.htm.[2017-10-13].

② 全球网络安全挑战：解决供应链风险，正当其时. https://www-file. huawei.com/-/media/CORPORATE/PDF/cyber-security/the-global-cyber-security-challenge-cn.pdf?la=zh[2016 07-06].

等信息及通信技术企业目前面临的困境，突出体现了其产业内的供应链结构特性（知识产权、软件系统、芯片制造瓶颈等），在为我国供应链安全敲响警钟的同时，也提出了对特定行业供应链管理的新要求。我国关键产业供应链安全是保障国家稳定、经济繁荣的战略问题。供应链结构特性、管理模式等都亟须相应的科学研究。

本方向研究的典型科学问题有以下几项：关键制造业的供应链结构特征和管理模式、港口物流柔性供应链运作机制、共享制造背景下的供应链结构特征和管理模式、高技术产业供应链生产能力特征、绿色供应链结构特性和管理模式、新技术驱动的供应链运营模式创新、知识管理对供应链运营模式的影响等。

2）研究方向二：关键产业供应链建模、结构优化与风险管理

运营环境的变动使人们对供应链的安全问题越来越重视。从管理科学的研究范畴来看，当前的供应链管理研究通常将成本最小或者利润最高作为优化目标，而较少关注风险因素，同时，研究者对供应链需求端不确定性的关注度远远高于供给端。在考虑供应链安全因素的研究背景下，关键产业的供应链管理亟须新的研究成果。

本方向研究的典型科学问题有以下几项：供应链安全关键统计技术研究、不确定环境中的供应链鲁棒优化、突发事件中的供应链恢复能力研究、基于风险控制的供应链网络优化设计、港口运营的供应链安全研究、多种运输方式联运的物流网络优化决策、供应链金融信用风险控制、关键原料和能源的供应链合同机制研究等。

3）研究方向三：基于大数据的供应链安全智能预警

当前中美贸易摩擦还未平息，国际形势错综复杂，实体经济发展相对困难，因此，关键产业的供应链安全预警研究亟须攻克。例如，关键物资（能源、矿产、农产品等）的科学预测预警，可以帮助相关企业及时规避国内及国际市场剧烈波动所带来的不利影响，保障供应链运营的平稳与安全。2015年国务院印发《促进大数据发展行动纲要》[①]，提出

---

① 国务院关于印发促进大数据发展行动纲要的通知. http://www.gov.cn/zhengce/content/2015-09/05/content_10137.htm[2015-09-05].

大数据是"推动经济转型发展的新动力""重塑国家竞争优势的新机遇"。大数据、人工智能、智能制造、物联网、自动驾驶等新技术的发展，给供应链安全带来新的发展机遇和挑战。

本方向研究的典型科学问题有以下几项：数据预处理方法研究、数据驱动的关键物资需求与价格的预测预警研究、信息不对称下的供应链风险管理、企业物流信息共享机制研究、物资需求信息共享价值研究、基于物联网的供应链预警模式构建、供应链安全智能预警平台搭建等。

4）研究方向四：我国供应链安全干预政策研究

全球供应链背景下，世界各国纷纷将供应链安全提升到国家安全战略的层面。关税、补贴、汇率、贸易禁令、法律等因素，皆对企业供应链的运营与管理产生深远影响。关键产业内的企业在形成组织目标及产品研发战略时，会充分考虑当下的政府政策和国际环境因素。比如，发展绿色供应链以实现经济的可持续发展是我国供应链应用与创新战略的重要内容，在制定相关干预政策时，需充分研究绿色供应链对企业供应链安全的影响。

本方向研究的典型科学问题有以下几项：政府补贴下的供应链安全因素博弈、突发事件中政府价格干预的供应链协调机制研究、贸易禁令下的供应链采购博弈研究、绿色供应链的关键评估指标研究、低碳经济下的供应链安全协调机制研究、汇率波动下的供应链协同等。

领域 51　城市交通网络的健康诊断与管理

第一部分　选题背景与意义

改革开放以来，我国经历了世界历史上规模最大、速度最快的城镇化进程，常住人口城镇化率从 1978 年的 18% 上升到 2014 年的 55%，城市发展成就举世瞩目。根据《国家新型城镇化规划（2014—2020 年）》，到 2020 年的发展目标是我国常住人口城镇化率达到 60% 左右[①]。然而,随着城市化的进程,城市人口的急剧增长与公共服务之间的供需不匹配造成了严重的城市病,交通拥堵是其中最为严重的病症之一(Bao et al., 2017;黄海军等,2018)。据统计,由于城市交通拥堵导致的经济损失每年可以达到 2500 亿元,相当于 GDP 的 5%～8%[②]。要把解决交通拥堵问题放在城市发展的重要位置,加快形成安全、便捷、高效、绿色、经济的综合交通运输体系。

要解决以上问题,不仅需要深入理解交通拥堵这个病症,还需要建立交通系统管理的健康观。针对城市交通这样一个复杂系统,现有交通管理实践主要以解决拥堵问题为驱动,形成"治已病"为主的管理方法。与人的健康管理一样,交通的健康管理不仅需要针对每一个已经显现的拥堵病症,更要"治未病"——通过提炼系统的内在运行规律,形成"防、养、治"的综合管理方法,提升交通系统自身的韧性水平。如何从被动的"治"到主动的"养",这给交通管理决策带来了重大挑战。特别是针对由各类重大风险引起的极端拥堵,由于其不确定性大、危害性大,根据常发性拥堵而形成的现有治理方法难以诊断原因和有效疏解。深度挖掘各类拥堵的形成原因和演化机理,形成一套行之有效的交通健康管理理论方法,创新城市病的治理范式,提升城市交通韧性,将为智慧城市建设领域提供新的思路。

至此解决交通拥堵等突出的城市病,对于提升城市环境质量、人民生活质量、城市竞争力具有重要意义。党的十九大做出建设交通强国的重大战略决策[③],《交通强国建设纲要》提出,到 2035 年,智能、平安、绿色、共享交通发展水平明显提高,城市交通拥堵基本缓解[④]。根据百

---

① 中共中央 国务院印发《国家新型城镇化规划（2014—2020 年）》. http://www.gov.cn/gongbao/content/2014/content_2644805.htm?76p[2014-03-16].

② 交通堵塞所给我们带来的影响. https://www.sohu.com/a/227929997_99964784[2018-04-11].

③ 习近平：决胜全面建成小康社会 夺取新时代中国特色社会主义伟大胜利——在中国共产党第十九次全国代表大会上的报告. http://www.gov.cn/zhuanti/2017-10/27/content_5234876.htm[2017-10-27].

④ 中共中央 国务院印发《交通强国建设纲要》. http://www.gov.cn/zhengce/2019-09/19/content_5431432.htm[2019-09-19].

度 2020 年 1 月发布的《2019 年度中国城市交通报告》，全国拥堵指数排名前 50 的城市中，有 44 座城市拥堵指数同比 2018 年度上升，其中，拥堵排名首位的重庆，其 2019 年度拥堵指数同比 2018 年度上涨 18.70%[①]。鉴于目前我国城市交通拥堵问题依然严峻，探索交通科学与可靠性管理的学科交叉视角，以城市交通的健康管理为目标进行研究，是有效缓解城市交通拥堵，实现交通强国重大战略决策预期目标的重要途径，对于保持我国经济可持续发展、社会和谐稳定，具有重要的实际应用价值。

第二部分　国内外研究现状与发展态势

　　智能交通管理已经成为全球科技领域的前沿热点。北斗卫星导航系统、5G、移动互联、云计算、大数据、物联网等一批具有重大产业变革前景的颠覆性技术，将推动综合交通管理模式的革命性变化。2016 年 5 月 *Science* 杂志推出"城市星球——城市是人类的未来"专刊，提出了"智慧、可持续、健康"的城市发展基本原则（Ramaswami et al., 2016）。在智能化基础上，世界各国政府积极布局综合交通管理。美国的《2050 年远景：国家综合运输系统》提出，未来将建设成具有整体化、国际化、联合化、包容化、智能化、创新化的交通运输系统。欧盟以《交通白皮书》为核心，提出构建高效协同、绿色环保的综合交通运输管理。日本以《综合交通政策体系》为战略导向，将实现高效有序的综合交通运输管理。

　　交通健康管理属于综合交通管理与复杂系统可靠性的交叉学科研究范畴。系统可靠性是管理学顶级期刊 *Operations Research* 和 *Management Science* 的经典话题（Öner et al., 2013; Guajardo et al., 2012），2010 年到 2020 年，共计刊载相关论文 51 篇。针对复杂系统给可靠性研究带来的巨大挑战，近年来，开始形成一系列前沿成果。例如，2007 年西北大学凯洛格商学院的布莱恩·尤兹（Brian Uzzi）教授等在 *Management Science* 发表文章，介绍管理科学中的复杂系统研究（Amaral

---

① 2019 年度中国城市交通报告. http://huiyan.baidu.com/reports/landing?id=50[2020-01-10].

and Uzzi, 2007); 2011 年意大利博科尼大学决策科学系的伊曼纽尔·博格纳为(Emanuele Borgonovo)教授等在 *Operations Research* 发表了有关复杂工程系统的风险评估研究(Borgonovo and Smith, 2011)。《美国科学院院报》、*Science* 等国际综合顶级期刊也逐渐出现相关研究。例如, 2017 年美国马萨诸塞大学管理学院的杰弗里·凯赛乐(Jeffrey M. Keisler)教授等在 *Science Advances* 上发表了有关交通网络韧性和效率的文章(Ganin et al., 2017)。我国学者也连续在《美国科学院院报》上发表了关于我国特大城市交通拥堵模式的研究(Zeng et al., 2019; Zhang et al., 2019)。

近年来, 以交通健康管理为背景的相关研究逐渐被各国学者所重视, 其具体研究方向涉及交通可靠性、交通韧性、交通脆弱性等, 在 Google Scholar 以相关关键词进行检索, 学术论文累计超过 1.7 万篇。据不完全统计, 自 2015 年起, 在 *Transportation Research* 系列等交通顶级期刊上, 以"可靠性"、"韧性"和"脆弱性"等为主题的论文已发表452 篇, 且呈逐年上升趋势。

第三部分　中国发展基础与优势

交通强国已经成为国家战略的重要组成部分, 智能交通建设得到快速发展, 取得积极的成果。截至 2015 年底, 高速公路电子收费(electronic toll collection, ETC)系统已经在全国应用, 覆盖了全国29 个省市, 开通了 7000 多条 ETC 车道, 用户已经超过了 1300 多万, 中国的 ETC 已经成为国际上用户规模超过 1000 万的三大 ETC 技术体系之一(张军等, 2017)。基于移动互联网的出行服务模式不断创新发展, 自 2015 年 2 月以来, 出行叫车服务已经覆盖全国 360 多个城市, 注册用户达到 2 亿以上, 全平台每天服务的订单接近 1000 万个(陶永等, 2016)。

国内各大互联网公司也以交通大脑为核心提出了各自的智慧交通管理平台, 对城市交通进行实时评估和优化。例如, 阿里巴巴推出了"城市大脑+交通小脑"的双核模式; 百度提出了人工智能系统和基于百度地图的交通大脑系统两套逻辑; 滴滴基于世界上最大规模的出行数据来提供决策支持。中国城市交通的智能化实践高度发展，为我国学者在交通健康管理方面提供了领先世界的研究机会。

从学术研究的角度看，交通健康管理的相关研究也得到了中国学者的高度重视。从中国知网上以"系统健康管理"和"智能交通系统"为主题检索发现，2015～2020 年，来自中文核心期刊的学术论文有 98 篇；在 WoS 数据库以"system health management"和"intelligent transportation/traffic system"为主题检索发现，2015～2020 年，中国学术机构发表的相关学术论文共计 389 篇（未包含港澳台地区数据），排在同期全球各个国家和地区同类论文数量的第一位（美国以 146 篇名列第二）。

第四部分　主要研究方向

1）研究方向一：城市交通的健康规律和拥堵机理

极端拥堵具有较高的不确定性和很大的破坏力，是城市交通健康的重大威胁。现有研究多集中在城市内的常发性拥堵上，而在城市交通高路网密度、高出行强度的"双高"运行特点下，极端拥堵的出现愈加频繁、影响范围愈大，给交通健康管理带来更高的挑战。对极端拥堵的风险酝酿条件、异常传播过程、拥堵疏解方式等方面进行研究，挖掘极端拥堵的时空演化规律，将有助于形成高效的城市交通管理范式和交通整体调控新思路，是提高城市交通的健康诊断与管理能力的基础问题。

本方向研究的典型科学问题有以下几项：极端拥堵的时空涌现条件、极端拥堵的不确定性、极端拥堵的传播过程分析、极端拥堵的交通相变特点、极端拥堵的时空风险测度、极端拥堵的识别与预测、极端拥堵的时空恢复规律、极端拥堵的仿真方法、极端拥堵下的交通调控方法等。

2）研究方向二：城市交通的健康表征和指标体系

实现城市交通的健康管理，要能够准确辨识交通的运行态势，其中的关键科学问题是提出能够反映城市交通健康程度的综合评估指标。目前衡量城市交通健康的指标多为城市交通运行可靠性的评估指标，主要用来对城市拥堵和出行体验进行回顾性统计分析，较少体现交通系统在应对包括极端拥堵等各类扰动下的潜在脆弱性和内在恢复能力。这就要求形成一套完整覆盖拥堵"发生—演化—恢复"的城市交通健康全寿命周期的评价体系，从统计到机理，从单一到综合，从静态到动态地科学评估城市交通的健康态势。

本方向研究的典型科学问题有以下几项：城市交通的健康指标体系、城市交通的健康分级测度、城市交通的渗流建模、城市交通脆弱性的评估方法、城市交通拥堵的恢复力评估方法、城市交通健康的模糊评估方法、城市交通可靠性的仿真方法、基于机器学习的城市交通健康预测等。

3）研究方向三：城市交通的健康诊断和推理方法

对交通拥堵的深度诊断是健康管理的前提。城市交通拥堵的形成原因复杂，既包括结构层面的路网设计不合理，也包括运行层面的交通组织不顺畅，更包括偶然因素汇聚造成的突发事件处理不及时等。对拥堵原因的准确诊断有助于从根本上梳理不同管理要素，形成系统性的健康管理方案。然而，城市交通不同地点、不同层次间具有复杂的功能耦合关系。传统的故障诊断主要基于人工经验或数学模型，难以应对未知的故障关联和因果关系。挖掘交通海量运行数据，结合机器学习方法开展交通拥堵的语义规则研究，提出城市交通的健康诊断理论，是提升城市交通健康管理水平的关键问题。

本方向研究的典型科学问题有以下几项：重大交通风险的早期诊断、交通拥堵的相关性网络理论、城市交通拥堵的故障模式挖掘、城市交通拥堵的故障树分析、基于渗流方法的拥堵瓶颈分析、城市交通拥堵的溯源分析、基于贝叶斯方法的拥堵成因推理、基于深度学习的交通拥堵诊断等。

4）研究方向四：城市交通的健康提升和韧性优化

韧性表征了系统应对各类扰动的适应能力，是提升城市交通健康的关键路径。交通运行是各类扰动与适应的博弈过程，博弈能力的高低决定了系统韧性的大小。目前研究主要聚焦在给定场景下的系统可靠性分析，而缺乏对系统在不确定环境下的动态博弈行为研究。比较不同交通扰动的典型场景,研究各类风险的压力特征和时空特点,结合机器学习提出对交通系统的风险预测方法,建立体现交通韧性机理的动态博弈模型,形成城市交通健康的优化方法和策略。

本方向研究的典型科学问题有以下几项:城市交通的韧性原理、城市交通的韧性临界点识别、基于博弈理论的路网韧性优化、基于韧性的路网关键节点识别、交通可靠性加速试验模型、交通拥堵模式影响及危害性分析、交通系统扰动与适应的博弈模型、分层递阶的城市交通韧性调控、基于宏观基本图的城市交通韧性优化等。

领域 52　系统性金融风险防控与金融危机管理研究

第一部分　选题背景与意义

自从 2008 年全球金融危机爆发以后,国内外专家学者对金融市场系统性风险的认识得到了空前的加强。然而,中国金融市场风险隐患众多,而各种微观金融主体组成了一个互相联系、互相影响的多元异构复杂金融网络,使得金融系统性风险的早期识别十分困难,对多元异构复杂金融网络上的风险传染动力学的研究也进展缓慢。当前,我国金融创新十分活跃,但是对各金融子系统的现状监测则往往滞后,也很难从更为系统的角度出发进行全局性的监控,局部性、区域性系统风险不时爆发,对我国的经济发展和社会稳定造成巨大隐患。学术界的主流观点认为金融系统架构在系统性风险的形成过程中起关键作用。金融市场的错综复杂性不仅是金融系统中风险传染的成因,还推动了危机中、危机后许多政策行动的产生。这种观点已经被纳入之后的监管框架。然而,金融系统架构如何创造系统性风险仍旧没有得到完全令人信服的解释。

要解决上述问题,需要从复杂金融网络出发,从系统性的宏观视野对我国金融系统内部错综复杂的关系进行梳理,精准分析系统内部风险的传染路径、传染特征和传染规律,从而为有效的金融风险防控提供坚实的基础。而要厘清金融系统内部的关系,又必须对各金融子系统内部和子系统之间异质勾稽关系的海量数据进行处理,进而利用复杂网络的思想、理论和方法,构建多元异构的复杂金融网络,对金融风险传染动力学进行深入研究。只有构建了反映我国金融系统的多元异构复杂网络,把握风险在金融网络上的传染动力学,才能为金融系统性风险的早期预警和防控提出针对性的对策建议。该方向将拓展大数据的应用领域,同时为金融风险管理领域提供新的研究方法,为系统性金融风险检测和防范及构建金融安全体系提供一种创新途径。

金融安全是国家安全的重要组成部分。习近平指出,"防范化解金融风险特别是防止发生系统性金融风险,是金融工作的根本性任务"[①]。十九大报告指出,要牢牢"守住不发生系统性金融风险的底线"[②]。因此,借助网络科学的思想、理论和方法,构建多元异构复杂金融网络,并引出微观金融主体在网络中的重要性指标,以及微观金融主体之间的联系在网络中的重要性指标,提炼系统性风险度量指标,进而研究风险的网络传导机制及其动力学行为,这对于设计金融风险的防御制度,降低系统性风险发生的概率,切断风险传播途径具有重要意义。这一研究方向,是基于国家重大需求,致力于突破当下研究的难点和瓶颈,以期在科学创新和实践应用取得突破性进展。

第二部分 国内外研究现状与发展态势

近年来,金融系统性风险和复杂金融网络的研究已经成为金融风险管理领域研究的热点和重要方向。2009 年 7 月和 2013 年 3 月,*Science*和 *Nature Physics* 分别出版专刊 Complex Systems and Networks 和 Complex Networks in Finance,试图给出金融网络复杂且不稳定的原因,为政策制定者提供所涉及的新的网络方法的实例,并剖析复杂金

---

① 以系统性策略防范系统性金融风险. http://theory.people.com.cn/n1/2019/0430/c40531-31059147.html[2019-04-30].

② 习近平:决胜全面建成小康社会 夺取新时代中国特色社会主义伟大胜利——在中国共产党第十九次全国代表大会上的报告. http://www.gov.cn/zhuanti/2017-10/27/content_5234876.htm[2017-10-27].

融网络今后研究的重点方向。

　　总体而言，从 2008 年全球金融危机发生以来，采用复杂网络的思想、理论和方法研究金融系统的风险得到了广泛重视。2009 年，*Science* 发表重要前瞻性文章 Economic networks：the new challenge，强调对复杂金融经济网络的研究，是学界面临的新的挑战，也是今后研究的重要方向。从 2011 年至 2019 年，*Science*、*Nature* 及其子刊、《美国科学院院报》等顶尖学术期刊上，至少出版了 15 篇与这一方向密切相关的论文。在 WoS 数据库集中搜索"financ* and network*"，得到 2019 年前（包括 2019 年）共发表 18 323 篇相关论文；2015～2019 年，发表的论文篇数依次为 1315 篇、1504 篇、1648 篇、2021 篇、2289 篇，呈现显著的增长态势。

第三部分　中国发展基础与优势

　　金融安全是国家安全的重要组成部分，金融安全的重要性，已为各级政府充分认识。在三大攻坚战中，"防范化解重大风险"居首位，而金融风险作为最突出的重大风险之一，防范化解金融风险被看作"首要战役"。2018 年底，国家自然科学基金委员会批准立项国家自然科学基金委员会-广东省人民政府大数据科学研究中心项目"基于大数据的地方金融安全智能预警与防控系统"，由中山大学王帆教授牵头，并聚集南京大学、天津大学、西南财经大学、中国人民解放军国防科技大学、华东理工大学等单位联合开展攻关，是我国首个针对地方金融安全设立的重大项目，与广州商品清算中心股份有限公司等一起协作，将为"十四五"期间该方向的进一步深入研究打下良好的基础。

　　我国学者在复杂金融网络方向的研究也发表了数量可观的论文。在WoS 数据库集中搜索"financ* and network*"，得到 2019 年前（包括2019 年）共发表 1716 篇论文，2015～2019 年，发表篇数依次为 126 篇、157 篇、189 篇、269 篇、413 篇，也呈现出显著增长的态势。从比例上看，我国学者发表的相关论文占全球总量的比例从 2015 年的 9.6%增加到 2019 年的 18.0%，翻了一番。中文期刊上关于系统性金融风险的研究也非常多，在万方数据库中检索"系统性风险"和"金融"，得到819条记录。

第四部分　主要研究方向

1）研究方向一：金融市场系统性风险的识别与度量

金融系统性风险是指金融系统或市场中的相互联系和相互依赖性所带来的风险，其中，单个实体或实体集群的故障可能导致级联故障，从而有可能使整个金融系统或市场崩溃。从国内外研究现状看，对金融系统性风险的研究（CoVaR[①]、SRisk[②]、预期损失等）大多针对单一市场或单一市场的子集展开，缺乏对金融市场的整体性研究。为解决这一问题，需要构建多元异构复杂金融网络，采用复杂网络的思想、理论和方法进行风险识别与度量。

典型的科学问题有以下几项：具有系统重要性的各金融和类金融市场的确定、各金融子系统重要微观主体的确定、金融微观主体勾稽关系（资金往来、债务关系、股权关系、社会关系）的定量研究、基于微观主体的多元异构复杂金融网络的构建、多元异构复杂金融网络的动力学规律、多元异构复杂金融网络演化稳定性的理论与方法、多元异构复杂金融网络系统性风险的识别、多元异构复杂金融网络系统性风险的度量等。

2）研究方向二：系统性金融风险的传导与扩散机理研究

金融市场中的局域性风险无处不在（特别是近年来兴起的金融科技相关实务、流动性风险等），当这些细微风险在整个金融系统中传导、扩散并形成正反馈后，金融系统性风险就会逐渐累积，最终可能导致系统崩溃，形成金融风暴。当前国内外对金融风险传导和扩散的研究，大多侧重于对单一市场或其子系统的研究而缺乏整体性分析，或是对多市场进行大尺度层面的研究而忽视金融系统的多尺度、层次性特征。因此，基于多元异构复杂金融网络进行系统性风险的传导和扩散机理研究，变得极为重要。

---

① CoVaR 表示 conditional value at risk（条件风险价值）。

② SRisk 表示 systemic risk（系统风险）。

典型的科学问题有以下几项：系统性风险的传染方式的识别、基于计算实验的多元异构复杂金融网络上系统性风险的传导路径研究、系统性风险的放大机制、风险循环反馈机制、系统性风险传导和扩散的动力学行为等。

3）研究方向三：具有系统重要性的金融机构或金融资产识别及网络控制研究

大量相关领域的研究表明，复杂网络中的某些节点对复杂网络的韧性和稳定性具有重要影响，而对特殊节点进行网络控制，可改变复杂网络的动力学特性和行为。在金融领域，也有学者对复杂金融网络的节点重要性进行了研究，并试图将其与金融系统性风险进行联系。但是，对于更进一步的基于网络控制思想对多元异构复杂金融网络进行的研究尚未见报道。对复杂金融网络控制的研究，将为系统性风险的防范提供切实的工具。

典型的科学问题有以下几项：具有系统重要性的节点（金融机构或金融资产）识别的理论与方法、金融节点对多元异构复杂金融网络稳定性的影响特征与规律、金融节点对多元异构复杂金融网络韧性的影响特征与规律、复杂金融网络控制的理论与方法、复杂金融网络控制的计算实验方法等。

4）研究方向四：大数据环境下的金融危机预警与防控研究

金融风险在由多元异构复杂金融网络所支撑的金融市场中不断传导、扩散、反馈、放大，金融系统性风险将会不断累积。当系统性风险超越金融系统的承受能力，级联性故障和系统性崩溃将不可避免，最终将形成或大或小的金融危机。国内外学者对金融危机的预警已展开了大量的研究，如基于复杂性科学的对数周期性幂律奇异性模型对崩盘的预测、基于复杂网络理论的拐点预警、基于计算实验的系统性风险研究等。在大数据环境下，金融危机预警和防控比以往更具可行性，同时也亟须通过借鉴已有方法，来发展金融危机预警和防控的新框架，进行风险防控的政策设计与实施效果仿真。

典型的科学问题有以下几项：基于复杂网络的金融危机生成与演化机理、复杂金融网络规模对系统崩溃速度的影响、复杂金融网络的多样性和稳定性、多元异构复杂金融网络风险传导的临界行为、复杂金融网络级联式崩溃的预警、复杂金融网络上危机防控的计算实验理论与方法、金融危机防控的理论与方法、金融危机干预的理论与方法等。

领域 53　乡村振兴下城乡交通运输体系一体化研究

第一部分　选题背景与意义

长期以来，我国城乡之间隔离发展，导致城乡经济发展不平衡，衔接不顺畅，城乡差距不断拉大，成为我国经济社会发展的突出矛盾。改革开放以来，我国农村面貌发生了翻天覆地的变化。但是，城乡二元结构没有根本性改变，城乡发展差距不断拉大的趋势没有根本性扭转。近年来，随着乡村振兴计划和新型城镇化建设的推进，城乡经济、物质、文化交流日益频繁，我国提出了城乡统筹和城乡一体化的发展理念，来增进城乡交流，实现城乡融合。城乡交通运输一体化是实现城乡一体化的重要前提和基础。为加快我国城乡交通运输一体化发展，2017 年 6 月底，交通运输部确立了首批 52 个城乡交通运输一体化示范县，通过典型引领，带动创新发展。这些有益的探索，取得了令人鼓舞的成绩，积累了一些经验。但也存在一些瓶颈制约，包括体制机制不健全，不同区域政策体系衔接不顺畅，行政壁垒严重；在确定发展方向和制定政策措施时，缺乏科学的理论指导和评价体系；地区间发展水平差异大，部分地区发展模式固化、技术方法落后。2019 年 9 月中共中央、国务院印发了《交通强国建设纲要》，明确指出要"推进城乡客运服务一体化，提升公共服务均等化水平"。

为推进城乡交通运输一体化发展，有必要对城乡交通运输系统的供给和需求进行分析。从需求方角度，需要了解城乡客货运交通需求的影响因素、发生机理、时空特性等，并对未来城乡客货运交通需求进行预测。从供给方角度，需要解决城乡交通基础设施投资结构优化问题、建设资金来源及融资问题、"建管养运"协调发展问题、交通发展与产业布局问题等。从供给和需求相互作用关系，揭示城乡之间相互需求与供给的内在动力，以及如何运用供需关系建立城乡交通运输一体化系统。这些问题的回答，将有助于提升我国城乡交通运输一体化发展的内涵，促进城乡经济可持续协调发展。

推进城乡交通运输一体化发展，实现城乡交通运输资源共享、政策协调、衔接顺畅、布局合理、结构优化、服务优质，是建设交通强国、贯彻中央统筹城乡协调发展战略、落实中央"三农"政策的重要举措，是缩小城乡发展差距、推进乡村振兴和新型城镇化建设、对补齐城乡交通运输发展短板，完善城乡交通基础设施，建设安全、便捷、高效、绿色、经济的城乡交通运输一体化体系，实现城乡基本公共服务均等化，引领和支撑城乡经济可持续协调发展有重要的意义。

第二部分 国内外研究现状与发展态势

我国农村经济发展水平相对较低，农民的日常交通条件有待改善，迫切需要加强城乡客运交通一体化建设，改善城乡出行质量和效率。随着电子商务迅猛发展，农产品进城、工业品下乡的双向物流需求也迅速增长，迫切需要城乡货运一体化提高配送效率。城乡交通运输一体化研究符合国家重大战略需求，是一个具有浓厚中国特色的重要的研究课题。交通运输部、国家发展和改革委员会等 11 个部门于 2016 年 10 月发布了《交通运输部、国家发展改革委、公安部、财政部、国土资源部、住房城乡建设部、农业部、商务部、供销合作总社、国家邮政局、国务院扶贫办关于稳步推进城乡交通运输一体化提升公共服务水平的指导意见》，2017 年 2 月国务院发布了《"十三五"现代综合交通运输体系发展规划》，2019 年 9 月中共中央、国务院发布了《交通强国建设纲要》。这些文件强调要推进城乡客运、城乡物流配送协调发展，加强城乡交通运输一体化与产业融合发展。

现有相关研究通常将城市和农村交通运输分隔开来研究，因而忽略了城市与农村交通运输之间的相互作用。在信息化快速发展、互联互通技术快速推进的今天，城乡之间人流、物流、资金流、信息流等要素加速融合，有必要统筹城乡发展，推进城乡交通运输一体化建设。欧美学者关于城乡交通运输问题的研究主要集中在城乡交通服务可达性、出行方式选择、活动时间分配等方面，缺少城乡交通运输一体化方面的研究。国内有些文献涉及本研究领域，但主要集中在定性研究、问卷调查或案例研究上，对城乡交通运输一体化内涵和外延、机理和机制、对策与政策等方面缺乏系统深入的研究。

城乡交通运输一体化研究具有浓厚的中国特色，是推进乡村振兴和新型城镇化建设的重要内容。国外文献几乎没有涉及城乡交通运输一体化问题，但可以找到一些相关文献。以"urban and rural transportation"为主题在 WoS 数据库搜索，找到 2019 年前（包括 2019 年）发表的 115 篇相关文献，主要发表在经济学、区域科学和交通领域期刊上，包括 *Quarterly Journal of Economics*、*Journal of Regional Science*、*Regional Science and Urban Economics*、*Transportation*、*Journal of Transport Geography*。分别以"城乡交通一体化"、"城乡客运一体化"和"城乡物流一体化"为关键词，在万方数据库分别搜索到 2019 年前（包括 2019 年）发表的 222 篇、258 篇和 154 篇相关文献。目前，我国城乡交通运输一体化发展还处于探索阶段，迫切需要科学的理论来指导实践。

第三部分 中国发展基础与优势

城乡交通运输一体化发展是当前国家重大战略需求。为实现乡村振兴，推进新型城镇化建设，国家在制定《"十三五"现代综合交通运输体系发展规划》中明确指出，加强区域城乡交通运输一体化发展。国家多个部委联合发布了《交通运输部、国家发展改革委、公安部、财政部、国土资源部、住房城乡建设部、农业部、商务部、供销合作总社、国家邮政局、国务院扶贫办关于稳步推进城乡交通运输一体化提升公共服务水平的指导意见》，交通运输部进一步发布了《交通运输部办公厅关于开展城乡交通运输一体化建设工程有关事项的通知》，这些重要文件从国家政策层面引导和支持我国城乡交通运输一体化建设，努力营造城乡交通运输一体化发展环境。2017 年 6 月底，交通运输部确立了首批 52 个城乡交通运输一体化示范县，通过典型示范推进城乡交通运输基础设施一体化、城乡客运服务一体化、城乡货运物流服务一体化建设。例如，贵州省交通部门依托大数据开发了"通村村"农村客运服务平台，集成打车、包车、汽车购票、公交查询、定制班车等多种功能。截至 2019 年 5 月，贵州省已建成 88 个"通村村"县区级调度中心，3000 余个村级服务站，服务近 40 万偏远地区的农村群众。内蒙古锡林郭勒盟邮政、交通等部门联合牧区养殖、旅游、便民超市和电子商务等行业的发展需求，整合客运班车和快递物流运力资源，提出了"交邮（公交+邮政）+旅游+电商""交邮+企业+电商""快递+便民超市+定制服务""交邮+党员中心户+便民服务"等服务理念和服务模式，为牧民和企业提供优惠的快递配送价格，盘活了邮政快递和客运企业资源。这些实践为我国城乡交通运输一体化建设积累经验，发挥示范作用。我国城乡交通运输一体化建设属于中国特色问题，只能在探索性实践中发展，迫切需要科学的理论做指导，而理论又需要实践来检验，坚持理论与实践相结合。

第四部分 主要研究方向

1）研究方向一：基于城乡一体化的交通需求与供给相互作用机制

社会经济活动是交通需求产生的根源。我国城乡经济发展水平的二元结构造成了城乡交通需求特征存在巨大差异。随着城乡一体化和新型城镇化建设的推进，以及农村电商的快速发展，城乡间物质、文化交流和社会经济活动日益频繁，城乡客货运交通需求发生了结构性转变，亟须一套与之相适应的理论来揭示城乡一体化交通需求发生的机理及其与供给之间的相互作用机制。

本方向研究的典型科学问题有以下几项：城乡居民职住分布与出行特征分析、城乡居民个体与家庭出行选择行为分析、城乡客运交通需求影响因素与预测、"互联网+"背景下农村物流需求影响因素与预测、城乡一体化交通需求管理理论、城乡交通需求与供给相互作用机理。

2）研究方向二：基于城乡一体化的交通基础设施投资与养护决策优化

要实现乡村振兴的战略目标，首先需要补齐农村交通基础设施的短板。虽然截至 2019 年底，全国已基本实现建制村通硬化路的目标，但还远无法满足城乡一体化发展的要求，群众乘车难、客运经营难、农村物流最后一公里等问题仍没有得到根本解决。在城乡一体化理念下，如何推进"四好农村路"的建、管、养、运工作？如何规划农村客运站场、多级物流节点的布局？如何抉择交通项目的投资时序？如何通过融资渠道解决农村交通投资项目资金短缺问题？这些问题的回答需要发展新的基于城乡一体化的交通基础设施投资决策理论与方法。

本方向研究的典型科学问题有以下几项：城乡交通基础设施投资与养护一体化决策理论、基于城乡一体化的客运站场选址与布局优化、省—县—镇—村多级物流枢纽站场选址与布局优化、城乡一体化交通投资项目选择与投资时序决策优化、城乡一体化交通项目融资模式选择与补偿机制、城乡一体化交通项目融资合同设计与风险管理、城乡交通基础设施投资外部性管理。

3）研究方向三：基于城乡一体化的交通投资、空间形态与产业发展协调优化

交通基础设施投资具有显著的空间集聚效应，城乡交通基础设施的升级对城乡空间形态、产业的集聚和重塑有重要的影响。改革开放以来，我国交通基础设施建设、城镇化和产业升级取得了长足进步，但它们之间还存在不适应、不协调的问题，成为影响区域经济协调发展的重要因素。研究城乡交通基础设施投资、城乡空间形态与产业布局之间的相互作用机理，对统筹协调城乡功能和产业分工、促进城乡经济协调发展具有重要的意义。

本方向研究的典型科学问题有以下几项：城乡交通设施投资与空间形态相互作用机理，城乡一体化下交通投资、产业布局与生产要素流动相互作用关系，城乡一体化下交通投资与产业布局集成优化，城乡一体化下交通投资时序与产业结构动态调整路径优化，交通投资对区域经济的影响评价。

4）研究方向四：基于城乡一体化的客货运综合交通运输系统运营优化

城乡交通运输一体化建设，有助于促进城乡间基础设施互联互通，加速城乡要素流动和市场统一，增进城乡间经济联系，有力支撑国家重大战略实施。城乡交通运输一体化，要求推进各种运输方式"零距离"换乘和"无缝化"衔接，提升联程联运的比例和效率，使群众出行更便捷，货物运输更高效。因此，在城乡交通运输一体化中，如何打造高效的旅客联程运输服务和发展多式联运，以便提高客货运输中转便捷性，显得尤为重要。

本方向研究的典型科学问题有以下几项：城乡客运公交线路与时刻表协调优化、城乡客运公交服务一体化运营优化、城乡货运服务一体化运营优化、城乡客货运综合服务一体化运营优化、城乡客运多方式换乘系统设计、城乡货运多式联运系统设计与运营优化、城乡客货运多式联运系统设计与运营优化。

领域 54　面向中国老龄化社会的电子健康管理研究

第一部分　选题背景与意义

我国正加快进入老龄化社会，60 岁以上老年人口已从 2000 年末的 1.26 亿跃升到 2019 年末的 2.54 亿（国家发展和改革委员会 2020 年发布）。随着老年慢性病群体日趋庞大，经济社会成本逐年增加，有限的医疗保健资源已无法应对老龄化社会的发展，针对老龄化社会的有效解决方案亟待更新。在此背景下，大数据、人工智能、云计算、物联网、5G 等新兴信息技术在健康领域的广泛应用，为应对老龄化社会所带来的挑战创造了新的机遇。同时，国家相继出台《"健康中国 2030"规划纲要》《"十三五"健康老龄化规划重点任务分工》等政策，明确指出应把基于新兴信息技术的健康管理作为新时期应对人口老龄化问题的重要手段。因此，在技术驱动和政策支持下，深入开展面向中国老龄化社会的电子健康管理研究，是当前管理领域的重要研究方向。

电子健康对于我国应对社会老龄化具有重要作用，但发展过程中仍存在诸多问题。第一，人工智能具有精准性、拟人化、主动性等特点，为老年慢性病服务创新提供了可能，但在应用设计和服务设计方面仍不完善，因此，如何实现以人工智能为代表的电子健康技术与老年慢性病管理相结合的服务设计创新，亟须进一步探索。第二，新兴信息技术对老龄化及健康管理的影响机制尚不明确，医疗卫生体系各参与方缺乏有效协同，无法为健康中国战略提供有效支持，因此，探索新兴信息技术背景下的医疗体系协同机制极其重要。第三，老年群体对新兴信息技术的接受和采纳率低，使得新兴信息技术与老年健康管理服务融合困难，亟须进行管理模式创新。第四，基于新兴信息技术的老龄化社会健康管理新模式如何解决老龄化社会面临的关键问题及其影响尚不清晰。解决这些问题，将为充分发挥新兴信息技术在应对社会老龄化中的引领与驱动作用提供理论支持和实践指引。

基于健康大数据与新兴信息技术开展电子健康管理研究，是发挥科技创新引领作用的代表性研究方向，能够为我国实现老龄化社会智慧化发展提供理论和方法支持；对促进老龄化社会居民健康水平提高和生活质量改善，提升我国应对老龄化社会能力，实现健康中国目标，具有实践应用价值；对保障居民身体健康、促进我国国民经济和社会持续发展具有重要战略意义。

第二部分 国内外研究现状与发展态势

老龄化社会的健康管理已成为全球学者关注的热点问题。美国国家医学院指出，全球人口老龄化问题日益凸显，应对老龄化社会的健康管理问题已成为全球经济社会发展的新挑战。《柳叶刀》和《美国科学院院报》于 2019 年刊出了与老年健康管理（ageing health management）相关的系列学术论文，这些论文基于健康大数据、随机实验等方法，探讨了信息技术在老年人健康干预中的作用机制，以及其对老年健康管理的影响机制。随着老龄化社会的不断加剧和技术的加速发展,国内当前老年健康管理研究也逐步向探索基于我国情景的电子健康管理模式进行转变。2019 年,《国家积极应对人口老龄化中长期规划》发布,指出要加快推动老年健康辅助技术的研发和应用,为电子健康管理在老年服务中的应用和发展提供了良好的政策环境。

电子健康管理特征突出体现在新兴信息技术在健康领域的应用,能够实现老年慢性病管理服务的智能化和精准化,满足老年群体的个性化与多元化需求等。近几年,国外管理信息系统领域聚焦于探索信息技术对老龄化社会健康管理的重构等问题,信息系统领域顶级期刊 *MIS Quarterly*、*ACM Transactions on Accessible Computing* 等分别发起 Managing AI、Aging and Information Technology 等专刊,探讨人工智能、物联网等技术在健康领域的应用,以及其对老年健康和生活质量的影响。国内诸多学者也认为人工智能等新兴信息技术在老年健康管理应用中具有广阔的研究前景。例如,健康管理产品的智能化、智慧数据库和平台的全面建设、智慧化方案的普遍供给、智能陪护与老年人心理健康管理等。

总体来看,近年来,基于新兴信息技术的老龄化健康管理相关研究受到国内外学者高度重视。据不完全统计,2011~2020 年 *Management Science*、*MIS Quarterly* 和 *Information Systems Research* 等管理信息系统领域期刊相关论文发表近 40 篇,较 2001~2010 年的论文数量增长了约 2 倍。截至 2020 年 3 月,在 Google Scholar 和 SSRN 以 "ICT+aging+health management/chronic disease" 为关键词,分别搜索到的学术论文分别 7270 篇和 1158 篇。

第三部分　中国发展基础与优势

我国在社会服务、经济基础、科技创新和政策支持等方面的特色,为深入探讨面向我国社会老龄化问题的电子健康管理研究提供了实践基础。首先,在社会服务方面,我国已初步形成"居家为基础、社区为依托、机构为补充、医养相结合",符合中国国情、具有中国特色的养老服务体系。其次,在经济基础方面,我国不断增加养老领域的经济投入,如 2018 年中国养老金占 GDP 比重达 7%,并且《中国养老金融发展报告（2019）》预计我国养老金会进一步增长。再次，在科技创新方面，我国在智能监控、生物特征识别、服务机器人、云计算能力、大数据计算存储能力、5G 等相关领域的科技创新能力已步入国际先进行列，同时积累了海量的数据资源和巨大的应用需求，为深入开展基于新兴信息技术的智能老龄化服务发展奠定了科技优势与基础。最后，在政策支持方面，我国陆续出台的系列政策明确要加快老龄事业和产业发展，强调发展智慧医疗，加大老年健康科技支撑力度，为老龄服务技术研发和创新提供政策基础。在此基础上，我国面向老龄化的社会服务产业体系不断成熟，这为我国针对老龄化社会面临的慢性病管理、健康管理、智能健康信息服务等科学问题相关研究提供了新的机遇与长期潜在的优势。

在学术研究方面，目前国内学者已探索了适用于我国城乡社区和农村老年居民的健康管理模式，明确了健康教育和病案管理对慢性病管理的积极作用；从定性和宏观发展的角度展望了人工智能在老年健康管理中的应用前景和预期效果，为探讨信息孤岛劣势明显、多参与方合作不足、专业人才稀缺、技术与服务融合困难等问题提供方法，为面向我国社会老龄化的电子健康服务模式和改善机制等管理研究奠定坚实的研究基础。

第四部分　主要研究方向

1）研究方向一：基于人工智能的老龄化社会慢性病管理

老年群体存在慢性病发病率高、多病并存等严重问题，这显著增加了老年慢性病管理的难度。近年来，老年慢性病管理领域不断涌现基于人工智能的、具有高度智能化和精准化特征的新服务、新应用及新管理模式等，以符合慢性病群体的需求。然而，老年慢性病管理具有需求多样化、信息技术应用能力低等特征，为基于人工智能的慢性病管理在设计便捷性、采纳容易性、技术可靠性、服务多样性等方面提出新挑战。因此，亟须基于我国医疗卫生资源现状，结合老年慢性病管理的特异性需求，探索和完善基于人工智能的老龄化社会慢性病管理。

本方向研究的典型科学问题有以下几项：老年慢性病人工智能管理服务设计、面向老年慢性病管理的人工智能情感化嵌入、基于人工智能的老年慢性病管理及模式创新、人工智能驱动的老年慢性病患者健康行为改变、老年慢性病人工智能管理服务中的人机交互与患者参与、面向老年慢性病的人工智能与医生协作等。

2）研究方向二：基于新兴信息技术的老龄化健康管理

新兴信息技术改变了老年健康管理服务供给模式，更好地满足了老龄化健康管理中个性化、多元化的服务需求，为老年群体生理和心理健康提供了有力的支持与保障，其广泛应用推进了医疗保健服务模式的创新。然而，新兴信息技术对老龄化健康管理的影响机制尚不明确，群体性和社会性影响因素在老龄化健康管理领域应用中的作用有待进一步探索。

本方向研究的典型科学问题有以下几项：基于新兴信息技术的老龄化健康管理理论和方法、老龄化背景下个性化服务设计及推荐机制、新兴信息技术驱动的老年团体健康管理模式及影响机制、基于新兴信息技术的老龄化健康管理效果评估、基于新兴信息技术的老年人健康管理服务设计和采纳研究等。

3）研究方向三：基于大数据的老龄化社会健康信息服务管理

海量和多来源的健康大数据给老龄化社会健康信息服务多样化和个性化带来可能。但老年群体对大部分新兴技术服务应用缺乏信任且未形成使用习惯，导致其在老年群体中使用率较低，与老年健康管理服务结合困难。因此，如何基于老年人的特点及需求，利用大数据服务优势激励老年人持续使用，进而推动健康大数据的发展；如何通过大数据的分析和评估方法，改善健康服务管理模式与机制，重构医患关系，是亟须解决的重要问题。

本方向研究的典型科学问题有以下几项：老年健康信息服务中用户隐私管理、老年健康信息服务中的反馈和激励机制、大数据在老年健康管理服务中的技术标准、老年健康信息服务设计基础理论、老年健康信息服务中的医患关系与管理模式创新、老年健康信息服务中的用户持续行为理论等。

4）研究方向四：面向老龄化社会的健康中国建设对策研究

我国养老医疗资源存在供需不平衡、资源分布配置不合理、资源运行和使用低效等问题，给针对老年群体的全面、多样化的健康服务应用带来挑战。新兴信息技术的广泛应用，极大地推动了老龄化产业的发展，提高了医疗资源可及性。然而，我国医疗卫生、保险和医药供应等参与主体间有效协同困难，老年群体存在信息甄别能力不高等特征，增加了通过新兴信息技术实现建设健康中国目标的困难程度。因此，合理有效的老龄化社会健康管理对策与措施，对实现健康中国战略目标至关重要。

本方向研究的典型科学问题有以下几项：面向老龄化社会的智能健康技术应用标准、面向老龄化社会的医疗保健资源可持续使用机制、医联体与分级诊疗模式运行机制、智慧养老管理模式创新、"互联网+"居民健康管理与数据治理理论和方法、智慧养老家庭-社区-政府协同理论、我国智慧型为老服务体系构建等。

领域 55　需求响应式多模式公交运营优化与管理

第一部分　选题背景与意义

优先发展公共交通是缓解城市交通拥堵的有效措施，更是促进城市可持续发展的必然要求。我国的城市公共交通发展至今，已经在客流预测、线网规划、设施选址、车辆调度、运营优化等方面取得了众多突破与实践经验，逐渐由粗放式扩张阶段步入了精细化管理阶段。然而，目前我国城市公共交通的运营形式仍然以定线、定时、定站的单线路调度为主，严重限制了公共交通资源效益的发挥和公众出行的便捷性，这从客观上要求城市公共交通系统优化供给结构，变革现有的被动供给、资源孤立、效率低下的组织运营模式，提升服务的针对性、精准性和差异性。近年来，伴随着我国公交乘客出行需求的愈发多元化和个性化，需求响应式公交服务模式应运而生，并受到了越来越多乘客的青睐。与传统公交运营模式相比，需求响应式公交是一种相对灵活的新型公交服务模式，具有需求牵引、不固定时间、不固定线路等特点。如何基于多源交通数据融合驱动管理创新，实现需求响应服务模式下地面公交、定制巴士、轨道交通、共享交通等多种出行方式的协同发展，已成为我国城市公共交通系统迫切需要解决的难点问题。

需求响应式多模式公交是一个多种出行方式相互关联、相互影响的复杂动态系统，构建与管理这种公交系统需要在需求分析、需求引导、供需匹配、线网设计、运营组织、调度优化等关键方法与技术上有所创新，从城市公交系统的整体视角出发进行协同控制与管理，重新审视当前城市公交系统运营管理中存在的问题，从根本上改善城市公交系统的运营效率，这对于城市公交系统而言可谓是重大的运营管理变革。

研究需求响应式多模式公交运营优化与管理方法对推动大数据与共享经济时代下交通运营管理学科的发展具有重要的科学意义，同时，对建设高效便捷的城市公交系统、保持我国城市交通的可持续发展、建设资源节约型与环境友好型社会具有重要的现实意义。从政府监管视角，多种出行模式的协同组织与运营能够改善城市交通结构，保障城市交通资源的有效利用。从公交运营视角，多种公交模式的协同合作既能合理配置车辆、降低运营成本，又能提供更优质、更完善的公交出行服务，实现公共交通资源共建共享共赢。从公众出行视角，需求响应式多模式公交系统将提供更加个性化、便捷化的日常出行服务，进一步提高出行效率。

第二部分　国内外研究现状与发展态势

公交系统对于城市的良好运行和快速发展有非常重要的支撑作用，全球各国都十分重视城市公交系统智能化与信息化的发展。欧盟发起了欧洲未来公交系统（European Bus System of the Future，EBSF）项目，美国城市公共交通管理局启动了智能公交系统项目，日本东京都交通局开发了城市公共交通综合运输控制系统。与此同时，近年来，随着智能交通技术和移动互联网技术的快速发展与广泛应用，需求响应式公交迎来了新的快速发展期，受到了越来越多国家的推崇。多个国家和组织陆续开展了需求响应式公交服务。例如，芬兰、英国、瑞典等6个国家参与了高级公共交通运营系统（System for Advanced Management of Public

Transport Operations，SAMPO），欧盟设立了欧洲结构和投资基金（European Structural and Investment Fund，ESIF）和欧洲区域发展基金（European Regional Development Fund，ERDF）支持可持续城市公交和需求响应式公交的建设与发展，加拿大、澳大利亚等国家也都致力于建设完善的需求响应式公交服务系统。

虽然需求响应式多模式公交系统能够显著提升乘客的出行服务质量，但在需求分析、需求引导、供需匹配、线网设计、运营组织、调度优化等理论与方法上仍存在瓶颈，因此成为业界与学界共同关注的焦点。近年来，国内外学者在《管理科学学报》、《系统工程理论与实践》、*Manufacturing & Service Operations Management*、*Transportation Science*、*Transportation Research Part* 系列等运筹管理与交通运输类期刊上已有多篇论文发表（Wang，2019；Ströhle et al.，2019；He et al.，2017；Ho et al.，2018；König and Grippenkoven，2020；Wang et al.，2014；Franco et al.，2020；Huang et al.，2020；Yang et al.，2020a；Bruni et al.，2014；Chandra and Quadrifoglio，2013；尚华艳等，2020；田丽君等，2016；李梦和黄海军，2017，2019；于展，2020；柳伍生等，2018；龙哲竞等，2017）。例如，Ho 等（2018）总结了自 2007 年以来关于定制公交运营管理的热点研究方向，并对各方向的研究现状进行了详细介绍；König 和 Grippenkoven（2020）、Wang 等（2014）研究了影响需求响应式公交乘客需求的各种因素，如人口密度、收入及私家车拥有率等；Franco 等（2020）利用手机移动网络数据研究了需求响应式公交的客流需求预测问题；Huang 等（2020）利用两阶段优化模型研究了需求响应式定制巴士的线网设计问题；Yang 等（2020a）研究了需求响应式公交在时间和空间维度上的供需匹配问题；Bruni 等（2014）、Chandra 和 Quadrifoglio（2013）研究了需求响应式公交的路径规划问题；于展（2020）在最大化乘客出行体验的基础上研究了需求响应式公交的站点设计问题；柳伍生等（2018）在综合考虑服务率、上座率和总成本的基础上研究了需求响应式定制公交的线网优化问题；龙哲竞等（2017）基于乘客使用意愿与支付意愿的调查结果，研究了需求响应式公交的路径规划问题。

第三部分　中国发展基础与优势

近年来，我国始终将公共交通放在城市综合交通发展的重要位置，大力实施公交优先发展战略，加快城市轨道交通、地面公交等大容量公交出行方式的建设步伐。截至 2018 年底，我国地面公交的运营车辆数超过 56 万辆，运营里程超过 87 万公里。在轨道交通方面，截至 2019 年底，全国共有 44 个城市开通轨道交通线路近 200 条，运营里程达到了 6730 公里，居全世界第一位。与此同时，以物联网、大数据、人工智能、5G 为代表的科技创新空前活跃，推动我国城市公共交通向信息化、智能化、便捷化方向快速发展，为需求响应式公交新业态的发展提供了技术支撑。近年来，我国以滴滴巴士、小猪巴士为代表的需求响应式公交平台超过 20 家，市场规模超过 50 亿元。

我国城市公共交通的快速发展也为我国学者提供了领先世界的研究机会。从文献检索结果来看，轨道交通、地面公交、定制巴士、共享交通等城市公交模式的运营优化与管理研究一直受到我国学者的高度重视。在百度学术上搜索关键词"城市公共交通""轨道交通""地面公交""定制巴士""共享交通"等，结果显示 2015～2020 年，被 CSSCI 数据库收录的期刊论文 3238 篇，被 CSCD 数据库收录的期刊论文 5808 篇；在 WoS 数据库搜索关键词"urban public transport""rail transit""public bus""customized bus""shared transport"等，结果显示 2015～2020 年，我国学者共发表 1967 篇学术论文，论文数量排在全球第一位，为开展需求响应式多模式公交运营优化与管理研究奠定了基础。

第四部分　主要研究方向

1）研究方向一：需求响应式多模式公交系统出行需求生成机理研究

出行需求生成机理是开展需求响应式多模式公交运营优化与管理的基础。随着城市公交系统的日臻完善及多种出行模式之间的互通互联，乘客的出行选择更加多元化、出行需求日益个性化，这给需求响应式多模式公交系统的需求分析带来了巨大挑战。与此同时，物联网、移动互联网、大数据技术日益成熟，多种公交出行模式的海量数据获取成为可能,为精准分析需求响应式公交的乘客出行需求提供了数据基础,但也对海量多源异构数据的融合与分析提出了更高的要求。

本方向研究的典型科学问题有以下几项:多模式公交数据共享机制与监管方法、多源多粒度交通出行数据融合技术、多模式公交时空客流预测方法、需求响应式公交乘客个性化需求分析方法、需求响应式公交乘客动态需求生成机理、数据驱动的公交乘客出行目的识别方法、数据驱动的公交乘客出行偏好分析方法、基于出行偏好的公交乘客人群划分方法等。

2)研究方向二:需求响应式多模式公交系统出行需求引导策略研究

随着城市公交系统中出行模式的不断增多,多种出行模式之间的替代性与竞争性逐渐增强。另外,乘客对于公交出行服务的个性化需求差异较大且变化较快,导致不同公交模式的负载量呈现出较大的时空差异性,这不仅降低了出行服务质量,还极大浪费了公共交通资源。随着移动互联网技术的不断突破及多模式公交协同管理的不断完善,实时出行信息与价格策略对乘客的出行选择行为具有较大影响。在此背景下,亟须开展需求响应式多模式公交出行需求引导策略研究,引导乘客在不同公交出行模式间的转移,均衡多种公交出行模式的客流量,促进多种公交模式的协同发展。

本方向研究的典型科学问题有以下几项:实时公交信息发布对乘客出行选择行为的影响机理、基于公交乘客画像的精准信息推送策略、多模式实时公交信息推送与需求引导关联分析方法、基于协同定价的多模式公交需求引导策略、多模式公交出行选择模型与需求转移机理等。

3)研究方向三:需求响应式多模式公交线网协同规划与优化方法研究

现阶段公交出行模式的线网规划费时费力,且难以保证能够满足乘客需求,并且,多种公交出行模式的线网规划与优化缺乏协同性。例如,轨道交通与地面公交的线网规划欠缺配合与衔接,造成了轨道交通与地面公交之间换乘效率低下、客流"抢夺"等一系列问题。目前,交通大数据技术的不断发展为精准分析多模式、多线路出行需求,开展需求响应式多模式公交线网协同规划与优化提供了数据支持。需求响应式公交服务模式以乘客需求为引导,能够实现对乘客需求的快速响应,最大限度地满足乘客需求。同时，需求响应式公交服务模式可以在一定程度上弥补多种公交模式间的衔接问题，增强多种公交模式间的协同规划，减少多模式公交的线路重合和城市公交资源的浪费。

本方向研究的典型科学问题有以下几项：需求响应式多模式公交服务区域动态划分方法、需求响应式多模式公交站点动态生成方法、基于个性化出行需求的多模式公交换乘节点选择方法、需求响应式多模式公交换乘效力评价方法、数据驱动的多模式公交线网协同规划方法等。

4）研究方向四：需求响应式多模式公交系统协同运营与配置优化研究

当前我国大部分城市公交系统主要采用单模式、单线路运营方式，按照固定线路来配置车辆、人员等资源。这种运营方式不能充分发挥各种公交模式的优势，无法协调多模式、多线路间的资源配置，影响了公交系统的整体服务质量。随着交通大数据技术的发展，需求响应式公交出行服务在运营模式和调度方式上有所创新，使得公交系统从各模式孤立运营向多模式协同运营的转变成为可能。因此，亟须基于全局优化思想开展需求响应式多模式公交的协同运营与配置优化研究，降低整体运营成本，提高出行服务质量。

本方向研究的典型科学问题有以下几项：多模式公交系统的收益管理方法、需求响应式公交线路动态生成方法、需求响应式公交线路动态调整方法、需求响应式地面公交时刻表设计方法、需求响应式轨道交通时刻表设计方法、需求响应式多模式公交时刻表协同优化方法、需求响应式多模式公交运力协同调度方法、需求响应式多模式公交人力协同管理方法等。

领域 56　数字经济时代下中国情景管理理论与方法

第一部分　选题背景与意义

第一次工业革命促进英国在内的一批新兴资本主义国家经济快速发

展，与之相适应涌现出一批管理实践先驱；第二次工业革命使科技和生产紧密结合，美国科技的突飞猛进使其成为头号经济强国，而所谓的主流管理理论也因之诞生；第三次工业革命中国开始追赶世界的脚步，并取得了举世瞩目的经济成就；当今，面对以智能化为核心的第四次工业革命，中国俨然已有从追赶到跟跑，再到领跑的态势。一方面，当前大数据、人工智能驱动的数字经济时代下，中国涌现一大批独具特色的新兴企业，如百度、腾讯、阿里巴巴等，数字经济给企业带来新的运营模式与智能化管理方法，这需要创新发展传统管理理论与决策方法；另一方面，中国巨大的本土市场和数字经济用户为这些新兴商业实践的探索与发展提供了基础，而中国情景管理决策面临独特而复杂的本土化环境，包括特殊的政治经济背景、市场环境、文化和哲学等，这些本土化环境使得中国企业直接采用西方企业管理理论与决策方法存在挑战。

基于上述挑战，需要研究数字经济下我国企业运营优化系统，而企业运营优化分析离不开本土环境影响。因此，如何基于历史延续性视角将传统思想对中国管理理论与方法论的影响，形成一个逻辑自洽的系统，一方面解决诸子百家思想的对立统一问题，另一方面勾勒出中国管理的思想体系及其管理决策方法论是首当其冲的问题。在此基础上，探索中国环境下数字经济大力发展背后的根源及运营机制，由此实现数字经济时代下中国管理理论与决策方法的创新。进一步地，基于中国在数字经济实践的世界领先性及发展带来的不和谐性，如何将中国传统文化管理思想融入现代化公司的日常管理，以应对已然来临的具有道德争议的大数据人工智能驱动的数字经济时代。

随着我国经济国际化程度不断提高，特别是在数字经济时代发展迅速的新时代环境下，市场竞争不断激烈，人与人、社会及自然环境的不和谐，已然成为当今中国经济发展的现实问题。在这些背景下，需要构建具有中国特色的管理理论，为中国企业未来的可持续发展提供理论依据和实践指导。在此过程中，有效利用大数据与人工智能技术，为我国企业可持续发展提供新的决策方法支持。从数字经济实践中推动中国管理理论与决策方法创新，用中国管理思想实现数字经济和谐发展。其理论意义体现在创新发展中国管理理论与决策方法，实现中国管理理论对世界管理科学的创新与贡献。其实践意义在于解决现代社会因利益冲突、社会制度的缺失及不可持续行为导致的不和谐问题，从管理维度回应"四个自信"的必然要求。

第二部分　国内外研究现状与发展态势

近些年，学界针对本土研究及其发展进行了广泛的探讨。《管理学报》自 2005 年开始主办"中国·实践·管理"系列年度论坛，倡导学者对本土管理实践进行深入研究，鼓励学者研究中国企业特有的重要问题并探索中国情景下的管理新概念和新理论。同时，据研究，数字经济技术可为企业提升约 60%的作业效率，提升 50%的管理效率。2017 年我国政府工作报告中明确提出将"促进数字经济加快成长"，2020 年新冠疫情冲击下，国家发展和改革委员会、国家数字经济创新发展试验区、行业龙头企业、互联网平台、金融机构、科研院所等联合启动"数字化转型伙伴行动（2020）"。

对中国管理情景的研究，主要集中在关系、面子、差序格局、儒家文化等特色因素当中，代表性成果有成中英的 C 理论、苏东水的东方管理学、席酉民的和谐管理理论、曾仕强的中国式管理、黄如金的和合管理、齐善鸿的道本管理等。近年来，《管理世界》、*Management and Organization Review* 等重要的管理期刊对中国本土管理研究的未来和出路进行了专题探讨，并指出，在全新的数字经济时代，大量基于互联共享技术的商业模式不断涌现，基于网络技术和数据智能运算的运营优化正在崛起，一些具有新特点的企业运营优化问题也应运而生，而中国巨大的本土市场和互联网用户为这些新兴管理实践的探索供了基础。

整体上，对中国管理理论与方法研究方兴未艾，正日益得到国内外的广泛关注。国内外著名学术刊物，如 *Academy of Management Journal*、*Organizational Behavior and Human Decision Processes* 等推出介绍中国现象和中国理论的特刊。数字经济时代下企业运营优化也不断在 *Management Science*、*Manufacturing & Service Operations Management* 和 *Production and Operations Management* 等国际顶级期

刊上发表。随着中国数字经济的快速发展，一方面需要对这些年有关中国管理研究做出一个系统性、基础性的整合；另一方面有必要结合中国管理实践需求开展数字经济运营优化的研究，在管理与决策时发挥大数据与人工智能等技术优势，同时探索大数据与人工智能技术的应用边界，从商业伦理层面推动大数据人工智能驱动下的数字经济科学持续发展。

第三部分　中国发展基础与优势

中国正处于一个伟大的历史变革时期，中国管理实践的独特现象都产生于中国本土的管理理论与决策思维，如阴阳思维、中庸之道、人情关系、家长制领导，采用本土研究视角理解这些现象及其决策影响，对中国环境下的管理意义重大。伴随中国社会的各项管理实践，基于中国传统思想和当代管理实践的中国管理理论与决策方法发展空间巨大，当然也具备其他地方无法比较的基础和优势。

而对数字经济运营与管理的研究，中国同样具备极为出色的条件，因为中国企业在融入和塑造当今基于大数据、人工智能技术的商业环境中扮演着主导者的角色。据海外专业调研机构 Tortoise Intelligence 衡量发现，中国在人工智能的开发和政府策略支持方面位于世界领先地位，在人工智能的研究和商业化方面排名世界第二（美国排名第一）。中国数字经济实践高度发展的背景，为我国学者在数字经济管理理论与决策方法研究领域提供了领先世界的研究机会。

从学术研究的角度看，大数据、人工智能等管理技术的相关研究得到了中国学者的高度重视。查询 2015～2020 年的研究成果，在 WoS 数据库简单地以"data analytics in management"为主题检索发现，以中国企业为分析背景的论文共有 36 篇；在中国知网上简单地以"互联网+"和"决策"为主题进行搜索，被 CSCD 和 CSSCI 数据库收录的学术论文约 140 篇，以"人工智能"和"企业管理"作为关键词可检索出约 50 篇研究成果，以"中国管理"为主题可检索出 166 篇文献。上述关于基于数字经济或中国情景的管理决策研究呈现上升趋势，已有研究基础为本领域研究提供了一定程度的可行性。

第四部分　主要研究方向

1) 研究方向一：基于中国传统文化的管理思想体系与方法论研究

我国构建中国情景的管理理论与方法需要基于五千年的历史传承及中国特色社会主义制度。因此，基于中国传统文化和思想是中国管理研究中的一个天然的出发点。当前，中国管理研究取得了诸多丰富和激动人心的成果，但是仍存在不足和挑战。第一，研究视角略显凌乱，理论系统性构建不足。当前研究或是用西方理论研究中国问题，缺乏真正本土理论的创建；或是发掘中国情景，构建本土理论，但在视角的选取上却略显零散，缺乏系统性。具体而言，理论构建方面（求真）边界扩大但未及核心，实践应用方面（求善）又指导性不足。第二，中国传统思想与现代管理嫁接缺乏清晰的逻辑主线，核心问题少有触及。因此，有必要对中国传统文化中的管理思想体系和蕴含其中的管理方法论进行基础性建构。

本方向研究的典型科学问题有以下几项：先秦诸子管理思想体系研究，历史延续性视域下中国传统思想的比较与发展，系统论视角下中国传统管理思想系统架构，执一与执中的对立和统一——中国传统管理思想中的管理方法论研究，等等。

2) 研究方向二：中国管理实践驱动的管理理论与方法创新研究

构建中国情景的管理理论与方法既要基于五千年的历史传承及中国特色社会主义制度，又必须回应当代中国管理实践。而在当代中国管理环境的背景条件下，存在的巨大挑战是管理实践和理论脱节，集中表现在中国管理实践的巨大成就和管理理论构建的乏善可陈，理论建树与经济发展不匹配，具体展现为理论与实践本身存在着客观脱节；管理环境的特殊性、管理学演化的阶段性脱节；环境形态、知识体系与沟通范式转换带来的脱节。因此，中国的企业管理理论与方法的创新研究，有必要在借鉴西方的研究成果和经验的同时，立足于中国的现实情况，充分考虑我国企业当前所处的经济转型背景，并结合中国文化、企业制度和具体管理实践，通过科学规范的研究方法，实事求是地开展。

本方向研究的典型科学问题有以下几项：中国企业管理实践的基

本经验及其内涵和特色，基于外部环境与企业管理互动关系的中国管理理论形成的背景和机制，中国管理文化、战略行为和企业绩效之间的关系，基于制度观点的企业战略，基于中国智慧的管理理论与方法创新，等等。

3）研究方向三：基于中国本土情景的数字经济运营管理模式研究

当前流行的中国管理实践，是基于大数据、人工智能驱动的数字经济模式，正在对世界经济、社会进步和人民生活产生极其深刻的影响。传统企业转型升级加速，向智能化、网络化协同、个性化定制及服务型制造等方面转型，促使企业的商业模式和管理流程发生转变。数字经济技术也改变了市场网络结构与人们的消费习惯，如直播互动营销、家具服饰定制、工厂共享等。数字经济给中国带来巨大发展机会，中国本土化环境也为数字经济提供了合适的土壤。因此，数字经济带来的企业运营变化，中国环境对数字经济的促进或阻碍作用，都亟须对数字经济运营模式的内在机理和运行机制做深入分析，挖掘影响运营管理模式的关键因素和绩效指标。

本方向研究的典型科学问题有以下几项：基于中外环境对比的企业数字化转型升级的动力机制；本土情境对以创新为代表中国企业的作用机理；我国企业数字经济模式的运作机制，包括合作竞争关系、管理方式、流程重组等；中国独特情景要素（制度、经济、文化）对数字经济运营管理模式绩效的影响机理等。

4）研究方向四：数字经济模式下中国企业运营决策方法研究

基于数字经济的运营模式及相关技术为企业的高效和科学运营提供了机遇，如以共享模式优化资源配置、以直播营销实现消费者互动价值、以海量数据刻画消费者画像、以人工智能自动优化学习决策。一方面，数字经济运营模式给企业带来海量快速更新的数据与信息；另一方面，中国独特的政治、关系、儒家思想等环境，增加了决策的复杂性与不确定性，亟须新的决策理论与方法。

本方向研究的典型科学问题有以下几项：数字经济下中国企业管理决策方法创新的逻辑框架、中国传统文化管理思想对数字经济下企业可持续性和谐发展的作用路径、基于新型信息技术的制造和服务资源共享与配置优化、考虑中国独特情景要素的智能决策方法、大规模复杂决策问题的智能算法设计等。

领域 57　城市轨道交通网络智慧运营与管控

第一部分　选题背景与意义

随着我国经济的持续增长和城市化进程的加快,交通问题已成为制约各大城市可持续发展的瓶颈。城市轨道交通以其运量大、速度快、时间准、污染少、安全性好、节约用地等特点,成为一种缓解地面交通压力的有效交通方式,并逐步被越来越多大中型城市所采用。然而,城市轨道交通的快速发展并未满足急剧攀升的出行需求 (Yin et al., 2017; Shi et al., 2018; Sun et al., 2019)。在北京、上海等地,高峰时期的城市轨道交通系统长期处于过度拥挤状态,个别线路满载率甚至可达 140%,受大客流冲击产生的运营干扰时常出现。此外,规模庞大的轨道交通能耗也相当巨大 (Yang et al., 2016; Huang et al., 2016; Yin et al., 2016b; Yang et al., 2020b)。例如,北京轨道交通已成为北京市第一工业用电大户,给电力供应部门带来了沉重的负担。因此,深入挖掘运输潜能、增强运营韧性、提高运输效率、实现节能减排和绿色运营,对我国建设安全、高效、绿色、经济的城市轨道综合交通运输体系具有极为重要的推动作用。

紧密结合我国城市轨道交通的上述实际需求,应从多个角度针对城市轨道交通开展系统、深入的研究 (高自友等, 2018)。从运营管理层面,基于地铁运营智能化感知体系 (5G、人工智能等),结合客流、车流的时空分布及动态演变特性,研究网络层级客流-车流耦合及韧性管控机制;从微观控制层面,需要结合轨道交通行车特点和线路特征,灵活动态调整速度曲线和列车控制策略,达到安全、低耗运营的目的。因此,如何采用科学的定量方法,分析和优化城市轨道交通网络中客流、车流及其之间的内在耦合关系,最大限度地利用轨道交通网络资源,提升系统运营韧性和整体效率，是当前城市轨道交通领域亟待解决的课题。该方向的研究将进一步拓展智慧交通的应用领域，并为城市轨道交通运营管控优化提供新的研究方法。

2019 年 9 月，中共中央、国务院印发的《交通强国建设纲要》指出："由依靠传统要素驱动向更加注重创新驱动转变，构建安全、便捷、高效、绿色、经济的现代化综合交通体系，打造一流设施、一流技术、一流管理、一流服务，建成人民满意、保障有力、世界前列的交通强国。"[1]因此，充分利用新兴技术（移动互联设备、5G、大数据分析与决策、大规模仿真计算、实时优化技术等），为我国城市轨道交通线网的智慧运营和动态管控提供新的理论与技术支持，是提高城市轨道交通网络总体运行效率和运营韧性，实现交通强国战略目标的重要途径。开展本领域的相关研究，对保持我国城市公共交通的可持续发展、缓解居民日常出行压力，具有重要的实际应用价值。

第二部分　国内外研究现状与发展态势

轨道交通是交通运输领域的重要组成部分。20 世纪八九十年代和 21 世纪初，欧洲和日本的轨道交通行业发展快速，运营管理优化技术也逐渐成为一些学者研究的焦点。然而，相关研究主要针对单一的问题而开展，成果多发表于运筹学或交通运输领域著名期刊，如 *Operations Research*、*Transportation Science*、*Transportation Research Part* 系列期刊等（Zwaneveld et al.，1996；Caprara et al.，1998；Brännlund et al.，1998；Cordeau et al.，1998；Caprara et al.，2002）。近年来，我国轨道交通运营也面临着一系列新的问题和挑战，并引起了国内学者的广泛关注和研究（Yin et al.，2017；Sun et al.，2019；Yin et al.，2016a；Kang et al.，2015）。目前，我国学者在轨道交通优化与控制领域的研究已崭露头角。从 2015～2019 年发表于 *Transportation Research Part* 系列期刊的论文看，国内学者主持和参与的研究已逐步掌握了该领域的话语权并开始引领研究方向，显著提升了我国交通研究的国际竞争力和影响力，也充分

---

① 中共中央 国务院印发《交通强国建设纲要》. http://www.gov.cn/zhengce/2019-09/19/content_5431432.htm[2019-09-19].

契合了我国《交通强国建设纲要》的发展目标。

城市轨道交通网络智慧运营与管控优化将针对运营过程中面临的关键问题开展科学、系统的研究，力图借助新兴技术和智慧运营方案，提高网络层级的运营效率、韧性和服务水平，实现节能减排。目前，国际上针对该领域的研究也刚刚起步，交通运输领域著名期刊 *Transportation Research Part C* 在 2018 年出版了 Integrated Optimization Models and Algorithms in Rail Planning and Control 专刊，共收录了轨道交通规划和控制领域的二十余篇研究成果，为该领域的进一步发展奠定了基础；之后，工业工程领域著名期刊 *Computers & Industrial Engineering* 在 2019 年出版了 Railway Traffic Management and Control 专刊[①]，共收录轨道交通管理与控制领域的十六篇成果，有效推动了轨道交通管理与控制领域的国际前沿研究。

目前，以优化技术为背景的轨道交通运营与管控策略研究逐渐被重视，近几年在 *Transportation Research Part* 系列期刊、*IEEE Transactions on Intelligent Transportation Systems* 等交通运输领域主流期刊上已发表论文 200 余篇。例如，*Transportation Research Part C* 在 2013 年发表了一篇文章 Optimizing urban rail timetable under time-dependent demand and oversaturated conditions（Niu and Zhou，2013），这是目前在交通顶级期刊上看到的最早研究过饱和情况下城市轨道交通客流−车流协同优化的学术论文。此外，在 Elsevier 数据库和 IEEE 数据库网站以"urban rail transit"为关键词，搜索到的学术论文分别有 9101 篇和 724 篇。虽然这些成果并非均与运营管控策略密切相关，但也能充分说明国内外学者对该领域的广泛关注。

第三部分   中国发展基础与优势

我国城市轨道交通网络规模庞大，客流量和运营成本均居世界前列，迫切需要国内学者和从业人员开拓研究思路，采用先进技术手段，结合城市轨道交通的实际运营特征，针对城市轨道交通网络层级的运营管控优化开展卓有成效的研究，实现降本提效。我国城市轨道交通高度

---

① Special Section on Railway Traffic Management and Control. https://www.sciencedirect.com/journal/computers-and-industrial-engineering/vol/127/suppl/C[2018-07-08].

发展的实际背景和迫切需求，为国内学者提供了领先世界的研究机会。

目前，我国学者在轨道交通领域（包括一般铁路、高速铁路、城市轨道交通等）已进行了较为深入的研究。2015~2019年，在发表于交通运输国际主流期刊上的相关论文中，国内学者占比50%以上，这说明我国在该领域的研究已具有举足轻重的作用。然而，从已有文献看，针对城市轨道交通运营特征的研究仍旧较少，当前研究主要基于线路来开展，而面向网络层级的客流–车流耦合优化的研究也处于起步阶段。当前，我国多数城市轨道交通网络已经成型，各线路列车运行耦合密切。因此，考虑线网内部的耦合机理，基于客流–车流协同思想研究网络协同韧性管控，对指导实际运营更具重要的现实意义。

我国在城市轨道交通领域的研究具备得天独厚的优势。第一，数据优势。城市轨道交通在日常运营中积累了大量实测数据，随着大数据分析及应用技术的发展，基于数据驱动的研究更加符合我国的运营实际。第二，技术优势。近年来，大量新兴技术在我国得到了长足发展，如移动互联设备、5G、大数据技术、人工智能、大规模优化计算等，这些新兴技术有望真正融入城市轨道交通智慧运营中，实现降本提效。第三，研究基础和队伍优势。我国轨道交通领域人才储备雄厚，国内一些高校已经形成了研究基础强、特色鲜明的科研团队。目前，城市轨道交通管控领域的研究成果已经处于国际领跑地位。

第四部分 主要研究方向

1) 研究方向一：城市轨道交通线网客流智慧出行行为分析

随着轨道交通的发展，线网客流分布的时空范围、时空尺度被不断拓宽。在此背景下，城市轨道交通线网客流的出行行为分析变得极其精准与复杂。一方面，城市轨道交通线网客流融合了移动互联数据，对掌握客流的网络路径选择偏好、准确获取客流的线网出行链提出了更高的要求；另一方面，从客流进站识别到轨迹状态推演，实现复杂线网条件下的客流出行行为智慧分析，是融合了大数据、机器学习等新兴技术的理论和方法，也成为智慧城市交通建设、交通规划亟须解决的问题。

本方向研究的典型科学问题有以下几项：基于移动互联的城市轨道交通线网客流全面感知与信息获取方法、城市轨道交通线网客流时空分布与演化规律、城市轨道交通线网客流出行行为精准预测方法、城市轨道交通线网客流轨迹状态推演方法、城市轨道交通线网客流智慧出行行为机理等。

2）研究方向二：城市轨道交通线网客流分配与流量管控

在海量的基于移动互联、移动终端等技术的城市轨道交通线网客流大数据中，包含着丰富的客流出行信息和出行轨迹数据，通过深入挖掘以上多源异构的客流出行数据，可以有效捕捉乘客出行费用的各类影响因素，从而建立符合乘客实际出行状况的线网综合阻抗函数，这对线网客流分配提出了更高的精度与广度的要求。此外，基于实时的移动互联数据，可以对短时线网客流量进行准确预测，并积极诱导线网客流出行路径选择，达到对城市轨道交通线网客流量的科学管控，进而有效地缓解高峰期城市轨道交通线网压力，提升客流出行体验。

本方向研究的典型科学问题有以下几项：城市轨道交通线网客流大数据挖掘理论与方法、城市轨道交通线网客流出行费用计算模型、城市轨道交通线网联合限流优化、城市轨道交通线网客流诱导方法、数据和模型双驱动的城市轨道交通线网客流分配方法、城市轨道交通线网客流流量管控方法等。

3）研究方向三：城市轨道交通线网列车智慧运行组织与优化

目前，新兴技术（移动互联设备、5G、信息采集设备等）在轨道交通系统逐步应用，可实时精确感知人员、车辆、客流、环境等动态信息。因此，需根据客流状态和各线路特点，从系统优化角度提出基于灵活动态调整的行车策略，并实现多线联动智能编图，从而形成网络层级的智慧行车方案。此外，线间互联互通是轨道交通高效运营的重要发展方向，但该方式也极大提升了面向线网层级行车组织方案的编制难度。这些新的技术变革带来的运营复杂性，都亟须相应新的理论和方法。

本方向研究的典型科学问题有以下几项：城市轨道交通线网列车协同优化调度方法、面向动态客流的城市轨道交通首末班车衔接优化、面向可达性提升的城市轨道交通线网运营组织策略、应急情况下城市轨道交通线网列车实时运行调整方法、城市轨道交通车底运用优化方法等。

4）研究方向四：城市轨道交通客流-车流协同管理与控制

随着城市轨道交通规模的不断扩大，线网运营复杂性也随之增强。运营的高度复杂特征对客流-车流的协同管理提出了更高要求。中观层面上需研究不确定干扰的发生规律，探讨车流和客流之间的内在耦合关系，结合客流控制策略，从全局优化角度，提出线网客流-车流的韧性协同管理机制。微观层面上需研究不确定干扰下的列车鲁棒控制方法，确保列车按计划平稳、高效、低耗运营。针对上述问题的研究，亟须突破固有模式，形成新的理论和方法。

本方向研究的典型科学问题有以下几项：城市轨道交通线网客流-车流的耦合机理、城市轨道交通面向客流-车流协同的列车运行图优化方法、面向客流-车流-能耗耦合的城市轨道交通列车鲁棒优化控制、基于不确定客流的站间运行曲线鲁棒优化方法、面向客流-车流-能耗的管控一体化模型等。

领域 58　人口老龄化背景下的养老服务创新与智慧管理

第一部分　选题背景与意义

老有所养正日益成为我国社会和经济发展中一项亟待解决的重大社会问题。国家统计局最新数据显示，截至 2019 年末，全国 60 岁以上及 65 岁以上人口分别达 25 388 万和 17 603 万，分别占总人口的 18.1% 和 12.6%，较 2018 年末分别增长了 439 万和 945 万，分别增加 1.8% 和 5.7%，未来老龄化发展趋势加快，给国家养老服务体系带来严重的挑战。当前，在国家政策激励和社会积极参与下，我国养老行业发展迅速，但存在许多深层次问题,如养老服务体系不够健全,居家养老服务个性化、零星化及社区养老服务差异化需求难以满足,养老服务资源分散化和碎片化的同时还存在大量闲置,养老服务供给和需求脱节,养老服务质量得不到保证,缺乏养老服务规范和标准,等等。

要解决以上问题,需要从管理理论和方法上,分析居家养老和社区养老两种主要形式供需特征、服务模式和质量评价体系;需要从信息技术应用研究上,应用区块链等新一代信息技术,研究养老服务管理模式、资源协同机制和质量控制体系等方面集成方法。因此,具体科学问题包括:①研究创新养老服务模式,满足居家养老服务个性化需求和社区养老群体化服务需求;②研究构建不同养老服务机构、资源的集成模式,实现"利益共享、风险共担"运营机制;③研究应用区块链等新一代信息技术构建智慧养老服务平台体系架构,从技术上解决养老服务过程中的不同利益主体的关系协调;④研究构建有效的养老服务质量评价体系,探讨服务质量标准和持续改进机制。

党的十九大报告中提出,"积极应对人口老龄化,构建养老、孝老、敬老政策体系和社会环境,推进医养结合,加快老龄事业和产业发展"①。2018 年,习近平指出:"让老年人老有所养、生活幸福、健康长寿是我们的共同愿望。"②基于新一代信息技术创新养老服务管理模式,研究智慧养老服务理论和方法,是破解当前我国养老问题的关键,能够为我国加快建设智慧养老服务体系,积极应对老龄化带来的一系列社会和经济问题,提供重要的理论和方法支撑。

第二部分　国内外研究现状与发展态势

目前,人口老龄化已经成为全球面临的严峻问题之一,世界各主要国家先后发布相关战略和发展计划,以期通过创新养老服务体系应对老龄化带来的一系列问题和挑战。例如,美国政府提出老年人全面

---

① 习近平:决胜全面建成小康社会 夺取新时代中国特色社会主义伟大胜利——在中国共产党第十九次全国代表大会上的报告. http://www.gov.cn/zhuanti/2017-10/27/content_5234876. htm[2020-11-11].

② 加强新时代老龄工作. http://www.xinhuanet.com/politics/20211229/19a3d3baa0e1450abc8abea2fb7e5068/c.html[2021-12-28].

护理计划（Program of All-inclusive Care for the Elderly，PACE），英国政府提出的更好服务老年人项目（Better Government for Older People，BGOP）项目和国家老年人卫生服务框架，日本政府不断完善发展的介护保险制度，美国等多个国家实行的时间银行的养老模式，等等。

对于养老服务模式的研究一直是国际上比较关注的研究问题。随着新一代信息技术的发展，运用"大数据""云计算""物联网"等技术优化配置养老服务资源、精准识别老龄人口需求、改善服务质量，已成为学界研究的热点，大量前沿技术的转化促进了养老模式创新的探索与发展。国际顶级管理学期刊 Management Science 在 2018 年发表题为"Does technology substitute for nurses？Staffing decisions in nursing homes"的文章，研究了信息技术自动化对养老机构人员配置决策的影响（Lu et al.，2018）。管理信息系统顶级期刊 MIS Quarterly 出版了题为"Assessing the design choices for online recommendation agents for older adults：older does not always mean simpler information technology"的文章，讨论了以老年人为服务对象的在线推荐代理设计（Ghasemaghaei et al.，2019）。据不完全统计，近年来，在 Academy of Management、Administrative Science Quarterly、MIS Quarterly、Management Science 等国际顶级期刊与养老服务相关的论文，发文超过 30 篇；以 "elderly care" 为主题在 Google Scholar 进行搜索，2015~2019 年的学术研究论文总量为 23 700 篇，较 2013 年前有大幅提升，显示了国际学界对智慧养老发展的重视。

第三部分　中国发展基础与优势

近年来，特别是在把"加快老龄事业和产业"写进十九大报告后，我国养老产业得到了长足的发展。国务院及各部委先后印发大量养老相关的政策，如《国务院关于积极推进"互联网+"行动的指导意见》《国务院办公厅关于促进"互联网+医疗健康"发展的意见》等，以期利用新一代信息技术，实现养老服务的智慧化，破解养老服务资源短缺、劳动力密集的僵局。民政部也自 2017 年起先后公布 3 批，共计 117 家智慧健康养老示范企业、225 条智慧健康养老示范街道（乡镇）和 52 个智慧健康养老示范基地，探索智慧养老未来的发展方向。中国养老需求的日益扩大及实践探索的不断深入，为我国学者开展养老服务领域的研究提供了坚实的基础和强大的动力。

从学术研究的角度来看，养老服务的相关研究也得到中国学者的高度重视。在中国知网以"养老服务"为关键词进行搜索，2013 年以来相关论文超过 2900 篇，论文数量逐年增加，2018 年国内首部《智慧养老：内涵与模式》由清华大学出版社出版。此外，科学技术部和国家自然科学基金委员会也开始重视养老服务创新与管理的研究，并发布相关科研课题。例如，2019 年国家自然科学基金委员会发布的"老龄社会的健康与社会挑战"和"互联社区与老年人"等研究项目；科学技术部发布的"主动健康和老龄化科技应对"及"健康养老跨界服务应用示范"国家重点研发计划。

第四部分 主要研究方向

1）研究方向一：面向居家养老的个性化和面向社区养老的差异化养老服务模式

在国家宏观政策的指引下，养老服务逐渐从补缺型、托底型福利服务向全社会民生服务转变，养老服务需求呈现出个性化、差异化、区域化等特征。根据 90%居家养老、6%～7%社区养老、3%～4%机构养老类型，大量的居家养老、社区养老个性化、零星化、差异化养老服务需求难以得到有效的满足和供给；另外，养老服务提供商由于服务范围、类型、水平、能力等，针对居家养老和社区养老服务需求，难以提供精准、高效的服务，使得服务模式创新成为一个重要的问题。

本方向研究的典型科学问题有以下几项：居家养老服务需求的特征分析，养老服务需求有日常照料、身体康复、医疗救助、心里慰藉等，老年人健康动态和养老服务需求演化规律，老年人养老需求的精准识别；主动式养老服务模式和方案；个性化养老服务推荐；社区养老服务的群体需求特征，基于居家养老的社区养老服务模式；等等。

2）研究方向二：多主体养老服务资源的协同机制和集成模式

随着我国养老市场开放进程的加快，养老服务逐渐从单一主体的运营模式转变为政府、社会、市场等多个主体共同参与的格局。但现有的养老服务商供给内容单一、资源分散、服务碎片，养老服务机构、社区、医院、政府和护理服务人员等各方养老资源未能有效地整合，不同养老服务主体间无法进行资源的共享，难以满足多样化养老服务需求，同时存在大量资源闲置和浪费。因此，研究养老服务资源的整合与协同机制，有利于养老服务资源的集成和共享，能有效满足老年人的养老服务需求，推动健康养老服务质量和水平提升。

本方向研究的典型科学问题有以下几项：多主体养老资源协同共生机制、个性化养老服务资源组织模式、基于动态博弈的养老服务资源主体利益共享机制和风险共担机制、基于区域资源一体化的养老服务资源主体间协同机制、基于多主体养老需求的养老服务资源分配机制等。

3）研究方向三：基于区块链技术的智慧养老服务系统信任机制和关键技术

应用新一代信息技术，构建有效的智慧养老服务系统和平台，实现养老服务主体资源有效集成及为老龄人提供个性化服务，是目前破解养老服务难题十分重要的方面。针对养老服务需求的安全和隐私保护、服务质量等难度及不同养老服务主体的合作共享的困境，智慧养老服务系统必须从技术上解决信任机制，而区块链作为"去中心化"解决信任难题的关键技术之一，对研究解决智慧养老服务系统信任机制，具有重要的理论意义和价值。

本方向研究的典型科学问题有以下几项：多主体养老服务资源共享的区块链养老服务交易模式设计、面向养老服务主体的区块链智能合约设计、基于区块链技术的养老服务数据共享和联动平台体系结构、基于区块链的养老服务数据安全存储与共享模型、基于区块链技术的养老服务管理机制等。

4）研究方向四：数据驱动的养老服务质量评价和持续改进机制

养老服务质量影响老年人及其家属的满意度和行业发展水平。目前，我国养老服务质量（标准）及其评价体系存在碎片化、标准滞后等问题，尚处于探索和构建阶段。同时，养老服务由于个体对象、服务类型、服务模式、区域文化、主观认知及存在服务主体（老年人）和评价主体（家属）不一致等差异，使得养老服务质量评价理论和方法有待深入研究。此外，需要在养老服务质量评价的基础上，进一步设计服务质量持续改进体系。

本方向研究的典型科学问题有以下几项：基于多主体的养老服务质量评价体系构建、面向养老服务全过程的动态养老服务质量评价方法、数据驱动的养老服务质量跟踪评价、基于物联网的养老服务有效性评价指标体系构建、基于区块链技术的养老质量保障体系设计、基于云的交互式养老服务质量持续改进模型构建等。

领域 59　新运行环境下的城市交通流分析与运行管控

第一部分　选题背景与意义

当今世界科学技术迅猛发展，新技术和新产业的不断涌现给交通运输的发展既带来了机遇也提出了挑战。2019 年中国正式进入 5G 商用元年。依托 5G，城市交通将逐步迈入移动互联和自动驾驶时代，而传统交通流将逐渐转变成互联车、自动车与一般车辆混行的新型混合交通流。随着大数据、云计算、人工智能等新技术的飞速发展，打造智慧出行和智慧交通，提升交通运行效率和服务水平，成为建设智慧城市的重要内容。在共享经济时代潮流下，催生出大量共享交通的新需求新业态，丰富了出行方式的选择，改变了城市交通的出行结构。上述的新技术、新业态、新模式等共同营造出的交通运行新环境势必会对城市交通系统的供给模式、需求生成、运行机理等产生重要影响，从而对城市交通的科学管理提出新挑战。这就迫切需要推动新环境下城市交通管理理论的创新。

为了应对城市交通新运行环境带来的新挑战，需要从交通供给和交通需求两方面着手，从根本上研究交通系统科学问题，实现交通系统的供需平衡和整体优化。面对新的交通供给，迫切需要揭示移动互联及自动驾驶环境下新型混合交通流的演化特性,把握新运行环境下的城市交通流动力机制与演化机理;同时从交通需求侧着手,运用大数据、云计算、人工智能等技术与方法分析挖掘海量出行数据,探究共享经济环境下城市交通出行需求的生成机理与行为演化。在此基础上,以均衡交通流量、保障交通网络可靠运行为目标,构建各类交通智慧决策、运行管理和引导控制的理论与方法,实现城市交通网络层面的系统控制与整体优化。

如何更好地发挥交通系统对国民经济的支撑引领作用,特别是如何科学解决大城市交通不平衡、不充分的发展问题一直是我国的重大民生问题之一。中共中央、国务院于 2019 年 9 月印发的《交通强国建设纲要》,强调要合理引导个体机动化出行,加强城市交通拥堵综合治理,加强智能网联汽车(智能汽车、自动驾驶、车路协同)研发等。开展新运行环境下的城市交通网络流演化建模与管控研究,一方面有助于破解长期存在的城市交通供需矛盾,优化交通资源配置,实现城市交通更高水平的供需动态平衡;另一方面有助于加速移动互联和自动驾驶车辆相关产业落地,帮助我国交通科学占领创新高地,推进城市交通出行的质量变革、效率变革、动力变革。这对探索适合我国国情的新型城市化智慧交通新道路具有重大的科学意义,对促进我国国民经济和社会可持续发展具有重要的实际应用价值。

第二部分　国内外研究现状与发展态势

进入 21 世纪,大数据、人工智能与移动互联技术及交通领域深度融合,涌现了自动驾驶、共享出行等新的交通模式与形态,同时促进了交通管理与控制的智能化。如何充分挖掘各种新技术、新模式的潜力,深入研究新运行环境下城市交通需求生成机理、多模式交通的博弈关系,并优化治理策略,成为当前研究的热点问题。2016 年和 2019 年,*Transportation Research Part C* 分别出版专刊,对自动车、共享交通,以及智慧交通环境下交通需求时空规律挖掘、交通系统建模、演化机理、优化管理等方面进行了广泛探讨。此外,世界各国政府和城市管理者也高度关注并努力推进新运行环境下的城市交通系统,如美国提

出的 *ITS Strategic Research Plan 2015—2019*，我国印发的《交通强国建设纲要》，等等。

城市交通系统正在发生快速变革，自动驾驶汽车将改变交通流的构成与形态，共享交通成为新的交通业态，基于大数据与人工智能的智慧交通则颠覆了传统城市交通治理模式。目前，国际上该领域的研究正在快速发展时期，如 2016 年 *Transportation Science* 创刊 50 周年的特邀论文对移动互联与自动驾驶技术为交通系统管理和控制带来的契机与挑战进行了论证；美国麻省理工学院 2018 年在 *Nature* 上发表论文，从理论上证实，自动汽车和共享出行模式可以减少约 75%的城市车辆；2019 年，*Transportation Research Part C* 发表综述文章，总结了深度学习在交通系统建模、预测与分析中的应用。

自 2010 年以来，依托于大数据、人工智能与移动互联等技术，自动驾驶、共享交通与智慧交通管理快速涌现，形成了新的交通运行环境，相关的理论与应用研究引起了各国学者的广泛关注。2015～2019 年，*Nature* 和 *Science* 等期刊发表相关论文和报道 12 篇；据统计，*Transportation Research Part* 系列期刊、*IEEE Transactions on Intelligent Transportation Systems* 等交通运输类国际顶级期刊发表相关论文417篇；在 WoS 数据库和 CSCD 数据库，以 "autonomous vehicle"（自动车）、"car sharing"（汽车共享）和 "smart transportation"（智慧交通）为主题，搜索到的学术论文分别有 6325 篇和 168 篇。

第三部分　中国发展基础与优势

中共中央、国务院印发的《交通强国建设纲要》中明确提出要加强智能网联汽车（智能汽车、自动驾驶、车路协同）研发，大力发展智慧交通，大力发展共享交通，打造基于移动智能终端技术的服务系统。2020 年 2 月，国家发展和改革委员会等 11 个国家部门联合印发《智能汽车创新发展战略》，推进我国智能汽车建设。根据《中国共享经济发展报告（2020）》，2019 年共享经济市场交易额为 32 828 亿元，比上年增长 11.6%；出租车领域的共享经济新业态在行业中的占比达到 37.1%；网约车在网民中的普及率达到 47.4%。加利福尼亚州车辆管理局

（Department of Motor Vehicles，DMV）公布的 2019 年度自动驾驶路测报告指出，在每两次人工干预之间行驶的平均里程数排名上，百度 Apollo 排名第一，排名前 10 的企业中有 5 家中国公司。共享交通、自动驾驶及智慧交通的快速发展为我国交通领域的事业发展和学术研究提供了领先世界的机会。

从学术研究的角度看，新运行环境下的交通相关研究也得到国内学者的高度重视。从中国知网上简单地用论文标题中包含"共享交通"、"自动驾驶"和"智慧交通"的搜索策略来看，2010～2020 年，被 CSCD 数据库和 CSSCI 数据库收录的公开发表中文学术论文分别有 38 篇、506 篇和 31 篇（2010 年之前分别仅有 4 篇、70 篇和 0 篇此类论文发表）；在 WoS 数据库以"car sharing"、"autonomous vehicles"和"smart transportation"为主题检索发现，2010～2020 年，中国学术机构发表的"car sharing"国际学术论文共有 399 篇（未包含港澳台地区数据），排在同期全球各个国家和地区同类论文数量的第二位（美国以 699 篇名列第一），其中包括 *Transportation Research* 系列 50 篇，*IEEE* 系列 48 篇；发表的"utonomous vehicles"国际学术论文共计 10 485 篇，排在同期全球各个国家和地区同类论文数量的第一位，其中包括 *Transportation Research* 系列 151 篇，*IEEE* 系列 1896 篇；发表的"smart transportation"国际学术论文共计 1267 篇，排在同期全球各个国家和地区同类论文数量的第二位（美国以 1419 篇名列第一），其中包括 *Transportation Research* 系列 45 篇，*IEEE* 系列 324 篇。

第四部分　主要研究方向

1）研究方向一：混入移动互联和自动驾驶车辆的城市新型多场景混合交通流建模

移动互联和自动驾驶技术是交通系统的重要发展方向，其研发工作和应用化正在如火如荼地开展，有些技术（自动驾驶公交、出租车）已开始落地。随着自动驾驶车辆逐渐进入市场，我国城市道路交通将转变成自动车、互联车、一般车辆、非机动车、行人混行的新型多场景混合交通流。弄清其演化特性，建立能合理刻画其演化特性的交通流模型，研究各类新型交通管理、控制和优化方法,这将为未来若干年内的城市交通管理奠定坚实的基础。

本方向研究的典型科学问题有以下几项:新型多场景混合交通流中不同类型车辆、非机动车、行人的相互作用机理,新环境下车辆和非机动车驾驶员及行人的行为理论,新型混合交通流在路段上的稳定性理论和相变规律及在路网上的时空演化和拥堵传播规律,新型多场景混合交通流建模,新环境下城市自动驾驶公交和出租车的运行控制与管理等。

2)研究方向二:共享经济环境下城市交通出行需求生成机理与行为演化

以共享单车、共享汽车、共享停车等为代表的共享经济可以提高公共资源的利用率,已成为满足城市交通出行需求的一种重要方式。这类新业态下的用户出行行为特征将影响共享出行行业的发展与管理。同时,共享出行这种新型交通方式对市场中已经存在的多种出行方式造成了一定冲击。因此,共享经济环境下城市交通出行新特点、行为演化新规律、出行需求生成机理研究对提升共享系统的效益,达到优化出行服务的效果有重要意义,也是共享出行研究基础。

本方向研究的典型科学问题有以下几项:共享出行用户选择偏好及起止点(origin-destination,OD)时空轨迹特性、共享出行需求生成机理及影响模型、需求动态演化规律及估计方法、收费与限行等交通管理政策及路况变化对共享出行的影响机理、不同交通方式的需求分析及转移机理、基于共享出行+公共交通系统的出行链辨识及需求预测与建模等。

3)研究方向三:智慧交通环境下城市交通流量均衡分析与智慧决策

大数据和云计算等新兴技术将助力实现城市居民出行的宏观静态或微观动态交通流量均衡。然而,基于路段阻抗函数的经典交通分配理论中的均衡状态不能正确刻画交通拥堵现象(交通激波)。此外,多模式组合的交通出行方式(步行、公交车、地铁、出租车、私家车等)与新能源汽车和自动驾驶技术的出现也给交通流量均衡原理的推广带来了新的挑战。

本方向研究的典型科学问题有以下几项:智慧交通环境下居民出行

规律研究、基于交通流动力学模型和均衡条件的路网交通流定常解与数值方法研究、基于均衡条件的多模式组合或混合交通静态或动态交通分配问题与数值模拟方法、以实现交通流量均衡为目标的路网或多模式交通智慧决策、基于大数据方法的模型参数校正、基于数值仿真与信息技术干预的管理和设计方案预测及预判等。

4)研究方向四:新运行环境下城市交通网络可靠运行管理与引导控制

大数据、人工智能、移动互联等新兴技术给交通系统带来全新变革,自动车、互联车、车路协同、共享出行等新兴交通科技将逐步普及。在这一过程中,城市交通网络运行可靠性将与新技术普及程度直接相关,城市交通基础设施需要有序更新,交通管理和控制措施需要与新型混合交通流的运行特性相适应,车辆需要智能引导和调度以平抑供给与需求的时空不匹配问题。

本方向研究的典型科学问题有以下几项:城市交通网络可靠性与车路协同设施和自动车专用道覆盖率的相关关系,新运行环境下的城市交通信号控制、可变限速控制、自动驾驶车道的分时管控方案,智慧出行服务导向的共享汽车停车管理与车辆调度,与城市公共交通系统高效协同的共享单车调度管理,新运行环境下城市交通拥堵收费策略,大型活动和突发事件下城市交通智慧引导控制策略。

附录2 学术期刊专家调研问卷

"十四五"规划管理科学与工程领域期刊调研①

尊敬的专家：

鉴于您在管理科学与工程领域的优秀研究成果和专业知识背景，国家自然科学基金委员会管理科学部、管理科学与工程学科"十四五"规划战略研究课题组诚邀您对管理科学与工程领域期刊的子领域进行确认和对顶级期刊进行筛选，用以指导本学科研究项目的期刊分析工作。

如有问题，可以联系下列邮件地址：ygyu@ustc.edu.cn，liuhf@ustc.edu.cn，此分别为中国科学技术大学余玉刚教授、刘和福教授的邮箱，他们分别为本课题组的组长和秘书长。在此，课题组成员余玉刚、李敏强、李建平、舒嘉、吴建军、毕功兵、刘和福、吴杰、吴强等向参与调研的老师表示衷心感谢！

敬礼！

国家自然科学基金委员会管理科学部

管理科学与工程学科"十四五"规划战略研究课题组

2019 年 12 月 23 日

1. 姓名：

_____

2. 您的性别是：

○男　○女

---

① 问卷链接：https://www.wjx.cn/m/53626005.aspx。

3. 您的年龄是：

○25 岁以下 ○25～30 岁 ○31～35 岁 ○36～40 岁 ○41～45 岁 ○46～
50 岁 ○51 岁及以上

4. 您目前的身份是：

○院士

○杰青级别四类人才

○优青级别四类人才

○发表过 2 篇及以上 UTD24、FT50 顶级期刊的学者

○其他

5. 您所在的工作单位是：

————————————————

6. 您所在单位的属性是：

○高等院校

○研究机构

○企业

○其他事业单位

7. 您的联系方式（手机号、邮箱或微信号）：

————————————————

8. 您所在（熟悉）的主要子领域

○G0101（管理理论与研究方法）

○G0102（运筹与管理）

○G0103（决策理论与方法）

○G0104（博弈理论与方法）

○G0105（评价理论与方法）

○G0106（预测理论与方法）

○G0107（管理统计理论与方法）

○G0108（管理心理与行为）

○G0109（管理系统工程）

○G0110（工业工程与管理）

○G0111（物流与供应链理论）

○G0112（服务科学与工程）

○G0113（系统可靠性与管理）

○G0114（信息系统与管理）

○G0115（知识管理）

○G0116（风险管理）

○G0117（金融工程）

○G0118（工程管理）

○G0119（交通运输管理）

9. 您觉得以下哪些期刊是您所在子领域的英文顶级期刊

（以下期刊选自 UTD24、FT50、ABDC 的 A*部分中与管理科学与工程学科相关的期刊列表，期刊按照首字母排序）

□*Academy of Management Journal*

□*Academy of Management Review*

□*Accounting，Organizations and Society*

□*Administrative Science Quarterly*

□*American Economic Review*

□*Contemporary Accounting Research*

□*Econometrica*

□*Economic Geography*

□*Entrepreneurship Theory and Practice*

□*Environment and Planning A*

□*Harvard Business Review*

□*Human Relations*

□*Human Resource Management*（USA）

□*Information Systems Research*

□*INFORMS Journal on Computing*

□*Journal of Accounting and Economics*
□*Journal of Accounting Research*
□*Journal of Applied Psychology*
□*Journal of Business Ethics*
□*Journal of Business Venturing*
□*Journal of Consumer Psychology*
□*Journal of Consumer Research*
□*Journal of Economic Geography*
□*Journal of Environmental Economics and Management*
□*Journal of Finance*
□*Journal of Financial and Quantitative Analysis*
□*Journal of Financial Economics*
□*Journal of International Business Studies*
□*Journal of Management*
□*Journal of Management Information Systems*
□*Journal of Management Studies*
□*Journal of Marketing*
□*Journal of Marketing Research*
□*Journal of Operations Management*
□*Journal of Personality and Social Psychology*
□*Journal of Political Economy*
□*Journal of Public Administration: Research and Theory*
□*Journal of the Academy of Marketing Science*
□*Journal of the American Statistical Association*
□*Journal of the Royal Statistical Society: Series B (Statistical Methodology)*
□*M&SOM-Manufacturing and Service Operations Management*
□*Management Science*
□*Marketing Science*
□*MIS Quarterly*
□*Operations Research*
□*Organization Science*
□*Organizational Behavior and Human Decision Processes*
□*Production and Operations Management*
□*Quarterly Journal of Economics*

☐*Research Policy*
☐*Review of Accounting Studies*
☐*Review of Economic Studies*
☐*Review of Finance*
☐*Review of Financial Studies*
☐*MIT Sloan Management Review*
☐*Strategic Entrepreneurship Journal*
☐*Strategic Management Journal*
☐*The Accounting Review*
☐*Transportation Research Part B：Methodological*
☐*Transportation Science*

10. 对于您所在（熟悉的）主要子领域，如果有遗漏的英文顶级期刊，请您补充

（不超过 2 个）

　　1＿＿＿＿＿＿＿＿＿＿＿＿＿＿＿＿
　　2＿＿＿＿＿＿＿＿＿＿＿＿＿＿＿＿

11. 您觉得以下哪些期刊是您所在子领域的中文顶级期刊

（以下期刊选自国家自然科学基金委员会管理科学部认定的管理类 30 种重要期刊）

　　☐《管理科学学报》（*Journal of Management Science and Engineering*）
　　☐《系统工程理论与实践》
　　☐《管理世界》
　　☐《数量经济技术经济研究》
　　☐《中国软科学》
　　☐《金融研究》
　　☐《中国管理科学》
　　☐《系统工程学报》
　　☐《会计研究》
　　☐《系统管理学报》
　　☐《管理评论》
　　☐《管理工程学报》

□《南开管理评论》
□《科研管理》
□《情报学报》
□《公共管理学报》
□《管理科学》
□《预测》
□《运筹与管理》
□《科学学研究》
□《中国工业经济》
□《农业经济问题》
□《管理学报》
□《工业工程与管理》
□《系统工程》
□《科学学与科学技术管理》
□《研究与发展管理》
□《中国人口、资源与环境》
□《数理统计与管理》
□《中国农村经济》

12. 对于您所在（熟悉的）主要子领域，如果有遗漏的中文顶级期刊，请您补充

（不超过 2 个）

1＿＿＿＿＿＿＿＿＿＿＿＿＿＿＿＿

2＿＿＿＿＿＿＿＿＿＿＿＿＿＿＿＿

附录3 学科发展水平国际对比专家调研问卷

管理科学与工程各子领域发展现状调研[①]

尊敬的专家：

鉴于您在管理科学与工程领域的优秀研究成果和专业知识背景，国家自然科学基金委员会管理科学部、管理科学与工程学科"十四五"规划战略研究课题组诚邀您对管理科学与工程国内的发展现状进行评估，用以指导本学科研究项目的资助工作。

如有问题，可以联系下列邮件地址：ygyu@ustc.edu.cn, liuhf@ustc.edu.cn，此分别为中国科学技术大学余玉刚教授、刘和福教授的邮箱，他们分别为本课题组的组长和秘书长。在此，课题组成员余玉刚、李敏强、李建平、舒嘉、吴建军、毕功兵、刘和福、吴杰、吴强等向参与调研的老师表示衷心感谢！

敬礼！

国家自然科学基金委员会管理科学部

管理科学与工程学科"十四五"规划战略研究课题组

2019 年 11 月 3 日

1. 姓名：

———————————————————

2. 性别：

○男

○女

---

① 问卷链接：https://www.wjx.cn/vj/tEIAMPw.aspx。

3. 年龄：
○25 岁以下○25～30 岁○31～35 岁○36～40 岁○41～45 岁○46～
50 岁○51 岁及以上

4. 职称：
○中级　　○副高　　○正高　　○其他

5. 工作单位：

_____

6. 单位属性：
○国内单位　　○亚洲单位　　○北美洲单位　　○欧洲单位
○大洋洲单位　　○其他地区单位

7. 单位类型：
○高等院校　　○研究机构　　○企业　　○其他事业单位

8. 联系方式（手机号、邮箱或微信号）：

_____

9. 您所在（熟悉）的主要子领域
□ G0101（管理理论与研究方法）
□ G0102（运筹与管理）
□ G0103（决策理论与方法）
□ G0104（博弈理论与方法）
□ G0105（评价理论与方法）
□ G0106（预测理论与方法）
□ G0107（管理统计理论与方法）
□ G0108（管理心理与行为）
□ G0109（管理系统工程）
□ G0110（工业工程与管理）
□ G0111（物流与供应链理论）

□ G0112（服务科学与工程）
□ G0113（系统可靠性与管理）
□ G0114（信息系统与管理）
□ G0115（知识管理）
□ G0116（风险管理）
□ G0117（金融工程）
□ G0118（工程管理）
□ G0119（交通运输管理）
□ G0120（其他）

10. 您所选择的子领域，在国际上所处的地位
（1 末端，3 一般，5 顶端，0 不清楚）
末端　　　　　　　　　　　　　　不清楚
　　1□　　2□　　3□　　4□　　5□　　0□

11. 您所选择的子领域，与美国相比
（1 很落后，3 接近，5 很领先，0 不清楚）
很落后　　　　　　　　　　　　　不清楚
　　1□　　2□　　3□　　4□　　5□　　0□

12. 您所选择的子领域，与加拿大相比
（1 很落后，3 接近，5 很领先，0 不清楚）
很落后　　　　　　　　　　　　　不清楚
　　1□　　2□　　3□　　4□　　5□　　0□

13. 您所选择的子领域，与英国相比
（1 很落后，3 接近，5 很领先，0 不清楚）
很落后　　　　　　　　　　　　　不清楚
　　1□　　2□　　3□　　4□　　5□　　0□

14. 您所选择的子领域，与德国相比

（1很落后，3接近，5很领先，0不清楚）

很落后　　　　　　　　　　　不清楚

　1□　2□　3□　4□　5□　0□

15. 您所选择的子领域，与法国相比

（1很落后，3接近，5很领先，0不清楚）

很落后　　　　　　　　　　　不清楚

　1□　2□　3□　4□　5□　0□

16. 您所选择的子领域，与日本相比

（1很落后，3接近，5很领先，0不清楚）

很落后　　　　　　　　　　　不清楚

　1□　2□　3□　4□　5□　0□

17. 您所选择的子领域，与新加坡相比

（1很落后，3接近，5很领先，0不清楚）

很落后　　　　　　　　　　　不清楚

　1□　2□　3□　4□　5□　0□

18. 您所选择的子领域，与澳大利亚相比

（1很落后，3接近，5很领先，0不清楚）

很落后　　　　　　　　　　　不清楚

　1□　2□　3□　4□　5□　0□

19. 您所选择的子领域，与俄罗斯相比

（1很落后，3接近，5很领先，0不清楚）

很落后　　　　　　　　　　　不清楚

　1□　2□　3□　4□　5□　0□

附录4 管理科学与工程学科"十四五"期间
关键科学问题调研问卷

管理科学与工程"十四五"规划关键领域调研[①]

尊敬的专家:

国家自然科学基金委员会管理科学部管理科学与工程学科"十四五"规划战略研究课题组现在征询意见中,我们诚邀您参加此次征询,您的意见将会作为战略规划的重要参考来源,也直接决定了管理科学部在"十四五"期间的资助重点。请您抽出10分钟时间来填写下列问题,您的回答将影响到您所关注领域在未来的发展。

如在填写中有问题,可以联系下列邮件地址: ygyu@ustc.edu.cn,liuhf@ustc.edu.cn,此分别为中国科学技术大学余玉刚教授、刘和福教授的邮箱,他们分别为本课题组的组长和秘书长。在此,课题组成员余玉刚、李敏强、李建平、舒嘉、吴建军、毕功兵、刘和福、吴杰、吴强等,对您的参与表示衷心感谢!

敬礼!
国家自然科学基金委员会管理科学部
管理科学与工程学科"十四五"规划战略研究课题组
2019年11月3日

[①] 问卷链接: https://www.wjx.cn/vj/rDkhYuk.aspx。

1. 姓名：

_____

2. 性别：
○男　　　○女

3. 年龄：
○25 岁以下 ○25～30 岁 ○31～35 岁 ○36～40 岁 ○41～45 岁
○46～50 岁 ○51 岁及以上

4. 职称：
○中级　　　　○副高　　　　○正高　　　　○其他

5. 工作单位：
○国内单位　○亚洲单位　○北美洲单位　○欧洲单位
○大洋洲单位 ○其他地区单位

6. 单位属性：
○高等院校　○研究机构　○企业　　　　○其他事业单位

7. 手机号：_____

8. 您所在（熟悉）的主要子领域
（最多选择 3 项）
□ G0101（管理理论与方法）
□ G0102（运筹与管理）
□ G0103（决策理论与方法）
□ G0104（博弈理论与方法）
□ G0105（评价理论与方法）
□ G0106（预测理论与方法）
□ G0107（管理统计理论与方法）
□ G0108（管理心理与行为）

□ G0109（管理系统工程）
□ G0110（工业工程与管理）
□ G0111（物流与供应链理论）
□ G0112（服务科学与工程）
□ G0113（系统可靠性与管理）
□ G0114（信息系统与管理）
□ G0115（知识管理）
□ G0116（风险管理）
□ G0117（金融工程）
□ G0118（工程管理）
□ G0119（交通运输管理）
□ G0120（其他）

9. 请就您对管理科学与工程的了解，列出至少三项最能满足国家重大战略需求的研究问题

1. _____
原因： _____
2. _____
原因： _____
3. _____
原因： _____
4. _____
原因： _____
5. _____
原因： _____
其他： _____

10. 请就您对管理科学与工程的了解，列出至少三项最具国际前沿水平的研究问题

1. _____
原因： _____
2. _____

原因：＿＿＿＿＿＿＿＿＿＿＿＿＿＿＿＿＿＿

3.＿＿＿＿＿＿＿＿＿＿＿＿＿＿＿＿＿＿＿＿

原因：＿＿＿＿＿＿＿＿＿＿＿＿＿＿＿＿＿＿

4.＿＿＿＿＿＿＿＿＿＿＿＿＿＿＿＿＿＿＿＿

原因：＿＿＿＿＿＿＿＿＿＿＿＿＿＿＿＿＿＿

5.＿＿＿＿＿＿＿＿＿＿＿＿＿＿＿＿＿＿＿＿

原因：＿＿＿＿＿＿＿＿＿＿＿＿＿＿＿＿＿＿

其他：＿＿＿＿＿＿＿＿＿＿＿＿＿＿＿＿＿＿

附录5 申请代码调整专家调研问卷

国家自然科学基金委员会管理科学与工程学科（G01）项目申请代码调整初步方案问卷调查①

尊敬的专家：

　　您好！

　　"明确资助导向、完善评审机制、优化学科布局"是国家自然科学基金深化改革的三大任务，其中优化学科布局的重点之一是建立符合知识体系内在逻辑和结构、可促进知识与应用融通的项目申请代码体系。为此，管理科学部开展申请代码调整工作，希望调整后的学科代码能够反映学科发展趋势和科研范式变化，鼓励原始创新，促进学科交叉。管理科学与工程学科（G01）"十四五"规划战略研究课题组被授权承担管理科学部 G01 学科项目申请代码调整的相关调查和研究工作，需要近期完成代码调整。

　　G01 学科面向管理科学的基本理论、方法与技术。课题组为了深入了解 G01 学科最近 10 年前沿领域和热点方向的变化趋势，结合 G01 学科现有申请代码结构，分析了 2017～2019 年 G01 项目申请的学科领域分布特点，以及 2010～2019 年 G01 资助项目的研究领域变化趋势，并在之前文献调研的基础上，对 2010～2019 年 G01 学科领域国际重点期刊文献的上万篇文献进行了梳理和分析，以发现新涌现的科学问题及研究方法。基于这些工作，课题组提出了 G01 项目申请代码的建议，经管理科学部协调和修改，形成了 G01 项目申请代码调整的初步方案（以下简称为初步方案）。

　　上一轮工作聚焦在基金项目和文献数据分析和解读上，下一轮工作

---

① 问卷链接：https://www.wjx.cn/jq/70366041.aspx。

的重点将是广泛听取工作在科研一线且熟悉国家自然科学基金代码体系的科研工作者的专业意见。鉴于您在管理科学与工程学科领域优秀的专业知识背景，我们诚邀您填写以下调查问卷，请您从专业的角度，根据对学科领域的理解，以及对学科未来发展趋势的学术判断，对初步方案提出宝贵意见。请您重点思考 G01 学科特点和申请代码的逻辑构架，并关注以下代码调整原则：①申请代码宜粗不宜细；②一个代码下的申请量不宜过少；③学科均衡发展；④唯一性，代码之间区分度要显著；⑤不遗漏、不重复；⑥方便申请人申请项目时选择代码。

如果您有问题或建议想反馈给课题组，请联系本课题组组长余玉刚教授（ygyu@ustc.edu.cn）和秘书长刘和福教授（liuhf@ustc.edu.cn）。

您的专业意见对我们的申请代码调整工作非常重要。感谢您对管理科学与工程学科发展的贡献！

国家自然科学基金委员会
管理科学部管理科学与工程学科"十四五"规划战略研究课题组
2020 年 4 月 10 日

1. 您的姓名是：

_____

初步方案中，原来的 19 个申请代码调整为 16 个，具体如下。
G0101（复杂系统管理）
G0102（运筹管理）
G0103（博弈）
G0104（评价、预测和决策）
G0105（管理统计与计量方法）
G0106（管理心理与行为）
G0107（管理系统工程）
G0108（工业工程）
G0109（供应链理论）
G0110（服务科学）
G0111（数据理论与方法）

G0112（信息系统与管理）
G0113（风险管理）
G0114（金融工程）
G0115（项目管理）
G0116（交通运输管理）

2. 您对取消原 G0101（管理理论与研究方法）并增加 G0101（复杂系统管理）的意见和建议是：

[变更理由：近 3 年，原 G0101（管理理论与研究方法）由于代码名称的宽泛和不具体，申请量和资助量极低（3 年内资助 8 项），且其资助项目按研究方法也可归入其他申请代码。另外，文献调研显示，复杂系统管理在管理科学研究中的重要性日益加强]

　　○赞同_____

　　如果您有其他意见和建议，可以在这里填写

　　○一般赞同_____

　　如果您有其他意见和建议，可以在这里填写

　　○不赞同_____

　　如果您有其他意见和建议，可以在这里填写

　　○不熟悉

3. 您对将 G0102 代码名称从"运筹与管理"调整为"运筹管理"的意见和建议是：

　　（变更理由：更加明确此申请代码面向的是运筹学运用在管理科学中的理论和方法研究）

　　○赞同_____

　　如果您有其他意见和建议，可以在这里填写

　　○一般赞同_____

　　如果您有其他意见和建议，可以在这里填写

　　○不赞同_____

　　如果您有其他意见和建议，可以在这里填写

　　○我有更好的代码名称建议_____

请您在这里填写

○不熟悉

4. 您对将原 G0103（决策理论与方法）、G0104（博弈理论与方法）和 G0105（评价理论与方法）、G0106（预测理论与方法）分别调整为 G0103（博弈）和 G0104（评价、预测和决策）的意见与建议是：

（变更理由：为提高申请代码的包容度及交叉性，将上述四个代码并成两个）

○赞同 _____

如果您有其他意见和建议，可以在这里填写

○一般赞同 _____

如果您有其他意见和建议，可以在这里填写

○不赞同 _____

如果您有其他意见和建议，可以在这里填写

○我有更好的合并方式 _____

请您在这里填写

○不熟悉

5. 您对将原 G0107（管理统计理论与方法）调整为 G0105（管理统计与计量方法）的意见和建议是：

（变更理由：计量方法是 G01 学科重要的研究领域之一，目前相关的研究项目分布在其他申请代码下）

○赞同 _____

如果您有其他意见和建议，可以在这里填写

○一般赞同 _____

如果您有其他意见和建议，可以在这里填写

○不赞同 _____

如果您有其他意见和建议，可以在这里填写

○不熟悉

6.您对将原 G0108（管理心理与行为）调整为 G0106（管理心理与行为）的意见和建议是：

（变更理由：无变更）

○赞同 _____

如果您有其他意见和建议，可以在这里填写

○一般赞同 _____

如果您有其他意见和建议，可以在这里填写

○不赞同 _____

如果您有其他意见和建议，可以在这里填写

○不熟悉

7.您对将原 G0109（管理系统工程）调整为 G0107（管理系统工程）的意见和建议是：

（变更理由：无变更）

○赞同 _____

如果您有其他意见和建议，可以在这里填写

○一般赞同 _____

如果您有其他意见和建议，可以在这里填写

○不赞同 _____

如果您有其他意见和建议，可以在这里填写

○不熟悉

8.您对将原 G0110（工业工程与管理）、G0113（系统可靠性与管理）、G0208（生产与质量管理）合并为 G0108（工业工程）的意见和建议是：

（变更理由：为了减少申请代码重复性，将研究方向比较接近的代码进行合并）

○赞同 _____

如果您有其他意见和建议，可以在这里填写

○一般赞同 _____

如果您有其他意见和建议，可以在这里填写

○不赞同 ＿＿＿＿＿＿＿＿

如果您有其他意见和建议，可以在这里填写

○我有更好的合并方式或者合并后的代码名称 ＿＿＿＿＿＿＿＿

请您在这里填写

○不熟悉

9. 您对将原 G0111（物流与供应链理论）调整为 G0109（供应链理论）的意见和建议是：

（变更理由：为了减少申请代码重复性，将研究方向比较接近的代码进行合并，因此将原 G0111 的物流部分并入 G02 的运营管理代码下）

○赞同 ＿＿＿＿＿＿＿＿

如果您有其他意见和建议，可以在这里填写

○一般赞同 ＿＿＿＿＿＿＿＿

如果您有其他意见和建议，可以在这里填写

○不赞同 ＿＿＿＿＿＿＿＿

如果您有其他意见和建议，可以在这里填写

○不熟悉

10. 您对将原 G0112（服务科学与工程）和 G021102（服务管理）合并为 G0110（服务科学）的意见和建议是：

（变更理由：为了减少申请代码重复性，将研究方向比较接近的代码进行合并）

○赞同 ＿＿＿＿＿＿＿＿

如果您有其他意见和建议，可以在这里填写

○一般赞同 ＿＿＿＿＿＿＿＿

如果您有其他意见和建议，可以在这里填写

○不赞同 ＿＿＿＿＿＿＿＿

如果您有其他意见和建议，可以在这里填写

○我有更好的合并方式或者合并后的代码名称 ＿＿＿＿＿＿＿＿

请您在这里填写

○不熟悉

11. 您对增加新申请代码 G0111（数据理论与方法）的意见和建议是：

（变更理由：项目和文献分析表明，数据科学逐渐成为管理科学与工程的重要研究领域和方向。为适应研究发展的新需要，增加新申请代码，面向管理科学中数据理论和方法的科学研究）

〇赞同 _____

如果您有其他意见和建议，可以在这里填写

〇一般赞同 _____

如果您有其他意见和建议，可以在这里填写

〇不赞同 _____

如果您有其他意见和建议，可以在这里填写

〇我有更好的代码名称 _____

请您在这里填写

〇不熟悉

12. 您对将原 G0114（信息系统与管理）调整为 G0112（信息系统与管理）的建议和意见是：

（变更理由：无变更）

〇赞同 _____

如果您有其他意见和建议，可以在这里填写

〇一般赞同 _____

如果您有其他意见和建议，可以在这里填写

〇不赞同 _____

如果您有其他意见和建议，可以在这里填写

〇不熟悉

13. 您对将原 G0116（风险管理）调整为 G0113（风险管理）的建议和意见是：

（变更理由：无变更）

〇赞同 _____

如果您有其他意见和建议，可以在这里填写

○一般赞同 _____

如果您有其他意见和建议，可以在这里填写

○不赞同 _____

如果您有其他意见和建议，可以在这里填写

○不熟悉

14. 您对将原 G0117（金融工程）调整为 G0114（金融工程）的建议和意见是：

（变更理由：无变更）

○赞同 _____

如果您有其他意见和建议，可以在这里填写

○一般赞同 _____

如果您有其他意见和建议，可以在这里填写

○不赞同 _____

如果您有其他意见和建议，可以在这里填写

○不熟悉

15. 您对将原 G0118（工程管理）和 G0212（项目管理）合并成 G0115（项目管理）的建议和意见是：

（变更理由：为了减少申请代码重复性，将研究方向比较接近的代码进行合并）

○赞同 _____

如果您有其他意见和建议，可以在这里填写

○一般赞同 _____

如果您有其他意见和建议，可以在这里填写

○不赞同 _____

如果您有其他意见和建议，可以在这里填写

○我有更好的合并后的代码名称 _____

请您在这里填写

○不熟悉

16. 您对将原 G0119（交通运输管理）调整为 G0116（交通运输管理）的建议和意见是：

（变更理由：无变更）

○赞同 _____

如果您有其他意见和建议，可以在这里填写

○一般赞同 _____

如果您有其他意见和建议，可以在这里填写

○不赞同 _____

如果您有其他意见和建议，可以在这里填写

○不熟悉

17. 您对将原 G0115（知识管理）和 G0414（信息资源管理）合并为 G04XX（知识与信息管理）的意见和建议是：

［变更理由：G0115（知识管理）近 3 年申请量较小（2019 年占 G01 学科的 1.8%），并且申请量逐年下降（2019 年比 2018 年下降了 19%），同时，为了减少申请代码重复性，将研究方向比较接近的代码进行合并］

○赞同 _____

如果您有其他意见和建议，可以在这里填写

○一般赞同 _____

如果您有其他意见和建议，可以在这里填写

○不赞同 _____

如果您有其他意见和建议，可以在这里填写

○我有更好的合并后的代码名称 _____

请您在这里填写

○不熟悉

18. 如果您还有其他意见和建议，请您补充

_____

附录 6 新增申请代码的研究方向与关键词

G0101 复杂系统管理

研究方向	关键词
复杂系统理论	自组织理论、涌现、协同、非平衡系统、耗散结构、自组织、有序、无序、熵、时空模式、反应扩散系统、役使原理、序参量、涨落、分形演化理论、竞争、合作、多主体建模、时间序列分析、时滞、主方程自适应理论、学习、进化、遗传变异、多主体、适应度、适应性景观、多智能体系统、分叉与突变理论、动力系统、非线性、稳定性、混沌、斑图、同步、临界、爆发点、符号动力学、结构稳定性、吸引子、不动点
复杂网络理论与方法	超网络、多层网络、相互依赖网络、二分网络、耦合网络、动态演化网络、时效网络、网络信息体系、网络传播、信息挖掘、网络推荐、复杂网络度量、节点中心性、关键路径、链路预测、复杂网络功能、网络博弈、网络同步、网络渗流、级联失效、抗毁性、网络导航、网络搜索、复杂网络结构、度分布、匹配性、社团机构、无标度网络、随机网络、小世界网络、特征值谱、复杂网络的实证、网络重构、拓扑辨识、互联网、生物网络、信息物理网络、金融网络、军事网络、工程网络、供应链网络、层级网络、复杂网络的控制、网络可控性、网络能观性、牵制控制、核心控制节点、复杂社会网络、人类行为动力学、舆情传播、观点动力学
综合集成方法论	意见的综合、模型的集成、技术的集成、人机融合、复杂系统方法论、多方法论集成、共识、群体共识、专家共识、群体动力学、观点动力学、专家挖掘、知识综合、复杂问题结构化方法、综合集成系统建模、类脑智能、知识系统工程、系统直觉、舆论动力学、舆论建模与仿真
复杂性研究	开放性、非线性、不确定性、涌现性、动态性、适应性、自组织性、鲁棒性、非周期性、多样性（异质性）、奇怪吸引性（奇怪吸引子）、复杂性度量、信息熵、物理熵、计算复杂性、情景复杂性、结构复杂性、网络组织理论、学习型组织、自组织网络、组织生态学、双环学习理论、有界不稳定理论、组织关系–软结构、行为异质性、行为传导、群体行为、群体智能、社会心理、社会认知
复杂系统分析	复杂性分析、复杂系统环境分析、复杂结构分析、复杂功能分析、复杂系统预测分析、复杂性降解、复杂性适应性选择、多尺度分析、复杂系统统计分析、复杂系统运行规律分析、复杂系统的拓扑特性分析、复杂系统决策分析、复杂系统异质性分析、复杂系统可靠性分析、复杂系统需求分析、复杂系统与平行系统对比分析、平行系统决策分析方法、复杂系统尺度、复杂系统实验、复杂系统多元性分析、复杂系统元分析、复杂系统分析策略、复杂系统性能分析、复杂系统结构分析、复杂系统稳定性分析、复杂系统动态分析、复杂系统优化策略分析、复杂系统分析法、复杂系统关系强度分析、复杂自适应系统分析、复杂网络分析、复杂系统信息分析、复杂系统供应链分析、复杂系统范式分析、复杂系统理论分析

续表

研究方向	关键词
复杂系统建模	复杂系统实验、复杂系统仿真、复杂系统优化、多主体建模、多尺度建模、数据驱动建模、元胞自动机、定性建模、多尺度建模、符号动力学建模、混沌动力学建模、跨学科建模、行为动力学建模、认知建模、情景分析建模、Swarm 方法、一体化建模、模型性能检验、系统动力学仿真、离散事件/连续型仿真、复杂情景决策仿真、人工免疫算法、蚁群算法、粒子群算法、演化计算方法、遗传算法、人群实验、人机组合实验、计算实验、平行计算、人工社会
复杂系统协同与治理	复杂系统协同管理、复杂系统治理体系、复杂系统治理体系现代化、复杂治理体系重构、复杂系统协同算法、复杂系统网络、复杂系统目标协同、复杂系统供应链协同、复杂系统共享治理、复杂系统治理理论、复杂系统治理思考、复杂元系统治理、复杂系统治理时效性、复杂系统环境治理、复杂系统适应性治理、复杂系统适应性协同、复杂系统协同代理模式、复杂系统协同框架研究、复杂系统协同学习、复杂系统信息协同、复杂系统协同过滤、复杂系统协同创新、复杂系统协同行为、复杂系统社会技术共同体、复杂系统数据建构主义、复杂系统协同创新机制、复杂网络与系统协同演化、复杂系统交互关系、复杂系统多元化实现机制、复杂系统耦合作用和适应性、复杂性系统范式、复杂自适应系统、复杂系统项目互动耦合网络、复杂系统生态系统结构趋同、复杂系统与社会治理创新
复杂系统风险与安全管理	多阶段任务系统风险、非线性复杂系统风险、风险扩散复杂网络、复杂产品研制风险、复杂供应链风险态度、复杂系统财务风险、复杂系统的矿业风险管理、复杂系统风险传递、复杂系统风险分析、复杂系统风险管理、复杂系统风险集成、复杂系统风险控制、复杂系统风险耦合、复杂系统风险评估、复杂系统风险识别、复杂系统风险相关性、复杂系统社会稳定风险、复杂系统研制风险、复杂系统运营风险、复杂系统综合防灾减灾、复杂系统组合风险、复杂整备系统风险、管制系统风险控制、过程系统风险演化、混沌系统性风险、金融网络风险传染、生态系统风险、时间序列统性风险、事故系统风险传递、调度控制风险、网络演化创新风险、系统安全突变与风险、系统跨空间风险传递、系统全局安全风险、系统稳定风险
复杂系统智能管理	复杂系统智能建模、智能复杂系统、复杂系统集成智能、复杂系统人工智能、大数据智能、人-机复杂系统混合智能、复杂系统智能算法、复杂系统智能规划、复杂系统自主规划、复杂系统需求智能管理、智能体系工程、复杂适应性管理、复杂系统智能推理、复杂系统多尺度建模、复杂系统智能仿真、复杂系统自优化、复杂系统自组织、网络信息体系、复杂系统智能博弈、复杂系统深度学习
复杂管理系统应用	人工社会系统、人工经济系统、自适应人工系统、混合智能系统管理、复杂金融系统、复杂交通系统、复杂供应链（网）系统、复杂产品（项目）管理系统、复杂工程管理系统、经济-资源-社会复杂系统

G0111 数据科学与管理

研究方向	关键词
数据治理理论与方法	元数据管理、数据标准管理、数据质量管理、数据集成管理、数据资产管理、数据生命周期管理、参考数据和主数据管理、数据架构管理、数据操作管理、数据仓库和商务智能管理、文档和内容管理、数据主权管理、数据安全管理、数据集成管理、数据采集清洗、数据评估、数据资产的梳理、数据结构化存储、数据可视化管理、数据多维度分析、数据处理、数据加工、数据汇集、数据资产编目、数据资产服务、数据资产审批、数据归档、数据销毁、数据规范、数据交换、数据治理模型、数据库原理、关系数据库、NoSQL 数据库、云数据库、数据治理平台、分布式文件系统

续表

研究方向	关键词
大数据分析与管理行为	行为大数据、管理行为数据、组织行为数据、消费行为数据、生产运作数据、大数据与管理行为演化、行为引导、管理优化、行为分析、行为动力学、行为规律、行为预测、个体行为分析、群体行为分析、集群行为、社会计算、用户行为分析、管理策略优化、数据驱动的管理优化、精准化管理、用户画像、群体共生、竞争演化、多智能体、共生协同演化、行为监测预警、智能推荐、精准营销、行为强化效应、共生协同演化、协同创造、协同管理、行为挖掘、行为实验、自然实验
数据价值评估	数据有用性评价、数据质量评估、数据权属、价值建模、数据战略、定价策略、定价方法、定价理论、信息不对称、数据信息密度、数据变现、数据资产、数据资产特征、数据能力、数据价值折旧、数据价值挖掘、数据融合、数据孤岛、数据资源评估、数据乘数效应、数据成本核算、层次分析法、数据价值发现、价值评估机构、数据价值评级、使用价值、持有价值、独占数据、数据二手市场、数据样本、数据最佳实践、评估理论、评估方法
数据流通与服务	数据开放、数据共享、数据交易、数据资源、市场化机制、交易机制、交易规则、共享机制、数据价值评估、数据服务商业模式、参与者行为、激励机制设计、数据服务产品、服务合约、生产要素、服务平台、市场准入机制、数据认证评级、运营机制创新、数据收益计量、交易风险评估、信息披露和审计、数据知识、数据知识管理、跨境流通规则、全球数据资源配置、数据治理、市场监管、隐私保护、数据安全、数据资源地图、数据融合、数据权属、联邦学习、机器学习、数据质量、数据运营、数据主权、隐私计算、多方安全计算、数据价值链
大数据价值链	大数据价值形成路径、大数据价值创造、数字平台、数字智能、网络效应、数据价值链整合模式、数字鸿沟、信息共享平台、价值链体系、数据价值衡量指标、数据价值分配、数据生成、数据收集、数据存储、数据分析、数据驱动、数据驱动商业模式、数据处理、数据可视化、数据货币化、协同分析、数据融合、数制融合、工业互联网、智能制造、数字化转型、转型升级、数据思维、数据增值服务、协同创新
数据安全管理	数据安全管理机制、数据安全管理体系、数据安全与应急管理、数据安全标准体系数据风险评估、数据安全分析、数据安全行为、数据安全测试、数据安全评价、数据安全建模、数据安全仿真、数据安全预防、数据安全监测、数据安全预警、数据安全推理、数据安全防护、数据安全重构、数据安全策略、数据安全设计、数据安全系统工程、数据安全运筹理论、数据安全优化理论、数据安全规划理论、数据安全风险管理、数据安全工程管理、数据安全决策理论、互联网安全管理、信息安全管理、谣言治理、数据可靠性
数据利用与隐私保护	隐私保护、个人信息保护、数据利用、数据融合、联邦学习、同态加密、零知识证明、可信计算、可信人工智能、可信数据利用、可解释性分析、数据关联分析、因果推理、安全多方计算、隐私保护、差分隐私保护、数据利用与伦理、数据伦理、算法伦理、行为伦理、数据隐私保护、多源数据融合、区块链、可解释性学习、聚类分析、因果学习、多方计算、计算伦理、迁移学习、联邦迁移学习
数据智能	机器学习、统计学习、深度学习、集成学习、文本分析、推荐系统、数据挖掘、商务智能、群体智能、人机协同、城市计算、社会计算、可穿戴计算、边缘计算、概率图模型、知识图谱、矩阵与张量分析、可解释预测、交互式分析、表征学习、迁移学习、联邦学习、融合学习、流数据挖掘、图数据挖掘、时空数据分析、半监督学习、强化学习、自监督学习、元学习、自然语言处理、异构数据挖掘、多源数据融合、健康数据分析、时间序列分析、组合优化、启发式方法

续表

研究方向	关键词
数据驱动的管理决策	数据驱动的决策理论与范式、数据资源治理机制与管理、数据驱动的运筹优化、数据驱动的数学建模、数据驱动的仿真模拟、数据驱动的数值分析、数据驱动的随机过程、数据驱动的实时动态计算、数据驱动的全情景式分析决策、数据驱动的制造管理、数据驱动的零售管理、数据驱动的优化调度、数据驱动的交通优化管理、数据驱动的业务流程优化、数据驱动的服务管理、数据驱动的商务分析、数据驱动的平台治理、数据驱动的知识管理、数据驱动的公共管理、数据驱动的社会化协同管理、数据驱动的复杂社会网络管理、数据驱动的舆情监管、数据驱动的网络空间治理、数据驱动的风险控制与管理、数据驱动的应急物流管理、数据驱动的公共卫生决策、数据驱动的医疗服务运营、数据驱动的医疗诊断辅助决策、数据驱动的健康管理、数据驱动的金融分析与创新
数据资源开发及应用	数据资源、数据资源开发、数据资源管理、数据资源应用、资源开发利用、大数据战略资源、应用服务平台、资源整合、决策支持系统、数据开发、数据开发规范、应用策略、数据价值挖掘、数据仓库、数据库、数据中心、数据中台、数据平台、云平台、信息资源开发、元数据管理、作业管理与调度、业务应用系统、联机事务处理 OLTP、联机分析处理 OLAP、大数据系统架构、信息化平台、数据采集、数据挖掘、数字化、技术成本、虚拟化、资源共享、软件开发、信息提取、云存储、数据处理、存储过程、数据监测、数据融合、多源异构数据、数据价值链、数据集成、数据迁移、辅助决策、决策支持、价值发现、数字资本、数据增值、大数据应用、应用开发

G0117 数字化平台管理理论

研究方向	关键词
多边市场与平台治理	多边市场理论、网络效应、网络外部性、平台竞争、平台治理、平台协作、跨平台协作、平台规制、数字化市场
平台模式与机制设计	平台模式、平台定价、匹配机制、价值共创、信息机制、共享机制、声誉机制、激励机制、风险
平台运营管理	平台供应链、供应链金融、协调优化、资源编排、风险管控、商业模式、内容运营、定价策略
平台生态系统理论	平台生态系统、创新生态系统、商业生态系统、社会技术系统、生态竞争、生态系统动力学、平台共生、模块化、互补性、生态治理
网络交易与服务平台	生活服务平台、金融平台、支付平台、电子商务、共享平台、线上线下融合、智慧门店、供应链优化、资源配置、行为挖掘、基于位置服务
工业与产业互联网平台	工业互联网、产业互联网、企业交互、智能制造、智慧工厂、数字化制造、客户化定制、智能互联产品、数字化产品、信息物理系统
个体交互平台	众筹、众创、众包、社交媒体、C2C平台、基于位置服务、群体智慧、在线社区、社交网络、健康服务、金融服务
公共服务平台技术与管理理论	公共服务平台、信用服务平台、云政务、知识共享平台、开放科学平台、创新创业平台、智慧城市、多方安全计算、融合计算、激励机制、治理机制

续表

研究方向	关键词
平台智能决策方法	在线学习、智能决策、数据挖掘、数据智能、资源配置、需求预测、行为分析、平台决策、人机协同、智能代理、智能客服
平台技术与系统管理	大数据、云平台、云计算、虚拟化、物联网、微服务、系统架构、系统设计、敏捷开发、软件即服务、系统评价

G0118 智慧管理与人工智能

研究方向	关键词
群体智能管理与决策优化	冲突消解、大规模群体智能、多模态学习、多视角学习、多智能体博弈、分布式协调、分布式自主决策、复杂社会网络、复杂网络群体智能、复杂系统协同、回环演进、联邦学习、强化学习、群体关系、群体契约、群体演化、群体优化、群体智能、群体交互、群智决策、群智决策系统、群智空间、群智空间激励机制、群智数据、人机协同、适应性反馈、数据智能转型、协调规则、协同计算、协同决策、协同演化、众包计算、资源共享
人机共融系统管理	贝叶斯更新、博弈、多目标优化、个性化决策、行为决策、和谐、机器学习、可持续、人机协同、实时决策、协同、协同决策、心理学、资源共享、自动决策、自主决策
人机生态演化与治理	动态控制、分布式控制、个体安全、公共安全、公平与普惠、和谐共生、开放性、可持续、跨国界人机生态、区块链、去中心化、人工智能边界管理、人工智能法律、人工智能风险管理、人工智能伦理、人工智能奇点、人工智能政策、人机共生、人机关系、人机生态、人机生态商业模式、人机生态演化、人机生态治理、人类行为与情感、适应性、数字垄断与两极化、未来学、虚拟社会、引导机制、隐私保护、治理效率、智能生存、主导权
人机系统行为管理	安全、程序正义、动态预测、仿真设计、风险社会融合、复杂的组织和技术对象、功能、过程控制、行为感知、行为能力、行为适应、行为数字孪生、机器行为、机器退化、可靠性建模、可调自主权、权限管理、人工融合、人行为、人机感知智能、人机工程、人机交互、人机接口、人机替代、人机系统、人机系统协调、人机协同、人机一体化、人为因素、人因工程、认知系统、认知智能、深度学习、神经网络、系统容错能力、协同控制、心理学、信任关系
人机协同决策优化	惩罚机制、多策略演化、多源数据、风险预测与感知、复杂网络、个性化学习、合作的涌现和演化、机器学习、精准教学、联邦学习、蒙特卡罗模型、模糊决策、欺诈识别、群体影响力、群体智能共同演进、人机混合智能、人机混合智能交互、人机混合智能交互理解、人机协同、涉众关切、数字经济、算法博弈论、无人零售、协作认知、演化博弈模型、医疗问诊、隐私保护、应急管理、智能合约、自适应演化博弈动力学
社交智能管理	动态社区发现、动态社区演化、多模态知识、关系网络映射、规则提取、混合数据、近似挖掘、决策规则、跨平台知识管理、跨事务知识发现、跨源知识链接、链接知识、社交网络挖掘、社群发现、数据库管理、随机游走、图论、图神经网络、网络表示学习、文本挖掘、兴趣点推荐、异常模式挖掘、因果关系、隐私计算、用户行为、知识传播、知识发现、知识关联、知识结构、知识筛选、知识图谱、知识验证、知识域可视化、知识质量、智能存储系统、智能分析单元、智能评价、智能调度、智能推荐

续表

研究方向	关键词
数字孪生决策优化	5G、贝叶斯学习、并行计算、多臂老虎机、多目标优化、仿真模型可视化、仿真优化、互联、机器学习、基于智能体仿真、离散仿真优化、离散事件动态系统、离散事件系统仿真、离线仿真在线决策、连续仿真优化、蒙特卡罗仿真、模型更新、排序择优、强化学习、生产过程控制、时间序列分析、实时演化、收敛速率、收敛性、数据分析、数据可视化、数据驱动、统计有效性、CPPS、需求预测、样本复杂度、云计算、在线学习、制造可视化
协同知识管理	博弈、大规模协作知识管理、多议题协商、多智能体系统、分布式人工智能、分布式协同、分布式预测、合作求解、任务规划、协商策略、协同创新、协同设计、协同知识创新、协同知识管理系统、协作创新网络、知识传递、知识工程、知识共创、知识共享、知识管理系统、知识集成、知识链、知识图谱、知识网络、知识协同、知识协同行为、知识整合、知识转移、智慧协同网络、组织学习
智慧管理中的智能算法	web挖掘、采样挖掘、动态数据挖掘、多源数据挖掘、复杂数据挖掘、关联规则、规则提取、混合数据、结构识别、近似挖掘、决策规则、跨事务知识发现、跨源知识链接、离群点检测、链接知识、社交网络挖掘、社团发现、时空数据挖掘、数据挖掘、数据预处理、特征选择、文本挖掘、异常模式、异常模式挖掘、因果关系、知识发现、知识关联、知识结构、知识可靠性分析、知识筛选、知识图谱、知识验证、知识域可视化、知识质量
智慧系统运作管理	产品轨迹分析、多维数据分析、多智能体系统、仿真优化、可视化运作、人机物协同、深度学习、数字化运作流程、数字化质量管理、系统协同管理、一体化生产、运作系统可靠性、智慧仓储、智慧订单处理、智慧分拣、智慧过程控制、智慧计划编制、智慧决策、智慧设备维护、智慧生产控制、智慧系统有效性、智慧选址、智慧运作系统设计、智慧制造、智慧装配、智慧资源配置、智慧作业排序、智能车辆路径、智能调度、智能系统测试

注：CPPS表示cyber physical production system（网络物理生产系统）

G0119 新技术驱动的管理理论与方法

研究方向	关键词
融合新技术的管理理论与方法	融入新技术的管理理论、新技术集成的管理理论与方法、技术变革与管理、管理模型、科技管理、新技术与管理融合、技术接受、技术赋能的管理理论与方法
多学科领域技术交叉的管理理论与方法	创新驱动、技术驱动、交叉科学、高新技术、管理创新
技术驱动的工程管理理论与方法	工程管理过程、新技术内涵、新基建、重大工程管理、智慧建造、BIM
技术驱动的社会管理理论与方法	社会计算学、社会工程学、社会实验、社会行为、社会网络、社会组织
人工智能与管理创新	大数据、人工智能、机器学习、人机共融、人机交互、自适应系统、智能决策、前瞻性管理、智能交互、复杂场景管理、智慧性管理
新信息通信技术与管理创新	量子通信、5G、6G、云计算、物联网、数据科学、大数据

研究方向	关键词
区块链技术与管理创新	信息系统、金融系统、信用授信、互联网授权、工业互联网、供应链
先进制造技术与管理科学交叉研究	智能制造、中国制造、3D打印技术、功能材料、记忆材料、工业互联网、纳米制造、增材制造、生物制造、个性化制造、社会化制造、服务型制造、高端装备制造
能源交通技术与管理科学交叉研究	无人驾驶、新能源、再生能源、智能交通、精准导航、车联网、智能互联系统、能源互联网、智能电网
生命科学技术与管理科学交叉研究	生物与医疗健康新技术、个性化医疗、大健康、智慧养老、个性化精准医疗、社会化医疗、健康维护、转化医学、基因诊疗、智慧医疗
极端自然环境中的管理科学问题	空天工程、外空间工程、海洋技术、深海工程、深海维护、载人工程、深潜、重大灾害、应急技术

附录 7　重点前沿领域专家调研问卷

国家自然科学基金委员会管理科学与工程"十四五"规划优先资助领域（重点项目层面）专家调研[①]

尊敬的各位专家：

新年好！

鉴于您在管理科学与工程领域的优秀研究成果和专业知识背景，国家自然科学基金委员会管理科学部管理科学与工程学科"十四五"规划战略研究课题组诚邀您对管理科学与工程学科优先资助领域（重点项目层面）进行调研。

如有问题，可以联系下列邮件地址：ygyu@ustc.edu.cn，liuhf@ustc.edu.cn，此分别为中国科学技术大学余玉刚教授、刘和福教授的邮箱，他们分别为本课题组的组长和秘书长。在此，课题组成员余玉刚、李敏强、李建平、舒嘉、吴建军、毕功兵、刘和福、吴杰、吴强等向参与调研的老师表示衷心感谢！

敬礼！

国家自然科学基金委员会管理科学部

管理科学与工程学科"十四五"规划战略研究课题组

2020 年 1 月 9 日

1. 您的姓名是：

_____

2. 您的性别是：

_____

[①] 问卷链接：https://www.wjx.cn/jq/54111350.aspx。

○男　　　　○女

3. 您的年龄是：

○35 岁及以下　　　○36～45 岁

○46～55 岁　　　　○56 岁及以上

4. 您目前的身份是：

○院士

○杰青级别四类人才（含国家自然科学基金委员会会评专家、杰青、长江、万人领军）

○优青级别四类人才（优青、青长、青拔、青千）

○境外知名专家（有多篇顶级期刊发表经验）

○境内知名专家

5. 您认为管理科学与工程"十四五"规划学科优先资助领域的标题（重点项目名称）是什么？

（请您填写优先资助领域的标题，选题时要结合国家战略需求，考虑优先资助领域的体系性、完备性和研究的科学性。例如，大数据环境下危化品安全预测预警与应急决策研究，具体例子来自管理科学与工程"十三五"规划）_____

6. 请您填写和这个优先资助领域对应的 3～5 个具体研究内容的标题

（每个研究内容的标题具有独立性，所有标题放在一起具有体系性，能够产生一系列重要的研究成果）

内容 1_____

内容 2_____

内容 3_____

内容 4_____

内容 5_____

7. 您推荐的优先资助领域和管理科学与工程哪些子领域有关？

□G0101 管理理论与研究方法论
□G0102 运筹与管理
□G0103 决策理论与方法
□G0104 博弈理论与方法
□G0105 评价理论与方法
□G0106 预测理论与方法
□G0107 管理统计理论与方法
□G0108 管理心理与行为
□G0109 管理系统工程
□G0110 工业工程与管理
□G0111 物流与供应链理论
□G0112 服务科学与工程
□G0113 系统可靠性与管理
□G0114 信息系统与管理
□G0115 知识管理
□G0116 风险管理
□G0117 金融工程
□G0118 工程管理
□G0119 交通运输管理

8. 请您对您推荐的优先资助领域的属性进行打分（最多 5 分，最少 1 分）

	1	2	3	4	5
原创性	○	○	○	○	○
前沿性	○	○	○	○	○
国家战略需求	○	○	○	○	○
学科交叉性	○	○	○	○	○

9. 您认为您填写的优先资助领域是否和国家战略需求有关？如果有关，请写出与本选题相关的国家战略

如果您认为还有其他优先资助领域，请您完成问卷之后，再次填写此问卷。

申明：本问卷调研获得的优先资助领域会进入后续专家投票环节，由专家委员会集体决策投票来决定最终的管理科学与工程"十四五"规划优先资助领域（重点项目层面）。

国家自然科学基金委员会管理科学与工程"十四五"规划管理学部内部交叉的优先资助领域（重大项目层面）专家调研①

尊敬的专家：

新年好！

鉴于您在管理科学与工程领域的杰出研究成果和领军能力，国家自然科学基金委员会管理科学部管理科学与工程学科"十四五"规划战略研究课题组诚邀您对管理科学与工程学科"十四五"规划管理学部内部交叉的优先资助领域（重大项目层面）进行调研。本问卷在填写之前需要与管理学部其他学科的专家讨论，并且要给出一起讨论专家的姓名和联系方式（邮箱）才能完成。

如有问题，可以联系下列邮件地址：ygyu@ustc.edu.cn, liuhf@ustc.edu.cn，此分别为中国科学技术大学余玉刚教授、刘和福教授的邮箱，他们分别为本课题组的组长和秘书长。在此，课题组成员余玉刚、李敏强、李建平、舒嘉、吴建军、毕功兵、刘和福、吴杰、吴强等向参与调研的老师表示衷心感谢！

敬礼！

国家自然科学基金委员会管理科学部

管理科学与工程学科"十四五"规划战略研究课题组

2020 年 1 月 9 日

---

① 问卷链接：https://www.wjx.cn/jq/54243797.aspx。

1. 您的姓名是:

_____

2. 您的性别是:
○男
○女

3. 您的年龄是:
○35 岁以下
○36～45 岁
○46～55 岁
○56 岁及以上

4. 您目前的身份是:
□院士
□杰青级别四类人才
□境外资深专家
□境内资深专家

5. 您推荐的优先资助领域和管理学部哪些学科交叉?
请您在选项后面的横线内尽量填写交叉学科的二级子领域和一起讨论的专家的姓名和联系方式(邮箱),举例: 战略管理张三 zhangsan@qq.com
□工商管理 _____
□公共管理 _____
□经济管理 _____

6. 请您给出管理科学与工程学科"十四五"规划优先资助领域的标题(重大项目层面)
(请您填写管理学部内部交叉的优先资助领域的标题,选题时要结合国家战略需求,考虑优先资助领域的体系性、完备性和研究的科学性。例如,大数据、服务管理与商业模式,具体例子来自管理科学与工程"十三五"规划)

——————————————

7. 请您填写和这个优先资助领域对应的 4~6 个具体研究内容的标题

(每个研究内容的标题具有独立性,所有标题放在一起具有体系性,能够产生一系列重要的研究成果)

内容 1_____
内容 2_____
内容 3_____
内容 4_____
内容 5_____
内容 6_____

8. 请您对您推荐的优先资助领域的属性打分(最多 5 分,最少 1 分)

	1	2	3	4	5
原创性	○	○	○	○	○
前沿性	○	○	○	○	○
国家战略需求	○	○	○	○	○
学科交叉性	○	○	○	○	○

9. 您认为您填写的优先资助领域是否和国家战略需求有关? 如果有关,请写出与本选题相关的国家战略

——————————————

10. 如果您有相关的附件说明材料,请您上传

如果您认为还有其他优先资助领域,请您完成问卷之后,再次填写此问卷。

本课题组掌握的专家信息有限，欢迎您把该问卷转发给管理科学领域有影响力的专家填写。

申明：本问卷调研获得的优先资助领域会进入后续专家投票环节，由专家委员会集体决策投票来决定最终的管理科学与工程"十四五"规划优先资助领域（重大项目层面）。

国家自然科学基金委员会管理科学与工程学科"十四五"规划跨学部交叉的优先资助领域（重大研究计划层面）专家调研①

尊敬的专家：

新年好！

鉴于您在管理科学与工程领域的领军地位和重大作用，国家自然科学基金委员会管理科学部管理科学与工程学科"十四五"规划战略研究课题组诚邀您对管理科学与工程学科"十四五"规划跨学部交叉的优先资助领域（重大研究计划层面）进行调研。本问卷在填写之前需要与国家自然科学基金委员会其他学部的专家讨论，并且要给出一起讨论专家的姓名和联系方式（邮箱）才能完成。

如有问题，可以联系下列邮件地址：ygyu@ustc.edu.cn，liuhf@ustc.edu.cn，此分别为中国科学技术大学余玉刚教授、刘和福教授的邮箱，他们分别为本课题组的组长和秘书长。在此，课题组成员余玉刚、李敏强、李建平、舒嘉、吴建军、毕功兵、刘和福、吴杰、吴强等向参与调研的老师表示衷心感谢！

敬礼！

国家自然科学基金委员会管理科学部

管理科学与工程学科"十四五"规划战略研究课题组

2020 年 1 月 9 日

---

① 问卷链接：https://www.wjx.cn/jq/54243656.aspx。

1. 您的姓名是：

_____

2. 您的性别是：
○男
○女

3. 您的年龄是：
○35 岁及以下
○36～45 岁
○46～55 岁
○56 岁及以上

4. 您目前的身份是：
□院士
□杰青级别四类人才
□境外资深专家
□境内资深专家

5. 您推荐的管理科学与工程学科优先资助领域和基金委哪些学部交叉？
[请您在选项后面的横线内尽量填写交叉学部涉及的一级子学科和一起讨论的专家的姓名和联系方式（邮箱），举例：数学科学；张三；zhangsan@qq.com]
□数学物理科学部 _____
□化学科学部 _____
□生命科学部 _____
□地球科学部 _____
□工程与材料科学部 _____
□信息科学部 _____
□医学科学部 _____

6.请您给出管理科学与工程"十四五"规划跨学部交叉的优先资助领域的标题（重大研究计划层面）

（请您填写跨学部交叉的优先资助领域的标题，选题要结合国家战略需求，考虑优先资助领域的体系性、完备性和研究的科学性。例如，基于数据驱动的复杂金融经济系统研究，具体例子来自管理科学与工程"十三五"规划）

_____

7.请您填写和这个优先资助领域对应的4～6个具体研究内容的标题

（每个研究内容的标题具有独立性，所有标题放在一起具有体系性，能够产生一系列重要的研究成果）

内容 1_____
内容 2_____
内容 3_____
内容 4_____
内容 5_____
内容 6_____

8.请您对您推荐的优先资助领域的属性进行打分

（最多 5 分，最少 1 分）

	1	2	3	4	5
原创性	○	○	○	○	○
前沿性	○	○	○	○	○
国家战略需求	○	○	○	○	○
学科交叉性	○	○	○	○	○

9. 您认为您填写的优先资助领域是否和国家战略需求有关？如果有关，请写出与本选题相关的国家战略

（可选题）

_____

10. 如果您有相关的附件说明材料，请您上传
（可选题）

如果您认为还有其他优先资助领域，请您完成问卷之后，再次填写此问卷。

本课题组掌握的专家信息有限，欢迎您把该问卷转发给管理科学领域有影响力的专家填写。

申明：本问卷调研获得的优先资助领域会进入后续专家投票环节，由专家委员会集体决策投票来决定最终的管理科学与工程学科"十四五"规划优先资助领域（重大研究计划层面）。

附录8 "十四五"规划政策措施专家调研问卷

管理科学与工程学科"十四五"规划发展目标调研[①]

尊敬的专家:

您好! 鉴于您在管理科学与工程领域的优秀研究成果和专业知识背景,国家自然科学基金委员会管理科学部管理科学与工程学科"十四五"规划战略研究课题组诚邀您对管理科学与工程学科"十四五"规划发展目标进行调研,用以指导本学科"十四五"规划发展战略。

如有问题,可以联系下列邮件地址: ygyu@ustc.edu.cn, liuhf@ustc.edu.cn, 此分别为中国科学技术大学余玉刚教授、刘和福教授的邮箱,他们分别为本课题组的组长和秘书长。在此,课题组成员余玉刚、李敏强、李建平、舒嘉、吴建军、刘和福、吴杰、吴强等向参与调研的老师表示衷心感谢!

敬礼!
国家自然科学基金委员会管理科学部
管理科学与工程学科"十四五"规划战略研究课题组
2020 年 5 月 9 日

1. 您的姓名是:

_____

2. 您目前的身份是:
□院士

[①] 问卷链接: https://www.wjx.cn/jq/74905184.aspx。

□杰青级别四类人才（国家自然科学基金委员会会评专家、杰青、长江、万人领军）

□优青级别四类人才（优青、青长、青拔、青千）

□发表过 2 篇及以上 UTD24、FT50 顶级期刊的学者

□其他

3. 您是否担任行政职务？

○是

○否

4. 您所在的工作单位是：

_____

5. 您的联系方式（邮箱）是：

_____

6. 您认为国内管理科学与工程学科发展存在的最大问题有哪些？

（至少写 2 个，您可以从学科定位、国际化交流、人才培养、科研评价机制等方面提出您认为该方面存在的最大问题）

问题一_____

问题二_____

问题三_____

问题四_____

问题五_____

7. 您认为管理科学与工程学科"十四五"规划的发展目标有哪些？

（至少写 2 个，您可以从管理科学与工程的学科优势方向、薄弱方向、需要重视的方向、需要交叉的方向等方面给出您认为的管理科学与工程学科"十四五"规划的发展目标）

目标一_____

目标二_____

目标三_____

目标四_____

目标五_____

8. 基于国家自然科学基金委员会全面深化基金改革的"鼓励探索、突出原创，聚焦前沿、独辟蹊径，需求牵引、突破瓶颈，共性导向、交叉融通"的 32 字方针，您认为实现"十四五"发展战略的总体政策措施有哪些?

（至少写 3 个，您可以从人才培养、资助政策、学科建设、国际合作与交流等方面给出您的建议）

措施一_____

措施二_____

措施三_____

措施四_____

措施五_____

9. 基于国家自然科学基金委员会"鼓励探索，突出原创"方针，您认为哪些政策措施是必要的?

（至少写1个）

措施一_____

措施二_____

措施三_____

10. 基于国家自然科学基金委员会"聚焦前沿、独辟蹊径"方针，您认为哪些政策措施是必要的?

（至少写1个）

措施一_____

措施二_____

措施三_____

11. 基于国家自然科学基金委员会"需求牵引、突破瓶颈"方针，您认为哪些政策措施是必要的？

（至少写 1 个）

措施一_____

措施二_____

措施三_____

12. 基于国家自然科学基金委员会"共性导向、交叉融通"方针，您认为哪些政策措施是必要的？

（至少写 1 个）

措施一_____

措施二_____

措施三_____

参 考 文 献

曹杰,朱莉.2014.考虑决策偏好的城市群应急协调超网络模型.管理科学学报,17(11):
33-42.

柴天佑,李少远,王宏.2013.网络信息模式下复杂工业过程建模与控制.自动化学报,
39（5）:469-470.

陈安,周丹.2019.突发事件机理体系与现代应急管理体制设计.安全,40（7）:16-23.

陈国青,吴刚,顾远东,等.2018.管理决策情境下大数据驱动的研究和应用挑战——
范式转变与研究方向.管理科学学报,21（7）:1-10.

陈思华,邱焓,霍红.2022.国家自然科学基金学科规划对学科发展的影响:基于文献
计量的分析与思考.科学通报,67（7）:630-639.

陈晓红,周艳菊,徐选华,等.2022.突发公共卫生事件下的应急运作管理研究.管理
科学,35（1）:42-49.

邓爱民,李云凤.2019.基于区块链的供应链"智能保理"业务模式及博弈分析.管理
评论,31（9）:231-240.

邓富民,黄思皓,金亚男.2020.网络视频直播平台观众需求满足对持续观看行为意愿
的影响机制研究.电子科技大学学报（社会科学科版）,22（1）:85-94.

丁秀莲,吴强,张朋,等.2022.基于管理类国际权威期刊的中国管理科学与工程学科
研究现状分析.管理学报,19（2）:159-168.

费兆奇,刘康.2019.中国宏观经济波动的高频监测研究——基于混频模型对日度经济
先行指数的构建和分析.管理世界,35（6）:27-38.

高钰莹.2018.大数据驱动下传统零售企业的创新与重构探讨.商业经济研究,（7）:
91-93.

高自友,杨立兴,吴建军.2018.城市轨道交通优化管理与控制.北京:科学出版社.

宫晓琳,陈增敬,张晓朴,等.2014.随机极限正态分布与审慎风险监测.经济研究,
49（9）:135-148.

桂文林,韩兆洲.2011.季节调整本底线与SARS对我国铁路客运量的影响.铁道学报,
33（9）:10-18.

郭凯明.2019.人工智能发展、产业结构转型升级与劳动收入份额变动.管理世界,

35（7）：60-77，202-203.

贺超，刘一锋.2020.融合区块链的新型供应链模式研究.管理现代化，40（1）：84-87.

华中生.2013.网络环境下的平台服务及其管理问题.管理科学学报，16（12）：1-12.

华中生，魏江，周伟华，等.2018.网络环境下服务科学与创新管理研究展望.中国管理科学，26（2）：186-196.

黄海军，高自友，田琼，等.2018.新型城镇化导向下的城市群综合交通系统管理.中国科学基金，32（2）：214-223.

黄海军，刘作仪，姚忠，等.2016.管理科学与工程学科"十三五"发展战略与优先资助领域研究报告.北京：科学出版社.

黄海军，姚忠，张人千，等.2012.管理科学与工程学科"十二五"发展战略与优先资助领域研究.北京：科学出版社.

霍红，杨列勋.2018."非常规突发事件应急管理研究"重大研究计划取得系列成果.https://www.nsfc.gov.cn/publish/portal0/tab440/info72681.htm[2018-1-19].

霍红，余玉刚，郑圣明，等.2021.国家自然科学基金管理科学与工程学科的申请代码与学科布局：面向基础理论与时代变革.管理世界，37（12）：208-217.

李冰雪.2015.基于匮乏成本的应急避难场所选址研究.北京：清华大学.

李建平，吴登生，郝俊.2022.技术驱动的管理科学与工程研究.中国管理科学，30（5）：9-14.

李梦，黄海军.2017.基于后悔理论的出行路径选择行为研究.管理科学学报，20（11）：1-9.

李梦，黄海军.2019.考虑共享出行的用户均衡交通分配模型.系统工程理论与实践，39（7）：1771-1780.

李敏强，冯海洋.2022.中国管理实践导向的管理科学与工程理论与方法.中国管理科学，30（5）：15-20.

李明，曹海军.2020.信息生态视域下突发事件网络舆情生发机理研究——基于40起突发事件的清晰集定性比较分析.情报科学，38（3）：154-159，166.

李明佳，汪登，曾小珊，等.2019.基于区块链的食品安全溯源体系设计.食品科学，40（3）：279-285.

李琦，赵一飞.2017.共享经济下集装箱拼箱平台定价策略分析.物流科技，40（10）：1-5，15.

李迁，朱永灵，刘慧敏，等.2019.港珠澳大桥决策治理体系：原理与实务.管理世界，35（4）52-60，159.

李若筠，吴登生，徐伟宣，等.2020.中国管理科学学科发展态势计量分析.中国管理科学，28（3）：223-230.

李纾. 2016. 决策心理：齐当别之道. 上海：华东师范大学出版社.

李亚兵，张家瑞. 2020. 网络直播治理策略的演化博弈——基于利益相关者视角. 经济与管理，34（2）：25-31.

李勇建，王治莹. 2014. 突发事件中舆情传播机制与演化博弈分析. 中国管理科学，22（11）：87-96.

林庆. 2017. 物流 3.0："互联网+"开启智能物流新时代. 北京：人民邮电出版社.

刘德海，王维国，孙康. 2012. 基于演化博弈的重大突发公共卫生事件情景预测模型与防控措施. 系统工程理论与实践，32（5）：937-946.

刘鹤. 2019-11-22. 坚持和完善社会主义基本经济制度. 人民日报，（6）.

刘作仪，王群伟. 2020. "十三五"国家自然科学基金对能源环境管理领域的资助状况和趋势. 中国环境管理，12（2）：20-27.

柳伍生，周向栋，贺剑，等. 2018. 基于多需求响应的定制公交绿色线网优化. 公路交通科技，35（3）：132-142.

龙哲竞，靳文舟，龚隽. 2017. 需求响应公交接驳小车路径规划研究. 交通科学与工程，33（4）：87-92.

陆蓉，王策. 2016. 金融学国际前沿研究二十年之变迁——历届美国金融学年会主席发言综述. 财经研究，42（10）：108-139.

毛琛，王岚，李立明. 2019. 我国流行病学学科发展 70 年的历程与成就. 中华流行病学杂志，40（10）：1173-1179.

潘伟. 2015. 基于供应中断风险的模糊多目标订单分配模型. 管理科学学报，18（3）：45-51.

彭珍珍，顾颖，张洁. 2020. 动态环境下联盟竞合、治理机制与创新绩效的关系研究. 管理世界，36（3）：205-220，235.

邱韵霏，李春旺. 2020. 智能情报分析模式：数据驱动型与知识驱动型. 情报理论与实践，43（2）：28-34.

尚华艳，王闪，黄海军，等. 2020. 基于活动的瓶颈模型：公交枢纽晚高峰居民通勤研究. 系统工程理论与实践，40（3）：679-690.

沈旭，赖淳，孟巍. 2019. 基于安卓的 K 歌应用 APP 设计与开发. 现代信息科技，3（2）：1-5.

盛昭瀚，霍红，陈晓田，等. 2021. 笃步前行创新不止——我国管理科学与工程学科 70 年回顾、反思与展望. 管理世界，37（2）：13，185-202，213.

盛昭瀚，薛小龙，安实. 2019. 构建中国特色重大工程管理理论体系与话语体系. 管理世界，35（4）：2-16，51，195.

盛昭瀚，张维. 2011. 管理科学研究中的计算实验方法. 管理科学学报，14（5）：1-10.

舒嘉，丁溢，倪文君. 2022. 管理科学与工程理论与方法突破若干重点前沿领域. 中国管理科学，30（5）：27-30.

孙根年，马丽君. 2006. 2003 年 SARS 对我国铁路客运量的后影响评价. 铁道学报，28（6）：28-34.

陶永，闫学东，王田苗，等. 2016. 面向未来智能社会的智能交通系统发展策略. 科技导报，34（7）：48-53.

田丽君，杨茜，黄海军，等. 2016. 基于累积前景理论的出行方式选择模型及实证. 系统工程理论与实践，36（7）：1778-1785.

汪丁丁. 2011. 行为经济学讲义：演化论的视角. 上海：上海人民出版社.

汪寿阳，陶睿，王珏. 2021. 优化科学基金资助政策，助力基础研究高质量发展. 中国科学院院刊，36（12）：1434-1440.

汪寿阳，杨晓光，曹杰. 2007. 突发公共事件应急管理研究中的重要科学问题. 中国应急管理，4（2）：36-41.

王炳祥. 2019. 基于协同过滤的歌曲推荐算法研究. 数字技术与应用，37（10）：126-127.

王红卫，钟波涛，李永奎，等. 2022. 大型复杂工程智能建造与运维的管理理论和方法. 管理科学，35（1）：55-59.

王静. 2019. 移动社交媒体中用户内容生成动机分析——以全民 K 歌为例. 新闻研究导刊，10（18）：73-74.

王思强. 2010. 能源预测预警理论与方法. 北京：清华大学出版社.

王文杰，孙中苗，徐琪. 2018. 考虑社会配送供应能力的众包物流服务动态定价模型. 管理学报，15（2）：293-300，316.

王新平，王海燕. 2012. 多疫区多周期应急物资协同优化调度. 系统工程理论与实践，32（2）：283-291.

魏一鸣，吴刚，刘兰翠，等. 2005. 能源-经济-环境复杂系统建模与应用进展. 管理学报，2（2）：159-170.

温艳清，崔利荣，刘宝亮，等. 2018. 冷贮备离散时间状态聚合可修系统的可靠性. 系统工程与电子技术，40（10）：2382-2387.

沃格尔-霍伊泽尔 B，保尔汉森 T，腾·洪佩尔 M. 2019. 德国工业 4.0 大全 第 3 卷：智能物流技术. 房殿军，林松，蒋红琰，等译. 北京：机械工业出版社.

吴纯杰，魏一青，郁淼淼. 2017. 混合正态分布下的似然比累积和控制图及改进. 中国科学：数学，47（7）：853-868.

吴建军，高自友. 2021. 重大突发事件下区域综合交通系统应急保障和管理. 管理科学，34（6）：67-70.

吴建军，吕莹. 2022. 全球变局下的管理科学与工程研究. 中国管理科学，30（5）：21-26.

吴杰，姬翔，余玉刚，等.2022.管理科学与工程学科"十四五"发展战略研究：学科界定与保障政策.管理学报，19（1）：1-7.

武赓，曾博，李冉，等.2017.区块链技术在综合需求侧响应资源交易中的应用模式研究.中国电机工程学报，37（13）：3717-3728.

肖建华，王超文，陈萍，等.2017.基于城市道路限行的多能源多车型车辆路径优化.系统工程理论与实践，37（5）：1339-1348.

肖静华，胡杨颂，吴瑶.2020.成长品：数据驱动的企业与用户互动创新案例研究.管理世界，36（3）：183-205.

肖条军.2019.行为决策理论：建模与分析.北京：科学出版社.

徐鹏，徐向艺.2020.人工智能时代企业管理变革的逻辑与分析框架.管理世界，36（1）：122-129，238.

杨列勋，余乐安，汤铃.2015.系统工程与非常规突发事件应急管理专辑序言.系统工程理论与实践，35（3）：1-4.

杨善林，范先群，丁帅，等.2021.医联网与智慧医疗健康管理.管理科学，34（6）：71-75.

杨晓光，李三希，曹志刚，等.2022.数字经济的博弈论基础.管理科学，35（1）：50-54.

杨晓雅.2019.基于知识与数据共同驱动的移动用户支付行为识别研究.重庆：重庆邮电大学.

于洋，马婷婷.2018.政企发包：双重约束下的互联网治理模式——基于互联网信息内容治理的研究.公共管理学报，15（3）：117-128，159.

于展.2020.考虑乘客出行体验的需求响应式公交规划.交通科技与经济，22（2）：32-37.

余乐安.2022.基于人工智能的预测与决策优化理论和方法研究.管理科学，35（1）：60-66.

余玉刚，郑圣明，霍宝锋，等.2021.平台供应链的管理理论与方法前沿课题.管理科学，34（6）：60-66.

余玉刚，郑圣明，李建平，等.2022.管理科学与工程学科"十四五"重点前沿领域的顶层布局与具体内容：面向基础科学理论与国家重大需求.中国管理科学，35（1）：1-8.

曾大军，曹志冬.2013.突发事件态势感知与决策支持的大数据解决方案.中国应急管理，（11）：15-23.

曾大军，张柱，梁嘉琦，等.2021.机器行为与人机协同决策理论和方法.管理科学，34（6）：55-59.

曾赛星，陈宏权，金治州，等.2019.重大工程创新生态系统演化及创新力提升.管理世界，35（4）：28-38.

张欢. 2019. 国内在线音乐平台盈利模式研究. 北京：对外经济贸易大学.

张军，王云鹏，鲁光泉，等. 2017. 中国综合交通工程科技 2035 发展战略研究. 中国工程科学，19（1）：43-49.

张鹏，罗新星. 2019. 一种基于区块链数字代币的有限溯源方法. 系统工程理论与实践，39（6）：1469-1478.

张水波，郑晓丹. 2015. 经济发展和 PPP 制度对发展中国家基础设施 PPP 项目的影响. 软科学，29（7）：25-29.

张涛，孙林岩，孙海虹，等. 2003. 供应链的系统运作模式分析与建模——基于复杂自适应系统范式的研究. 系统工程理论与实践，23（11）：8-13.

张维，张永杰，熊熊. 2010. 计算实验金融研究. 北京：科学出版社.

张维，赵颖秀，周终强，等. 2019. 金融系统工程研究进展与展望. 系统科学与数学，39（10）：1521-1532.

张啸剑，孟小峰. 2014. 面向数据发布和分析的差分隐私保护. 计算机学报，37（4）：927-949.

张尧，孙梦阳，关欣. 2020. 考虑风险总关联的项目风险应对策略选择方法. 中国管理科学，28（1）：32-44.

中共国家卫生健康委员会党组. 2020. 完善重大疫情防控体制机制 健全国家公共卫生应急管理体系. http://www.qstheory.cn/dukan/qs/2020-03/01/c_1125641735.htm[2020-5-1].

中国科学技术协会. 2014. 2012—2013 运筹学学科发展报告. 北京：中国科学技术出版社.

中海石油环保服务（天津）有限公司. 2014. 港珠澳大桥工程环境影响报告书. 天津.

周济，李培根，周艳红，等. 2018. 走向新一代智能制造. Engineering，4（1）：28-47.

周济. 2015. 智能制造——"中国制造 2025"的主攻方向. 中国机械工程，26（17）：2273-2284.

朱莉，郭豆，顾珺，等. 2017. 面向重大传染病疫情的应急物资跨区域协同调配动力学研究——以长三角联防联控抗甲型 H1N1 流感疫情为例. 系统工程，35（6）：105-112.

Adner R，Chen J Q，Zhu F. 2020. Frenemies in platform markets：heterogeneous profit foci as drivers of compatibility decisions. Management Science，66（6）：2432-2451.

Aghion P，Dechezleprêtre A，Hemous D，et al. 2016. Carbon taxes，path dependency，and directed technical change：evidence from the auto industry. Journal of Political Economy，124（1）：1-51.

Ahluwalia S，Mahto R V，Guerrero M. 2020. Blockchain technology and startup financing：a transaction cost economics perspective. Technological Forecasting and Social

Change, 151: 119854.

Ahmed S, ten Broek N. 2017. Blockchain could boost food security. Nature, 550: 43.

Akter S, Wamba S F. 2019. Big data and disaster management: a systematic review and agenda for future research. Annals of Operations Research, 283 (1): 939-959.

Allen B, Lippner G, Chen Y T, et al. 2017. Evolutionary dynamics on any population structure. Nature, 544: 227-230.

Altay N, Green W G. 2006. OR/MS research in disaster operations management. European Journal of Operational Research, 175 (1): 475-493.

Alvarado M, Lawley M, Li Y. 2016. Healthcare simulation tutorial: methods, challenges, and opportunities. Proceedings of the 2016 Winter Simulation Conference, 236-247.

Amaral L A N, Uzzi B. 2007. Complex systems—a new paradigm for the integrative study of management, physical, and technological systems. Management Science, 53 (7): 1033-1035.

Amrouche N, Yan R L. 2016. A manufacturer distribution issue: how to manage an online and a traditional retailer. Annals of Operations Research, 244 (2): 257-294.

Andrei D, Hasler M. 2020. Dynamic attention behavior under return predictability. Management Science, 66 (7): 2906-2928.

Ang E, Iancu D A, Swinney R. 2017. Disruption risk and optimal sourcing in multitier supply networks. Management Science, 63 (8): 2397-2419.

Armstrong M. 2006. Competition in two-sided markets. The RAND Journal of Economics, 37 (3): 668-691.

Arthur W B. 1999. Complexity and the economy. Science, 284 (5411): 107-109.

Arya A, Mittendorf B. 2015. Supply chain consequences of subsidies for corporate social responsibility. Production and Operations Management, 24 (8): 1346-1357.

Atasu A, Corbett C J, Huang X M, et al. 2020. Sustainable operations management through the perspective of manufacturing & service operations management. Manufacturing & Service Operations Management, 22 (1): 146-157.

Azadeh K, de Koster R, Roy D. 2019. Robotized and automated warehouse systems: review and recent developments. Transportation Science, 53 (4): 917-945.

Azzi R, Chamoun R K, Sokhn M. 2019. The power of a blockchain-based supply chain. Computers & Industrial Engineering, 135: 582-592.

Babich V, Hilary G. 2020. Distributed ledgers and operations: what operations management researchers should know about blockchain technology. Manufacturing & Service Operations Management, 22 (2): 223-245.

Babich V, Kouvelis P. 2018. Introduction to the special issue on research at the interface of finance, operations, and risk management (iFORM): recent contributions and future directions. Manufacturing & Service Operations Management, 20 (1): 1-18.

Bailey D, Faraj S, Hinds P, et al. 2019. Special issue of organization science: emerging technologies and organizing. Organization Science, 30 (3): 642-646.

Baker M, Wurgler J. 2007. Investor sentiment in the stock market. Journal of Economic Perspectives, 21 (2): 129-151.

Bakshi N, Gans N. 2010. Securing the containerized supply chain: analysis of government incentives for private investment. Management Science, 56 (2): 219-233.

Ban G Y, Keskin N B. 2021. Personalized dynamic pricing with machine learning: high dimensional features and heterogeneous elasticity. Management Science, 67 (9): 5549-5568.

Ban G Y, Rudin C. 2019. The big data newsvendor: practical insights from machine learning. Operations Research, 67 (1): 90-108.

Bao Y, Xiao F, Gao Z H, et al. 2017. Investigation of the traffic congestion during public holiday and the impact of the toll-exemption policy. Transportation Research Part B: Methodological, 104: 58-81.

Barber B M, Odean T. 2002. Online investors: do the slow die first?. Review of Financial Studies, 15 (2): 455-487.

Barberis N, Greenwood R, Jin L, et al. 2015. X-CAPM: an extrapolative capital asset pricing model. Journal of Financial Economics, 115 (1): 1-24.

Barberis N, Huang M, Santos T. 2001. Prospect theory and asset prices. Quarterly Journal of Economics, 116 (1): 1-53.

Barrett M, Oborn E, Orlikowski W J, et al. 2012. Reconfiguring boundary relations: robotic innovations in pharmacy work. Organization Science, 23 (5): 1448-1466.

Bastani H, Bayati M. 2019. Online decision making with high-dimensional covariates. Operations Research, 68 (1): 276-294.

Bedford J, Farrar J, Ihekweazu C, et al. 2019. A new twenty-first century science for effective epidemic response. Nature, 575: 130-136.

Benartzi S, Thaler R H. 1995. Myopic loss aversion and the equity premium puzzle. Quarterly Journal of Economics, 110 (1): 73-92.

Benjaafar S, Hu M. 2020. Operations management in the age of the sharing economy: what is old and what is new?. Manufacturing & Service Operations Management, 22 (1): 93-101.

Berg J. 2017. Science of preparedness. Science, 357（6356）: 1073.

Bernstein F, Modaresi S, Sauré D. 2019. A dynamic clustering approach to data-driven assortment personalization. Management Science, 65（5）: 2095-2115.

Bertsimas D, Kallus N. 2020. From predictive to prescriptive analytics. Management Science, 66（3）: 1025-1044.

Billard A, Kragic D. 2019. Trends and challenges in robot manipulation. Science, 364（6446）: 1149.

Bimpikis K, Fearing D, Tahbaz-Salehi A. 2018. Multisourcing and miscoordination in supply chain networks. Operations Research, 66（4）: 1023-1039.

Blumenstock J, Cadamuro G, On R. 2015. Predicting poverty and wealth from mobile phone metadata. Science, 350（6264）: 1073-1076.

Bodin Ö. 2017. Collaborative environmental governance: achieving collective action in social-ecological systems. Science, 357（6352）: eaan1114.

Boland A, Zhu J G. 2012. Public participation in China's green communities: mobilizing memories and structuring incentives. Geoforum, 43（1）: 147-157.

Borgonovo E, Smith C L. 2011. A study of interactions in the risk assessment of complex engineering systems: an application to space PSA. Operations Research, 59（6）: 1461-1476.

Borrajo L, Cao R. 2018. Nonparametric mean estimation for big-but-biased data. Proceedings, 2（18）: 1167.

Botsman R, Rogers R. 2010. What's Mine Is Yours: The Rise of Collaborative Consumption. New York: HarperCollins Publishers.

Boysen N, Koster R D, Weidinger F. 2019. Warehousing in the e-commerce era: a survey. European Journal of Operational Research, 277（2）: 396-411.

Brand F. 2009. Critical natural capital revisited: ecological resilience and sustainable development. Ecological Economics, 68（3）: 605-612.

Brännlund U, Lindberg P O, Nõu A, et al. 1998. Railway timetabling using Lagrangian relaxation. Transportation Science, 32（4）: 358-369.

Britchenko I, Cherniavska T, Cherniavskyi B. 2003. Blockchain technology into the logistics supply chain implementation effectiveness. Management Science, 44（5）: 126-142.

Brougham D, Haar J. 2018. Smart technology, artificial intelligence, robotics, and algorithms（STARA）: employees' perceptions of our future workplace. Journal of Management & Organization, 24（2）: 239-257.

Bruni M E, Guerriero F, Beraldi P. 2014. Designing robust routes for demand-responsive transport systems. Transportation Research Part E: Logistics and Transportation Review, 70: 1-16.

Bu T M, Deng X T, Qi Q. 2012. Multi-bidding strategy in sponsored search auctions. Journal of Combinatorial Optimization, 23（3）: 356-372.

Cabral L, Peitz M, Wright J. 2019. Introduction to special issue on platforms. Journal of Economics and Management Strategy, 28（1）: 3-4.

Cabral S, Mahoney J T, McGahan A M, et al. 2019. Value creation and value appropriation in public and nonprofit organizations. Strategic Management Journal, 40（4）: 465-475.

Cachon G P, Swinney P. 2009. Purchasing, pricing, and quick response in the presence of strategic consumers. Management Science, 55（3）: 497-511.

Campbell C, Sands S, Ferraro C, et al. 2020. From data to action: how marketers can leverage AI. Business Horizons, 63（2）: 227-243.

Campbell J Y. 2000. Asset pricing at the millennium. NBER Working Paper, No.7589.

Campbell J Y, Cochrane J H. 1999. By force of habit: a consumption-based explanation of aggregate stock market behavior. Journal of Political Economy, 107（2）: 205-251.

Campbell J Y, Cochrane J H. 2000. Explaining the poor performance of consumption-based asset pricing models. Journal of Finance, 55（6）: 2863-2878.

Cao Z, Lumineau F. 2015. Revisiting the interplay between contractual and relational governance: a qualitative and meta-analytic investigation. Journal of Operations Management, 33-34: 15-42.

Caprara A, Fischetti M, Toth P. 2002. Modeling and solving the train timetabling problem. Operations Research, 50（5）: 851-861.

Caprara A, Toth P, Vigo D, et al. 1998. Modeling and solving the crew rostering problem. Operations Research, 46（6）: 820-830.

Caro F, Kök A G, Martínez-de-Albéniz V. 2020. The future of retail operations. Manufacturing & Service Operations Management, 22（1）: 47-58.

Cavusoglu H, Koh B, Raghunathan S. 2010. An analysis of the impact of passenger profiling for transportation security. Operations Research, 58（5）: 1287-1302.

Cennamo C, Ozalp H, Kretschmer T. 2018. Platform architecture and quality trade-offs of multihoming complements. Information Systems Research, 29（2）: 461-478.

Chakravarti A, Xie J H. 2006. The impact of standards competition on consumers: effectiveness of product information and advertising formats. Journal of Marketing Research, 43（2）: 224-236.

Chandra S, Quadrifoglio L. 2013. A model for estimating the optimal cycle length of demand responsive feeder transit services. Transportation Research Part B: Methodological, 51: 1-16.

Chang F, Dean J, Ghemawat S, et al. 2008. Bigtable: a distributed storage system for structured data. ACM Transactions on Computer Systems, 26 (2): 1-26.

Charnley S , Engelbert B. 2005. Evaluating public participation in environmental decision-making : EPA's superfund community involvement program. Journal of Environmental Management, 77 (3): 165-182.

Che Y K, Mierendorff K. 2019. Optimal dynamic allocation of attention. American Economic Review, 109 (8): 2993-3029.

Chehade A, Song C Y, Liu K B, et al. 2018. A data-level fusion approach for degradation modeling and prognostic analysis under multiple failure modes. Journal of Quality Technology, 50 (2): 150-165.

Chen J W, Liu H Y, He J, et al. 2018. Session-based learning for anchor ranking on live streaming platforms. International Conference on Information Systems. San Francisco.

Chen J, Amahah J. 2016. Cultural industries and innovation : an empirical analysis. Proceedings of the 2nd International Congress on Economics and Business.

Chen Y D, Brown S A, Hu P J H, et al. 2011. Managing emerging infectious diseases with information systems: reconceptualizing outbreak management through the lens of loose coupling. Information Systems Research, 22 (3): 447-468.

Chen Y F, Su X M, Zhao X B. 2012. Modeling bounded rationality in capacity allocation games with the quantal response equilibrium. Management Science , 58 (10): 1952-1962.

Chen Y X , Turut Ö. 2013. Context-dependent preferences and innovation strategy. Management Science, 59 (12): 2747-2765.

Cho C, Sim J, Cho D. 2019. Gender economy in live streaming: moderating effects of relational motivation on viewer contribution. International Conference on Information Systems, Munich.

Chod J, Trichakis N, Tsoukalas G, et al. 2020. On the financing benefits of supply chain transparency and blockchain adoption. Management Science, 66 (10): 4378-4396.

Choi T M. 2019. Blockchain-technology-supported platforms for diamond authentication and certification in luxury supply chains. Transportation Research Part E: Logistics and Transportation Review, 128: 17-29.

Cohen M A, Cui S L, Ernst R, et al. 2018a. OM Forum-benchmarking global production sourcing decisions: where and why firms offshore and reshore. Manufacturing &

Service Operations Management, 20 (3): 389-402.

Cohen M A, Lee H L. 1989. Resource deployment analysis of global manufacturing and distribution networks. Journal of Manufacturing and Operations Management, 2: 81-104.

Cohen M A, Lee H L. 2020. Designing the right global supply chain network. Manufacturing & Service Operations Management, 22 (1): 15-24.

Cohen M C, Lobel R, Perakis G. 2018b. Dynamic pricing through data sampling. Production and Operations Management, 27 (6): 1074-1088.

Colosimo B M, Grasso M. 2018. Spatially weighted PCA for monitoring video image data with application to additive manufacturing. Journal of Quality Technology, 50 (4): 391-417.

Constantinides P, Henfridsson O, Parker G G. 2018. Platforms and infrastructures in the digital age. Information Systems Research, 29 (2): 381-400.

Cordeau J F, Toth P, Vigo D. 1998. A survey of optimization models for train routing and scheduling. Transportation Science, 32 (4): 380-404.

Côrte-Real N, Ruivo P, Oliveira T, et al. 2019. Unlocking the drivers of big data analytics value in firms. Journal of Business Research, 97: 160-173.

Cramer J, Krueger A B. 2016. Disruptive change in the taxi business: the case of Uber. American Economic Review, 106 (5): 177-182.

Cui T H T, Zhang Y H. 2018. Cognitive hierarchy in capacity allocation games. Management Science, 64 (3): 1250-1270.

Daniel K, Hirshleifer D. 2015. Overconfident investors, predictable returns, and excessive trading. Journal of Economic Perspectives, 29 (4): 61-88.

Dasgupta A, Prat A, Verardo M. 2011. The price impact of institutional herding. Review of Financial Studies, 24 (3): 892-925.

Davenport T, Guha A, Grewal D, et al. 2020. How artificial intelligence will change the future of marketing. Journal of the Academy of Marketing Science, 48 (1): 24-42.

de Véricourt F, Gromb D. 2018. Financing capacity investment under demand uncertainty: an optimal contracting approach. Manufacturing & Service Operations Management, 20 (1): 85-96.

Dean J, Ghemawat S. 2004. MapReduce: simplified data processing on large clusters. Sixth Symposium on Operating System Design & Implementation.

del Vicario M, Bessi A, Zollo F, et al. 2016. The spreading of misinformation online. Proceedings of the National Academy of Sciences, 113 (3): 554-559.

Deng S M, Gu C C, Cai G S, et al. 2018. Financing multiple heterogeneous suppliers in assembly systems: buyer finance vs. bank finance. Manufacturing & Service Operations Management, 20 (1): 53-69.

Doerner K F, Gutjahr W J, van Wassenhove L. 2011. Special issue on optimization in disaster relief. OR Spectrum, 33: 445-449.

Dong J X, Lee C Y, Song D P. 2015. Joint service capacity planning and dynamic container routing in shipping network with uncertain demands. Transportation Research Part B: Methodological, 78: 404-421.

Dong L X, Kouvelis P. 2020. Impact of tariffs on global supply chain network configuration: models, predictions, and future research. Manufacturing & Service Operations Management, 22 (1): 25-35.

Donohue K L, Özer Ö, Zheng Y C. 2020. Behavioral operations: past, present, and future. Manufacturing & Service Operations Management, 22 (1): 191-202.

Dorobantu S, Lindner T, Müllner J. 2020. Political risk and alliance diversity: a two-stage model of partner selection in multipartner alliances. Academy of Management Journal, 63 (6): 1775-1806.

Dubey R, Gunasekaran A, Papadopoulos T. 2019. Disaster relief operations: past, present and future. Annals of Operations Research, 283: 1-8.

Dwork C. 2008. Differential privacy: a survey of results//Agrawal M, Du D Z, Duan Z H, et al. Theory and Applications of Models of Computation. Berlin, Heidelberg: Springer: 1-19.

Easley D, O'Hara M. 2010. Microstructure and ambiguity. Journal of Finance, 65 (5): 1817-1846.

Economides N, Katsamakas E. 2006. Two-sided competition of proprietary vs. open source technology platforms and the implications for the software industry. Management Science, 52 (7): 1057-1071.

Elçi Ö, Noyan N. 2018. A chance-constrained two-stage stochastic programming model for humanitarian relief network design. Transportation Research Part B: Methodological, 108: 55-83.

Erev I, Roth A E. 2014. Maximization, learning, and economic behavior. Proceedings of the National Academy of Sciences, 111: 10818-10825.

Ergun Ö, Gui L Y, Stamm J L H, et al. 2014. Improving humanitarian operations through technology-enabled collaboration. Production and Operations Management, 23 (6): 1002-1014.

Ettl M, Harsha P, Papush A, et al. 2020. A data-driven approach to personalized bundle pricing and recommendation. Manufacturing & Service Operations Management, 22 (3): 461-480.

Extance A. 2017. Could Bitcoin technology help science? . Nature, 552: 301-302.

Ezzine I, Benhlima L. 2018. A study of handling missing data methods for big data//2018 IEEE 5th International Congress on Information Science and Technology(CiSt). IEEE, 498-501.

Fan J Q, Han F, Liu H. 2014. Challenges of big data analysis. National Science Review, 1 (2): 293-314.

Fay S, Xie J H. 2010. The economics of buyer uncertainty: advance selling vs. probabilistic selling. Marketing Science, 29 (6): 1040-1057.

Finkelstein S N, Smart C N, Gralla A M, et al. 1981. A two-stage model for the control of epidemic influenza. Management Science, 27 (7): 834-846.

Foley S, Karlsen J R, Putnins T J. 2019. Sex, drugs, and Bitcoin: how much illegal activity is financed through cryptocurrencies? . Review of Financial Studies, 32 (5): 1798-1853.

Fouquet R. 2016. Path dependence in energy systems and economic development. Nature Energy, 1: 16098.

Fraiberger S, Sundararajan A. 2015. Peer-to-peer rental markets in the sharing economy. Working paper, 15-19.

Franco P, Johnston R, McCormick E. 2020. Demand responsive transport: generation of activity patterns from mobile phone network data to support the operation of new mobility services. Transportation Research Part A: Policy and Practice, 131: 244-266.

Fu M C. 2015. Handbook of Simulation Optimization. New York: Springer.

Fu M C, Henderson S G. 2017. History of seeking better solutions, AKA simulation optimization. Proceedings of the 2017 Winter Simulation Conference, 1-27.

Gabriel S A, Kydes A S, Whitman P. 2001. The national energy modeling system: a large-scale energy-economic equilibrium model. Operations Research, 49 (1): 14-25.

Gahrooei M R, Paynabar K. 2018. Change detection in a dynamic stream of attributed networks. Journal of Quality Technology, 50 (4): 418-430.

Gallino S, Moreno A. 2014. Integration of online and offline channels in retail: the impact of sharing reliable inventory availability information. Management Science, 60 (6): 1434-1451.

Ganin A A, Kitsak M, Marchese D, et al. 2017. Resilience and efficiency in transportation networks. Science Advances, 3 (12): e1701079.

Gao F, Su X M. 2017. Omnichannel retail operations with buy-online-and-pick-up-in-store.

Management Science, 63（8）: 2478-2492.

Gao H W, Yang H J, Wang G X, et al. 2010. The existence theorem of absolute equilibrium about games on connected graph with state payoff vector. Science China Mathematics, 53（6）: 1483-1490.

Gates B. 2020. Responding to Covid-19—a once-in-a-century pandemic?. The New England Journal of Medicine, 382（18）: 1677-1679.

Ghasemaghaei M, Calic G. 2019. Does big data enhance firm innovation competency? The mediating role of data-driven insights. Journal of Business Research, 104: 69-84.

Ghasemaghaei M, Hassanein K, Benbasat I. 2019. Assessing the design choices for online recommendation agents for older adults: older does not always mean simpler information technology. MIS Quarterly, 43（1）: 329-346.

Ghemawat S, Gobioff H, Leung S T. 2003. The Google file system. ACM SIGOPS Operating Systems Review, 37（5）: 29-43.

Gibson C A, Meybodi M A, Behnia M. 2013. Optimisation and selection of a steam turbine for a large scale industrial CHP（combined heat and power）system under Australia's carbon price. Energy, 61: 291-307.

Gil N, Pinto J K. 2018. Polycentric organizing and performance: a contingency model and evidence from megaproject planning in the UK. Research Policy, 47（4）: 717-734.

Ginsberg J, Mohebbi M H, Patel R S, et al. 2009. Detecting influenza epidemics using search engine query data. Nature, 457: 1012-1014.

Golrezaei N, Nazerzadeh H, Rusmevichientong P. 2014. Real-time optimization of personalized assortments. Management Science, 60（6）: 1532-1551.

Gong B L, Pan D, Shi D H. 2017. New investors and bubbles: an analysis of the Baosteel call warrant bubble. Management Science, 63（8）: 2493-2508.

Govindarajan V, Immelt J R. 2019. The only way manufacturers can survive. MIT Sloan Management Review, 60（3）: 24-33.

Gracia-Lázaro C, Ferrer A, Ruiz G, et al. 2012. Heterogeneous networks do not promote cooperation when humans play a Prisoner's Dilemma. Proceedings of the National Academy of Sciences, 109（32）: 12922-12926.

Green T C, Huang R, Wen Q, et al. 2019. Crowdsourced employer reviews and stock returns[J]. Journal of Financial Economics, 134（1）: 236-251.

Grossman G M, Horn H. 1988. Infant-industry protection reconsidered: the case of informational barriers to entry. The Quarterly Journal of Economics, 103（4）: 767-787.

Gu Z Y, Tayi G K. 2017. Consumer pseudo-showrooming and omni-channel placement strategies. MIS Quarterly, 41 (2): 583-606.

Guajardo J A, Cohen M A, Kim S H, et al. 2012. Impact of performance-based contracting on product reliability: an empirical analysis. Management Science, 58 (5): 961-979.

Gul S, Denton B T, Fowler J W. 2015. A progressive hedging approach for surgery planning under uncertainty. INFORMS Journal on Computing, 27 (4): 755-772.

Guo H, Hao L, Mukhopadhyay T, et al. 2019. Selling virtual currency in digital games: implications for gameplay and social welfare. Information Systems Research, 30 (2): 430-446.

Guo P F, Liu F, Wang Y L. 2020. Pre-positioning and deployment of reserved inventories in a supply network: structural properties. Production and Operations Management, 29 (4): 893-906.

Gupta J K, Lin C H, Chen Q Y. 2011. Transport of expiratory droplets in an aircraft cabin. Indoor Air, 21 (1): 3-11.

Gupta S, Starr M K, Farahani R Z, et al. 2016. Disaster management from a POM perspective: mapping a new domain. Production and Operations Management, 25 (10): 1611-1637.

Ha A, Long X Y, Nasiry J. 2015. Quality in supply chain encroachment. Manufacturing & Service Operations Management, 18 (2): 280-298.

Hagiu A. 2009. Two-sided platforms: product variety and pricing structures. Journal of Economics & Management Strategy, 18 (4): 1011-1043.

Han H K, Huang Y C, Chen C C. 2019. A deep learning model for extracting live streaming video highlights using audience messages. Proceedings of the 2019 2nd Artificial Intelligence and Cloud Computing Conference, 75-81.

Hao L, Tan Y. 2019. Who wants consumers to be informed? Facilitating information disclosure in a distribution channel. Information Systems Research, 30 (1): 34-49.

Harvey C R. 2017. Presidential address: the scientific outlook in financial economics. Journal of Finance, 72 (4): 1399-1440.

Hastig G M, Sodhi M M S. 2020. Blockchain for supply chain traceability: business requirements and critical success factors. Production and Operations Management, 29 (4): 935-954.

He J N, Fang X, Liu H Y, et al. 2019. Mobile app recommendation: an involvement-enhanced approach. MIS Quarterly, 43 (3): 827-850.

He L, Mak H Y, Rong Y, et al. 2017. Service region design for urban electric vehicle sharing systems. Manufacturing & Service Operations Management, 19 (2): 309-327.

He M, Guo H, Lv G Y, et al. 2020. Leveraging proficiency and preference for online karaoke recommendation. Frontiers of Computer Science, 14（2）: 273-290.

He Y X, Liu N. 2015. Methodology of emergency medical logistics for public health emergencies. Transportation Research Part E: Logistics and Transportation Review, 79: 178-200.

Heaven D. 2019. Bitcoin for the biological literature. Nature, 566: 141-142.

Heimer R Z. 2016. Peer pressure: social interaction and the disposition effect. Review of Financial Studies, 29（11）: 3177-3209.

Ho S C, Szeto W Y, Kuo Y H, et al. 2018. A survey of dial-a-ride problems: literature review and recent developments. Transportation Research Part B: Methodological, 111: 395-421.

Holguín-Veras J, Amaya-Leal J, Cantillo V, et al. 2016. Econometric estimation of deprivation cost functions: a contingent valuation experiment. Journal of Operations Management, 45: 44-56.

Holguín-Veras J, Jaller M, van Wassenhove L N, et al. 2012. On the unique features of post-disaster humanitarian logistics. Journal of Operations Management, 30（7/8）: 494-506.

Holguín-Veras J, Pérez N, Jaller M, et al. 2013. On the appropriate objective function for post-disaster humanitarian logistics models. Journal of Operations Management, 31（5）: 262-280.

Hoornaert S, Ballings M, Malthouse E C, et al. 2017. Identifying new product ideas: waiting for the wisdom of the crowd or screening ideas in real time. Journal of Product Innovation Management, 34（5）: 580-597.

Hopp W J, Li J, Wang G H. 2018. Big data and the precision medicine revolution. Production and Operations Management, 27（9）: 1647-1664.

Howson P. 2019. Tackling climate change with blockchain. Nature Climate Change, 9: 644-645.

Hsu V N, Zhu K. 2011. Tax-effective supply chain decisions under China's export-oriented tax policies. Management & Service Operations Management, 13（2）: 163-179.

Hu J X, Zhao L D, Jiang Y P. 2007. Location of emergency rescue center based on SIR epidemiological model. Journal of Southeast University, 23（S）: 89-93.

Hu M, Milner J, Wu J H. 2016. Liking and following and the newsvendor: operations and marketing policies under social influence. Management Science, 62（3）: 867-879.

Huang D H, Gu Y, Wang S A, et al. 2020. A two-phase optimization model for the demand-responsive customized bus network design. Transportation Research Part C：Emerging Technologies，111：1-21.

Huang M H，Rust R T. 2018. Artificial intelligence in service. Journal of Service Research，21（2）：155-172.

Huang Y R，Yang L X，Tang T，et al. 2016. Saving energy and improving service quality：bicriteria train scheduling in urban rail transit systems. IEEE Transactions on Intelligent Transportation Systems，17（12）：3364-3379.

Huh W T，Levi R，Rusmevichientong P，et al. 2011. Adaptive data-driven inventory control with censored demand based on Kaplan-Meier estimator. Operations Research，59（4）：929-941.

Hui X，Saeedi M，Sundaresan N. 2018. Adverse selection or moral hazard，an empirical study. Journal of Industrial Economics，66（3），610-649.

Hurwicz L. 1973. The design of mechanisms for resource allocation. American Economic Review，63（2）：1-30.

Ibem E O，Laryea S. 2014. Survey of digital technologies in procurement of construction projects. Automation in Construction，46：11-21.

Ibisch P L，Hoffmann M T，Kreft S，et al. 2016. A global map of roadless areas and their conservation status. Science，354（6318）：1423-1427.

Jackson M O. 2008. Social and Economic Networks. New Jersey：Princeton University Press.

Jalving J，Cao Y K，Zavala V M. 2019. Graph-based modeling and simulation of complex systems. Computers & Chemical Engineering，125：134-154.

Javanmard A，Nazerzadeh H. 2019. Dynamic pricing in high-dimensions. The Journal of Machine Learning Research，20（1）：315-363.

Ji Z L，Lipton Z C，Elkan C. 2014. Differential privacy and machine learning：a survey and review. https://arxiv.org/abs/1412.7584v1[2014-12-24].

Jia J S，Lu X，Yuan Y，et al. 2020. Population flow drives spatio-temporal distribution of COVID-19 in China. Nature，582：389-394.

Jiang B J，Liu C. 2019. Managerial optimism in a competitive market. Production and Operations Management，28（4）：833-846.

Jiang G X，Hong L J，Nelson B L. 2019. Online risk monitoring using offline simulation. INFORMS Journal on Computing，32（2）：356-375

Jullien B. 2011. Competition in multi-sided markets：divide and conquer. American Economic Journal：Microeconomics，3（4）：186-219.

Kahneman D A, Tversky A N. 1979. Prospect theory: an analysis of decisions under risk. Econometrica, 47（2）: 263-291.

Kalil T. 2012. Big data is a big deal. https://obamawhitehouse.archives.gov/blog/2012/03/29/big-data-big-deal[2012-3-29].

Kang L J, Wu J J, Sun H J, et al. 2015. A case study on the coordination of last trains for the Beijing subway network. Transportation Research Part B: Methodological, 72: 112-127.

Karhu K, Gustafsson R, Lyytinen K. 2018. Exploiting and defending open digital platforms with boundary resources: Android's five platform forks. Information Systems Research, 29（2）: 479-497.

Kelton W D, Sadowski R P, Zupick N B. 2014. Simulation with Arena. 6th ed. New York: McGraw-Hill.

Keogh-Brown M R, Smith R D. 2008. The economic impact of SARS: how does the reality match the predictions?. Health Policy, 88（1）: 110-120.

Keskinocak P, Savva N. 2020. A review of the healthcare-management（modeling）literature published in Manufacturing & Service Operations Management. Manufacturing & Service Operations Management, 22（1）: 59-72.

Kim M J. 2016. Robust control of partially observable failing systems. Operations Research, 64（4）: 999-1014.

Kiparsky M, Sedlak D L, Thompson Jr B H, et al. 2013. The innovation deficit in urban water: the need for an integrated perspective on institutions, organizations, and technology. Environmental Engineering Science, 30（8）: 395-408.

Klein B, Leffler K B. 1981. The role of market forces in assuring contractual performance. Journal of Political Economy, 89（4）: 615-641.

Klein P G, Mahoney J T, Mcgahan A M, et al. 2019. Organizational governance adaptation: who is in, who is out, and who gets what. Academy of Management Review, 44（1）: 6-27.

König A, Grippenkoven J. 2020. The actual demand behind demand-responsive transport: assessing behavioral intention to use DRT systems in two rural areas in Germany. Case Studies on Transport Policy, 8（3）: 954-962.

Kouvelis P, Turcic D, Zhao W H. 2018. Supply chain contracting in environments with volatile input prices and frictions. Manufacturing & Service Operations Management, 20（1）: 130-146.

Kouvelis P, Zhao W H. 2018. Who should finance the supply chain? Impact of credit ratings on supply chain decisions. Manufacturing & Service Operations Management, 20（1）: 19-35.

Kraemer M U G, Yang C H, Gutierrez B, et al. 2020. The effect of human mobility and control measures on the COVID-19 epidemic in China. Science, 368（6490）: 493-497.

Krause M J, Tolaymat T. 2018. Quantification of energy and carbon costs for mining cryptocurrencies. Nature Sustainability, 1: 711-718.

Lamberton C P, Rose R L. 2012. When is ours better than mine? A framework for understanding and altering participation in commercial sharing systems. Journal of Marketing, 76（4）: 109-125.

Laurance W F, Clements G R, Sloan S, et al. 2014. A global strategy for road building. Nature, 513: 229-232.

Law A M. 2015. Simulation Modeling and Analysis. 5th ed. New York: McGraw-Hill.

Lazer D, Pentland A, Adamic L, et al. 2009. Computational social science. Science, 323（5915）: 721-723.

le Masson P, Hatchuel A, le Glatin M, et al. 2019. Designing decisions in the unknown: a generative model. European Management Review, 16（2）: 471-490.

Lee S E, Choi M, Kim S. 2019a. They pay for a reason! the determinants of fan's instant sponsorship for content creators. Telematics and Informatics, 45: 101286.

Lee S Y, Qiu L F, Whinston A. 2018. Sentiment manipulation in online platforms: an analysis of movie tweets. Production and Operations Management, 27（3）: 393-416.

Lee Y C, Yen C H, Wang D, et al. 2019b. Understanding how digital gifting influences social interaction on slive streams. Proceedings of the 21st International Conference on Human-Computer Interaction with Mobile Devices and Services, 33: 1-10.

Li B, Hou P W, Chen P, et al. 2016. Pricing strategy and coordination in a dual channel supply chain with a risk-averse retailer. International Journal of Production Economics, 178: 154-168.

Li D F. 2012. A fast approach to compute fuzzy values of matrix games with payoffs of triangular fuzzy numbers. European Journal of Operational Research, 223（2）: 421-429.

Li H, Srinivasan K. 2019. Competitive dynamics in the sharing economy: an analysis in the context of Airbnb and hotels. Marketing Science, 38（3）: 365-391.

Li J P, Zhang J, Suo W L. 2019a. Risk assessment in cross-border transport infrastructure projects: a fuzzy hybrid method considering dual interdependent effects. Information Sciences, 488: 140-157.

Li J Y, Zhang C R, Xu Z, et al. 2018. Distributed transactive energy trading framework in distribution networks. IEEE Transactions on Power Systems, 33（6）: 7215-7227.

Li W D, Xiang D D, Tsung F, et al. 2020. A diagnostic procedure for high-dimensional data streams via missed discovery rate control. Technometrics, 62（1）: 84-100.

Li X, Wang Z J, Gao S B, et al. 2019b. An intelligent context-aware management framework for cold chain logistics distribution. IEEE Transactions on Intelligent Transportation Systems, 20（12）: 4553-4566.

Li Y C M, Chen Y H A. 2016. Assessing the thermal performance of three cold energy storage materials with low eutectic temperature for food cold chain. Energy, 115: 238-256.

Li Y D, Mosleh A. 2019. Dynamic simulation of knowledge based reasoning of nuclear power plant operator in accident conditions: modeling and simulation foundations. Safety Science, 119: 315-329.

Li Z Y, Ho Y C, Nan G F, et al. 2019c. Agency or resale: effects of a platform-performance investment for frenemy platforms. Decision Support Systems, 124: 113098.

Liao L X, Kottig F. 2014. Review of hybrid prognostics approaches for remaining useful life prediction of engineered systems, and an application to battery life prediction. IEEE Transactions on Reliability, 63（1）: 191-207.

Lin Y J, Nelson B L, Pei L. 2019. Virtual statistics in simulation via k nearest neighbors. INFORMS Journal on Computing, 31（3）: 576-592.

Liu D H, Ji X X, Tang J F, et al. 2020a. A fuzzy cooperative game theoretic approach for multinational water resource spatiotemporal allocation. European Journal of Operational Research, 282（3）: 1025-1037.

Liu D H, Xiao X Z, Li H Y, et al. 2015. Historical evolution and benefit-cost explanation of periodical fluctuation in coal mine safety supervision: an evolutionary game analysis framework. European Journal of Operational Research, 243（3）: 974-984.

Liu S, He L, Shen Z J M. 2020b. On-time last-mile delivery: order assignment with travel-time predictors. Management Science, 67（7）: 4095-4119.

Liu X, Montgomery A, Srinivasan K. 2018. Analyzing bank overdraft fees with big data. Marketing Science, 37（6）: 855-882.

Lodewijkx H F M, Kersten G L E, van Zomeren M. 2008. Dual pathways to engage in 'Silent Marches' against violence: moral outrage, moral cleansing and modes of identification. Journal of Community & Applied Social Psychology, 18（3）: 153-167.

Long E F, Nohdurft E, Spinler S. 2018. Spatial resource allocation for emerging epidemics: a comparison of greedy, myopic, and dynamic policies. Manufacturing & Service

Operations Management, 20 (2): 181-198.

Lu S F, Rui H X, Seidmann A. 2018. Does technology substitute for nurses? Staffing decisions in nursing homes. Management Science, 64 (4): 1842-1859.

Lu X, Brelsford C. 2014. Network structure and community evolution on Twitter: human behavior change in response to the 2011 Japanese earthquake and tsunami. Scientific Reports, 4: 6773.

Luo J, Hong L J, Nelson B L, et al. 2015. Fully sequential procedures for large-scale ranking-and-selection problems in parallel computing environments. Operations Research, 63 (5): 1177-1194.

Luo J, Kaul A. 2019. Private action in public interest: the comparative governance of social issues. Strategic Management Journal, 40 (4): 476-502.

Luo X M, Tong S L, Fang Z, et al. 2019. Frontiers: machines vs. humans: the impact of artificial intelligence chatbot disclosure on customer purchases. Marketing Science, 38 (6): 937-947.

Lurie N, Manolio T, Patterson A P, et al. 2013. Research as a part of public health emergency response. The New England Journal of Medicine, 368 (13): 1251-1255.

MacEachern S N, Rao Y L, Wu C J. 2007. A robust-likelihood cumulative sum chart. Journal of the American Statistical Association, 102 (480): 1440-1447.

Macrina G, Laporte G, Guerriero F, et al. 2019. An energy-efficient green-vehicle routing problem with mixed vehicle fleet, partial battery recharging and time windows. European Journal of Operational Research, 276 (3:): 971-982.

Maddox J. 1972. Raw materials and the price mechanism. Nature, 236: 331-334.

Malgonde O, Zhang H, Padmanabhan B, et al. 2020. Taming the complexity in search matching: two-sided recommender systems on digital platforms. MIS Quarterly, 44 (1): 48-84.

Martin K. 2019. Ethical implications and accountability of algorithms. Journal of Business Ethics, 160 (4): 835-850.

Martinsuo M, Klakegg O J, van Marrewijk A. 2019. Editorial: delivering value in projects and project-based business. International Journal of Project Management, 37 (5): 631-635.

Matz S C, Kosinski M, Nave G, et al. 2017. Psychological targeting as an effective approach to digital mass persuasion. Proceedings of the National Academy of Sciences, 114 (48): 12714-12719.

Meeker W Q, Hong Y L. 2014. Reliability meets big data: opportunities and challenges.

Quality Engineering, 26（1）：102-116.

Mende M, Scott M L, van Doorn J, et al. 2019. Service robots rising：how humanoid robots influence service experiences and elicit compensatory consumer responses. Journal of Marketing Research, 56（4）：535-556.

Morstyn T, Farrell N, Darby S J, et al. 2018. Using peer-to-peer energy-trading platforms to incentivize prosumers to form federated power plants. Nature Energy, 3：94-101.

Murphy F H, Conti J J, Shaw S H, et al. 1988. Modeling and forecasting energy markets with the intermediate future forecasting system. Operations Research, 36（3）：406-420.

Myerson R B. 1997. Game Theory：Analysis of Conflict. Cambridge, Massachusetts：Harvard University Press.

Namilae S, Derjany P, Mubayi A, et al. 2017. Multiscale model for pedestrian and infection dynamics during air travel. Physical Review E, 95（5）：052320.

Nan G F, Wu D, Li M Q, et al. 2018. Optimal freemium strategy for information goods in the presence of piracy. Journal of the Association for Information Systems, 19（4）：266-305.

Nan G F, Yao L, Ho Y C, et al. 2019. An economic analysis of platform protection in the presence of content substitutability. Journal of Management Information Systems, 36（3）：1002-1036.

Nasir Z A, Campos L C, Christie N, et al. 2016. Airborne biological hazards and urban transport infrastructure：current challenges and future directions. Environmental Science and Pollution Research, 23：15757-15766.

Naumov S, Keith D R, Fine C H. 2020. Unintended consequences of automated vehicles and pooling for urban transportation systems. Production and Operations Management, 29（5）：1354-1371.

Nelson B L. 2013. Foundations and Methods of Stochastic Simulation：A First Course. New York：Springer-Verlag.

Nelson B L. 2016. 'Some tactical problems in digital simulation' for the next 10 years. Journal of Simulation, 10（1）：2-11.

Neus F, Nimmermann F, Wagner K, et al. 2019. Differences and similarities in motivation for offline and online eSports event consumption. Proceedings of the 52nd Hawaii International Conference on System Sciences.

Ni E C, Ciocan D F, Henderson S G, et al. 2017. Efficient ranking and selection in parallel computing environments. Operations Research, 65（3）：821-836.

Niculescu M F, Wu D J, Xu L Z. 2018. Strategic intellectual property sharing：competition on an open technology platform under network effects. Information Systems Research, 29（2）: 498-519.

Ning J, Babich V. 2018. R&D investments in the presence of knowledge spillover and debt financing: can risk shifting cure free riding? . Manufacturing & Service Operations Management, 20（1）: 97-112.

Nishi A, Shirado H, Rand D G. 2015. Inequality and visibility of wealth in experimental social networks. Nature, 526: 426-429.

Niu B Z, Li J W, Zhang J, et al. 2019. Strategic analysis of dual sourcing and dual channel with an unreliable alternative supplier. Production and Operations Management, 28（3）: 570-587.

Niu H M, Zhou X S. 2013. Optimizing urban rail timetable under time-dependent demand and oversaturated conditions. Transportation Research Part C: Emerging Technologies, 36: 212-230.

Obitade P O. 2019. Big data analytics: a link between knowledge management capabilities and superior cyber protection. Journal of Big Data, 6（1）: 71.

Oesterreich T D, Teuteberg F. 2016. Understanding the implications of digitisation and automation in the context of Industry 4.0: a triangulation approach and elements of a research agenda for the construction industry. Computers in Industry, 83: 121-139.

Olsen S J, Chang H L, Cheung T Y Y, et al. 2003. Transmission of the severe acute respiratory syndrome on aircraft. The New England Journal of Medicine, 349（25）: 2416-2422.

Olsen T L, Tomlin B. 2020. Industry 4.0: opportunities and challenges for operations management. Manufacturing & Service Operations Management, 22（1）: 113-122.

Öner K B, Scheller-Wolf A, van Houtum G J. 2013. Redundancy optimization for critical components in high-availability technical systems. Operations Research, 61（1）: 244-264.

Orr R J, Scott W R. 2008. Institutional exceptions on global projects: a process model. Journal of International Business Studies, 39（4）: 562-588.

Osadchiy N, Gaur V, Seshadri S. 2016. Systematic risk in supply chain networks. Management Science, 62（6）: 1755-1777.

Ostrom E. 2017. Governing the Commons: The Evolution of Institutions for Collective Action. Cambridge: Cambridge University Press.

Parker G G, van Alstyne M W, Choudary S P. 2016. Platform Revolution: How Networked Markets Are Transforming the Economy and How to Make Them Work for You. New

York： W W Norton & Company.

Parmentier G， Gandia R. 2017. Redesigning the business model： from one-sided to multi-sided. Journal of Business Strategy， 38（2）： 52-61.

Paul J A， Wang X J. 2019. Robust location-allocation network design for earthquake preparedness. Transportation Research Part B： Methodological， 119： 139-155.

Peng Y J， Chong E K P， Chen C H， et al. 2018. Ranking and selection as stochastic control. IEEE Transactions on Automatic Control， 63（8）： 2359-2373.

Pennisi E. 2005. How did cooperative behavior evolve?. Science， 309（5731）： 93.

Pérez-Rodríguez N， Holguín-Veras J. 2016. Inventory-allocation distribution models for postdisaster humanitarian logistics with explicit consideration of deprivation costs. Transportation Science， 50（4）： 1261-1285.

Perring M P， Standish R J， Price J N， et al. 2015. Advances in restoration ecology： rising to the challenges of the coming decades. Ecosphere， 6（8）： 1-25.

Peterson R. 2004. Crafting information technology governance. Information Systems Management， 21（4）： 7-22.

Qiu P H， Li W D， Li J. 2020. A new process control chart for monitoring short-range serially correlated data. Technometrics， 62（1）： 71-83.

Raghupathi W， Raghupathi V. 2014. Big data analytics in healthcare： promise and potential. Health Information Science and Systems， 2（1）： 3.

Rahwan I， Cebrian M， Obradovich N， et al. 2019. Machine behavior. Nature， 568： 477-486.

Rai A， Constantinides P， Sarker S. 2019. Editor's comments： next-generation digital platforms： toward human–AI hybrids. MIS Quarterly， 43（1）： iii-x.

Ramaswami A， Russell A G， Culligan P J， et al. 2016. Meta-principles for developing smart， sustainable， and healthy cities. Science， 352（6288）： 940-943.

Rand D G， Nowak M A， Fowler J H， et al. 2014. Static network structure can stabilize human cooperation. Proceedings of the National Academy of Sciences， 111： 17093-17098.

Ransbotham S， Fichman R G， Gopal R， et al. 2016. Special section introduction-ubiquitous IT and digital vulnerabilities. Information System Research， 27（4）： 834-847.

Rayle L， Dai D， Chan N， et al. 2016. Just a better taxi? A survey-based comparison of taxis， transit， and ridesourcing services in San Francisco. Transport Policy， 45： 168-178.

Rochet J C， Tirole J. 2003. Platform competition in two-sided markets. Journal of the European Economic Association， 1（4）： 990-1029.

Rod E G， Weidmann N B. 2015. Empowering activists or autocrats? The Internet in authoritarian regimes. Journal of Peace Research， 52（3）： 338-351.

Roy D, Krishnamurthy A, Heragu S S, et al. 2016. A simulation framework for studying blocking effects in warehouse systems with autonomous vehicles. European Journal of Industrial Engineering, 10 (1): 51-80.

Santos F C, Santos M D, Pacheco J M. 2008. Social diversity promotes the emergence of cooperation in public goods games. Nature, 454: 213-216.

Scheinkman J, Xiong W. 2003. Overconfidence and speculative bubbles. Journal of Political Economy, 111 (6): 1183-1219.

Schweitzer M E, Cachon G P. 2000. Decision bias in the newsvendor problem with a known demand distribution: experimental evidence. Management Science, 46 (3): 404-420.

Scott T. 2015. Does collaboration make any difference? Linking collaborative governance to environmental outcomes. Journal of Policy Analysis and Management, 34(3): 537-566.

Seeber I, Bittner E, Briggs R O, et al. 2020. Machines as teammates: a research agenda on AI in team collaboration. Information & Management, 57 (2): 103174.

Shapley L S, Shubik M. 1954. A method for evaluating the distribution of power in a committee system. American Political Science Review, 48 (3): 787-792.

Shefrin H, Statman M. 1994. Behavioral capital asset pricing theory. Journal of Financial and Quantitative Analysis, 29 (3): 323-349.

Shefrin H, Statman M. 2000. Behavioral portfolio theory. Journal of Financial and Quantitative Analysis, 35 (2): 127-151.

Sheu J B. 2007. Challenges of emergency logistics management. Transportation Research Part E: Logistics and Transportation Review, 43 (6): 655-659.

Shi J G, Yang L X, Yang J, et al. 2018. Service-oriented train timetabling with collaborative passenger flow control on an oversaturated metro line: an integer linear optimization approach. Transportation Research Part B: Methodological, 110: 26-59.

Shu L J, Fan J Y. 2018. A distribution-free control chart for monitoring high-dimensional processes based on interpoint distances. Naval Research Logistics, 65 (4): 317-330.

Sicherman N, Loewenstein G, Seppi D J, et al. 2016. Financial attention. Review of Financial Studies, 29 (4): 863-897.

Simchi-Levi D. 2014. OM research: From problem-driven to data-driven research. Manufacturing & Service Operations Management, 16 (1): 2-10.

Simchi-Levi D, Trichakis N, Zhang P Y. 2019. Designing response supply chain against bioattacks. Operations Research, 67 (5): 1246-1268.

Singh R, Mathiassen L, Mishra A. 2015. Organizational path constitution in technological innovation: evidence from rural telehealth. MIS Quarterly, 39 (3): 643-666.

Söderlund J, Sydow J. 2019. Projects and institutions: towards understanding their mutual constitution and dynamics. International Journal of Project Management, 37 (2): 259-268.

Song X, Shibasaki R, Yuan N J, et al. 2017. DeepMob: learning deep knowledge of human emergency behavior and mobility from big and heterogeneous data. ACM Transactions on Information Systems, 35 (4): 1-19.

Stanton A, Thart A, Jain A, et al. 2015. Mining for causal relationships: a data-driven study of the Islamic State. Proceedings of the 21st ACM SIGKDD International Conference on Knowledge Discovery and Data Mining.

Statista Research Department. 2022. Big data-Statistics & Facts. https://www.statista.com/topics/1464/big-data/[2022-06-13].

Steinberg D M. 2016. Industrial statistics: the challenges and the research. Quality Engineering, 28 (1): 45-59.

Stewart A J, Mosleh M, Diakonova M, et al. 2019. Information gerrymandering and undemocratic decisions. Nature, 573: 117-121.

Ströhle P, Flath C M, Gärttner J. 2019. Leveraging customer flexibility for car-sharing fleet optimization. Transportation Science, 53 (1): 42-61.

Sun H J, Wu J J, Ma H N, et al. 2019. A bi-objective timetable optimization model for urban rail transit based on the time-dependent passenger volume. IEEE Transactions on Intelligent Transportation Systems, 20 (2): 604-615.

Sun H, Driessen T. 2006. Semi-marginalistic values for set games. International Journal of Game Theory, 34: 241-258.

Sun W J, Hu Z L, Hong L J. 2018. Gaussian mixture model-based random search for continuous optimization via simulation. Proceedings of the 2018 Winter Simulation Conference, 2003-2014.

Svahn F, Mathiassen L, Lindgren R, et al. 2017. Mastering the digital innovation challenge. MIT Sloan Management Review, 58 (3): 14-16.

Swaminathan V, Sorescu A, Steenkamp J B, et al. 2020. Branding in a hyperconnected world: refocusing theories and rethinking boundaries. Journal of Marketing, 84 (2): 24-46.

Taleb N N. 2007. The Black Swan: the Impact of the Highly Improbable. New York: Random House.

Tallon P P. 2010. Understanding the dynamics of information management costs. Communications of the ACM, 53 (5): 121-125.

Tallon P P, Ramirez R V, Short J E. 2013. The information artifact in IT governance: toward a theory of information governance. Journal of Management Information Systems, 30(3): 141-178.

Tang C S, Yang S A, Wu J. 2018. Sourcing from suppliers with financial constraints and performance risk. Manufacturing & Service Operations Management, 20 (1): 70-84.

Taylor T A. 2018. On-demand service platforms. Manufacturing & Service Operations Management, 20 (4): 704-720.

Thomas L, Zhou Y, Long C, et al. 2019. A general form of smart contract for decentralized energy systems management. Nature Energy, 4: 140-149.

Tian F. 2016. An agri-food supply chain traceability system for China based on RFID & blockchain technology. 2016 13th International Conference on Service Systems and Service Management (ICSSSM), 1-6.

Tian H Y, Liu Y H, Li Y D, et al. 2020. An investigation of transmission control measures during the first 50 days of the COVID-19 epidemic in China. Science, 368 (6491): 638-642.

Tiwana A, Konsynski B, Bush A A. 2010. Platform evolution: coevolution of platform architecture, governance, and environmental dynamics. Information Systems Research, 21 (4): 675-687.

Tomlin B. 2006. On the value of mitigation and contingency strategies for managing supply chain disruption risks. Management Science, 52 (5): 639-657.

Tsai S C, Luo J, Jiang G X, et al. 2022. Adaptive fully sequential selection procedures with linear and nonlinear control variates. ISE Transactions, 5: 1-32.

Tsai S C, Luo J, Sung C C. 2017. Combined variance reduction techniques in fully sequential selection procedures. Naval Research Logistics, 64 (6): 502-527.

Tse D, Zhang B W, Yang Y C. 2017. Blockchain application in food supply information security. 2017 IEEE International Conference on Industrial Engineering and Engineering Management.

Tussyadiah I. 2020. A review of research into automation in tourism: launching the annals of tourism research curated collection on artificial intelligence and robotics in tourism. Annals of Tourism Research, 81: 102883.

van den Assem M J, van Dolder D, Thaler R H. 2012. Split or steal? Cooperative behavior when the stakes are large. Management Science, 58 (1): 2-20.

Vazifeh M M, Santi P, Resta G, et al. 2018. Addressing the minimum fleet problem in on-demand urban mobility. Nature, 557: 534-538.

Vazirani A A, O'Donoghue O, Brindley D, et al. 2020. Blockchain vehicles for efficient medical record management. NPJ Digital Medicine, 3: 1.

Vosoughi S, Roy D, Aral S. 2018. The spread of true and false news online. Science, 359 (6380): 1146-1151.

Walker B, Salt D. 2012. Resilience Practice: Building Capacity to Absorb Disturbance and Maintain Function. Washington D.C.: Island Press.

Wang H. 2019. Routing and scheduling for a last-mile transportation system. Transportation Science, 53 (1): 131-147.

Wang A, Xian X C, Tsung F, et al. 2018. A spatial-adaptive sampling procedure for online monitoring of big data streams. Journal of Quality Technology, 50 (4): 329-343.

Wang C H, Li F C. 2018. Economic design under gamma shock model of the control chart for sustainable operations. Annals of Operations Research, 290: 169-190.

Wang C, Quddus M, Enoch M, et al. 2014. Multilevel modelling of demand responsive transport (DRT) trips in Greater Manchester based on area-wide socio-economic data. Transportation, 41 (3): 589-610.

Wang H, Yang H. 2019. Ridesourcing systems: a framework and review. Transportation Research Part B: Methodological, 129: 122-155.

Wang S, Taha A F, Wang J H, et al. 2019a. Energy crowdsourcing and peer-to-peer energy trading in blockchain-enabled smart grids. IEEE Transactions on Systems, Man, and Cybernetics: Systems, 49 (8): 1612-1623.

Wang X H, Wang X, Liang L, et al. 2017a. Estimation of deprivation level functions using a numerical rating scale. Production and Operations Management, 26(11): 2137-2150.

Wang Y G, Lee J, Fang E, et al. 2017b. Project customization and the supplier revenue–cost dilemmas: the critical roles of supplier–customer coordination. Journal of Marketing, 81 (1): 136-153.

Wang Y, Chen Y Q, Wang W Q, et al. 2019b. Revisiting the relationship between contract governance and contractors' opportunistic behavior in construction projects. IEEE Transactions on Engineering Management, 1-13.

Wasserman L, Zhou S H. 2010. A statistical framework for differential privacy. Journal of the American Statistical Association, 105 (489): 375-389.

Weber T A. 2014. Intermediation in a sharing economy: insurance, moral hazard, and rent extraction. Journal of Management Information Systems, 31 (3): 35-71.

Weyl E G. 2010. A price theory of multi-sided platforms. American Economic Review, 100(4): 1642-1672.

Wickart M, Madlener R. 2007. Optimal technology choice and investment timing: a stochastic model of industrial cogeneration vs. heat-only production. Energy Economics, 29 (4): 934-952.

Wirtz J, Patterson P G, Kunz W H, et al. 2018. Brave new world: service robots in the frontline. Journal of Service Management, 29 (5): 907-931.

Wu L, Hitt L, Lou B. 2020. Data analytics, innovation, and firm productivity. Management Science, 66 (5): 2017-2039.

Wucker M. 2016. The Gray Rhino: How to Recognize and Act on the Obvious Dangers We Ignore. New York: St. Martin's Press.

Xiang D D, Pu X L, Ding D, et al. 2019. An efficient charting scheme for multivariate categorical process with a sparse contingency table. Journal of Quality Technology, 53 (1): 1-18.

Xiang D D, Tsung F, Pu X L. 2017. Statistical process control for latent quality characteristics using the up-and-down test. Technometrics, 59 (4): 496-507.

Xiao W Q, Hsu V N, Hu Q H. 2015. Manufacturing capacity decisions with demand uncertainty and tax cross-crediting. Manufacturing & Service Operations Management, 17 (3): 384-398.

Xie J H, Shugan S M. 2001. Electronic tickets, smart cards, and online prepayments: when and how to advance sell. Marketing Science, 20 (3): 219-243.

Xu J Y, Hsu V N, Niu B Z. 2018. The impacts of markets and tax on a multinational firm's procurement strategy in China. Production and Operations Management, 27 (2): 251-264.

Yang H, Qin X R, Ke J T, et al. 2020a. Optimizing matching time interval and matching radius in on-demand ride-sourcing markets. Transportation Research Part B: Methodological, 131: 84-105.

Yang S P, Liao F X, Wu J J, et al. 2020b. A bi-objective timetable optimization model incorporating energy allocation and passenger assignment in an energy-regenerative metro system. Transportation Research Part B: Methodological, 133: 85-113.

Yang X, Li X, Ning B, et al. 2016. A survey on energy-efficient train operation for urban rail transit. IEEE Transactions on Intelligent Transportation Systems, 17 (1): 2-13.

Yin J T, Chen D W, Yang L X, et al. 2016a. Efficient real-time train operation algorithms with uncertain passenger demands. IEEE Transactions on Intelligent Transportation Systems, 17 (9): 2600-2612.

Yin J T, Tang T, Yang L, et al. 2016b. Energy-efficient metro train rescheduling with uncertain time-variant passenger demands: an approximate dynamic programming approach. Transportation Research Part B: Methodological, 91: 178-210.

Yin J T, Yang L X, Tang T, et al. 2017. Dynamic passenger demand oriented metro train scheduling with energy-efficiency and waiting time minimization: mixed-integer linear programming approaches. Transportation Research Part B: Methodological, 97: 182-213.

Yu G, Qi X T. 2004. Disruption Management: Framework, Models, and Applications. Singapore: World Scientific Publisher.

Yu J J, Tang C S, Shen Z J M, et al. 2020. A balancing act of regulating on-demand ride services. Management Science, 66 (7): 2975-2992.

Yu M M, Wu C J, Tsung F. 2019. Monitoring the data quality of data streams using a two-step control scheme. IISE Transactions, 51 (9): 985-998.

Yu M, Ahn H S, Kapuscinski R. 2015. Rationing capacity in advance selling to signal quality. Management Science, 61 (3): 560-577.

Zeng G W, Li D Q, Guo S M, et al. 2019. Switch between critical percolation modes in city traffic dynamics. Proceedings of the National Academy of Sciences, 116 (1): 23-28.

Zhan Y Z, Tan K H, Ji G J, et al. 2017. A big data framework for facilitating product innovation processes. Business Process Management Journal, 23 (3): 518-536.

Zhang D, Wang C H, Zheng D P, et al. 2018. Process of innovation knowledge increase in supply chain network from the perspective of sustainable development. Industrial Management and Data Systems, 118 (4): 873-888.

Zhang H N, Chao X L, Shi C. 2020. Closing the gap: a learning algorithm for lost-sales inventory systems with lead times. Management Science, 66 (5): 1962-1980.

Zhang L M, Zeng G W, Li D Q, et al. 2019. Scale-free resilience of real traffic jams. Proceedings of the National Academy of Sciences, 116 (18): 8673-8678.

Zhang L, Li Y G. 2012. Dispersion of coughed droplets in a fully-occupied high-speed rail cabin. Building and Environment, 47: 58-66.

Zhang N, Miao R S, Huang H, et al. 2016. Contact infection of infectious disease onboard a cruise ship. Scientific reports, 6: 38790.

Zhang X H, Meiser D, Liu Y, et al. 2014. Kroger uses simulation-optimization to improve pharmacy inventory management. Interfaces, 44 (1): 70-84.

Zhou J L, Zhou J, Ding Y, et al. 2019. The magic of danmaku: a social interaction perspective of gift sending on live streaming platforms. Electronic Commerce Research and Applications, 34: 100815.

Zhou W H, Zheng Z B, Xie W. 2017. A control-chart-based queueing approach for service facility maintenance with energy-delay tradeoff. European Journal of Operational Research, 261 (2): 613-625.

Zhu X Q, Gao W J, Zhou N, et al. 2016. The inhabited environment, infrastructure development and advanced urbanization in China's Yangtze River Delta Degion. Environmental Research Letters, 11 (12): 124020.

Zou C L, Qiu P H. 2009. Multivariate statistical process control using LASSO. Journal of the American Statistical Association, 104 (488): 1586-1596.

Zou C L, Wang Z J, Zi X M, et al. 2015. An efficient online monitoring method for high-dimensional data streams. Technometrics, 57 (3): 374-387.

Zwaneveld P J, Kroon L G, Romeijn H E, et al. 1996. Routing trains through railway stations: model formulation and algorithms. Transportation Science, 30 (3:) 181-194.